以教育信息化推动教育现代化研究

陈 琳 著

科学出版社

北 京

内 容 简 介

本书对我国教育信息化推动教育现代化发展的战略、策略、路径进行研究，重新诠释新时代教育信息化与教育现代化的内涵与特征，系统提炼总结教育信息化的中国经验，探讨教育信息化更好推动教育现代化的理论与方法。

本书读者对象为教育信息化、教育现代化的决策者、研究者、管理者、建设者、服务者，教育技术学师生，教育研究者，以及大中小学校和职业技术学校的信息技术教师。

图书在版编目（CIP）数据

以教育信息化推动教育现代化研究/陈琳著. —北京：科学出版社，2020.11

ISBN 978-7-03-066884-4

Ⅰ. ①以⋯ Ⅱ. ①陈⋯ Ⅲ. ①信息技术-应用-教育现代化-研究-中国 Ⅳ. ①G52

中国版本图书馆 CIP 数据核字(2020)第 223918 号

责任编辑：任　静／责任校对：王晓茜
责任印制：吴兆东／封面设计：迷底书装

科学出版社 出版
北京东黄城根北街 16 号
邮政编码：100717
http://www.sciencep.com

北京中石油彩色印刷有限责任公司 印刷
科学出版社发行　各地新华书店经销
*

2020 年 11 月第 一 版　　开本：720×1 000 B5
2020 年 11 月第一次印刷　印张：19 1/2
字数：400 000
定价：148.00 元
（如有印装质量问题，我社负责调换）

前　言

信息技术是当今社会最具活力，对人类的生活、工作、学习等影响最为深刻的技术，随着信息技术发展而兴起的教育信息化成为新时代教育现代化的内生变量、重要内涵和显著特征，智慧时代的教育现代化离不开教育信息化的支撑、引领和推动。

我国以教育信息化推动教育现代化，已初步形成中国特色，但是缺少系统的理论概括、理论提升和理论指导，尚未有效形成系统化的经验和模式。鉴于此，本书力求重新诠释教育信息化与教育现代化的内涵与特征，对我国教育信息化推动现代化发展的战略、策略、路径进行深入研究，系统提炼总结教育信息化的中国经验，尝试多视角地探讨教育信息化更好推动教育现代化的理论与方法，具体如下：

在"教育信息化内涵及特征"的第1章，立于新时代重新诠释教育信息化。首先，在分析研究和调查研究的基础上重构教育信息化定义：在先进的思想指导下，在教育领域充分而有效地运用现代信息技术，建资源、构平台、拓空间、筑体系、创模式，促进教育改革，促进师生的全面发展和创新发展，促进教育公平，促进教育质量提升，支撑、引领、推动新时代教育现代化加速实现的过程。其次，对教育信息化构成要素进行丰富与拓展，由通常的六要素新增理念与理论、信息安全两大要素为八要素。最后，进行教育信息化特征的时代重赋，在技术特征、教育特征两大类特征的基础上，新增运用信息技术变革教育的本质特征，并将"四化"的技术特征发展为数字化、多媒体化、网络化、物感化、移动化、数据化、多维化、智能化、平台化的"九化"技术特征，探讨每一技术特征对人、特别是对教育信息化工作者提出的新要求，并重赋教育信息化的教材多媒立体全息化、教育资源全球化、教师专家化、学习泛在自主化、教育教学个性化、教育管理智能化、教育体制扁平化、环境虚实融合化、教育系统开放化、教育模式研创化、认知主辅化、活动协同化、教育公平化等新的教育特征。

在"教育现代化内涵及特征"的第2章，为教育信息化推动教育现代化明确方向。首先，阐释我国即将实现的教育现代化，是人类走向智慧时代的教育现代化，是人类历史上的第二次教育现代化，在此基础上立于新时代对教育现代化做出新界定——教育现代化是以先进理念指导，科学运用信息技术变革教育，教育整体达到具有适应和引领现代社会发展要求的思想、体系、管理、制度、队伍、内容、方法、手段、评价、环境、质量以及普及度、公平度的状态，达到促进人在现代社会全面发展、个性发展、特色发展、创新发展、终身发展、智慧性发展和全体发展的水平；其次，根据技术对教育与学习的深刻影响，以及新时代对教育的新要求，赋予教育目标现代化、学习与认知方式现代化、教育方式现代化、教育模式现代化、学校现代化、教育公平现代化、教育平台现代化、教育资源现代化、管理与服务队伍现代化以新的时代内涵,进一步丰富新时代教育现代化的内涵范畴;最后,在科学审视现代教育发展规律与趋势的基础上,进行教育现代化特征的时代重赋,赋予智慧时代的教育现代化智慧性、智能性、融合性、引领性、终身性、公平性、人本性的特征以丰富的时代内涵。

在"信息化推动教育现代化战略"的第 3 章,系统总结我国教育信息化战略经验。首先,提炼概括我国教育信息化的"二维三层二分"战略;其次,探讨以教育信息化带动教育现代化、以教育信息化全面推动教育现代化的战略背景、战略实施、战略成效,系统挖掘在发展中国特色的智慧教育、加速部署"互联网+""人工智能+"教育、加速支持建构新时代教育研究新范式方面的战略特色,系统分析由教育信息化中长期规划、五年规划、"行动计划"与国家规划、国家教育规划、国家信息化规划构成的立体战略规划特色。

在"信息化推动教育现代化策略"的第 4 章,总结我国教育信息化的特色策略。在全面分析 25 年教育信息化政策文件以及深入剖析教育信息化重大工程、重大建设的基础上,探讨分析已然和未然的战略指引、组织推进、育人为本、队伍为先、规划导航、政策保障、应用驱动、深度融合、机制创新、科技支撑等"十策略"的内涵、价值、实施以及策略优化。

在"信息化推动教育现代化路径"的第 5 章,归纳我国教育信息化的路径特色。在对历时四分之一世纪的中国教育信息化的政策、工程、建设进行全景式分析研究的基础上,提炼出我国教育信息化的环建驱动、工程推动、创新行动、典试带动、合力协动、公平撬动等六"动"路径,对具体路径的特色、内涵、效用等进行分析,彰显鲜明特色。总结"环建驱动"在"造路""造货""造库""造制""造员"方面持续发力,形成的持续优化建造特色"路"、持续引导开发优质"货"、创造优质资源集聚"库"、创造促进教育信息化科学发展"制"、加速造就高信息素养"员"的鲜明特色。对基础保障性建设类、队伍提升类、资源建设类、综合变革类的四大类十多项教育信息化工程的背景、历史作用、建设特色进行科学分析。总结统一行动导航创新、以竞赛激发创新、以创新的理念和理论指导创新、以创新的工程奠基创新、以立体化创新措施推动创新的我国信息化促进教育创新的五大"创新行动"谱系。系统分析我国以现代远程教育提升教育公平的政策支持以及创新实践,系统分析农村中小学现代远程教育工程、教学点数字教育资源全覆盖项目、"一师一优课、一课一名师"活动等创新工程与活动对教育公平的促进与推动。

在"信息化推动教育现代化再发展"的第 6 章,探讨教育信息化支撑、引领、推动教育发展的新方向。首先,从人类加速走向智慧时代、并跑与领跑成为我国发展新常态、教育现代化由面向转向实现创新引领、教育信息化由 1.0 跃向 2.0 等多维度，重新审视与认识时代；其次，从创新教育信息化理论、升华教师职业、创新服务学习新领地、创新智慧型课程新形态、再创教育公平新路径、创新教育评价制度、优化教育信息化特色发展道路等方面，对我国教育信息化推动教育现代化的策略和路径进行再谋划，立于时代再设计。创新协同认知理论和"知行创合一"理论，以求现代化教育有匹配时代的理论指导；探讨"四型"教师的时代化提升之路；着眼构建时代化大教育，探讨创新时代化的家长学习和老年学习服务；探讨建构智慧型课程新形态，创新基础教育智能与智慧课程；探讨信息化支持创新精准扶智、建构突破聋人-健人语言交流障碍新体系、教学点由"全覆盖"走向"全融通"，以再创中国特色教育公平新路径；建构时代化的互认学分等评价制度，为学分的科学转换设计了时间系数、关联系数、品质系数、成绩系数、难度系数、多维系数、融合系数、嵌入系数、系统化系数等调整系数，以确保时代化教育的高质量发展；从育人为本、创新驱动、引领发展、多态重构、系统推进和智能智慧等六个方面，对中国特色教育信息化发展道路作进一步的论述分析。

本书将教育信息化发展的回溯性研究和前瞻性研究相结合是特色，此外还具有三个特点：

一是系统性。对教育现代化推动教育信息化进行立体全景式系统性探讨，并进行未来性发展设计。

二是理论性。全书内容是作者十多年持之以恒系统化理论研究的结晶，初步形成以教育信息化推动教育现代化的完整理论研究体系。

三是实践性。以立体式的创新实践作为基础，使理论研究建立于实践之上，其研究实践既包括作为专家参与全国教育信息化创新活动的设计、建设、评审等，又包括主持创建智慧教育省级研究平台、教育信息化省级工程技术研究中心、建设国家特色专业、国家规划教材、国家精品教材、国家级精品资源共享课、国家精品在线开放课程、省重点学科、省优势学科等教育信息化支持的创新建设。

本书是国家社会科学基金教育学一般课题"信息化全面推动教育现代化的战略、路径和策略研究"成果，以及江苏师范大学教育学江苏省优势学科重要成果。本书的撰写得到许多专家和同行的支持，在此向提供支持和帮助的各位专家、学者表示衷心感谢！特别感谢江苏师范大学领导、同事对本书出版所给予的支持。

以教育信息化支撑、引领、推动教育现代化是宏大的事业，以教育信息化支撑、引领、推动教育现代化是持续的过程，限于水平和时间，本书的探讨只是该方面探讨的新的起点，希望有越来越多的人加入到以教育信息化支撑、引领、推动教育现代化事业的行列，并对本书的不足批评指正。

陈　琳

2020 年 6 月 16 日于江苏师范大学

目　　录

前言

第1章　教育信息化内涵及特征 ··· 1
1.1　教育信息化的定义及其构成要素 ·· 1
1.1.1　教育信息化定义 ··· 1
1.1.2　教育信息化构成要素 ··· 3
1.2　教育信息化特征概论 ··· 7
1.2.1　教育信息化特征探索 ··· 7
1.2.2　教育信息化技术特征概论 ··· 8
1.2.3　教育信息化的教育特征概论 ··· 8
1.3　教育信息化技术特征 ··· 8
1.3.1　教育信息化的数字化特征 ··· 8
1.3.2　教育信息化的多媒体化特征 ·· 12
1.3.3　教育信息化的网络化特征 ·· 14
1.3.4　教育信息化的物感化特征 ·· 16
1.3.5　教育信息化的移动化特征 ·· 17
1.3.6　教育信息化的数据化特征 ·· 19
1.3.7　教育信息化的多维化特征 ·· 20
1.3.8　教育信息化的智能化特征 ·· 21
1.3.9　教育信息化的平台化特征 ·· 23
1.3.10　综合运用教育信息化多技术特征 ··································· 23
1.4　教育信息化的教育特征 ·· 23
1.4.1　教材多媒立体全息化特征 ·· 23
1.4.2　教育资源全球化特征 ·· 27
1.4.3　教师专家化特征 ·· 33
1.4.4　学习泛在自主化特征 ·· 34
1.4.5　教育教学个性化特征 ·· 37
1.4.6　教育管理智能化特征 ·· 38
1.4.7　教育体制扁平化特征 ·· 39
1.4.8　环境虚实融合化特征 ·· 39

		1.4.9 教育系统开放化特征	41
		1.4.10 教育模式研创化特征	41
		1.4.11 认知主辅化特征	41
		1.4.12 活动协同化特征	42
		1.4.13 教育公平化特征	42
	1.5	教育信息化的本质特征	42

第2章 教育现代化内涵及特征 ... 44
2.1 教育现代化定义及内涵 ... 44
  2.1.1 教育现代化定义 ... 44
  2.1.2 教育现代化内涵 ... 48
2.2 教育现代化特征 ... 53
  2.2.1 教育现代化特征的已有探索 ... 53
  2.2.2 教育现代化特征再探索 ... 54

第3章 信息化推动教育现代化战略 ... 66
3.1 教育信息化国家战略概览 ... 66
  3.1.1 战略与教育信息化战略 ... 66
  3.1.2 统领性教育信息化战略 ... 67
  3.1.3 规划性教育信息化战略 ... 69
3.2 信息化带动教育现代化战略 ... 70
  3.2.1 世纪之交信息化带动教育现代化的战略之谋 ... 70
  3.2.2 信息化带动教育现代化战略的实施 ... 71
  3.2.3 信息化带动教育现代化战略成效 ... 74
3.3 信息化全面推动教育现代化战略 ... 75
  3.3.1 以教育信息化全面推动教育现代化的战略之谋 ... 75
  3.3.2 信息化全面推动教育现代化战略初始期的创新探索 ... 76
3.4 重要的战略性教育信息化规划 ... 79
  3.4.1 教育信息化的中长期规划 ... 79
  3.4.2 教育信息化的五年规划 ... 80
  3.4.3 教育信息化的"行动计划" ... 83
  3.4.4 国家信息化规划对教育信息化的规划 ... 88

第4章 信息化推动教育现代化策略 ... 93
4.1 战略指引 ... 93
  4.1.1 技术变革教育的三代战略 ... 93

4.1.2　技术变革与提升教育的首代战略及其功效 ……………………… 94
4.2　组织推进 …………………………………………………………………… 95
　　　4.2.1　健全组织 ……………………………………………………………… 95
　　　4.2.2　顶层设计统筹推进 …………………………………………………… 98
4.3　育人为本 …………………………………………………………………… 99
　　　4.3.1　育人为本为首位策略 ………………………………………………… 99
　　　4.3.2　赋予育人为本时代内涵 …………………………………………… 100
4.4　队伍为先 ………………………………………………………………… 100
　　　4.4.1　不断提升教师队伍信息化教学能力 ……………………………… 101
　　　4.4.2　提升学习者信息素养与能力 ……………………………………… 124
　　　4.4.3　教育信息化管理力与领导力的提升 ……………………………… 147
　　　4.4.4　教育信息化建设专门人才培养 …………………………………… 149
4.5　规划导航 ………………………………………………………………… 151
　　　4.5.1　规划导航策略内涵与意义 ………………………………………… 151
　　　4.5.2　规划的制定与优化 ………………………………………………… 152
4.6　政策保障 ………………………………………………………………… 153
　　　4.6.1　与时俱进地明晰教育信息化的恰当地位 ………………………… 153
　　　4.6.2　适时颁布教育信息化标准、规范与指南 ………………………… 154
　　　4.6.3　发布指导意见对教育信息化以精准指导 ………………………… 155
　　　4.6.4　及时给出教育信息化发展需要的管理与实施办法 ……………… 156
4.7　应用驱动 ………………………………………………………………… 157
　　　4.7.1　应用驱动的内涵与本质 …………………………………………… 157
　　　4.7.2　教育信息化应用的扎实推进 ……………………………………… 158
　　　4.7.3　八类应用模式 ……………………………………………………… 160
　　　4.7.4　正确践行应用驱动 ………………………………………………… 160
4.8　深度融合 ………………………………………………………………… 160
　　　4.8.1　信息技术教育运用的阶段划分 …………………………………… 161
　　　4.8.2　信息技术与课程整合 ……………………………………………… 161
　　　4.8.3　信息技术与教育教学深度融合 …………………………………… 162
4.9　机制创新 ………………………………………………………………… 163
　　　4.9.1　政府主导的协同建设机制 ………………………………………… 164
　　　4.9.2　协同机制再优化 …………………………………………………… 165
4.10　科技支撑 ………………………………………………………………… 167
　　　4.10.1　设立专门科研机构加强研究开发 ………………………………… 167
　　　4.10.2　设立专门项目类型支持教育信息化研究 ………………………… 170

4.10.3 大力研究符合中国国情的技术应用 170
4.10.4 科研与人的发展形成良性互动 171
4.11 创新驱动 172
4.11.1 融合创新 172
4.11.2 创新引领 172

第5章 信息化推动教育现代化路径 174
5.1 环建驶动 175
5.1.1 信息化教育环境的内涵及价值 175
5.1.2 信息化教育环境建设 176
5.1.3 教育信息化环境建设的中国经验 184
5.1.4 教育信息化环境建设的优化 188
5.2 工程推动 191
5.2.1 教育信息化的基础性保障性建设工程 192
5.2.2 教育信息化的队伍提升类工程 203
5.2.3 教育信息化的资源建设类工程 203
5.2.4 推动教育综合变革的教育信息化工程 204
5.3 创新行动 209
5.3.1 以"统一行动"导航创新 209
5.3.2 以竞赛激发创新 210
5.3.3 以创新的理念和理论指导创新 211
5.3.4 以创新的工程奠基创新 212
5.3.5 以立体化创新措施推动创新 212
5.4 典试带动 215
5.4.1 典试带动的内涵与价值 215
5.4.2 大规模的教育信息化试点探索 216
5.4.3 引领型教育信息化试点创新 221
5.4.4 教育信息化试点工作再优化 224
5.4.5 以典型引路的国家行动 226
5.5 合力协动 241
5.5.1 政府多部门多机构的协同推进 241
5.5.2 社会多力量协同推进 243
5.6 公平撬动 246
5.6.1 创新教育公平路径 246
5.6.2 以现代远程教育提升教育公平的政策支持和实践 249

第6章 信息化推动教育现代化再发展·················258
6.1 重新审视与认识时代·················258
6.1.1 人类正加速走向智慧时代·················258
6.1.2 并跑与领跑成为我国发展新常态·················260
6.1.3 教育现代化由面向转向实现创新引领·················260
6.1.4 教育信息化由1.0跃向2.0·················263
6.2 创新教育信息化理论·················266
6.2.1 知行创合一论·················266
6.2.2 协同认知论·················269
6.3 升华教师职业·················272
6.3.1 新时代呼唤新型教师·················272
6.3.2 技术已为教师赋新能·················275
6.3.3 教师面临多重被"替代"·················277
6.3.4 在多重被替代可能性下的教师嬗变·················280
6.4 创新服务学习新领地·················280
6.4.1 创新服务家长学习·················280
6.4.2 创新服务老年学习·················281
6.5 创新智慧型课程新形态·················282
6.5.1 创新智慧型课程的意义·················282
6.5.2 智慧型课程特征建构·················283
6.5.3 智慧型课程的教学模式创新·················286
6.5.4 智慧型课程的教学评价重构·················288
6.6 再创教育公平新路径·················290
6.6.1 信息化支持创新精准扶智·················290
6.6.2 建构突破聋人-健人语言交流障碍新体系·················291
6.6.3 教学点由"全覆盖"走向"全融通"·················291
6.7 创新教育评价制度·················293
6.7.1 学历+学力的证书制度创新·················293
6.7.2 畅通互认学分·················294
6.8 创新教育信息化发展道路·················297
6.8.1 中国特色教育信息化发展路子及其基本内涵·················297
6.8.2 创新优化中国特色教育信息化发展道路·················298

第 1 章 教育信息化内涵及特征

没有信息化就没有现代化，没有教育信息化就没有教育现代化。信息化以当今世界最具活力、发展最为强劲、对人类社会影响最为深刻的信息技术作为基础，而信息技术自诞生之日起就呈加速、裂变式发展之势，使得信息化、教育信息化的内涵与外延不断丰富与拓展，探讨教育信息化推动教育现代化，必须首先研究教育信息化的内涵及特征。

1.1 教育信息化的定义及其构成要素

1.1.1 教育信息化定义

教育信息化的核心是信息技术在教育教学中发挥重要作用，而信息技术本身的发展具有两大特点：一是信息技术的高速发展，分别表征计算能力提升、网络价值扩展和存储能力不断刷新的摩尔定律[①]、梅特卡夫定律[②]和克拉底定律[③]，是信息技术高速发展的最好诠释。二是信息技术家族的持续拓展，即信息技术家族的成员数在不断增加，开始仅仅是计算机，后来多媒体、网络，再到移动通信、物联网、AR/VR、3D 打印纷纷粉墨登场，让人目不暇接、眼花缭乱，人工智能更是突飞猛进，其应用领域不断扩大。人们对信息化、教育信息化的认识不断加深，期待不断加大，相应地，教育信息化的定义也处于持续不断的发展与完善中。

华东师范大学祝智庭教授认为，教育信息化是指在教育过程中，比较全面地运用以计算机多媒体和网络通信为基础的现代化信息技术，促进教育的全面改革，使之适应于正在到来的信息化社会对于教育发展的新要求[④]。教育技术学泰斗南国农教授认为，教育信息化是指在教育中普遍运用现代信息技术，开发教育资源，优化教育过程，以培养和提高学生的信息素养，促进教育现代化的过程[⑤]。西北师范大

---

① 以英特尔创始人之一的戈登·摩尔姓氏命名的摩尔定律内容为：当价格不变时，集成电路上可容纳的元器件的数目，约每隔 18～24 个月便会增加一倍，性能也将提升一倍。
② 以美国计算机网络先驱罗伯特·梅特卡夫姓氏命名的梅特卡夫规律的内容为：网络的价值等于该网络内节点数的平方，网络的价值与联网的用户数的平方成正比。
③ 2005 年美国物理学家克拉底得出统计规律：计算机硬磁盘驱动器的存储记录密度每 13 个月增加 1 倍（每 10 年半增加 1000 倍）。
④ 祝智庭. 世界各国的教育信息化进程[J]. 外国教育资料，1999(02)：79-80.
⑤ 南国农. 教育信息化建设的几个理论和实际问题（上）[J]. 电化教育研究，2002(11)：3-6.

学杨晓宏教授认为，教育信息化是指在国家及教育部门的统一规划和组织下，在教育系统的各个领域全面深入地应用现代信息技术，加速实现教育现代化的过程[①]。华南师范大学李克东教授认为，教育信息化是指在教育与教学领域的各个方面，在先进的教育思想指导下，积极应用信息技术，深入开发、广泛利用信息资源，培养适应信息社会要求的创新人才，加速实现教育现代化的系统工程[②]。以上几位教育技术专家对教育信息化的定义，无论是工程说、过程说还是要求说，都明确了教育信息化与信息技术的关系——现代信息技术的教育应用，强调了教育信息化是动态的持续的发展过程，凸显了数字资源在教育信息化中的重要地位，并反映了当时国家对教育信息化的定位、对教育信息化的期待——促进或加速实现教育现代化。

随着人类进入智慧时代，人们期待教育信息化在推动教育现代化方面发挥更为重大的作用，有必要重新对教育信息化作如下诠释：

教育信息化是指在先进的思想指导下，在教育领域充分而有效地运用现代信息技术，建资源、构平台、拓空间、筑体系、创模式，促进教育改革，促进师生的全面发展和创新发展，促进教育公平，促进教育质量提升，推动新时代教育现代化加速实现的过程。

在以上教育信息化新的诠释中，赋予教育信息化新的且更为丰富的内涵：

第一，强调"先进的思想指导"。这是教育信息化已由起步、应用阶段跃向融合创新阶段、由1.0时期迈向2.0时期的必然要求，没有先进思想指导，教育信息化就缺少灵魂，就无法科学地发挥巨大作用，而且这里指导的先进思想既包括先进的教育思想，又不仅仅局限于教育方面的先进思想，要从教育域内域外吸收丰富的思想、观念，使教育、教育信息化成为开放的始终具有活力的"熵减"系统。

第二，强调"在教育领域充分而有效地运用现代信息技术"。这里至少包含四方面的内容：一是要充分利用，这是由信息技术对教育具有革命性影响的作用所决定的，是教育现代性的体现；二是要有效利用，将效率、效果、效益放在用与不用的抉择考虑项，放在优先考虑的重要位置，而不是为用而用，盲目使用，要解决教育信息化一定程度上存在的"非显著性差异"的问题；三是运用的要是现代信息技术，要体现先进性、时代性；四是让现代信息技术在教育领域发挥作用，否则就不叫作教育信息化，而是广义的信息化，当然这里的教育领域并不局限学校教育领域，而涉及大教育的范畴。事实上，国家层面教育信息化的着眼点始终是大教育，早在1999年教育部韦钰副部长在部署教育信息化工作时，提出的教育信息化至少应该完成的四方面任务，第一个任务就是"发展现代远程教育，构建终身学习体系"[③]。

[①] 杨晓宏，梁丽. 全面解读教育信息化[J]. 电化教育研究，2005(01)：27-33.
[②] 杨彦军，童慧. 从传播学视角审视教育信息化进程中存在的问题——教育信息化进程中意见领袖的缺位[C]. 2008第四届全国教育技术学博士生论坛论文集，兰州，2008.
[③] 韦钰. 实施科教兴国战略 加快教育信息化建设[J]. 中国高校技术市场，1999(07)：4-10.

第三，并列列出"建资源、构平台、拓空间、筑体系、创模式"，这是新时代教育信息化作用扩展的体现和教育走向智慧教育的必然要求，由过去重在关注甚至仅仅在关注开发教育资源，扩展到还要构建大平台、发展大空间、建构新体系、创建新模式等众多方面，事实上对建资源也有时代的新要求。

第四，强调要"促进教育改革，促进师生的全面发展和创新发展，促进教育公平，促进教育质量提升，支撑、引领、推动新时代教育现代化加速实现"。前面三个强调只是侧重于更科学地解释新时代教育信息化的物理属性，而这里的"四促进"以及对教育现代化的"支撑、引领、推动"的三大功能，是确定教育信息化的精神属性，确定教育信息化的目标与方向。教育信息化要在推动教育现代化伟大事业实现的主战场中发挥重要作用，要在新的改革进程中为教育的综合改革服务，要在高质量发展时代为教育质量提升服务推动品质革命，要在创新型强国建设中支持和服务创新人才培养，要通过提升教育公平更好地彰显和发挥社会主义制度的优越性。在"四促进"中的"促进师生的全面发展和创新发展"，是以人民为中心思想的体现，真正体现教育信息化以人为本，以人的发展为本，以新时代人的创新发展为本。而且这里特别强调"师"的发展，因为教师是教育信息化的第一资源，在教育信息化中教师既是推动和促进力量，同时在新时代教师也有着全面发展和创新发展的诉求，教育信息化必须支持和促进教师的发展，实现教师在"匠"至"师"转变的基础上再到"家"的升华。没有教师的极大发展就难有学生很好的发展。

第五，强调"新时代教育现代化"。这是为了进一步明确我国实现的教育现代化与发达国家曾经实现过的教育现代化不同。发达国家曾经实现过的教育现代化，是工业时代的教育现代化，我国正在加速实现的是智慧时代的教育现代化，是人类历史上的第二次教育现代化，是在加速实现由第一次教育现代化的追赶向第二次教育现代化的率先引领转变。

教育信息化要不断提升，以更好地服务于智慧新时代、中国特色社会主义新时代不断对教育发展提出的新要求。新的定义必然要求从事教育信息化的人，要有更广情怀、更大担当、更多智慧、更高水平、更强能力。

1.1.2 教育信息化构成要素

关于教育信息化的构成，在理论研究上有三大范畴说、三要素说、五要素说、六要素说。三大范畴说由南国农先生在教育信息化的初期提出，认为教育信息化建设包括硬件建设、软件建设和潜件建设的三大建设[①]。三要素说认为，教育信息化由信息设施的建设、信息资源的开发、信息技术教育的开展三个主要要素构成[②]。

---

① 南国农. 教育信息化建设的几个理论和实际问题(上)[J]. 电化教育研究，2002(11)：3-6.
② 田振清，陈梅. 基础教育信息化系统的构成及要素探析[J]. 教育信息化，2002(08)：9-11.

五要素说认为教育信息化由网络、资源、应用、产业、人才五大要素构成，或认为高校教育信息化由硬件建设、资源建设、人员培训、制度建设和综合应用五个要素组成[①]。六要素说认为教育信息化由信息资源、信息网络、信息技术应用、信息技术和产业、信息化人才，以及信息化政策、法规和标准等六个要素组成[②]。

时至今日，教育信息化的应用领域越来越广，作用越来越大，早已跳出了初期更多关注网络和资源的范畴，已经成为教育变革、教育创新、"互联网+"教育、"人工智能+"教育的重要支撑，相应的安全问题也成为十分重要的问题，新时代的教育信息化理念与理论显得尤其重要，因此教育信息化构成应该具有"八要素"，即教育信息化的要素为：信息网络与平台、信息资源、信息技术应用、信息技术和产业、信息化人才、信息化政策法规标准、网络与信息安全、信息化理念与理论。时代发展不仅仅使教育信息化要素种类增加，而且还赋予原有要素更为丰富的内涵，原有要素总是在进行着时代化提升。

1.1.2.1 信息网络与平台

信息网络是实现教育信息化的物质基础和先决条件，是教育信息化建设的重要内容，泛在先进的基础设施是教育信息化发展的基石，是"互联网+"教育的条件保障。完善教育信息基础设施和公共服务平台，支撑适应教育模式变革的网络学习空间，支撑网络环境下开放学习模式，成为信息网络建设的重要任务。早期的信息网络是以因特网为基础构建的虚拟世界，后来随着物联网和5G技术的发展，信息网络越来越成为虚实融合的新世界，对教育教学可进行更为全面的支撑。我国始终将信息网络建设作为教育信息化工作的重点，世纪之交就提出网络班班通，"十二五"期间又提出宽带网络班班通，并且通过IP网络解决在边远地区教育网络的"最后一公里"问题，实现全国各级各类学校网络全覆盖。学校局域网、数字校园、智慧校园都是以信息网络支撑的不断发展的校园新形态。我国提出2022年数字校园建设覆盖全体学校。

1.1.2.2 信息资源

信息资源日益成为重要的生产要素和社会财富[③]，教育界所用的信息资源就是教育资源，使学习方式由传统方式转化为数字学习方式。教育资源的设计、开发、利用、管理和评价，是教育信息化1.0时期的核心工作，使我国已初步形成覆盖各级各类教育的数字教育资源体系。在教育信息化2.0时期，对信息资源建设与应用有更高要求，要从教育供给侧改革的角度加以谋划与实施，为各级各类学校和全体

---

① 马武，张程. 高校教育信息化建设的五要素[J]. 教育信息化，2006(03)：21-23.
② 杨晓宏，梁丽. 全面解读教育信息化[J]. 电化教育研究，2005(01)：27-33.
③ 中办发[2016]48号. 中共中央办公厅、国务院办公厅关于印发《国家信息化发展战略纲要》的通知[Z].

学习者提供海量、适切的学习资源服务，实现从"专用资源服务"向"大资源服务"的转变①，进一步推进优质数字教育资源共建共享和均衡配置，以大平台整合资源，以智能技术支持资源的进化，集全国之力打造全息、全效优质资源并形成广泛的共享机制，建成互联互通、开放灵活、多级分布、覆盖全国、共治共享、协同服务的国家数字教育资源公共服务体系，更好地支撑全民学习和终身教育，更好地支持教育方式的变革和新型学习方式的形成。

1.1.2.3 信息技术应用

信息技术的教育应用是教育信息化建设的出发点和初始态，离开教育中的信息技术应用，则教育信息化就不复存在。因此，我国自新世纪教育信息化 1.0 阶段开始，始终以"应用驱动"方针指引，使我国信息技术教育应用的总体水平得到极大提升，经济发达地区的信息技术教育应用水平已处于世界先进行列。我国信息技术教育应用的一个重要标志，是优质资源班班通，已初步形成"课堂用、普遍用、经常用"的基础和格局，正在向着"班班用资源、校校用平台、人人用空间"方面发展，信息技术将在融创教育新模式、新形态、新业态等方面发挥更大作用。

1.1.2.4 信息技术和产业

信息技术是教育信息化的技术支柱和安身立命的基础，信息技术和产业发展程度决定着信息化发展水平，是教育信息化的牵引力量。

在教育信息化过程中开展信息技术研究，不仅可以丰富教育信息化的研究内容，更重要的是可以将新的更加有效的物化形态的技术和智能形态的技术应用于教育，提高教育的质量和效果。在研究一代、试点探索一代、推广一代、普及一代的"四代同堂"的理念指导下②，我国教育信息技术的研发水平，已在世界上处于并跑和领跑的水平。

在教育信息化起步的十多年时间内，我国的信息技术研发水平不高，一定程度上制约了我国教育信息化的发展，而今，随着我国信息技术的快速发展，为我国教育信息化领跑世界创造了条件，从事教育信息化的人，一定要把握好发展机遇，探讨新技术应用，为世界教育贡献中国经验、中国方案。

1.1.2.5 信息化人才

人才资源是第一资源，人才竞争是最高形态的竞争。实现教育信息化，需要大量掌握信息技术基础知识、具备信息技术应用能力的教育信息化人才。国家十分重

---

① 教技[2018]6 号. 教育部关于印发《教育信息化 2.0 行动计划》的通知[Z].
② 杜占元. 深化应用 融合创新 为实现"十三五"教育信息化良好开局做出贡献——在"一师一优课、一课一名师"活动国家级培训暨 2016 年全国电化教育馆馆长会议上的讲话[J]. 中国电化教育，2016(06)：1-6.

视教育信息化人才的培养,十分重视造就领军人才、壮大专业人才队伍、完善人才激励机制、提升国民信息技能。

教育信息化人才有广义和狭义之分。狭义的教育信息化人才是指教育信息化建设、管理、服务的专门人才,广义的教育信息化人才,包括所有的教师、学生、教育管理者、社会学习者,因为信息技术在学习与教育方面已经无人不用、无所不及,只要进行现代化的教学、教育管理和学习,就必须具有相应的信息技术素养和信息化教育与管理能力,因此关于教育信息化人才观要扩展,我国已将教育系统的全员教育信息化提升纳入教育部视野,加速开展"信息素养全面提升行动",将全面提升"人"的能力作为新时代推进教育信息化的核心,大力开展各级各类学校教师、校长和管理者培训,扩大培训规模、创新培训模式、增强培训实效,尤其是在健全教师信息技术应用能力标准、将信息化教学能力培养纳入师范生培养课程体系等方面采取系列化的措施。

1.1.2.6 信息化政策、法规和标准

教育信息化是庞大的体系,也是复杂的系统工程,涉及教育的方方面面,且对教育具有变革性,因此政策、法规和标准就成为教育信息化的重要保障,不断健全教育信息化政策法规,构建良好的教育信息化生态环境,不断提升教育信息化治理水平,成为教育信息化科学发展、健康发展的必然要求,整个教育信息化的发展期,同时是我国教育信息化制度体系进一步健全以及标准规范逐步完善的时期。

教育信息化赖以存在的信息技术不断有新技术涌现,同时每项技术都发展迅速,这一方面要求教育信息化政策、法规和标准的制定与时俱进,另一方面使建立在新的高速发展技术之上的教育信息化政策、法规和标准的制定难度很大。

1.1.2.7 信息与网络安全

随着教育信息化的发展,教育信息基础设施已经成为教育的发展基石。教育网络安全出问题,轻则影响教育教学的正常进行,重则影响社会公共安全,甚至会危及国家安全,保护信息基础设施和信息安全的工作越来越显得重要。没有网络安全就没有教育安全。国家十分重视信息与网络安全,并加强教育系统党组织对网络安全和信息化工作的领导,明确党组织主要负责人为网络安全工作的第一负责人,正在逐步建立网络安全和信息化统筹协调的领导体制,将做到网络安全和信息化统一谋划、统筹推进。专门建立网络安全一级学科博士点,加强网络安全高层次人才的培养。强化隐私保护,严密保护、逐层开放、有序共享的良性机制正在逐步形成。

1.1.2.8 信息化理念与理论

教育信息化分为起步、应用、融合、创新阶段,当教育信息化发展到高级阶段时,理念、理论显得特别重要。

我国教育信息化历经几十年发展，成绩固然是巨大的，但是并未产生"显著性差异"，甚至在与"互联网+"融合的发展中，严重滞后于其他许多行业，其重要原因之一是理论创新缺失。理论成熟并自觉地以理论指导实践是事业成熟的标志。然而，我国教育信息化有史以来产生的带有方向性、指导性、引领性、基础性、根本性的重大原始创新理论数量严重不足，迄今没有形成教育信息化推动教育现代化的理论及方法，也没有形成技术变革教育的理论和方法。从总体上看，教育信息化理论创新与国家对教育信息化的巨大期待很不相称。当然，不仅仅是我国没有产生多少重大的教育信息化理论，世界范围内亦如此。一项创新的事业，几十年没有相匹配的创新理论的指导，必将影响其进一步的发展[1]。提升自信与担当，对于促进教育信息化理论创新显得非常重要。

1.2 教育信息化特征概论

以教育信息化推动教育现代化的本质，是充分发挥信息技术先进教育力的作用，变革教育，创新教育新应用、新模式、新形态、新业态，使教育与时俱进。而要充分发挥信息技术先进教育力的作用，就必须对教育信息化的特征有清晰的、系统的、深刻的理解和把握。

1.2.1 教育信息化特征探索

在我国，南国农先生较早探索教育信息化特征。早在世纪之交，他就将教育信息化的特征归纳为五化、三性[2]。"五化"为教育信息显示多媒化、教育信息处理数字化、教育信息存储光盘化、教育信息传输网络化、教育信息管理智能化；"三性"为超越时空、使教育向所有需要和愿意学习的人开放、并实现资源共享的"开放性"，学习内容和方式打破传统的线性框框、电子课本和网上教材中知识间的联结网状、发散、板块的"非线性"，实现人—机间双向沟通和人—人间远距离交互学习并促进多向交流的"交互性"。

祝智庭教授认为应该将教育信息化的基本特征分为技术特征和教育特征分别加以考量[3]。按此分析，南国农教授所概括的"五化"特征是就技术特征而言的，"三性"特征事实上为教育特征。南国农教授、祝智庭教授论述教育信息化特征时，物联网、大数据、云技术、3D打印等新兴的信息技术有的还没有出现，有的还处于萌芽状态，那时我国教育信息化还处于起步阶段，而当前信息技术的高速发展，决定了有必要重新审视教育信息化的基本特征，一方面教育信息化的技术特征和教育特

---

[1] 陈琳，王丽娜. 走向智慧时代的教育信息化发展三大问题[J]. 现代远程教育研究，2017(06)：57-63.
[2] 南国农. 教育信息化建设的几个理论和实际问题(上)[J]. 电化教育研究，2002(11)：3-6.
[3] 祝智庭. 教育信息化：教育技术的新高地[J]. 中国电化教育，2001(02)：5-8.

征将随着信息技术的发展拥有更加丰富的内涵,另一方面,在技术特征和教育特征之外,还应该增加教育信息化的本质特征(详见1.5节)。

1.2.2 教育信息化技术特征概论

教育信息化的技术特征一定与教育所采用的先进的信息技术密切相关,是随着深刻改变教育的一个个具体的、作用巨大的新技术的发展而不断丰富的,因此可以说,技术特征是信息技术的发展所赋予的。

信息化对于教育的影响,实际上是在用其所长改变教育、服务教育、创新教育。然而纵观国内外,对教育信息化的技术特征研究不够透彻,更多停留在教育信息化初级阶段的特征认知层面上,因此有必要对教育信息化的技术特征进行拓展和新析新解,以充分发挥教育信息化对教育现代化的支撑引领作用。

近几年随着云计算、物联网、大数据、移动通信等技术的登场,随着人工智能的突破式发展,教育信息化的手段和内涵更加丰富,当今的教育信息化越来越明显地呈现出数字化、多媒体化、网络化、物感化、移动化、数据化、多维化、智能化等八大技术特征。教育工作者充分认识、创新地利用这些特征,就会成为与时俱进的新型教育工作者。

1.2.3 教育信息化的教育特征概论

教育信息化的教育特征,是信息化作用于教育使教育出现的新特征。21世纪初,祝智庭教授曾论述过教育信息化的教育特征,认为具有八大特征:教材多媒化、资源全球化、教学个性化、学习自主化、活动合作化、管理自动化、环境虚拟化以及系统开放化[①]。时过18年后,随着教育信息化由起步阶段向应用、融合乃至创新阶段的发展,随着信息技术与教育教学深度融合,祝智庭教授提到的部分教育特征又进一步丰富和发展了,归纳起来主要有教材多媒立体全息化、资源全球化、教师专家化、教学个性化、学习泛在自主化、活动协同化、环境虚实融合化、系统开放化、管理智能化、学校全候化、体制扁平化、模式研创化、认知主辅化、定位引领化、课程智慧化、评价历力化、知行创合一化。

1.3 教育信息化技术特征

1.3.1 教育信息化的数字化特征

数字化是教育信息化最为底层的技术特征,也是其他技术特征存在的基础。因

---

① 祝智庭. 教育信息化:教育技术的新高地[J]. 中国电化教育,2001(02):5-8.

为有了数字化，相应诞生了数字媒体、数字加工、数字生活、数字工作、数字教育、数字学习、数字新生代、数字校园、数字时代，数字化对人类社会产生的影响是巨大和深刻的，颠覆和造就了许多产业和行业。

1.3.1.1 数字化的特殊功用

1. 数字化意味着高速发展

数字化的高速发展促进了社会生产力的迅速发展，丰富了教育现代化的内容，相应要求教育人适应迅猛变化的新形势，要使教育内容随着不断变化的世界而变化，教学手段随着数字技术的高速发展而不断优化发展。数字化是教育信息化的基础和前提，这也成为教育信息化带动和全面推动教育现代化的技术支撑。

数字化的高速发展对人类的影响既是革命性的，又是持续叠加的，使教育主体的学习者发生的变化是巨大的，有了数字新一代、数字土著之说。

"数字土著"与传统社会成长起来的人，在许多方面是不一样的，教育必须随着教育主体在数字技术影响下的变化而不断调整。2017年10月1日起我国实施的首部《民法总则》，代替了1987年1月1日起实施的《民法通则》，其中相应地将"限制民事行为能力人"的年龄范围由10~18岁调整至8~18岁，这表明数字化高速发展对社会的极大影响已通过对年轻一代的成长速度得到充分展现，使现在8岁小朋友具有了过去10岁小朋友才具有的认识水平和行为能力，教育必须适应教育对象的这种改变。

2. 数字化意味着颠覆性发展

数字技术使人类在实体世界之外又建构了全新的虚拟世界，这一方面启示人们要具有颠覆性思维，勇于走前人未走过的路，另一方面要求人们在数字化之路上大胆创新。

从模拟走向数字是一场革命，而在数字化轨道上建构与数字化相匹配、发挥数字化巨大作用的新领域、新行业、新秩序、新产业、新应用、新工具、新平台，同样是一场革命，而且是范围更为广泛的革命。人类走向数字化进展顺利，然而在数字化之上再发展，才刚刚起步，但一些行业已有探索，智能导航、无人驾驶是在交通领域很好的尝试，相比较而言，教育领域颠覆性发展远远不够，教育信息化远不够深入，信息技术与教育教学融合还在初级阶段，未来创新发展空间巨大，无论是理论工作者的研究空间，还是教育一线人员的实践创新空间以及企业的开发应用空间都非常大，既要加速面向虚拟世界进行研发，又要在虚拟世界与实体世界的融合方面发力。

3. 数字化意味着大挑战

数字化对许多产业的生存会构成很大威胁，甚至导致部分产业的消亡。

电影机用胶片拍摄、摄影用胶卷或页片，在上百年的时间内是天经地义的，然而随数字化大潮诞生的数字照相机、数字电影机(数字摄影机)与胶卷、胶片彻底划界清线，使得以传统胶片等感光材料为产品的精密化工企业，市场占有率一落千丈，像柯达公司那样的感光材料巨头也不得不申请破产保护。富有戏剧性的是，数字照相机、数字电影机中起核心作用的影像芯片(影像传感器)，就是柯达公司发明，且在相当长时间内其在影像芯片的研发方面是全世界的领跑企业，可是柯达公司影像芯片的发明使柯达公司成为自己的掘墓人，但柯达公司为影像技术的时代化发展做出了无与伦比的贡献，不能不说柯达公司是具有悲壮色彩的英雄。数字化的挑战力之巨是排山倒海式的，再大的公司都无法与之抗衡。柯达在数字照相机侵占其传统胶片市场时，相当长时间内是希望减缓影像传感器高端技术投放市场的速度而保住胶片市场，然而，数字化技术一旦横空出世，就势如破竹，无法阻挡。

数字化的挑战性往往有不断增强升级的特点。在数字化初期，传统照相机被数字照相机替代，照相机换了一种方式在发展，相对于感光材料而言照相机是幸运的，在"卷换芯"后继续大放异彩，然而好景不长，随着智能手机性能的飞速提升、功能的不断拓展，照相机的作用被智能手机通吃，照相机逐步从非专业领域消失。

自从激光照排之父王选院士发明了中文激光照排系统之后，依靠铅字排版的活字印刷迅速溃不成军，在不足 20 年的时间内刻字工、熔铅铸字工、熔铅浇版工、熔铅铸字工、铅排工人纷纷改行。王选的贡献不仅仅是引导了一场行业技术革命，使我国的印刷术告别了铅与火，迎来了光与电，走向数字化，助推了中华文明的传播与繁荣，而且走出了一条产学研相结合的成功道路。激光照排是王选院士一生中最大的科学成就,西方国家用了 40 年时间才从第一代照排机发展到第四代激光照排系统，而他却将我国从落后的铅字排版一步就跨进了最先进的技术领域，使我国印刷业发展历程差不多缩短了半个世纪，使印刷行业的效率相应提高了几十倍。

4. 数字化意味着大机遇

一个对人类社会产生巨大影响的技术问世，必然带来许多发展机遇；在人类的自然世界之外诞生一个数字世界，必然造就人类历史上的最大机遇。

数字化诞生了庞大的 IT 产业，导致了新的产业革命，使人类拥有了更多的世界形态，而且它是年轻人的天堂。从 1999 年至 2015 年的 16 年时间内我国有 42%的职业消失，然而同时期诞生职业比消亡的职业数量要多得多。

数字化对年轻人意味着有更多的机会。因为年轻人接受新事物快、没有保守思想、没有思维定式、精力充沛，所以在前喻文化、并喻文化的基础上诞生了后喻文化，一定程度上学生教老师、年轻人教长辈的反哺式文化成为一种新的趋势。

5. 数字化意味着高质量

数字化是用二进制数字表征，最小单位是比特，任何数字化作品都是由比特组合叠加而成，因此数字化加工与设计都可以在单一的比特层次上进行，使加工、设计精确到比特，所带来的高质量在与过去的质量对比中明显胜出。

过去加工制作照片是在暗房中进行，要对局部亮度进行精细调整、要对局部色彩进行调整、要去除照片中的瑕疵，十分困难，用遮挡法、局部法增减曝光，用局部加滤光片的方法调整影像色彩，成功率非常低，而且在最终照片上都会或多或少地留下加工的痕迹。可是，数字化加工非同寻常，它可以精确到对任何一个像素进行调整，而且对每个像素的亮度可进行若干层次的调整，对每个像素的色彩可有数以万计的改变。图像加工如此，视频加工亦如此，音频加工同样如此，因而数字化带来的是质量的极大提升，是人们加工能力的无限拓展。

6. 数字化意味着高效率

数字化加工使许多过去耗费很长时间才能完成的加工可瞬间完成。过去进行照片的暗房特技加工要取得一个特殊效果必须通宵达旦，甚至于数天才能完成，而今借助于 Photoshop 等软件的特效功能，可瞬间完成[1]，使人们数字资源的加工效率与过去相比有数以百倍的提升。

7. 数字化意味着低成本

数字化独特的复制模式，可使任何文件在无丝毫质量损失的前提下快速复制，形成了独特的生产方式，使数字作品在设计后的复制成本极低。作为世界人口的第一大国，我国将数字教学资源作为公共资源加以利用，特别适合我国国情。以特殊的公建众享[2]、公建共享[3]的模式建设数字教育资源、共享优质资源，既可以发挥大国优势，又可以更好地发挥社会主义制度的优越性。

数字化还使得教学设备简单、性能可靠和标准统一[4]。

数字化对教育的最大影响是诞生了数字化教育[5]、数字化学习[6]，使教育迈向新时代，催生了教育信息化。

1.3.1.2 数字化要求时代人相应具备的能力

数字化要求所有人具有数字素养、数字化学习能力，只是对不同领域或不同行业人的要求是不一样的。

仅仅从数字化着眼，数字化要求教育技术人和从事教育信息化的人，至少具有数字语言能力、编程能力、数字获取能力(图形、图像、音频、视频等)、数字加工

---

[1] 陈琳. 数字影像技术(第2版)[M]. 北京：高等教育出版社，2011：8.
[2] 陈琳，王矗，李凡，等. 创建数字化学习资源公建众享模式研究[J]. 中国电化教育，2012(01)：73-77.
[3] 陈琳. 中国高校教育信息化发展战略与路径选择[J]. 教育研究，2012，33(04)：50-56.
[4] 祝智庭. 教育信息化：教育技术的新高地[J]. 中国电化教育，2001(02)：5-8.
[5] 杨现民，余胜泉. 论我国数字化教育的转型升级[J]. 教育研究，2014，35(05)：113-120.
[6] 李克东. 数字化学习(上)——信息技术与课程整合的核心[J]. 电化教育研究，2001(08)：46-49.

能力、数字设计能力、数字呈现能力、数字思维能力、数字化教学服务能力、数字创造能力、计算机维护能力，等等。

1.3.2 教育信息化的多媒体化特征

多媒体化是随着多媒体技术的产生而出现的教育信息化技术特征。

1.3.2.1 多媒体技术及其特点

多媒体技术是利用计算机对文字、图形、图像、声音、视频、动画等多种信息综合处理，使用户可以通过多种感官与计算机进行实时信息交互的技术。多媒体技术以人机界面友好、贴近人们的自然习惯为优势，极大改变了人们获取信息的方法，诞生了符合人们新时代需求的阅读方式，使工业生产管理、学校教育、公共信息咨询、商业广告、军事指挥与训练、家庭生活与娱乐等都发生了深刻变化，尤其为教学提供了逼真的表现效果，扩大了人的认知空间，可提高主观对客观世界的认识程度[①]。

多媒体技术集图、文、声、像于一体，实现了传播的一体化，具有集成性、控制性、交互性、非线性等特点。①集成性，可对信息进行多通道统一获取、存储、加工处理与组织；②控制性，是以计算机为中心综合加工处理和控制多媒体信息，并以多种媒体形式表现，相应可同时作用于人的多种感官；③交互性，突破了传统媒体只能单向地、被动地传播信息的局限，能够实现人对信息的主动选择和控制，实现人与机器、人与人及机器间的人机相互交流；④非线性，改变人们传统循序性的读写模式，借助超文本链接的方法可将内容以更灵活、更多变的方式呈现，而且对于教学而言，师生可以按照自己的目的和认知特征重新组织信息，增加、删除或修改节点，重新建立链接。

1.3.2.2 多媒体化的优势

多媒体化使信息表征多元化。使文字、图形、图像、声音、视频、动画等媒体形式浑然一体，使教学可采用最佳的信息形式表达教学内容、呈现教学内容，使教学信息呈现尽善尽美，为教学最优化实施创新了条件。

多媒体化降低了技术的应用门槛。使人人能轻松自如地运用新媒体，不要再像过去使用幻灯机、投影器、传统机械式电影机教学那样为技术所困和为技术所累。多媒体的设计、加工和控制设备都是计算机，而在新时代作为教育工作者都会使用计算机，都能自如地使用计算机，事实上多媒体应用几乎已无技术门槛可言，成为没有人学不好的技术。在教育领域，过去是少数人掌握技术为多数人服务，多媒体技术出现后是人人掌握技术为自身教与学服务，使人人都成为行家。当然，诞生之初的多媒体软件制作是有难度的，必须借助专门的多媒体创新工具[②]、多媒体著作工具[③]，比如用 Authorwear 制作多

---

① 田平. 多媒体技术与教育[J]. 教育研究，1999(3)：52-57.
② 赵蔚，游泽清. 试论多媒体创作工具软件的设计思想[J]. 电视技术，1997(10)：51-55.
③ 王慧芳，游泽清，马希荣. 利用多媒体著作工具实现双声道效果的方法[J]. 中国电化教育，2005(06)：104-106.

媒体课件就必须花较长时间学习，然而，现在以更多的便捷化方式替代了。

多媒体化使信息呈现更加艺术化且近乎无限的拓展创意空间，诞生了新的多媒体艺术形式[①]、行业、专业、学科。多媒体艺术既是艺术的拓展，形成了独特的综合艺术、交互艺术，又是艺术品质提升的助推器，推动艺术走向更高层次，同时又大大降低了艺术的门槛，使艺术从精英走向大众，成为具有草根性的艺术，提高了人的艺术品位、艺术素质、艺术能力。艺术追求无止境，多媒体艺术追求更无止境，多媒体课件、多媒体教育软件、多媒体教学比赛、信息化教学比赛，成为一个个新型的既是技术与应用又是艺术的赛事。

多媒体化具有高效性，具体表现在多媒体内容加工处理的高效、呈现的高效、交流的高效、学习的高效、多媒体设备应用的高效和多媒体教学的高效等方面。

多媒体化还促进了多媒体压缩/解压缩技术、多媒体存储技术、多媒体加工技术的飞速发展。

多媒体化使教育教学焕然一新。诞生了新的教学媒体、新的教学资源、新的教学方法、新的教学环境、新的教学理论和新的教学规律，即产生了多媒体课件、多媒体教材[②]、多媒体教学、多媒体教室、多媒体课件制作理论等，引发了许多多媒体教学的研究，如课堂多媒体教学研究[③]、演示型多媒体课件研究[④]、多媒体教学效果研究[⑤]、网络多媒体教学资源建设的研究[⑥]、网络多媒体课件设计的研究[⑦]、多媒体网络教学资源库的建设研究[⑧]、多媒体电子书的研究[⑨]、网络多媒体阅读研究[⑩]、网络课件评价研究[⑪]、多媒体网络教学资源研究[⑫]，等等。

随着多媒体在教育教学中的广泛应用，多媒体教学理论成为教学的基本理论，给人们以许多新启示：①在多媒体学习中，视觉和言语材料分别在不同加工系统中加工，视觉/图像通道产生视觉表征，听觉/言语通道产生言语表征；②学习过程认知建构决定于学习者主动的认知加工，只有当学习者主动选择相关言语与图像信息，将它们组织成聚合的言语和视觉表征，并且将相应的言语和视觉表征及相关的其他知识整合在一

---

① 游泽清. 创建一门多媒体艺术理论[J]. 中国电化教育，2008(08)：7-11.
② 游泽清，曲建峰，金宝莹. 多媒体教材中运动画面艺术规律的探讨[J]. 中国电化教育，2003(08)：49-52.
③ 陈琳. 从微观层面着眼课堂多媒体教学的优化[J]. 中国电化教育，2006(12)：58-59.
④ 陈琳. 课堂演示型多媒体课件的优化制作[J]. 中国电化教育，2003(01)：57-59.
⑤ 陈琳. 多媒体教学异常现象原因及解决办法[J]. 远程教育杂志，2002(06)：51-53.
⑥ 孙默. 网络多媒体教学资源建设中的问题与对策[J]. 中国电化教育，2011(07)：88-91.
⑦ 王秀玲. 网络多媒体课件设计与制作专题学习网站建设[J]. 现代教育技术，2010，20(S1)：140-142.
⑧ 门斌. 大学英语多媒体网络教学资源库的建设[J]. 电化教育研究，2009(07)：68-72.
⑨ 杜荣良，陈琳. 基于《聋人手语900句》论多媒体电子书的制作[J]. 现代教育技术，2009，19(04)：113-116.
⑩ 陈晶. 论网络多媒体的阅读理解[J]. 现代远距离教育，2008(05)：46-49.
⑪ 张正做，赵葆华. 网络课件评价新维度：多媒体认知理论[J]. 现代远距离教育，2008(02)：41-43.
⑫ 曹进，靳琰. 外语多媒体网络教学资源整合与重组——问题与对策[J]. 电化教育研究，2005(08)：44-48.

起时，才会出现有意义学习；③视觉和言语工作记忆能量都是有限的，如果对听觉/言语通道或视觉/图像通道呈现太多需要加工的元素，就会引起认知超负荷而阻碍学习[①]。

多媒体的发展产生了新兴的多媒体画面语言[②]，带来了繁荣的多媒体教材、多媒体资源的研究，相应形成了多媒体课件设计原则，其多重表征原则、接近性原则、相关性原则、多通道原则、冗余性原则、交互性原则、个体差异原则、片段化呈现原则、预训练原则、个性化原则等，对教学实践具有指导意义。

人机交互、立即反馈是多媒体技术的显著特点，对于教育而言，要特别注意交互性、即时反馈性作用的发挥。在传统教学过程中，教学内容、教学策略、教学方法、教学程度以及学习练习，都是教师事先安排好的，学习者是被动地参与，而在多媒体交互式学习环境中学习者有了主动参与的可能，可以按照自己的学习基础、学习兴趣来选择所需要的学习内容，并能够随时判别学习效果，从而能够更好地发挥学习者的主观能动性，进而更加积极、主动地学习。

1.3.2.3 多媒体化要求当代人具备的能力

多媒体化要求人们普遍具有多媒体的学习能力，以及多媒体的采集、加工、处理、呈现能力。然而，对于教育技术人和教育信息化专门人员，则至少还应具备多媒体教学研究能力，多媒体教学资源设计、开发、评价能力，多媒体教学设备使用与维护能力，多媒体教学环境建设与保障能力，多媒体教学设计能力，多媒体教学与培训能力，以及多媒体艺术表现力与创新创造力。

1.3.3 教育信息化的网络化特征

网络化的本质是基于互联网的联通化。随着互联网技术的不断发展与应用普及，全世界分布在不同地点的计算机相继互联形成了庞大网络。网络化为人类带来了资源共享、时空不限和跨区域在线合作的便利，对人类社会发展影响深远，相应诞生了互联网经济、互联网思维、互网络语言、网络生活等，我国专门出台《关于积极推进"互联网+"行动的指导意见》，以通过"互联网+"将互联网的创新成果与经济社会各领域深度融合，推动技术进步、效率提升和组织变革，提升实体经济创新力和生产力，形成更广泛的以互联网为基础设施和创新要素的经济社会发展新形态。

1.3.3.1 网络化的巨大作用

1. 助推全球化实现

网络化大大拉近了人与人之间的距离，将庞大地球拉近到犹如村落而成为"地

---

① 王建中，曾娜，郑旭东. 理查德·梅耶多媒体学习的理论基础[J]. 现代远程教育研究，2013(02)：15-24.
② 游泽清. 多媒体画面语言的语法[J]. 信息技术教育，2002(12)：79-80.

球村",促进了真正意义上的全球化,使国际化交流、国际化合作、国际化学习成为新常态,相应地具有国际视野,能参与国际竞争,成为对当代人的新要求。

2. 提升社会的开放度与共享度

网络化很好地支持计算资源、数据资源、信息资源、知识资源、专家资源的全面共享,使人们能不受物理空间的限制和约束交换各类信息,并使许多共享成为零成本的(也就有了"零成本社会"一说),使共享经济成为可能,而且互联网作为生产生活要素共享的重要平台,能最大限度优化资源配置,加快形成以开放、共享为特征的经济社会运行新模式。

网络化使开放与共享成为时代特征与发展方略,开放、共享双双进入我国五大发展理念,开放资源、开放课程成为教育发展的特色方向,学分开放与学分互认将会触动教育的深层次改革。

3. 促进巨平台建设

随着网络技术与云技术的发展与不断完善,基于信息技术的巨型平台不断壮大,促进了优质资源更好地整合与集成,人们可方便快捷地享用各类优质的数字资源。国家教育资源公共服务平台、国家教育管理公共服务平台、中国知网、爱课程网、百度百科、维基百科,是网络化巨平台的缩影。《教育信息化2.0行动计划》提出构建一体化的"互联网+教育"大平台,引入"平台+教育"服务模式,整合各级各类教育资源公共服务平台和支持系统,逐步实现资源平台、管理平台的互通、衔接与开放,建成国家数字教育资源公共服务体系。

基于网络大平台,可更好发挥优质资源的作用,更好促进公平,这对于人口大国、社会主义国家,可借助于此更好彰显大国优势和社会主义制度的优势,我国相应提出"校校用平台、班班用资源、人人用空间"。

网络化诞生了"平台思维",将有越来越多的机遇与创新,是基于网络平台的。

4. 支持超时空协同

网络化可使人们跨越时间和空间进行全新意义上的协同,形成更广范围、更大空间的新型合作。这使网络教研、协作学习、协同研究可不受距离限制,不受时间约束。

5. 支持颠覆创新

现存的教育许多方面是按工业时代要求设计的,是互联网诞生之前设计的继承,如何实现互联网+、建构新教育值得深入研究。

网络技术发展无止境,局域网、互联网、移动网络、物联网等新的网络形式接踵而至,2G、3G、4G、5G使网络通信不断升级,这使基于网络的颠覆创新是持续不断的。

我国相当长时间内持续推进教育的网络化，新世纪初"校校通"建设，2012年起推进"宽带网络校校通"，教育部与工业和信息化部发出《关于开展学校联网攻坚行动的通知》，为在2020年底前真正实现"宽带网络校校通"作最后的冲刺部署①。

1.3.3.2 网络化要求当代人具备的能力

网络化要求人们普遍具有网络交流、学习、生活的意识与能力。然而，对于教育技术人员和教育信息化专门人员，则至少还应具备网络教育与学习的理论研究能力，网络学习资源以及教育网站的设计开发建设能力，网络课程与在线课程的设计、开发、利用、管理、评价、创新能力（涉及微课、MOOC、翻转课、SPOC、智慧型课程），教育网络的管理、维护能力，网络教学平台及环境设计建设能力，网络教育应用软件开发能力，网络学习数字空间设计、开发、管理、利用能力，网络教学设计能力，互联网+教育设计能力，现代远程教育研究与运用能力，等等。

网络化将对通常的以课堂为中心、以教材为中心、以知识为中心的教育形成大的冲击，将逐步发展为天下名师皆我师的名师式教育，基于网络的学习将成为学习的主流。正因为此，"网络教育"写入党的十九大报告。

1.3.4 教育信息化的物感化特征

物感化是由物-物相连的物联网（Internet of things，IoT）发展而带来的教育信息化新的技术特征。物联网将互联网的信息连接发展进化为"万物互联"②，随着5G技术的发展，数字化、多媒体化、网络化造就了虚拟世界，从互联网到物联网的技术发展，使人类拥有了将虚拟世界与现实世界融合的技术手段和能力。

1.3.4.1 物联功用

物联网在1999年最初提出时定义为通过射频识别（RFID、RFID+互联网）、红外感应器、全球定位系统、激光扫描器、特殊的感应器等信息传感设备，按约定的协议，把任何物品与互联网连接起来，进行信息交换和通信，以实现智能化识别、定位、跟踪、监控和管理的新型网络。时至今日，物联网是指通过各种信息传感设备，实时采集任何需要监控、连接、互动的物体或过程等各种需要的信息，与互联网结合形成巨大网络，其目的是实现物与物、物与人，所有的物品与网络的连接，方便识别、管理和控制。传感器技术、RFID技术、嵌入式系统技术以及方兴未艾的边缘计算技术是物联网的关键技术。

---

① 教技厅函[2018]142号. 关于开展学校联网攻坚行动的通知[Z].
② 高欣峰，陈丽，徐亚倩，等. 基于互联网发展逻辑的网络教育演变[J]. 远程教育杂志，2018，36(06)：84-91.

1.3.4.2 物联教育应用

对于教育而言,物联网既是教育的新兴内容,其发展又能拓展教育疆域、重塑教育主体间关系、改变教育管理手段。智慧教室、智慧校园的建设要充分发挥物联网的作用,支持新的认知关系——主辅式认知[①]理论研究。物联网教育应用的目标由低到高分为优化管理、技术体验、课程整合、科学探究和创新教育等多个层次[②]。

早先信息源于人的观察与描绘,现在物联网将具有超越人类视觉、嗅觉和触觉范围的高灵敏度感知能力,能够实现对所处环境信息的全面与主动感知,使人的认知触角不断扩展,帮助人们更多感知、更好感知,进而支持人对物质世界的更好支配与控制,同时为基于大数据的分析创新了条件,将推动教育对学习情境信息的科学感知,实现根据学习情境的动态变化,为用户提供智能化学习支持服务[③]。

物联网教育应用方兴未艾。要以丰富的想象去拓展感知的应用新领域,要有奇思妙想。"手语识别发声系统"给人们以启示:手语是聋人的主要交流沟通途径,但能看懂手语的人不多,东北大学、清华大学、北京航空航天大学学生以感知为基础研发的手语识别发声系统,为解决交流沟通障碍提供了新的思路。

1.3.4.3 物感化要求教育技术信息化人具备的能力

物感化要求人们普遍具有借物认知的能力和虚实世界的融合联通能力。对于教育技术人员和教育信息化专门人员,则至少还应具备高超的虚实融合学习力、敏锐的感测感知技术了解力、感测感知技术综合运用力、虚实融合教学设计力、虚实融合教育教学操控力,等等。

1.3.5 教育信息化的移动化特征

移动化是由第三代、第四代移动通信技术以及智能手机技术发展而带来的教育信息化新的技术特征。

1.3.5.1 移动化的作用

现代移动通信技术由来已久。第一代移动通信技术(1G)是模拟技术,第二代移动通信技术(2G)走向数字化语音通信,第三代移动通信技术(3G)以多媒体通信为特征,第四代移动通信技术(4G)使人类进入无线宽带时代,第五代移动通信技术(5G)在极大提升以人为中心的宽带移动互联网业务使用体验的同时[④],全面支持万物在

---

① 刘雪飞,陈琳.主辅式认知——智慧时代认知拓展研究[J].电化教育研究,2019,40(01):33-38.
② 傅骞.从优化管理到促进创新——物联网教育应用目标发展概述[J].中国电化教育,2014(11):69-73.
③ 张国云,杨文正,赵梅."技术赋能学习"视域下新兴技术在教育APP中的应用前瞻分析[J].中国电化教育,2018(10):107-117.
④ 杜滢,朱浩,杨红梅,等.5G移动通信技术标准综述[J].电信科学,2018,34(08):2-9.

线的物联网业务，实现人与人、人与物以及物与物的智能互联[①]，使人类加速向"信息随心至、万物触手及"迈进。

移动化使人们面向全球的交流可以随时随地、方式方法多种多样。移动化派生出了许多新形态，比如移动办公、移动社交、移动金融、移动生活、移动学习、移动支付。移动化的深入运用相当程度上改变了人们的生活、工作、学习方式。

1.3.5.2 移动化教育运用

移动化为人们解决了许多不可能和克服了许多不方便，使学习自由自在具有泛在性，使移动学习(m-Learning)成为继数字化学习之后又一新型学习模式，使终身学习真正成为可能。学习不再受时空限制，可以让人们利用碎片化的、任何时长的闲暇时间学习，学习者可以随时、随地根据自己的进度开展学习，使人人皆学、时时可学、处处能学真正成为可能。

在任何时间、地点借助移动设备与移动通信网络获取学习资源、与他人进行交流与协作以及实现知识建构过程的移动学习，已经历了从知识传递的第一代移动学习，向认知建构的第二代移动学习以及情境认知的第三代移动学习发展。

由于移动学习、泛在学习的重要以及无所不在，形成了大量的有关移动学习的高层次研究成果，如移动学习模式[②]、移动学习活动设计[③]、移动学习认知[④]、移动学习服务环境[⑤]、移动学习工具[⑥]、移动学习效果[⑦]、无障碍移动学习资源[⑧]、移动学习资源设计[⑨]、移动学习资源共建[⑩]，等等。

1.3.5.3 移动化要求当代人具备的能力

移动化要求人们普遍具有泛在学习意识与能力。对于教育技术人员和教育信息化专门人员，则至少还应具备移动学习资源设计、开发、利用、评价能力，移动学习活动设计能力，移动教学设计能力，移动学习指导与培训能力，移动学习规律研究与执行能力，等等。

---

① IMT-2020 Promotion Group. White Paper on 5G Vision and Requirements[R]. 2014.
② 傅钢善，李碌. 3G时代基于专家系统的移动学习模式[J]. 中国电化教育，2010(04)：106-111.
③ 黄荣怀，王晓晨，李玉顺. 面向移动学习的学习活动设计框架[J]. 远程教育杂志，2009，17(01)：3-7.
④ 姜强，赵蔚，王朋娇. 碎片化学习视域下基于智能手机的大学生移动学习认知研究[J]. 现代远距离教育，2014(1)：37-42.
⑤ 方海光，李珍珍，王晓春，等. 移动学习的系统服务环境研究[J]. 现代教育技术，2011，21(04)：19-25.
⑥ 杜华，杨晓宏. 移动学习工具评价指标体系研究——以场馆APP评价为例[J]. 中国远程教育，2018(08)：63-69.
⑦ 卢婷，杨现民. 信息呈现方式与认知风格对概念性知识移动学习效果影响研究[J]. 中国远程教育，2016(06)：36-43.
⑧ 李东锋，黄如民，郑权. 面向听障儿童的无障碍移动学习资源设计研究[J]. 现代教育技术，2013，23(9)：104-109.
⑨ 刘清堂，向丹丹. 面向3G手机的移动学习资源交互设计与实现[J]. 中国电化教育，2011(11)：72-75.
⑩ 顾小清，李舒愫. 共建微型移动学习资源：系统设计及实现机制[J]. 中国电化教育，2010(02)：74-79.

1.3.6 教育信息化的数据化特征

数据化是由海量规模、多样类型、快速流转为主要特征的大数据发展而带来的教育信息化新技术特征。

1.3.6.1 大数据特点与功用

大数据产生的背景，是数字化、多媒体化、网络化、物感化、移动化以及后面将论述的多维化、平台化等为特征的信息化的高速发展，导致数据的海量增长，而且其与经济社会的交汇融合更加引发数据量的爆炸式增长。

大数据具有"5V"特点，即 Volume（海量的数据容量规模）、Velocity（快速的数据流转）、Variety（多样的数据类型）、Value（低成本创造高价值）、Veracity（数据真实性强）。

大数据通常指无法在一定时间内采用常规软件工具及手段进行捕捉、管理和加工处理的数据集合（更多的是分散的非结构化数据）。随着信息化的深入，大数据越来越成为国家基础性战略资源。人们形象性地比喻，工业社会的血液是石油，信息与智慧社会的血液是大数据。

大数据正日益对全球生产、流通、分配、消费活动以及经济运行机制、社会生活方式和国家治理能力产生重要影响。运用大数据推动经济发展、完善社会治理、提升政府服务和监管能力正成为趋势。以数据流引领技术流、资金流、物质流、人才流，将促进生产组织方式的集约和创新。从大数据中发现新知识、创造新价值、提升新能力，将促进社会前进。大数据将有效推动社会生产要素的协作化开发、集约化整合、网络化共享和高效化利用[①]。

数据化将驱动教育管理的科学化、教学模式的改革和教育教学评价体系重构、科学研究范式转型等，相应使人具有更强的决策力、更强的洞察发现力和更强的流程优化与重构能力。

数据化将使许多研究更加科学化。抽样调查曾经是科学研究的基本研究方法之一，然而现在人们可通过实时监测、跟踪研究对象在互联网上产生的大量的行为数据，进行挖掘分析，进而揭示出规律性的东西，并据此提出对策。至此，人类的科学研究范式已经历了科学实验的实验型科研、模型归纳的理论型科研、模拟仿真的计算型科研以及今天的数据密集型科研的发展过程。

随着大数据而兴起或不断发展的数据挖掘、机器学习等技术的共同作用，数据世界里的一些算法和基础理论将得到改变，进而导致科学技术上的突破，大数据分析平台、大数据应用技术、海量数据处理等技术应运而生。

---

① 国发[2015]50号. 国务院关于印发促进大数据发展行动纲要的通知[Z].

数据化可促进流程优化及管理提升。利用基于大数据的数据挖掘算法、预测性分析技术、语义引擎技术、可视化分析技术等新兴的技术与方法，企业可为人们提供更加及时和个性化的服务，商家可掌握实时的市场动态并做出更加精准有效的营销策略，医疗领域可为智能诊断提供支撑，政府可更好实现对经济运行更为准确的监测、分析、预测、预警，提高决策的针对性、科学性和时效性，可更好地洞察民生需求、优化资源配置、丰富服务内容、拓展服务渠道，从而更好地发挥促进经济社会发展、维护社会安全稳定的作用，做到调控科学化，治理精准化，服务普惠化，安全保障高效化。

我国非常重视发挥大数据在教育中的作用。国务院在《关于印发促进大数据发展行动纲要的通知》中提出："推动教育基础数据的伴随式收集和全国互通共享。建立各阶段适龄入学人口基础数据库、学生基础数据库和终身电子学籍档案，实现学生学籍档案在不同教育阶段的纵向贯通。推动形成覆盖全国、协同服务、全网互通的教育资源云服务体系。探索发挥大数据对变革教育方式、促进教育公平、提升教育质量的支撑作用"[①]。

1.3.6.2 数据化对教育信息化人员的能力新要求

数据化要求人们普遍具有大数据思维和数据采集与利用能力。对于教育技术人员和教育信息化专门人员，则至少还应具备数据挖掘能力，数据关联分析能力，数据加工与表现能力，数据应用能力，数据管理能力，数字决策能力，基于大数据的知识发现、教学创新能力，基于大数据的科学研究能力，等等。

1.3.7 教育信息化的多维化特征

多维化是当前教育信息化新的技术特征。越来越多的数字媒体向 3D 发展，且其多维化的深度与发展速度远远超出人们的想象，使教育信息传递更加形象逼真，艺术感染力更强，认知手段更多、更先进。

1.3.7.1 多维化的类型与特点

多维化分为输入、加工设计与输出呈现三个方面。其中，多维化输入设备有 3D 照相机、3D 摄像机、3D 扫描仪、手机 3D 扫描以及动作捕捉仪等，使 3D 获取轻而易举。多维化输出技术有 3D/4D 打印、裸眼 3D 电视、数字 3D 电影、3D 投影、全息技术以及 VR、AR 等。

3D 打印颠覆了车、铣、刨、磨、铸造、锻造、冲压、焊接、机械加工、热处理、装配等工艺过程，正在革新工业化的生产方式。

4D 打印通常是在打印材料上增加了时间系数，打印出的物品可在一定的时间内

---

① 国发[2015]50 号. 国务院关于印发促进大数据发展行动纲要的通知[Z].

随时间而变化,在医学等许多领域有着广泛应用。4D打印乳房竟然在一年后同样具有哺乳功能,这从一个重要方面促进了当今世界再生医学的发展。3D打印改变了工业生产模式,4D打印则能使制造的物品具有一定生长性。

随着多维化的发展,教育者要以丰富的想象去规划多维化的教育应用,让教育非同寻常,让教学由抽象走向更加逼近真实,让教学的情境性大为增强。

1.3.7.2 多维化对教育信息化人员的能力新要求

多维化要求人们更加具备多维空间的想象力,数字多维媒体信息获取能力,以及数字多维媒体信息输出、呈现与利用能力。对于教育技术人员和教育信息化专门人员,则至少还应具备多维虚拟空间设计能力,多维虚拟空间表现力,多维虚拟空间艺术创造力,数字多维媒体使用与维护能力(扫描、打印、全息、VR、AR、MR等),虚-实、实-虚多维空间转换能力,数字多维教学资源设计、开发、利用、评价能力,数字多维媒体信息加工处理能力,基于数字多维媒体教学的设计力,等等。

1.3.8 教育信息化的智能化特征

智能化特征是随着人工智能(AI)算法的突破以及人工智能应用突飞猛进式发展而带来的教育信息化新的技术特征。通常认为,人工智能是利用计算机或者计算机控制的机器模拟、延伸和扩展人的智能,感知环境、获取知识并使用知识获得最佳结果的理论、方法、技术及应用系统[①]。

1.3.8.1 智能化及其教育功用

日益加速发展的人工智能不断向纵深发展,将深刻改变人类社会、深刻改变世界,已发展成为引领未来的战略性技术,成为新一轮产业变革的核心驱动力。我国在视觉识别、语音识别等人工智能技术方面已领先世界,在自适应自主学习、混合智能、直觉感知、综合推理和群体智能等方面已初具跨越式发展能力,在人工智能创新创业方面日益活跃,正在加速构筑人工智能发展的先发优势,发展智能经济,建设智能社会,力争在理论、工具、方法、系统等方面取得颠覆性突破,全面增强人工智能原始创新能力,加速走向引领世界人工智能发展新潮流,为我国未来经济繁荣创造一个新的几十年的增长周期。人工智能正成为我国科学技术由跟跑向领跑世界发展的一个庞大领域,成为新的历史转折点。

在大数据、超级计算、移动互联网、传感网、脑科学等新技术新理论以及社会与经济发展强大需求的共同驱动作用下,加速发展的人工智能已呈现出深度学习、

---

① 中国电子技术标准化研究院. 人工智能标准化白皮书(2018版)[Z].

人机协同、跨界融合、群智开放、自主操控等众多新特征[①]，将创造新的强大引擎重构经济社会活动各环节，形成全社会的智能化新需求，催生新技术、新产品、新产业、新模式、新业态，促进和推动社会生产力的整体跃升。

随着具有自主学习能力的人工智能取得突破，随着类脑智能、自主智能、混合智能和群体智能等领域取得重大突破，人工智能将深刻改变人类的认识方式和思维模式，人们的职业观、劳动观、人才观、学习观、工作观都将重新诠释，不断促进人认识世界和改造世界能力的提升。

智能化永远在路上，目前还只是初露锋芒，我们每个人要学会利用它，当务之急是要建立正确的人工智能认识观：

（1）人工智能的发展速度会突破人们的想象。先后战胜世界围棋冠军的 AlphaGO、AlphaGo Master 以及战胜 AlphaGO、AlphaGo Master 的 Alphago Zero，反映了人工智能的进步神速，人类有必要从机器人学习能力快速提升中得到启示与启发，从而不断拓展人工智能新的应用领域。

（2）人工智能广泛应用并不遥远。人工智能在语义识别、人脸识别、语言翻译等方面的速度和精度，已经超过人类，并将迅速抢占人们的许多工作岗位，人们应科学应对这样的挑战。

（3）人工智能是人类的好伙伴。没有必要将人工智能与人产生对立，人会有更大智慧始终将人工智能作为自己的工具和得力助手。当前人工智能产品已与每个人息息相关，我们每天在不知不觉中或多或少地享用人工智能的成果，现在要主动探讨让人工智能为我们做事、分担任务、提升我们的能力。在教育领域，要加紧开发教学机器人、学伴机器人。不要将人工智能看成独立个体，而更多地要将之作为工具、助手，甚至于帮助人判断、决策的助手。要让 AI 解放教师（领读、出题、答疑、阅卷）、增进学习（有问题向 AI 求教，AI 必答，相当于智能设备中内置了机器人）、丰富活动（机器人陪练）等。通过智慧课堂及大数据精准教学，实时了解每个学生的学习情况，做到因材施教，提升教学质效。

（4）人工智能教师值得期待。人工智能翻译已逐步做到不逊通常意义上的翻译，新华社在全世界首推 AI 主持人，AI 诊断在某些方面更胜医生一筹，预示着 AI 教师也为期不远了。可以期待，AI 教师将使教学更加个性化，可帮助学习者学得更好，会成为最个性化的不知疲倦的好老师。

1.3.8.2 智能化对教育信息化人员的能力新要求

智能时代就在眼前，迫切要求人们普遍具有人工智能素养、人工智能理解力、人工智能掌控力、人工智能利用力以及与人工智能的协同力。对于教育技术人员和

---

① 国发[2017]35 号. 国务院关于印发新一代人工智能发展规划的通知[Z].

教育信息化专门人员，则至少还应具备人工智能发展的敏锐追踪力、智能化编程能力、智能教学技术的学习与运用能力、智能化教学设计能力、智能教学环境设计与建设能力、智能化教学媒体使用与维护能力、运用人工智能变革教学的能力、人工智能支持的创新创造力以及智能技术融合教育的研究能力，等等。

1.3.9　教育信息化的平台化特征

平台化是随着云技术、宽带网络技术、海量存储技术的发展而带来的教育信息化新的技术特征，以互联网思维中平台思维为基础。教育信息化的发展将走向大平台化，正因为此，在《教育信息化 2.0 行动计划》所确定的到 2022 年基本实现的"三全两高一大"发展目标中，将建成"互联网+教育"大平台作为重要目标，以通过引入"平台+教育"服务模式，整合各级各类教育资源公共服务平台和支持系统，逐步实现资源平台、管理平台的互通、衔接与开放，建成国家数字教育资源公共服务体系，实现教育信息化基于大平台、大项目、大基地、大学科的整体布局、协同发展。

平台化要求人们普遍具有平台思维、基于大平台的新型学习能力。对于教育技术人员和教育信息化专门人员，则至少还应具备教育信息化平台的建设能力、平台管理能力、基于数字大平台的教学创新能力、基于大平台的教学设计能力以及平台资源的整合能力，等等。

1.3.10　综合运用教育信息化多技术特征

教育信息化"九化"技术特征中的每一个"化"，都对教育产生很大影响，"九化"叠加将能使教育发生革命性的变化。当人们谋划、统筹、设计教育信息化建设、研究等工作时，一定要由着眼单维度教育信息化技术特征向运用多维度教育信息化技术特征转换，运用系统思维、整体思维全面设计，综合施策。过分看重教育信息化某一方面的技术特征，很容易导致以偏概全，难以发挥教育信息化的变革教育的整体效应。

不断发展的教育信息化特征还提醒人们，要注意分析技术发展的代际关系，把握新技术引入教育的最佳时机，以花合适的经费干特别有意义的事，不过过多分担企业研发成本，更不能将学生作为教育信息化试验的"小白鼠"。

1.4　教育信息化的教育特征

1.4.1　教材多媒立体全息化特征

教材是系统反映与表现课程内容的教学用书，是学习的系统化蓝本，通常形态是纸质书，但是信息化将使教材形态发生千年大嬗变，将越来越多地走向电子化、多媒体化、全息化、立体化。

纸质书的教材形态并非教材的必然形态，历史上竹简、缣帛也曾是教材的形态，20世纪教材的形式不断丰富，其总体形态是由文字教材的单一形式向文字教材与以"三片两带"（幻灯片、投影片、电影片、录音带、录像带）为主的电教教材结合的形式转变，使信息传递在过去教材文字化的基础上向与音频化、图片化、视频化的结合方面发展，教学幻灯片、教学电影片、教学投影片、教学电唱片、教学录音带、教学录像带、教学光盘等都曾是教材的补充形式[1]，但是随着极具特色的计算机多媒体技术以及信息技术多样化的迅猛发展，教材越来越趋向于多媒体化、立体化和全息化。

1.4.1.1 教材多媒体化

随着多媒体技术越来越成熟，教学内容的呈现更加结构化、动态化、形象化，相应地，教材也向多媒体化发展。

教材多媒体化是以多媒体形式表现教与学的内容，其典型形式是多媒体课件、多媒体学件、多媒体电子书。教材多媒体化既继承了电教教材的优点，改变了纸质教材内容只静不动的形态，改变了教材更新换代较慢的缺陷，弥补了纸质教材媒体元素有限以及形象表现缺失的不足，又使人们能够综合采用最适合的媒体形式表现最合适的内容，并且所有媒体元素和形态能有机融合。

由于优点众多，企业和学界加速了多媒体电子书包的开发、研究。早在2011年7月韩国就宣布投巨资开发多媒体电子书，并确定了在2015年之前取代所有纸质教科书的宏伟目标，然而，此目标并未如期实现，但是教材的多媒体化发展趋势是毋庸置疑的。

教育多媒体化已有20多年的历史，然而理论研究相对滞后，并没有形成系列的教育多媒体化理论，导致多媒体教学中存在这样那样的问题，甚至于教师运用多媒体的倾盆大雨式的知识"电灌"，使一些学生将"多媒体"戏说为"倒霉体"。

1.4.1.2 教材立体化

随着信息技术的日臻成熟、应用成本锐降，教材呈现出立体化发展的趋势，即纷纷出现文字教材与多媒体电子书、网络课程、多媒体课件等结合的立体化教材。国家规划教材《数字影像技术》[2]即是文字教材、电子书、网络课程、多媒体词典、学习自我诊断软件等多形态的结合体，是我国立体化教材的成功探索，相应的立体

---

[1] 陈琳. 高校课程立体学习资源建设研究——促进学习方式转变的视角[J]. 中国电化教育, 2013(11)：95-97.
[2] 陈琳. 数字影像技术(第2版)[M]. 北京：高等教育出版社, 2011.

化教材获得全国多媒体教育软件一等奖,该教材也成为教育技术学专业和学科唯一的国家精品教材。

教材立体化的最大特点在于教材多种形式、立体互补,可以让学习者采用最合适的教材形式进行最有效学习。比如,在《数字影像技术》立体化教材中,文字教材是知识系统化的表现,是教学内容的系统化组织,是学习的基础性蓝本;电子书是文字教材的多媒体化的表现和核心内容的再拓展,能够更适合"数字土著"学习者对数字学习的需要;网络课程为学习者提供平台,为师生不断更新学习内容并进行互动、协作学习提供支持,以促进协作学习的有效发生和保持学习内容的时代性、先进性;多媒体词典以多媒体化的手段提高课程知识的表达准确性,进而提高学习者的学习效率;学习自我诊断软件用于促进学习者的自我评价和学习反思,促进学习者进行自主性学习。

教材立体化不仅在于多样的形式,更在于赋予每种形式丰富的现代内涵。比如在《数字影像技术》立体化教材中,赋予每种形式教材的现代内涵为[1]:

文字教材在学习方式转变过程中,已由传统学习的几乎唯一学材,转化为立体学习资源众多形式中的一种,这势必要求文字教材根据时代的新要求作适应性变化,其变化的关键是"变脸""瘦身""保鲜""干线"。

"变脸"是要有更多的表现形式,以适应学习者自主学习的需要,适应促进学习者提高创新思维和创新能力的需要。教材中除了常规要素外,还要包括学习方法指导、教学实践、教学讨论等结构要素,从而让学生真正学会学习、学会思考、学会研究、学会实践,尤其是学会以理论指导解决现实问题,具有举一反三的能力,学得巧、学得活、学得扎实。

"瘦身"是充分考虑信息时代知识信息量大、知识更新快、人们要学的内容越来越多等特点,教材的内容精心锤炼、言简意明,使学习更有效、更高效。

"保鲜"是保持教材内容的先进性。进入新世纪以来,许多学科的知识更新周期已缩短到两三年。新时代的教学要及时更新教学内容,将新知识、新理论、新技术、新方法源源不断地引入、充实到教学中来,向学生提供符合时代要求的内容与方法,不让学生喝"隔夜茶"。

"干线"是教学内容体系组织干线化。新时代,信息量骤增,如何提高教学的效率,是教育要探讨的大课题。教材建设中运用"干线式"方法,可有效解决部分课程教材建设中内容多与印刷教材篇幅有限、教学课时有限之间的矛盾。"干线式"方法实质是:在对内容充分研究的基础上,梳理出清晰的脉络,提炼出内容中的精华,在教材中反映有用且是学生未知或未掌握的精华[2]。建设优质高品位的资源,

---

① 陈琳. 高校课程立体学习资源建设研究——促进学习方式转变的视角[J]. 中国电化教育,2013(11):95-97.
② 陈琳. 开创信息技术类课程"干线式"方法[J]. 中国电化教育,2007,(5):19-21.

必然要求是内容简约化表达。要通过合理归纳、提炼以及全媒体数字资源辅助等形式，实现内容的简约化呈现，实现由杂乱无序到规范有序的发展。

在立体教材建设中，要根据教材类型不同灵活运用"干线式"方法。纸质教材建设要力求内容干线化，而电子书、网络课程要适当扩大外延，使学习内容变得更加丰满，但要更为微型化表述，以有助于学习者自我建构自己独特的知识体系，彰显学习的个性化。据此，可进一步深化立体教材主要形式之间的关系：教学内容好比参天大树，其纸质教材主要表现主干，电子书、网络课程加强主干，使枝叶繁茂。由此还可以进一步得出结论：在立体教材中，纸质教材以简略为上，电子书、网络课程以内容丰满、媒体形式多样且恰当表现为佳①。

电子书相对于文字教材，既是形式的丰富，又是内容的拓展。形式丰富的核心是多媒体化和呈现的非线性化。内容拓展的核心是增加文字教材中重点内容的案例以及针对同一问题的讨论，使之源于文字教材，在形式和内容的丰富性上又高于文字教材，但它又不是文字教材的媒体形式转换。

网络课程既是电子书等多创新教材形式的集中展示平台，同时是学习内容不断更新完善的平台，是学习内容拓展和互动与交流的平台，为学习者提供系统的信息和多样的交互探讨的平台，是学习资源和数字化学习平台的集成。网络课程应该重在三方面完善和突破：一是按学生自主学习要求建设全课程的微视频，且尽可能邀请名师主讲录制教学视频；二是构建基于内容分析和深度数据挖掘的发展性学习平台；三是运用自适应技术，使网络资源在不同终端上都优化呈现，真正支持移动学习和泛在学习。

多媒体词典是针对具体课程开发的多媒体化的词典。有没有必要、是否值得为一门课程开发多媒体词典呢？新时代信息量很大，但信息转化为知识的程度不同，似是而非的、不准确、不科学、不全面的"知识"充斥网络甚至书刊，作为现代教育，文化传承与创新是重要使命，因此有必要促进知识的科学化、系统化、形成规范的知识术语，以提高学习质量和学习的幸福指数（人们遇到似是而非的知识会心情沮丧，难有高的学习效率）。

学习自我测试（诊断）软件是运用以学生为中心的设计理念对平台体系结构、功能模块、试卷进行设计，采用交互技术开发，旨在通过自我测试促进学生自学意识的提高，促进学生自主学习能力的提升，促进学生知识的掌握和能力的提高。学习自我测试（诊断）软件提供有"段级"测试以及单元测试与综合测试，以使学生在不同的学习阶段有适应自己水平的测试，使学生学习的自我评价不乏味，且使学习更富有挑战性。

教材立体化意味着与过去教材建设相比，新型教材建设任务成倍增加，建设者

---

① 陈琳. 高校教材建设的时代性要求研究[J]. 现代教育技术，2011，(10)：20-24.

必须对此有充分的思想准备，并以高度负责的精神奉献和坚守。多样形式的教材非常重要，同样重要的是要使每种形式的教材内容充实、质量高、各有特色，且不同形式间真正互为补充，这其中处处体现和要求创新[①]。

1.4.1.3 教材全息化

教材全息化是指借助互联网、移动互联网，利用云计算、大数据、人工智能、虚拟现实等新技术在内的技术手段，采用微信、微博、直播等呈现形式，实现全息化的教学内容呈现与传播，使学习者通过任何媒体技术、任何媒体形态和任何终端形式都能够随时随地地进行有效学习、高效学习。2019年1月25日，中共中央政治局就全媒体时代和媒体融合发展举行第十二次集体学习。中共中央总书记习近平在主持学习时提到"全媒体不断发展，出现了全程媒体、全息媒体、全员媒体、全效媒体，信息无处不在、无所不及、无人不用，导致舆论生态、媒体格局、传播方式发生深刻变化，新闻舆论工作面临新的挑战"。教育信息化本身与媒体有着天然联系，全媒体不断发展，同样导致教育生态、教育传播方式发生深刻变化，在物联网、人工智能、云技术等新技术的推动下，万物皆媒、环境促学的时代即将到来，教与学愈加多元化，在新形势下必须谋划教育应对新挑战、把握新机遇。

1.4.2 教育资源全球化特征

资源全球化是随着Internet的出现并日趋普及而使全世界的教育资源连成一个信息海洋，供广大教育用户共享的教育特征。资源全球化是教育信息化其他教育特征的基础，是教育大开放、大共享、大变革以及实现新型高层次教育公平的基础。

资源全球化为教育的大变革、大发展提供了可能性，但资源全球化要以先进的理论、先进的平台、先进的政策支撑，要以数量巨大的、可开放共享的优质资源作为保障。

资源全球化，既要求学习者具有国际视野，又要求学习者善于充分利用全球的资源进行学习。充分利用全球化资源，即意味着能抓住许多机遇。全国首部数字摄影专著的诞生[②]，全国首部数字影像技术教材的问世[③]，就是作者充分利用开放共享的优质资源抓住的一次次机会。

资源全球化有助于教师借助于全球化资源组织教学，设计教学内容，推荐学习资源，可更好保障教学内容的先进性、时代性。

资源全球化有助于社会大众进行自我完善式或创新创造式的学习。

---

① 陈琳. 高校课程立体学习资源建设研究——促进学习方式转变的视角[J]. 中国电化教育，2013(11)：95-97.
② 陈琳. 数字摄像[M]. 杭州：浙江摄影出版社，1998.
③ 陈琳. 数字影像技术[M]. 北京：高等教育出版社，2005.

要使资源全球化的特征充分彰显、真正推动教育的发展，政府或教育主管部门可发挥非常大的作用，至少可从如下方面着手真抓实干。

1.4.2.1 "公建"资源

现代教育必然以学习者为中心，教育的对象是"面向人人"，教育的落脚点是促进全体学生的全面发展、创新发展、终身发展，教育促进学生发展的核心是让学生真正掌握科学的学习方式方法，而学习越来越趋于数字化学习，学习越来越依靠数字化学习资源，因此数字化学习资源以及整个数字化教育资源的丰富程度、内容的先进性、质量高低以及展示的平台所能提供的学习、讨论、协作等功能，将成为影响学习、影响教育质量的重要因素。"公建"资源是教育资源可持续发展的核心。

"公建"资源是新的教育资源建设模式，即由政府通过国家财政拨款提供建设资金主导组织建设教育资源，建设后的教育资源原则上不加限定地供人民广为享用，其最大特点是可在全国、全世界的范围内选择优秀的合适人士建设资源，确保建设质量。在"公建"资源的基础上实施"公建众享"，可更好地实现在全民范围内的优质教育资源共享，促进教育均衡发展，构建终身教育体系，具有高的建设与应用绩效[①]。

网络学习资源建设首先是从"自建"开始的。"自建"资源对于网络教育与学习资源的丰富做出了重要贡献，没有资源的自发建设热情，就不可能有网络教育与学习资源的丰富多彩，而且无论信息化发展到何种程度，自建资源都是必不可少的，且始终是重要的教育教学资源建设形式。但是，自建资源中的低质、劣质的资源占比高，因为自建的网上资源缺少把关人，人人都可建资源，然而相当多资源建设者并不具备资源建设的知识、能力与素养，导致网络上质量差的教育教学资源、重复教育教学性资源、星星点点式的教育教学资源多，系统性资源、原创性资源、高层次的优质资源少。自建式本质上属于"小农式"资源建设模式，在信息化初期解决了资源从无到有的问题、由少到多的问题，但随着信息化建设的深入，仅仅有自建的资源建设模式是远远不够的，"共建"模式应运而生。

"共建"资源是在一定范围内共同建设、共享资源，是对"自建"的拓展和补充。"共建"模式下可真正让具有能力和水平的人建设资源，可有效解决资源建设质量问题。但是，通常是谁投资谁受益，建设的资源往往被限定在协作组织或单位内部使用，资源不能被社会广为共享，绩效不高，而且在部分方面还会加大数字鸿沟，造成新的信息不公平，背离信息化的初衷。我国人口众多、区域发展极不平衡，不同地区间在经济、文化、教育、社会发展方面差异很大，传统意义上的共建，容易导致学习资源分布极不均衡，发达地区占有大量的优质学习资源，不发达地区则

---

① 陈琳，王蠹，李凡，等. 创建数字化学习资源公建众享模式研究[J]. 中国电化教育，2012(01)：73-77.

难以及时全面地共享，在此背景下诞生的"公建"模式可有效解决资源共享和教育公平问题。

"公建"是"自建""共建"资源模式上的发展与补充。"公建"一方面可由国家投资并组织建设资源，另一方面是国家可要求教育机构允许师生使用其商业化的知识产品，教育部则向他们支付相关产品使用权和复制权的费用[①]，还有国家订立具有准入门槛的收购资源政策，国家将企业、个人开发的优质资源收购后免费用于学校教育。我国开展的全国农村党员干部现代远程教育、农村中小学现代远程教育工程、全国文化信息资源共享工程，是我国在数字化学习资源"公建"方面的成功范例。

资源全球化要求我国在学习资源建设方面要有"公建"的担当。"公建"既可以促进教育质量的提升、学习型社会的发展，还可以促进民族文化的国际传播，有利于文化传承与创新，有助于全体人民素质的提升。应积极谋划学习资源建设"公建"战略，深刻认识数字资源作为公共产品的意义，将数字公益性资源普惠于人民，更好地促进社会进步。

1.4.2.2　建"系统化"资源

知识、专业、学科都具有体系化的特点，必然要求网络资源建设的系统性。这也是资源全球化发挥重要作用的基础。然而，现在网络上教育资源数量尽管很大，但重复、浅显的资源很多，网络资源存在虚假繁荣的现象，患了资源虚胖症，缺少面向创新的资源，缺少面向高层次学科的资源，缺少新媒体形态的资源，缺少多学科整合的资源，缺少跨学科的资源，缺少建设难度大的学习资源，用体系化的观点看，现有资源是缺胳膊少腿。作为国家，有责任从长远计，组织专家设计学习资源的体系，然后组织力量对各种资源进行设计。

资源重复建设的问题不仅存在于自发建设的资源，就是国家组织评审的资源，重复建设现象也很普遍。科学的办法是每个专业的每门课程都有立项建设的国家级精品，使所立项的国家精品课能够发挥更大的作用。

系统化教育资源设计，必须兼顾学习社会各式各样的学习者需要，老年学习资源、家长学习资源、聋人盲人的学习资源等等的建设，一个都不能少，而且这些资源的建设更需要花大力气。

1.4.2.3　以大平台整合优质资源并走向促进智慧生成

网络上不缺少教育资源，但网上资源是良莠不齐。过去资源短缺时代人们为缺少学习资源而苦恼，现在资源过剩时代，人们又为难以甄别出自己所需要的优质资

---

① 王晓辉. 法国教育信息化的基本战略与特点[J]. 外国教育研究，2004，(5)：60-64.

源而痛苦。教育信息资源的海量和杂乱无章，学习者需要花费大量精力与时间搜索、鉴别和分析杂乱无序的教育信息资源，使无处不在、无时不能的泛在学习演变成了无处不在的搜索，使学习的时间成本和精力成本骤然上升，甚至于投入大量的时间和精力后，却依然迷失在浩瀚的信息空间中找不到自己所需要的合适资源，这久而久之容易使人们患上信息焦虑症。而且，这有可能蔓延，由"信息素养沟"发展为"知识沟"——人的认知容量是有限的，认知能力的增长总体上是平缓的，当教育信息资源呈指数级增长并不断走向海量化，而人的信息素养得不到突破性提升时，就会逐渐导致信息素养高的人能在海量资源中搜集到优质资源，而信息素养低的人则十分困难，结果使"优者更优、贫者更贫"的现象越发严重，造成信息时代的新的"知识沟"，使本可以用于缩小不公平的信息技术成了加剧教育不公平的手段[1]，人类必须寻找根治该问题的办法。

当人们为可能吃到残存农药、化工污染或激素的蔬菜、食品而担心害怕时，政府下决心打环境保护战，同样，政府应该打一个优质数字资源保卫战：建立大门户，将劣质资源挡在门户之外。互联网上并不是没有优质资源，只是优质资源太少，而且未将它们很好地进行有效聚集，要找到优质资源犹如大海捞针。很显然，一方面要大力建设优质资源，另一方面要将优质资源集中链接展示，即形成优质资源门户，其门户下的资源像现实世界中大超市的商品一样，排放有序、门类齐全、琳琅满目。期待运用"平台思维"建构能统整全部优质教育资源的门户，实现教育资源的一站式到达。要站在国家视角从整合所有教育资源的高度进行战略谋划、顶层设计、科学实施。可以想象，一旦这样的教育资源门户建立成功，人们学习将少烦恼、少干扰、少操心，将以更加愉悦的心情学习，有更好的学习效果。教育资源门户的建立，实际上是用优质教育资源去抗衡劣质资源，更好地提高人们的幸福指数，提高人的生命质量[2]，这应该成为我国教育信息化供给侧改革的重要内容。我们一定要发挥好体制优势和大国优势，想别国不敢想，做别国不敢做，成别国无法成的事。

在教育领域，教学的资源较多，但是有关学科研究的资源集成较少，有必要建设对学科信息资源进行深层次组织的学科门户，对学科研究教育资源进行有效整合。21世纪是集信息大成并获得智慧的时代，钱学森先生的"大成智慧学"指出，现代信息社会，利用电子计算机可集合人类的经验、知识等文明成果，以实现中外社会科学、哲学和自然科学的知识信息之大成[3]，其形成的网络智慧影响着人类与社会的发展方向。就我国创新型国家建设以及学习型社会建设而言，更应该以智慧型学

---

[1] 刘静，熊才平，丁继红，等. 教育信息资源个性化推荐服务模式研究[J]. 中国远程教育，2016(02)：5-9.
[2] 陈琳，李凡，王矗，等. 促进深层学习的网络学习资源建设研究[J]. 电化教育研究，2011(12)：69-75.
[3] 赵泽宗. 钱学森大成智慧教育通识[J]. 汉字文化，2012(03)：88-91.

科门户作为支撑。学科门户中的知识只有转化为智慧，才能显示出巨大价值，在人类走向智慧时代、教育走向智慧教育的今天，学科门户平台需提升为智慧生成平台。智慧型学科门户在信息技术的基础上对网络信息资源进行协同整合和智能管理，发展若干能够增进交流、启迪智慧的栏目和功能服务[①]。

深层学习是以创新创造为特征的智慧时代要求人具有的能力、习惯、品质、意志。能否深层学习，既取决于人的内因，环境和资源的作用同样不可小觑，建设学科门户能够使学习者有清静的心情安心学习，而静是深层学习和让学习者发挥想象力和具有创新创造力的前提。

"十二五"以来我国加强国家级教育资源公共服务平台建设，成效显著，但是该平台建设只是面向基础教育，较少涉及职业教育和高等教育，应该进一步加强内容建设。

建议建设智慧学术平台，通过平台将各学科交集融通，消除学科之间的数字学术鸿沟，拓展学科人的学术视野，使钱学森的"大成智慧学"有落地的载体和平台。在该平台上，13个学科门类110个一级学科中的每个一级学科都有相应的集成资源，使人们可方便地对一级学科全面了解，进而在坚实的基础上建构自己的学术大厦。此外，每个二级学科拥有学科特征栏目和创新性内容，既附属在其上位的一级学科之下，又有相对的独立性，以通过特征栏目和创新性内容激发同学科人。比如，教育技术学二级学科的内容，可设期刊、专家、新秀、课题、奖项、赛事、新著、展台、组织、会议、招生、史记、综合新闻、学科时评、思维火花、新文索引、新论集萃、名文品析、会议/赛事、晨曦瞭望（新地平线报告）、域外视窗、年度评选、ET创客、国内外名课、微视频、基教信息化、职教信息化、高教信息化、特教信息化、幼教信息化、管理信息化、智慧教育、深度融合、翻转教学、MOOC、学习资源、学习空间、微课、信息化促进教育公平、教育均衡、信息化领导力、信息化教学力，以及新技术、新理论、新方法、新应用等栏目和板块，让每个教育技术人员和教育信息化人员，可通过该平台学习、研究和学术成长[②]。

1.4.2.4 建立优质资源建设与共享的生态机制

建立优质资源建设与共享的生态机制，要从如下诸方面着手：

(1) 要立足建设一流的优质资源。这里优质是当时条件下所能达到的最高质量、一流水平，要像张尧学院士所倡导的那样，用拍电影大片的方式制作网络教育资源[③]。娱乐与教育孰轻孰重呢？人们都会异口同声地说教育更重要，但为什么拍电影可以投入巨大，而教育资源建设投入是杯水车薪呢？当今世界是浮躁的，然而建设教育

---

① 殷海婷, 陈琳. 智慧型学科门户情感化设计研究[J]. 中国电化教育, 2015(07): 85-89.
② 陈琳. 智慧教育创新实践的价值研究[J]. 中国电化教育, 2015(04): 15-19.
③ 张尧学. 必须跳出传统教育观念的束缚[J]. 中国远程教育, 2008(02): 2-4.

资源的专家学者不能浮躁，一定要有对祖国未来高度负责的精神，坚持质量第一建设资源。

(2) 要尽可能建设能让学习者进行沉浸性学习的资源。沉浸是一种状态，是指人们投入到一种活动中去而不受其他干扰的影响。沉浸会使人心旷神怡，只要学习者深深嵌入学习中去，就会从容逡巡于字里行间，不时迸发新的想法。

(3) 要追求学习资源建设的艺术化表现。要力求使建设资源赏心悦目，做到言简意明、重点突出、科学准确、引人入胜、催人奋进、引发思考、扣人心弦，有些学习资源可追求故事般的情节、散文般的优雅、游戏般的趣味，使所建设的资源成为较长时间学习也不容易疲惫的绿色资源。

(4) 要科学设计学习资源的内容与结构。从心理、生理的角度，科学研究人们的注意规律、兴奋规律，据此设计建设学习资源，让学习者乐此不疲地进行学习。

(5) 要设计与学习资源配套的让学习者进行创造性设计和展示的平台。学习的最高境界是能产生新的思想，产生新的设计和创新作品，网络资源要向学习者提出创新设计的要求，设计创新的练习，并设计平台能让学习者提高其设计能力。

(6) 要设计让学习者取得虚拟学分的平台。学习需要激励，需要激情和动力，明确的学习目标是保持学习的激情和动力之源，然而表扬、鼓励、比赛是催发学习激情和保持学习动力的催化剂，网络学习资源，特别是整合资源门户，如果能给学习者以虚拟学分和虚拟货币的奖励，并设计虚拟学位头衔，能促进学习者在虚拟竞争环境下去比学赶超。学习也需要游戏化，设计虚拟学分、虚拟学位头衔，人们一定会乐此不疲地去取得和赶超，我们没有必要将学习搞得过于严肃和一本正经。寓教于乐自古就为教育所推崇。物竞天择、适者生存是生物世界的普遍规律，作为生物世界主宰的人类，需要竞争、适应竞争，竞争已成为人生存的一种方式，学习资源建设一定要把握好、利用好人们的竞争性心理，科学设计竞争性举措，不断将学习趣味提升到新高度。

(7) 要设计与学习资源配套的供学习者自我测试的平台。可根据程序教学的"小步子"核心思想，在每一段内容之后安排一个自我测试，使学习者能够将前面内容学扎实后再进行后续内容的学习，在大段内容学习后再设计综合性的自测，不仅让学生自测对内容的掌握情况，还测试用知识解决实际问题的能力，某种程度上是通过自测形式引导学习者对学习内容进行更深层次的思考，引导学生运用所学解决现实问题，培养其创造性思维。综合性练习可采用分段级练习的办法，即像围棋选手分为若干段一样，将知识按难易程度分为若干段级，然后按段级分别测试，引导学生由浅入深地进行学习。段级测试的思想，最早出现于国家"十一五"规划教材《数字影像技术》配套光盘的测试设计[①]，实践表明该形式有助于学习者不断加深对学习内容的了解和更好深化学习。

---

① 陈琳. 数字影像技术立体化数字教学资源[EB]. 北京：高等教育出版社、高等教育电子音像出版社，2011.

(8) 要建立可持续资源建设与进化长效机制。要保证高质量的数字化资源不断更新、完善、丰富、与时俱进，使其长流水、不断线，有必要从如下方面着眼：①建立政府投入的长效机制，将之纳入社会事业规划，形成正常化的拨款机制；②依托国家级或省级优势学科、重点学科建设的力量建设，不同层次的优势学科、重点学科完成一定数量的资源建设任务；③依托各级研究院、所、中心建资源，我国研究院、所、中心有建资源的光荣传统，通常学科的权威刊物、核心期刊多为研究院、所、中心的优质产品资源；④设立奖励、激励机制，鼓励更多优质资源的产出；⑤出台政策鼓励大师、名家积极参与优质资源建设；⑥建立教育信息化专项资金制度以及建立资金使用审查机制，确保资金的可持续投入、确保资金使用的收益，避免"为应用而应用"的错误导向，要将"是否有利于最终促进教育教学质量和效率的提高"作为根本判别标准[①]。

1.4.3 教师专家化特征

教师专家化是教育信息化促使教师由专业化走向专家化。教师专家化意味着越来越多的教师成为教育专家。不断对教师进行时代化赋能，使教师具备了前所未有的"分身术""穿越术""透视术""替身术"等新本领。

随着教师具有了信息技术的新赋能，随着教师生产力的空前解放，每个教师将由包揽一切的杂家而到术业有专攻，有的专司课程设计、资源开发、基于大数据的学习者分析、微课的开发、学习平台研究和管理、教学答疑辅导，相应出现课程内容设计师、课程主讲教师(主讲师)、课程辅导评价诊断师(诊断师)、课程平台师(平台师)、课程资源开发师(资源师)，如此的分工与细化，就可以实现真正意义上的教师专业化发展。

技术支持的新的生产力已使教师教学再也不必局限于教室的方寸之间，使教师的能力得到提升，专家型教师将成为教师的新常态。专家型教师是对教育教学规律和人的培养规律有深入研究和独特见解的教师，是能洞察学习者内心、滋润学习者心灵、对学习者发展进行科学把脉并指引正确前行的教师，是研究型教师，是教育家型教师。

工业时代的教育更多是按照培养大机器的使用者进行设计，强调的是一律与技能；新时代的教育更多要按照造就大智慧的创新创造之人进行设计，更强调多元性、个性化、特色化以及创新化。工业时代教师只要运用教育的一般规律、按照固定的程式就能很好地胜任教学，而新时代教师还必须把握好人的个性发展规律、根据学习者的情况随时进行有针对性的科学指导。"百人百性、个性各异"，实施对新时代人的个性化指导，没有现成的理论和方法，一切都要建立在教师对学习者个性把

---

① 陈琳，王蓥，李凡，等. 创建数字化学习资源公建众享模式研究[J]. 中国电化教育，2012(01)：73-77.

握基础之上因人而异地指导。不成为专家型教师，将无法胜任新时代高要求的教书育人工作。

造就专家型教师有助于丰富教育现代化的内容。教师从教书匠至系统传授知识、培养能力的发展，是第一次教育现代化的重要内容之一；从传授知识、培养能力成长为专家型教师的发展，是第二次教育现代化的重要内容。前者是教师水平和学科专业化的体现，后者是教师功能、作用的质的提升，前者是"匠"至"师"的变化，后者是"师"到"家"的升华。我国正在加快实现教育现代化，然而，对教师现代化的关注不够，其原因是缺少抓手，而造就专家型教师、实现教师专家化是其很好的抓手。

专家型教师要特别关注"融"的时代特点，相应必须具备将虚拟世界与现实世界融通、将信息空间与实体空间交融的能力，将传统教与现代教相融通、达到教学艺术境界的能力，将人脑与外在脑分工合作、实现主辅双认知的现代认知能力。

1.4.4 学习泛在自主化特征

学习泛在自主化是随着电子教材、微课微视频、开放课程、MOOC、精品视频公开课、精品资源共享课、精品在线开放课程等开放学习资源的不断增加，以及宽带移动网络、智能化终端的普及、大量的教学 APP 的涌现，使任何人处处能学、时时可学而呈现的信息化教育新特征。

学习泛在自主化的特征将加速学习型社会发展以及全民学习力的提升，学习将由正规学习较多向非正规学习转移，由正式学习较多向非正式学习转移，许多教师和教育工作者将由服务学校教育转向服务非学校教育，在线学习将在人的学习生涯中占据越来越重要的地位。

智慧新时代一味地"等靠要"的被动式学习将被自主学习反超。可以预期，在未来人的一生中，绝大多数的学习为新型自主学习。新型自主学习与传统自主学习的区别在于，由知识的自主学习走向创新创造为主导的自主学习。

学习泛在自主化，对学习者提出了前所未有的高要求、新要求：

(1)学习者要树立明确的指向创新创造的学习目标。这种学习目标既可能是来自课程的、老师的、学校的，但更多的是学习者自定的，而且是自定的创新创造导向的高目标。在学习目标确定方面，学习者要自加压力，不断提高内驱力，不断增强自觉和自律，要敢于、乐于、善于确定比学校、老师、课程目标更高的标准，因为老师、课程和学校所确定的目标，通常是考虑几乎所有学习者都能达到的目标。我们个体的学习者要创新特色，要求得到更大发展，要为社会做出更大贡献，就必须以争先、率先、领先的气概多学习、深学习、创新创造学习。

(2)学习者要倍增学习效率，快速增进聪明才智。人类社会正以前所未有的高速度发展，不断加速发展的人类社会，必然要求变革教与学的方式，而大大提升教与学的效率也就相应地成了教育的当务之急，否则人类就会有一种被拖着往前走而赶不上时代的感觉，并且经常生活在高压和焦虑之中。快速增进学习的聪明才智，应做好四式运算："加(+)"——新增与时代相匹配的理念、理论、思想、技术、方法的学习，做到立于新时代进行时代化内容学习，由此不懈努力追赶时代前沿；"减(−)"——勇于扬弃，剔除过时的内容和方法；"乘(×)"——寻求具有倍增效应的学习方法，增强学习的内驱力；"除(÷)"——既摒除过时的思想，又改变以往盲目的"跟跑"状态，由"跟跑"转为"并跑"进而转为"领跑"，并通过改革评价方式，彻底改变一味考知识、比记忆、练技巧的应试教育和简单的实践教育，彻底改变以知识、教材、教师、课堂、考试为中心的传统教育理念和模式[①]。

(3) 学习者要拓宽视野，加速形成跨学科学习的能力。人类社会正进入大科学时代，空间科学、地球科学、脑科学、生物科学、材料科学等科学的更大发展，仅靠某个学科的"单打独斗"是无法实现的，必然要依靠交叉学科互相融合的力量。未来人类社会发展需要的是跨学科的综合型人才。跨学科学习事实上由来已久，钱学森之所以能成为我国伟大的科学巨匠之一，原因是多方面的，但坚持跨学科学习是很重要的原因之一。然而，当前知识面狭窄的钻深井式的人才培养模式，已经远远不能适应大科学时代对跨学科的综合型人才的培养需求，因此教育需要应时而变、应需而变。日前一些国家在基础教育实施的 STEAM 整合教育就是应对这些改变需求的一种尝试，有鉴于此，我国从基础教育到专科、本科、硕士、博士的教育，也有必要根据大科学发展的趋势进行调整，而且这种调整迫在眉睫。

(4) 学习者要加速拥有终身学习的条件和能力。智慧时代是创新不断的时代，是新技术、新发明、新知识层出不穷的时代，是原有知识不断被更新、技术不断被升级甚至被替代的时代。在智慧时代，人类要想跟上社会的发展，必须进行终身学习。目前，很多国家正致力于创造条件向全民提供终身的教育，建设泛在学习环境支持"人人皆学、时时可学、处处能学"的学习型社会的发展。适应智慧时代的发展，学习者应树立终身学习意识，掌握科学的学习方法，挖掘自己的学习兴趣，主动、积极地去学习。随着物质、文化生活的丰富与提升，随着再生医学的发展，未来人的预期寿命将会有几十岁的再提升，终身学习要着眼于百岁之后。

(5) 学习者要立志成为新时代所需的新型国际化人才。新型的国际化人才在本质上与传统的通过出国留学方式培养的人才有所不同。传统的留学培养大多只是"他国化"而非"国际化"。因为一个人到国外留学，是到某一国度某一学校去学习，其留学的视野局限于有限的国度、有限的学校，故与国际竞争的大国际视野要求仍

---

① 陈琳，杨英，孙梦梦. 智慧教育的三个核心问题探讨[J]. 现代教育技术，2017，27(07): 47-53.

有着很大的差距。而新型国际化教育，是"互联网+"的国际化教育与学习①。

（6）学习者要掌握智慧时代的学习方式——智慧学习方式。着眼于时代对学习新要求出发的智慧学习，既要关注技术，又不能唯技术，不能局限于技术，要更多地着眼于方式方法的改革、人的智慧的生成，着眼于人在创新时代的更好发展。由此可得如下智慧学习定义：智慧学习是支持和促进人在智慧时代个性发展、特色发展、全面发展、终身发展、内驱发展、创新发展的学习，是促进与服务社会发展的学习，是比原有学习有着更高期待、并要求人们付出更多智慧并走向更大智慧的学习，代表了人类学习的方向，由新型创新学习、联通式学习、跨界跨学科学习、新型自主学习、国际化学习、泛在学习等多种新型学习方式构成。实施新型的学习方式要把握好每种方式的真谛要诀。发展创新学习要重在加强创新教育、营造创新氛围、为创新学习创造条件、尽快完善创新学习方法、加强创新学习指导等方面下功夫。联通式学习要把握联通式学习的要旨，建立大视野基础上的大联通观，掌握联通式学习规律，建构个人学习空间实现主客体之间联通，以及营造通达、"联结"文化等，宽视野、学要意、究本质、抓框架、懂精髓、打结点、活应用、科评析、思创新，是联通式学习的初步规律。跨界学习分为跨学科学习、跨专业学习、跨领域学习、跨行业学习等多种类型。跨学科融合学习，跨界发明创造，意味着有更多的机会、更大的价值、更为广阔的发展空间，因为跨界的创新创造往往是从无到有的，跨界学习能孕育更大、更有价值的创新。跨界学习会产生新思想、发现新需求、拓展新领域，甚至于开拓新市场，对于学习者而言蕴藏着无限的机会。跨界学习要求学习者有更多更大的智慧，既要有思维的敏锐性、对于新生事物的敏感性，又要有科学的审视力、判断力和决断力，还要有坚强的毅力和意志力，能够持之以恒、锲而不舍、不怕吃苦、敢打敢拼。

（7）学习者要善用各种数字学习工具。工欲善其事，必先利其器。创新创造为主导的自主学习与传统学习在对于工具性依赖上有着本质的区别，传统学习可以没有任何工具，但新型自主学习则大相径庭，学习者必须善于利用诸如数字词典工具、翻译工具、在线互动协作工具、信息检索工具、学科探究工具、知识建构工具、问题解决与决策工具、效能工具、评测工具、知识管理工具、学习分析图示工具等若干工具②，这每一类工具都包含优劣不一的若干种，自主学习必须选择能够促进高效、有效学习的工具，而且在工具选择上要保持敏锐性，与时俱进。

（8）学习者要善用各种学习资源和平台。创新创造为主导的自主性学习，更多是利用数字资源的学习，因此自主性学习的效果、效率的高低，相当程度上取决于所

---

① 陈琳，王蔚，李冰冰，等. 智慧学习内涵及其智慧学习方式[J]. 中国电化教育，2016(12)：31-37.
② 陈琳. 现代教育技术[M]. 北京：高等教育出版社，2014: 148.

选择的数字资源的优劣,而通常的优质平台上会云集大量优质的资源。因此,能否选择到合适的优秀资源平台,直接影响自主学习的效果。要特别注意选择以高层次、系统化的优质网络学习资源[①]。

(9)学习者要锤炼坚毅的学习定力并善于自我激励。创新创造为主导的自主性学习更多是数字化学习,是网络学习。在自主学习中,有时要"众里寻他千百度",但一旦选择到了自己所需要的内容,一定要深入研究,研究透彻,掌握真谛,举一反三,不能是蜻蜓点水,不能囫囵吞枣。尽管碎片化学习是大多数学习的常态,但所有的学习如果都是一知半解、似是而非,则创新创造就缺少坚实的根基。激励是迈向成功的引擎,不懂自我激励就与成功无缘。自我激励可使内心产生积极向上的动力,推动自己不断向前,不断追寻依靠目标实现和取得成就后的高峰体验所带来的强大的内在激励[②]。

(10)学习者要学会反思以及寻找专业自主学习资源。教育家叶澜教授认为,一个教师写一辈子教案可能难以成为名师,但如果写三年反思则有可能成为名师。由此可见反思对于人的前进的重要意义。在传统的学习中,有教师帮助学习者校正学习行为,自主学习则主要依靠自我反思校正和优化自己的学习行为。现在的资源开发,更多是着眼于"教",而为学而开发的资源与其有本质的区别,在学习资源的开发方面人们要有大智慧。

1.4.5 教育教学个性化特征

教学个性化是利用人工智能技术构建的智能化系统,根据学生的不同个性特点和需求进行教学和提供帮助,向教育追求很久而从未能实现的"因材施教"迈进。个性是人的生命价值的本质体现。"因材施教"是教育对个性发展的最大支持,是中国古代教育思想最伟大的遗产,也是在新时代会不断焕发新生的教育真谛,它不仅仅是教育的技巧和经验,更是教育的使命和境界。现代教育要努力为学习者的个性发展创造条件,使不同的学习者在教育过程中变得更加的不同,而不是把不同的学习者变成相同的人[③]。

教育信息化教学个性化特征的发挥,要从如下方面进行把握[④]:

(1)充分尊重学习者的个性差异。不同学习者在知识背景、性格特征、学习方法、接受能力、学习风格等方面差异较大,人的思维和认识的方式是多元的,每个人都拥有多项智能且有强项和弱项之分,教育信息化已完全可支持教学做到尊重学习者的学习兴趣和需要,能够让学习者自行选择学习目标、学习内容、学习方式和学习

---

① 陈琳,李凡,王矗,等. 促进深层学习的网络学习资源建设研究[J]. 电化教育研究,2011(12):69-75.
② 陈琳,王蔚,李冰冰,等. 智慧学习内涵及其智慧学习方式[J]. 中国电化教育,2016(12):31-37.
③ 袁振国. 当代教育的五大使命[J]. 上海教育,2015(05):70-72.
④ 郑云翔. 信息技术环境下大学生个性化学习的研究[J]. 中国电化教育,2014(07):126-132.

进度等，能够很好地为学习者提供有针对性的推荐与学习指导。

(2) 不断提升信息技术对个性化的支持水平。学习终端的智能化程度、学习平台支持个性化的能力、学习资源对个体学习的针对性与可获取性、教学活动的交互方式与水平等，都会直接影响个性化学习的实施与效果，教育信息化要注重这方面的技术完善与支持，要为学习者提供一对一、一对多、多对多的，实时、非实时的，以及稳定、即时的多元交互与协作支持，为学习者获得超越时间和空间的个性化学习体验提供强有力的支撑与保障。

(3) 教学以服务学生个性发展为宗旨。学习效果的测量和评价，要能够体现学生个性的自由发展，更好地关注学生各种能力的培养与提升，教学个性化要适应学生的个性需要。例如许多学生初进入一个陌生的学科领域时，并不知道自己真实的需求，因此个性化信息推荐服务这时就能够派上用场，在学习者信息迷茫、没有明确需求时及时为学习者提供其感兴趣的信息。不断完善越来越智能化的个性化信息推荐服务，还可有效缓解学习者认知负荷超载和信息迷航等问题。既要加强教学个性化的支持，又要加强教学个性化的研究，切不要将教学个性化绝对化、理想化，要针对不同学习者进行区别对待，对于大多数学习者，学校、教师要对其进行拉伸、牵引、鞭策，或通过环境激发。当然对学习内驱力强劲的学习者，则另当别论。

1.4.6 教育管理智能化特征

教育信息化早期在教育管理方面的特征是管理自动化，现在发展为管理智能化。

管理智能化是指人工智能可越来越多地在教育、教学、学习管理方面发挥重要作用。人工智能在语义识别、图像识别、人脸识别、语言翻译等许多方面的速度和精度已远远超过人类，同时呈现出深度学习、人机协同、跨界融合、自主操控等新特征，正在向实现跨媒体知识表征、分析、挖掘、推理、演化和利用方面高速发展[①]，这些为教育管理的智能化奠定了坚实的基础。

管理智能化既可使人们从繁杂的教育教学管理事务中解脱，又可使管理更为系统和科学，而且可有效拓展管理的范围，提升管理的层次。

人工智能拥有强大的大数据快速综合处理、复杂程式分析模拟、可能性概率估算、可视化图像分析模拟与呈现、多维计量建模、推理式的求解和模拟等功能[②]，只要人们将程式、数据、条件等输入智能系统，系统就可模拟和预测最终结果，人工智能相应使教育管理更具前瞻性，而且用之可更好地构建教育管理监督与纠偏体系[③]。

---

① 国发[2017]35号. 国务院关于印发新一代人工智能发展规划的通知[Z].
② 邹蕾，张先锋. 人工智能及其发展应用[J]. 信息网络安全，2012(02)：11-13.
③ 欧阳鹏，胡弼成. 人工智能时代教育管理的变革研究[J]. 大学教育科学，2019(01)：82-88.

管理智能化相当程度上以伴随式收集的大数据作为支持。现在学校的安全监控系统、教室录播系统、电子白板、电视电脑一体机等现代信息技术设备的运用，可让教师和学生的课堂板书和交互行为以数据形式加以记录和保存，学习者通过智能手机访问学习资源、参与课堂活动等都构成学生学习行为数据加以记录，充分利用这些数据，可大大提升管理的层次。比如，利用教室录播系统记录的教学过程视频，能够直接获取学生面部表情等数据，进而能对其情感、态度和价值观进行过程性评价；利用数字化平台上运行积累的数据，既可以实现对教师的评价，又可以就学生成绩进行横断面和时序变化分析、分析完成的各种学习活动，在此基础上对学生进行精准评价或精确反馈；通过人工神经网络支持的"指数增长预测法"模型，则可以预测未来各年度学生数量、生均经费、经费需求的数值[①]。

借助于不断发展的机器学习和人机交互等技术，能够智能信息筛选与情境再现，从而化解信息超载与稀缺问题；能够系统识别应答模糊任务，从而自主适应复杂教育情境[②]。

1.4.7 教育体制扁平化特征

体制扁平化是信息化已发展至可支持减少教育管理层次。随着网络交流与管理、大数据分析和画像等技术的普通应用，管理者可对更大范围内人和事实施有效管理。

扁平化来自企业，核心是减少管理层次而增加管理幅度，将通常金字塔状的组织形式"压缩"成扁平状的组织形式。"扁平化"是相对于"等级式"构架而言的，较好解决了等级式管理的"层次重叠、冗员多、组织机构运转效率低下"等弊端，加快了信息流的速率，提高决策效率。在教育的体制方面有必要向扁平化发展，以减少重复劳动、提升效率。

体制扁平化有许多优势，比如先进的理念、政策更容易得到贯彻落实，而且现在网络会议、电视会议、同步会议以及社会化软件平台等为扁平化创新了条件。

1.4.8 环境虚实融合化特征

人类的教育环境最早只有实体环境，随着计算机和网络的出现，教育又增加了虚拟环境，且实体环境与虚拟环境是相分离的，随着物联网的出现、VR/AR 的发展，特别是随着边缘计算技术、体感交互技术的不断成熟，实体环境与虚拟环境将越来越充分地有效连接，并向着虚实融合化发展，教育信息化早期在环境方面是虚拟化，现在发展为环境虚实融合化。

环境虚实融合化是指教育可灵活、充分地利用虚、实两个世界，使虚拟世界与

---

① 贾积有. 人工智能时代 数据挖掘技术助力教育教学管理[J]. 中小学信息技术教育，2017(07)：1.
② 侯浩翔，钟婉娟. 人工智能视阈下教育治理的技术功用与困境突破[J]. 电化教育研究，2019(04)：37-43.

现实世界由割裂走向融为一体加以使用。环境虚实融合化使教学活动完全可以不受时间和空间的制约，虚拟现实、虚拟仿真、增强现实以及网络学习空间建设，颠覆了人们传统的虚实观念，使虚拟教育与实在教育、校内教育与校外教育贯通与交融。

单纯的现实环境和单纯的虚拟环境，对教学都有用，但各有利弊，在增强学习者临场体验、培育学习者基于实际的实践操作能力、拓宽学习者视野、培育学习者协作式解决问题能力的诸多方面，实和虚的教育环境往往不可兼得。现实的物理环境能为学习者提供真实的学习体验,在提升学习者情感和动机方面要优于虚拟环境，由网络平台和工具构成的虚拟环境则能够打破时空限制，极大地拓展学习者的探究与学习领域，在实体世界和虚拟世界中架起了桥梁，使人们能够将课堂内外的现实学习环境与基于网络、多媒体的"虚拟"学习环境进行"融合"，使之成为有机的整体，营造"虚实融合"的学习环境。该环境既能满足学习者获取真实的学习体验，促进开展基于网络的协作学习，又有利于教师在探究过程中为学习者提供多方位的指导，拓展学习者的视野①。虚实融合的发展，将使校园实体资源得到更充分的开放共享②。虚拟现实技术作为虚实融合的一种特殊形式得到广泛应用，其教育应用的优势在于创设心理沉浸感激发学习动机、增强学习体验，实现情境学习和知识迁移，归因于学习者对虚拟现实的情境认知涉及沉浸度、认知度、交互度3维度，且每个维度又具有逐次递进的三个水平层次（见图1.1），使其逐步逼近真实情境认知③。

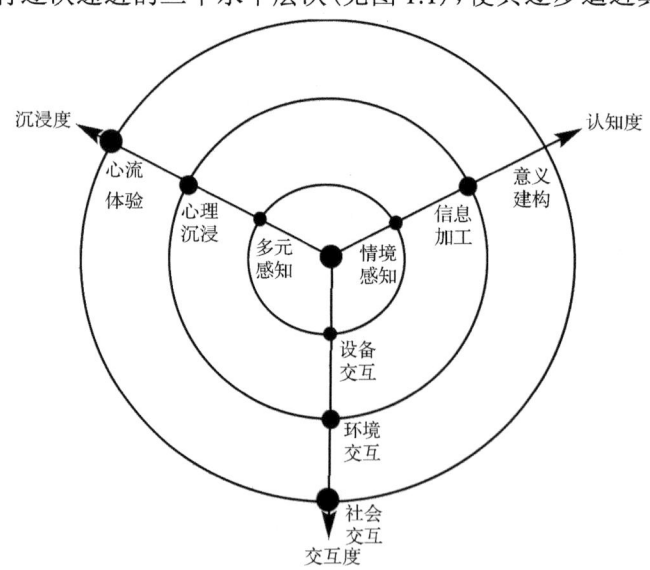

图1.1　虚拟现实情境认知模型

---

① 张剑平，许玮，杨进中，等. 虚实融合学习环境：概念、特征与应用[J]. 远程教育杂志，2013，31(03)：3-9.
② 乔灿. 由虚拟走向虚实一体——高校智慧教育资源大开放共享观研究[J]. 现代教育技术，2015，25(11)：19-24.
③ 刘德建，黄荣怀. 虚拟现实技术教育应用的潜力、进展与挑战[J]. 开放教育研究，2016，22(04)：25-31.

有人将虚实融合化的学习环境称为智慧学习环境,将虚实融合化的教育环境称为智慧教育环境,事实上,智慧学习环境和智慧教育环境应将人的智慧提升放在第一位,不是使虚拟环境与物理环境无缝融合[①]就能实现的,但是虚拟环境与物理环境无缝融合为智慧学习和教育环境奠定了一定基础。

1.4.9 教育系统开放化特征

系统开放化是指教育利用网络向外部世界更加开放,包括学校的开放、课程的开放。其最典型的是开放性的网络、智能化的移动媒体、大规模的开放课程、开放大学、学分银行,构筑了全新的开放性的教育系统,支持按需学习、弹性学习和终身学习,泛在学习和学习型社会正逐步成为现实,2020年我国初步建成学习型社会的目标将如期实现。

学校的开放包括学校与社会的贯通,远程共享师资,开展同步课堂,开展网络教研,开放学分,开放在线图书馆,开放线上实验室等。

封闭的系统是熵增的系统,只有开放的系统才是熵减的系统,才能保持活力。开源硬件、开源软件是典型的开放应用。网络教育学院的诞生以及在线学分的互认是典型的教育开放。

1.4.10 教育模式研创化特征

模式研创化是指信息化已支持实现"学-研-创"的教育新模式,以更好培养适应新时代创新创造人才的国家需求。"学-研-创"培养模式是在通常以修课程学分、撰写学位论文并通过学位论文答辩的培养过程的基础上,增加创新的要求、培养和考核,即由通常"学习—研究"的线性过程,转化为学习、研究、创新的交融、螺旋式上升的立体过程。在"学-研-创"培养模式中,学、研、创三者之间的关系既是立体、交融、螺旋式上升的关联关系,同时又显示出一定的层次性。通常学是基础,研是手段,创是目标,其本质是以创新创造能力提升为总目标开展教、学和研究。实施由学习与研究走向创新创造的"学-研-创"培养模式,必须对教育理念、目标、评价、过程、条件、制度等诸多方面进行根本改造。实施"学-研-创"培养模式的前提,是树立"学习为了创新、学习能够创新、学习必须创新"的现代教育理念[②]。

1.4.11 认知主辅化特征

现代信息技术的创新发展为人类学习认知方式的改变创造了条件,信息技术赋

---

① 黄荣怀,杨俊锋. 从数字学习环境到智慧学习环境——学习环境的变革与趋势[J]. 开放教育研究,2012,18(01):75-84.
② 陈琳,杨现民,王健. 硕士研究生"学研创"培养模式建构研究[J]. 学位与研究生教育,2016(05):23-27.

物"认知"已是常态。主辅式认知是以人的智慧脑认知为主、以人工智能为核心的现代信息技术构成的"智能脑"为辅认知的新型双认知方式,具有智能化、进化性、多维性、融通性的认知特征,是智慧时代人类认知的拓展[1]。

"媒体是人体的延伸",不断发展的信息技术已为人类认知拓展创造了条件,必将成为人类认知变革的动力引擎。比如,互联网赋予计算机以"视听觉"功能,使得人们实现了"千里眼、顺风耳"的视听技能。随着网络通信技术和计算机技术的迅猛发展,无人驾驶中的自动识别感知判断决策、语言翻译系统中的听觉感知、语义理解,面部表情分析中的感情感知,测谎分析中的感知、判别,唇语语言识别技术中的视觉感知、语言分析,仿生嗅觉中的嗅觉感知,智能医生的预测诊断等,都是辅式认知的广泛应用。

主辅式认知可充分发挥人的主观能动性,充分发挥信息技术对人类认识世界和改造世界的支持作用,进而使人的有限认知能力得以极大提升。

1.4.12 活动协同化特征

协同有现实世界的协同、网络上的协同和虚实融合的协同。活动协同化是通过计算机进行网上合作学习、协同研究,利用计算机合作完成小组作业,计算机扮演学生同伴角色,等等,使学习活动多样、有趣、灵活、有效。网络教研是活动协同化的典型应用,同步课堂是远程教学协同的范例,应用信息化精准扶智是活动协同化的深化应用,这些都是互联网+教育的具体体现。

协同成为当今世界重大创新利器。黑洞照片的拍摄就是全球许多科学家协同取得的,教育也必须协同。创客教育需要不同学科背景老师的协同,STEAM 教育需要多学科背景老师的配合。教育方面的协同包括互联网+的人机协同、学习协同、教学协同、教师协同、校内外协同、教师与业界工程师协同等。

当今世界,正在从简单世界走向复杂的世界,大科学、整装式科学、整装式创新成为时代特征,而这些要以协同为基础,教育信息化可很好地支持人们更好地协同学习、协同教研、协同教学。

1.4.13 教育公平化特征

信息化手段可为教育公平开辟新路径。利用网络让人们充分共享优质资源,可促进教育公平不断跃上新台阶。

1.5 教育信息化的本质特征

教育信息化的技术特征和教育特征的内涵十分丰富,但是以上所论述的众多特

---

[1] 刘雪飞,陈琳. 主辅式认知——智慧时代认知拓展研究[J]. 电化教育研究,2019,40(01):33-38.

征尚不足以高度表征教育信息化的本质，因为技术特征属于功能性特征，教育特征属于运用性特征，这些仍属于表象特征，现在还缺少抽象概括提炼的由表及里的深刻特征，即本质性特征。

教育信息化的本质特征是其根本性特征，从教育信息化越来越表现出的变革教育的巨大作用看，教育信息化的本质特征是"信息技术变革教育"，推动教育走向新时代的现代化，技术变革教育应该是教育信息化的本质精髓。只要把握好技术变革教育的本质精髓，发挥其信息技术变革教育的巨大作用，教育信息化的道路就会越走越宽广。

仅仅停留于教育信息化的技术特征、教育特征开展教育信息化，则教育信息化更多的是使教育发生"物理变化"，而将教育信息化的特征上升到变革教育的本质特征谋划教育信息化发展，则教育信息化就可使教育同时发生"物理变化""化学反应""生物反应"，时代已经发展到充分挖掘和发挥教育信息化本质特征的时候了，我国教育信息化进入 2.0 时期，就是要使教育信息化发生变革教育作用的新时期，教育系统必须及时进行认识、观念转变与提升，在技术变革教育方面大显身手。

很显然，以教育信息化全面推动教育现代化，既要在教育教学工作的全部实践中综合彰显教育信息化的诸多技术特征，用其所长，又要充分彰显教育信息化的教育特征，使教育与时俱进，但最为重要的是要发挥教育信息化本质特征，真正建构时代化的教育，使教育的模式、形态、业态全面现代化。只有充分认识教育信息化的本质特征，才能把握当今以及未来教育的大方向，才能增强变革教育的勇气和自信，才有变革教育的无穷手段和高超能力。教育信息化的技术特征和教育特征得到充分彰显了，信息技术对教育的革命性影响就真正发生了，一度人们吐槽的教育信息化的"非显著性差异"就不复存在了。

教育信息化能够为人们奉献新的教育环境、教学资源、学习手段、学习模式、学习方式方法、评价技术、服务体系、治理路径，此全方面的奉献意味着全方位的创新，决定了教育信息化的本质特征的信息技术变革教育，与通常的教育变革相比，具有深刻性、系统性、持久性的特点，我们要利用好教育信息化，不断建构与时代匹配的教育，培养真正适应时代的人。

第 2 章　教育现代化内涵及特征

以信息化推动教育现代化，必须首先明确教育现代化的内涵与本质，否则就无从科学地推动。

2.1　教育现代化定义及内涵

现代化始终与时代发展相伴，时代发展，现代化的内涵将会随之发生变化。在人类加速进入智慧时代、我国日益走近世界舞台中央的新时代，探讨教育现代化实现，必须首先研究和准确把握教育现代化的时代内涵与时代特征，唯有如此才能实现真正意义上的教育现代化，进而走出一条新型教育现代化之路。

2.1.1　教育现代化定义

2013 年，时任教育部部长袁贵仁在全国教育工作会议的工作报告中发问：到 2020 年基本实现教育现代化，什么是教育现代化，我们如何制定适合中国国情、具有国际影响力的教育现代化指标体系？[①]"教育现代化是什么"是必须科学回答的问题，否则就无从科学确定实现教育现代化的目标、任务、指标、策略和路径[②]。

1993 年 4 月，时任中央政治局委员、国务委员兼国家教育委员会主任、党组书记的李铁映同志，在《社会主义现代化建设的奠基工程》一文中对我国将实现的教育现代化进行系统论述，提出要通过改革实现教育的现代化，并认为教育现代化首先是教育思想、教育观念的现代化，还有教学内容、教学方法、教学手段、校舍和设备的现代化，实现教育现代化是改革、创新的过程[③]，并前瞻性地提出"探索我国教育现代化的路子"。时隔 8 个月的 1993 年 12 月，江苏在全国率先启动教育现代化实施行动，其在苏南地区组织实施教育现代化工程试点的意见中指出，教育现代化包括教育思想现代化、教育发展水平现代化、教学体系现代化、办学条件现代化、师资队伍现代化及教育管理现代化，教育现代化既是教育发展所达到的水平和状态，也是教育发展的理想目标和未来趋势，更是为实现这一理想目标而进行的高

---

① 袁贵仁. 在 2013 年全国教育工作会议上的讲话[J]. 中国高等教育，2013(Z1)：3-10.
② 陈琳，陈耀华，李康康，等. 走向实现的教育现代化定义研究[J]. 中国教育学刊，2015(11)：33-37.
③ 李铁映. 社会主义现代化建设的奠基工程——认真学习、宣传和实施《中国教育改革和发展纲要》[J]. 人民教育，1993(04)：12-16.

度理性、自觉的奋斗过程①。谈松华教授在时隔10年后认为，教育现代化既是国家教育适应现代社会发展要求所达到的较高水平状态，又是传统教育在现代社会的现实转化，其转化既包括教育生产力、教育制度体系、教育思想观念在内的教育形态的整体转换运动，又包括教育思想观念、教育制度、教育内容、教育方法等要素在内的教育系统全面进步的过程，教育现代化的实质和核心是人的素质现代化②。

以上关于教育现代化的定义和认识，很好适应了当时社会发展水平人们对教育现代化的期待与呼唤，即那时人们对教育现代化的认识是明确的，形成了广泛的共识。但是，随着信息技术在社会发展中发挥越来越重要的作用，人们发现原有的教育现代化认识已经越来越不适应时代要求，这也就是在2013年教育部部长呼吁探讨教育现代化是什么问题的原因。很显然，此时要探讨的教育现代化，已不是发达国家曾经实现过的教育现代化，而是与新的时代匹配、能够一定程度上引领社会发展的新型教育现代化。

从1983年邓小平同志提出"三个面向"算起，我国关于教育现代化的研究已有36年历史。36年来我国社会发展经历了从农业社会为主，再到追赶工业社会、追跑信息社会的发展，而今又在向引领智慧社会发展，36年间经历了时代的几级跳，可以肯定地说，没有其他任何国家在短时间内历经社会层次、阶段变化如此之多与如此的波澜壮阔。1983年起步时教育现代化离我国似乎很遥远，只能"面向"，后来在一个省的最发达地区进行试点，再后来在部分省、市全面推进，然后在全国掀起实现教育现代化的高潮。但是，我国最初是在跟跑发达国家的教育现代化，是工业时代的教育现代化。如此的跟跑最终实现的教育现代化还只能是工业时代的教育现代化，这样的教育现代化是有着时代局限性的。随着国家的飞速发展，我们走到了新时代教育现代化的无人领航区，这样对教育理论界提出了新的时代命题：新时代的教育现代化是什么样呢？有的省份提出到2020年在全国率先实现教育现代化，可是现在目标的概念都模糊了，全国进入了教育现代化理论迷茫期、教育现代化的理论困惑期。部分省、市曾经制定了教育现代化的验收指标，结果验收指标饱受质疑：按这些所谓的教育现代化指标验收通过的并不是真正意义的教育现代化。凡此种种必然呼唤从理论上重新诠释新时代的教育现代化。

首先必须明确：我国即将实现的教育现代化，是人类走向智慧时代的教育现代化，是人类历史上的第二次教育现代化。在此基础上，分析时代的新特征，分析时代对教育的新要求以及实现伟大中国梦对教育的新要求，则可对教育现代化作如下界定：

教育现代化是以先进理念指导，科学运用信息技术变革教育，教育整体达到具

---

① 周德藩. 关于江苏教育现代化的思考[J]. 群众，1999(06)：28-30.
② 谈松华. 中国教育现代化的区域发展[M]. 广州：广东教育出版社，2003：57.

有适应和引领现代社会发展要求的思想、体系、管理、制度、队伍、内容、方法、手段、评价、环境、质量以及普及度、公平度的状态，达到促进人在现代社会全面发展、个性发展、特色发展、创新发展、终身发展、智慧性发展和全体发展的水平[①]。

此教育现代化新定义，具有如下特点。

1. 强调"水平"与"状态"

教育现代化定义中只有包含水平或状态，才有助于考核其实现和基本实现，但是达到实现教育现代化和基本实现教育现代化状态是不断努力、转换的结果。新定义选用了直白的语言表述，有助于人们明晰实现教育现代化该做什么样的努力，向哪些方面努力，以及努力要达到的具体目标是什么，很显然这是兼顾了实践的操作性界定。定义中既用"水平"又用"状态"，是为了强调教育现代化的全面性、深刻性、战略性、引领性，以及强化现代化的教育不仅仅要适应社会发展，而且要引领社会发展。

强化现代化的教育要引领社会发展，是体现国家意志的教育优先发展战略、科教兴国与人才强国战略在教育现代化定义中的具体化。若干年来，通常人们只说教育适应社会发展，但在智慧时代，教育必须走向引领社会发展。由适应到引领，是时代赋予现代教育的新要求，引领社会是教育的新使命。在新时代，不能引领社会发展的教育，就无从谈及教育现代化。过去很少或几乎不说教育引领，因为那时的教育还远离现代化，甚至说非常落后；现在若再不谈引领，那么实现的教育现代化一定不是真正意义上的现代化，只能是伪现代化，或者是自我标榜的现代化。

2. 强调"人"与"管理"

教育现代化指向国家现代化，国家现代化需要人的现代化，教育现代化是通过促进人的现代化进而服务与实现国家现代化。教育现代化首先要关照人的主体性地位，教育现代化重点在于人的发展，以人为本、满足人民教育需求是实现教育现代化的根本，以人为本是我国实现教育现代化的立足点，因此定义中明确教育要达到促进人在现代社会的全面发展、个性发展、特色发展、创新发展、终身发展、科学发展和全体发展的水平，是对通常教育现代化认识中见物不见人的颠覆。人的现代化应该成为教育现代化的核心，而且以人为本的教育现代化的实现，要依靠现代化的教师和管理者，教育者和管理者是实现教育现代化的核心要素，相应地在定义中强调"队伍"的现代性。人力资源是第一资源，"教师是立教之本，兴教之源"[②]，教育大计，教师为本。教育是国家发展的基石，教师是基石的奠基者，有一流的教师才有一流的教育，有一流的教育才有一流的人才。好学校、好教育的最重要标准，

---

① 陈琳，陈耀华，李康康，等. 走向实现的教育现代化定义研究[J]. 中国教育学刊，2015(11)：33-37.
② 石中英. 深化教育改革，成就中国教育梦想[J]. 教育研究，2013(4)：7-8.

就是有好教师。促进教育内涵发展，提高教育质量，实现教育现代化，关键在教师，要以队伍优先发展为保障，要培养和造就大批教育家式的教师和教育管理者。从总体上看，我国已有教育现代化评价指标体系，忽视了管理队伍现代化，即使教师队伍的现代化，也仅仅是着眼于生师比和学历层次。很显然这是不科学的。投入巨资实现教育现代化，而没有数量庞大的现代化师资及管理者，其建设效益、效率、效果可想而知。现在教育现代化受党和国家以及各级党委和政府高度重视，但尚未转化为广大教育管理者和教师的认识和积极行动。

新定义中将管理单独提及，是因为教育现代化是全面变革，改革需要制度设计和条件保障。教育现代化是系统大工程，如果没有教育管理的现代化则是不可想象的，也是不可能取得成功的。

3. 回避世界先进水平

强调水平，但又刻意回避世界先进水平，主要是出于三种考虑：

一是防止以物为主的量化倾向——唯"量"倾向[①]。片面追求物的拥有的教育现代化，既会偏离以人为本的教育目标，又会造成资源的损失和浪费。只要有钱，就可以轻易实现"以物为主"的条件，很显然，通过花钱就可以达到的，一定不是真正意义上的现代化。

二是防止脱离国情的倾向。一些所谓世界先进水平的指标，并不科学、合理，不顾国情地去追赶是没有意义的。例如，一些城市型国家的高等教育普及率非常高，然而，在一定时期内对于其地域差异巨大的国家，整体上就没有必要达到城市型小国的高等教育普及率，如果不顾国情地追求那样的高普及率，就意味着过度教育，就意味着资源的极大浪费。而且，一味以追赶为目标，往往会失去创新。

三是防止降格以求的倾向。我国学界通常认为，在教育现代化方面，可将国家分为内生驱动型和后发追赶型两类。实际上，还应该有后发超越型这一类。新时代的教育现代化具有时代内涵，发达国家也有重新现代化的问题，后发超越应该成为新兴经济体大国的常态。如果我们将教育现代化仅仅定位于追赶既定目标，就会永远慢他国半拍，只能跟在其他国家后面亦步亦趋。实现伟大中国梦，必然要求实现的教育现代化是具有中国特色的，具有新时代特征的。中国是拥有14亿人口的大国，理应走中国特色的教育现代化之路，立中国式的教育现代化标杆。后发超越应是我国教育现代化的必然选择，很显然，这种后发超越不仅仅是量的发展，更重要的应是质的提升，使教育的发展促进人的发展和社会进步，向着智慧教育方面发展。从教育信息化走向智慧教育已成为教育发展大趋势[②]。

---

① 陈琳. 中国教育信息化必须防止的倾向性问题[J]. 电化教育研究，2007(04)：18-21.
② 陈琳，陈耀华，张虹，等. 教育信息化走向智慧教育论[J]. 现代教育技术，2015，25(12)：12-18.

4. 将条件放大为环境

应加强教育现代化的顶层设计和协同建设。现在，教育现代化建设和教育改革，开始从教育内部走向教育外部，改革的主题已经不纯粹是教育的问题，而是实实在在地涉及许多复杂的社会因素。这些问题的解决也已经超出大、中、小学等教育机构以及教育行政部门的能力，需要更加顶层的设计和更大范围的协同。同时，教育改革开始从单一的改革走向综合的改革，改革主体、改革项目、改革政策之间的协同协调不可缺少[1]。党的十八届三中全会通过的《中共中央关于全面深化改革若干重大问题的决定》中特别强调教育的综合改革，教育现代化应该在综合上下功夫。很显然，这需要政策的支持，法律和制度的保障，已不是仅仅从物的层面上所能维系的，也不是教育本身所能全部作为的。中共中央、国务院发布《中国教育现代化2035》对我国教育做出最长时段的规划，而且是以教育现代化的名义规划，就是放大环境后的相应体现。

5. 内隐"过程"

教育现代化的内涵界定中通常都有"过程"二字，本定义中没有"过程"，但隐含了"过程"，因为运用、达到、促进本身都是过程性的。教育现代化定义中曾经出现过仅仅是过程说的时期，那是因为在20世纪90年代初，我国离实现教育现代化还有相当距离，那时将教育现代化看作一个追赶的过程是合理的。过程说强调了教育不断的进步和追求，但只有过程，就无法考察现代化的实现，因此在教育现代化趋于实现的历史时期，必须强调该达到的状态与水平。

6. 赋予时代内涵

教育现代化中的"现代"是时代元素，现代教育必须与时俱进，随时代同进步。定义中以先进理念为指导、科学运用现代信息技术变革教育、教育引领现代社会发展、提升公平度，以及强调促进人在现代社会发展，且强调全面发展、个性发展、特色发展、创新发展、终身发展、智慧性发展和全体发展，等等，都是时代内涵的具体体现。

教育现代化的新定义对教育提出了史无前例的高要求、立了高标杆，很好地体现了智慧新时代、中国特色社会主义新时代的需要。如果降低标准，哪怕稍微降低，就不能够称之为人类历史上的第二次教育现代化的定义了，就不能称之为走向智慧时代的教育现代化的定义了，就不能称之为引领教育发展的第二次教育现代化的定义了。

2.1.2 教育现代化内涵

实现教育现代化必须首先明晰教育现代化的内涵，唯有如此才能明确教育现代

---

[1] 陈琳，陈耀华. 以信息化带动教育现代化路径探析[J]. 教育研究，2013，34(11)：114-118.

化的方向，才能在科学的道路上正确前行。因为只有方向明确，才能行动有力，否则必然摇摆不定。

2.1.2.1 历史脉络——多内涵说

关于教育现代化的内涵，我国在世纪之交有较多的探讨，相应形成三要素说、四要素说、六要素说和七要素说。

"三要素说"提出以杨东平为代表。1994年，杨东平根据社会现代化的三层面说，相应提出教育现代化分为物质、制度和观念的现代化三个方面[①]。其中，教育物质层面的现代化包括教育在数量、规模上的发展，以及在办学条件、校舍、设备、技术手段、教育经费等方面的先进程度；教育制度层面现代化包括与现代社会政治、经济、科技、文化相适应的教育制度，如国家教育体制、学校办学体制与运行机制；教育观念层面现代化包括教育价值、教育思想、教育观念等的现代化。

"四要素说"由陈敬朴在1996年提出。"四要素说"是在"三要素说"基础上增加了知识层面的现代化，即认为教育现代化包括物质、制度、观念和知识层面的现代化四个方面。教育知识层面的现代化主要是指教育教学体系的现代化，包括课程、教材、教法、学法等的现代化[②]。

"六要素说"有多种版本。一是1993年时任政治局委员、国务委员、国家教委主任的李铁映在《人民日报》《人民教育》发文中提出的教育思想现代化、教育观念现代化、教学内容现代化、教育方法现代化、教育手段现代化、校舍和设备现代化[③]；二是1993年江苏省教委《关于在苏南地区组织实施教育现代化工程试点的意见》中提出的教育思想现代化、教育发展水平现代化、教育体系现代化、办学条件现代化、师资队伍现代化和教育管理现代化，并提出在教育现代化实现中，教育思想是前提，教育发展水平是标志，教育体系是核心，办学条件是基础，教师队伍是根本，教育管理是保证[④]；三是1997年顾明远提出的教育思想现代化、教育制度现代化、教育内容现代化、教育设备和手段现代化、教育方法现代化、教育管理现代化，并认为各因素互相制约、互相促进，其中教育思想为主导，教育内容为核心，教育制度、设备、方法、管理是保证[⑤]；四是2002年朱永新提出的教育思想现代化、教育内容现代化、教育设施现代化、教师队伍现代化、教育管理现代化、社区教育现代化，并认为六方面是有机的整体，要以教育思想现代化为逻辑起点而展开，其重中之重

---

① 杨东平. 教育现代化: 一种价值选择[J]. 中国教育学刊, 1994(02): 19-21.
② 陈敬朴. 基础教育现代化与师范教育改革[J]. 南京师大学报(社会科学版), 1996(01): 11-15.
③ 李铁映. 社会主义现代化建设的奠基工程——认真学习、宣传和实施《中国教育改革和发展纲要》[J]. 人民教育, 1993(04): 12-16.
④ 周德藩. 关于江苏教育现代化的思考[J]. 群众, 1999(6): 28-30.
⑤ 顾明远. 关于教育现代化的几个问题[J]. 中国教育学刊, 1997(03): 10-15.

是教师队伍的现代化[①]。

"七要素说"是在江苏省教委1993年《关于在苏南地区组织实施教育现代化工程试点的意见》提出的六方面建设内容的基础上,增加社区教育现代化而成,由时任江苏省教育委员会副主任周德藩于1999年提出,认为现代化教育不能仅仅考虑学校建设,而应该立体地构建家庭、学校及社区教育网络,建设更加完整的现代化教育体系[②]。

世纪之交关于教育现代化内涵的探讨,持续时间长,探讨较为深刻且全面。综合看,涉及的教育现代化建设主要包括思想、观念、价值、队伍、内容、管理、方法、制度、技术手段、发展水平、体系、校舍、设备、办学条件、设施、课程、教材、教法、学法、社区、数量、规模、经费、教育体制、办学体制、运行机制等方面。事实上,以上教育现代化的每个方面都是非常重要的,然而,以上探讨的基点和方向,是追赶型的教育现代化,而不是引领型的教育现代化。

2.1.2.2 时代要求——内涵再探

上述关于教育现代化的内涵探讨,在时间上集中在世纪之交,而之后十多年关于教育现代化内涵的探讨不多。这似乎意味着关于教育现代化的内涵探讨已经近乎完美了,但事实上并非如此。

新近十多年,对于世界而言,正在高速走向新的时代,人类正在走向智慧新时代,其对教育现代化理应有新要求、新期待,教育现代化的内涵也应该随之有新的丰富和发展。社会发展带来教育内涵的丰富从高等教育职能的不断扩展可以看出,最初的大学只有人才培养职能,后面在发展中根据时代的要求,相应依次新增了科学研究职能、社会服务职能、文化传承与创新以及国际交流合作职能。

之所以新近十多年对教育现代化的内涵没有多少新的建树,原因是社会发展太快,人们的认识总是难以跟上时代的发展,人们对教育现代化的认识还没有随时代而有质的提升,那么,教育现代化有哪些新内涵呢?以下方面有理由纳入新时代教育现代化的内涵范畴。

1. 教育目标现代化

教育目标现代化是新型教育现代化时代化的内涵。新型现代化的教育目标,至少与原有的教育现代化相比有两点必须增加,即教育走向引领社会和教育走向培养创新创造人才,这两点在我国的文件中已经有不同程度的直接体现或非直接体现,比如在《国家教育事业发展"十三五"规划》中明确要求教育发展"主动

---

① 朱永新. 现代教育特点与教育现代化[J]. 江苏教育, 2002(17): 3.
② 周德藩. 关于江苏教育现代化的思考[J]. 群众, 1999(6): 28-30.

适应和引领经济发展新常态"。在新时代党和国家重要的教育文件中，几乎都提及创新创造人才培养。

2. 学习与认知方式现代化

过往的教育更多是以教为中心，未来人类社会走向终生学习，是学习型社会，教育如果不能够解决全民的学习方式和认知方式问题，就不可能实现真正意义上的教育现代化，教育如果不能够促进学习者的全面发展、科学发展、个性发展、创新发展，则就与教育现代化无缘。十八世纪中叶以蒸汽机标志的工业革命的兴起，让人们不断从繁重的体力劳动中解脱、解放，而以人工智能为代表的新一轮科技革命，将让人类更为彻底地从体力劳动中解脱、解放，并且不断从简单的脑力劳动中解脱和解放，推动人类社会走向智慧社会。

智慧社会是人机协同、跨界融合、共创分享的时代，生产、交换、分配、消费等经济环节将发生深刻的甚至是根本性的变化，传统的社会结构、职业分工将产生重大调整甚至根本性变革，教育必须与社会的根本性变化和大变革同步发展，相向而行，应主动适应新的时代要求，教育需要超前识变、积极应变、主动求变，绝对不能故步自封，而且，以人工智能为代表的新一代信息技术的高速发展、深度发展，既会对传统的教育理念、教育体系和教学模式产生革命性影响，又为人类建构新教育提供了新手段，从而可进一步释放教育在推动人类社会发展过程中的巨大潜力。学习方式和认知方式必须适应人将从事更加高级的脑力劳动的智慧时代的需求，将提升创新能力和合作精神与能力作为学习的新方向与新追求。

3. 教育方式现代化

新时代的教育必须有新的方式，包括育人方式、教学方式、教育组织方式、实践方式、教研方式、教育质量监管方式、培养方式、培训方式、协同方式、招生方式、考试方式等，而且其方式更多的要与现代信息技术相关联，以教育信息化提供有效支撑。在新型教育方式中，评价方式是具有导向作用的方式。已有的评价更多着眼于知识、着眼于考试，更多的是终结性评价，新时代的评价要引领人们向知、行、创的综合能力方面发展，要是过程评价、发展性评价、导向创新创造的评价，通过评价使学习者的能力结构发生根本改变，适应新时代创新创造的要求。

教育方式的现代化，必须从人工智能对教育的全面赋能的角度着眼。人工智能赋能教育评价，将实现更加多元、更加精准的智能导学与评价，促进人的个性化和可持续发展；人工智能赋能教师，将改变教师角色，促进教学模式从知识传授到知识建构的转变，同时缓解贫困地区师资短缺和资源配置不均的问题；人工智能赋能学校，将改变办学形态，拓展学习空间，提高学校的服务水平，形成更加以学习者为中心的学习环境；人工智能赋能教育治理，将改变治理方式，促进教育决策的科学化和资源配置的精准化，加快形成现代化的教育服务体系[①]。

4. 教育模式现代化

新时代的教育必须有新的模式，包括育人模式、培养模式、教学模式、教育服务模式、教学组织模式、就业模式、教研模式、办学模式、学习模式、教育管理模式等方面的现代化。

5. 学校现代化

学校是教育现代化要素的集合体和系统化所在，教育现代化的许多要素要靠学校去建构和打造，没有实现学校现代化，教育现代化就是一句空话，正因为此许多地方提出建设智慧学校，其实质就是要达到学校整体的现代化。

6. 教育公平现代化

我国实现新型的教育现代化，必须从构建人类美好命运共同体的高度着眼，必须从促进社会进步和更好彰显社会主义制度优越性的高度进行设计，构建新时代的教育公平，构建远优于资本主义制度的教育公平。要充分利用信息技术创新公平新方式，使教育公平跃向人类前所未有的新高度。

7. 教育平台现代化

第二次教育现代化与发达国家实现第一次教育现代化的本质区别是，实现第二次教育现代化时人们在实体空间之外多了数字化空间，而且越来越多的学习活动是在新型的空间中实现，互联网、云技术、大数据、物联网、人工智能支持的大平台成为教育现代化的重要支持和保障，相当的教育变革将依赖该平台，因此如果脱离新型的平台探讨教育现代化，则实现的一定不是第二次教育现代化。例如"网络学习空间人人通"，是我国适应时代呼唤的创造，教育平台必须为学习者、教育者、管理者以及亿万家长提供合适的空间服务。

8. 教育资源现代化

新型学习将更多是基于资源的学习，建设满足亿万学习者正式学习、非正式学习、正规学习与非正规学习的优质资源，更好地满足学习者个性化学习的需要，成为教育现代化的重要内容、重要基础、制约因素。

9. 管理与服务队伍现代化

过去强调教师队伍现代化，并没有将管理与服务队伍纳入现代化的视野。在第二次教育现代化实现中，以科学的管理和科学而优质的服务为保障，对教育管理者、教育服务者提出了越来越高的要求。

---

① 钟登华. 智能教育引领未来：中国的认识与行动[J]. 中国教育网络，2019(6)：22-23.

以上 9 项是要新纳入教育现代化内涵体系的,这是实现第二次教育现代化、新型教育现代化必需的,否则所谓实现的新时代的教育现代化就要大打折扣了。

不仅如此,对于已有的教育现代化内涵体系中的各项,即使名称不变,但也必须赋以新的内容,对其重新赋能。比如教师队伍现代化,新要求是教师成为人类灵魂的工程师,成为人类文明的传承者,更好地承载传播知识、传播思想、传播真理的任务,承担好塑造灵魂、塑造生命、塑造新人的时代重任[1],成为有理想信念、有道德情操、有扎实学识、有仁爱之心"四有"好老师,成为教书和育人相统一、言传和身教相统一、潜心问道和关注社会相统一、学术自由和学术规范相统一的"四统一"教师[2],成为学生锤炼品格的引路人、学习知识的引路人、创新思维的引路人、奉献祖国的引路人的"四引路人"教师,成为创新型、引领型、学习型、专家型的卓越教师[3]。再比如,教育理论现代化,在原有教育现代化内涵中包含教育理论现代化,但是若干年来几乎未诞生新的与教育现代化匹配的理论,因此现在必须进一步强化教育理论现代化。这一问题不解决,教育就无法引领社会发展,教育就不可能真正实现我们真正期待的现代化。

2.2 教育现代化特征

教育现代化特征是教育迈向现代化的外显性、表征性特点,是在或将在教育现代化推进过程中逐步形成并呈现出来的教育实现现代化的标志[4]。教育现代化特征既有规律性,又有一定的人为期待性,从某种意义上说,还是人类对教育的新赋能、赋新能。探讨教育现代化的基本特征,有助于认清传统教育与现代化教育的区别,有助于确立教育现代化的目标、标准和发展方向,有助于加速教育现代化工程的推进与教育现代化的科学实现。

2.2.1 教育现代化特征的已有探索

自从国家提出实现教育现代化以来,教育学科许多专家学者对教育现代化特征进行了探讨,且不同的专家所概括的特征较为一致,其原因并不是大家都想到一起去了,而是更多概括的是发达国家教育现代化过程中所显现的,然而,带有预测、展望性的特征并不一致,因为要根据社会的趋势预测教育的未来,往往是仁者见仁、智者见智。

在世纪之交,我国较有影响的教育现代化特征表述主要有如下四种:一是张晓

---

[1] 中共中央、国务院印发《中国教育现代化 2035》[N]. 人民日报,2019-02-24:01.
[2] 习近平. 把思想政治工作贯穿教育教学全过程 开创我国高等教育事业发展新局面[N]. 人民日报,2016-12-9:01.
[3] 陈琳. 智慧新时代呼唤"新"教师[N]. 光明日报,2018-9-8.
[4] 段作章. 教育迈向现代化[M]. 徐州:中国矿业大学出版社,1999:74-89.

东的教育现代化具有民主平等性、法制性、先进性、终身性、创造性、国际性与民族性的"七性"特征的认知[1]；二是段作章的教育普及化、协衡化、个性化、多样化、国际化、信息化、终身化、科学化等"八化"特征的探讨和论述[2]；三是顾明远的受教育者的广泛性和平等性、教育的终身性和全时空性、生产性和社会性、个性性和创造性、多样性和差异性、变革性和创新性、国际性和开放性、科学性和法制性的"8×2性"特征的论述[3]；四是尹宗利的教育现代化具有理论的科学性、时间的后起性、动力的内源性、目标的系统性与发展的可持续性等"五性"特征的阐述[4]。

人们对教育现代化特征的认知，往往会随着时代的发展而有所提升。比如说，顾明远先生在2012年就发展了他在2007年提出的"8×2性"教育现代化特征说，新认为的教育现代化特征为教育的民主性和公平性、教育的终身性和全时空性、教育的生产性和社会性、教育的个性性和创造性、教育的多样性和差异性、教育的信息化和创新性、教育的国际性和开放性、教育的科学性和法制性[5]，即由旧的"8×2性"发展为新的"8×2性"。新的论述用教育的民主性和公平性替代了教育的广泛性和平等性，以教育的信息化代替了变革性，很显然新的阐释无论是民主性代替广泛性，还是公平性代表平等性，或是用教育信息化代替变革性，都更为科学合理，特别是加入了信息化的特征。

顾明远先生对教育现代化特征时隔5年的修订也启示人们，关于教育现代化的特征认识没有休止符，事实上当人类进入新时代时，教育现代化将具有更多新的特征。

2.2.2 教育现代化特征再探索

2018年，褚宏启提出教育现代化2.0，并以教育现代化2.0的视角探讨教育现代化特征，认为中国教育现代化2.0包括人道性、民主性、理性化、法治性、生产性、信息化、国际性等七个典型的现代性特征。民主性、理性化、法治性、生产性是教育现代化1.0阶段的典型特征，信息化、国际性、人道性是集中体现教育现代化2.0阶段的新特征[6]。对照世纪之交专家们认识的教育现代化特征，褚宏启创新提出人道性的新特征，认为教育应该是人道的，应该具有人道主义情怀，且认为教育人道性包括教育的优质性、教育的公平性、教育的多样性、教育的终身性。

立于新时代审视分析，总体赞同专家们在不同时期对教育现代化的特征认识，但当今必须根据时代发展的需要，增补智慧性、智能性、融合性、引领性四个第二

---

[1] 张晓东. 教育现代化的内涵及特征[J]. 煤炭高等教育，1999(04): 55-57.
[2] 段作章. 教育迈向现代化[M]. 徐州：中国矿业大学出版社，1999: 74-89.
[3] 顾明远. 教育现代化的基本特征及实施策略[J]. 人民教育，2007(Z2): 8-11.
[4] 尹宗利. 试论中国教育现代化的基本特征[J]. 南京师大学报(社会科学版)，2009(06): 80-86.
[5] 顾明远. 试论教育现代化的基本特征[J]. 教育研究，2012, 33(09): 4-10.
[6] 褚宏启. 教育现代化2.0的中国版本[J]. 教育研究，2018(12): 9-17.

次教育现代化该具有的新特征,同时要对已有阐述的教育现代化的终身性、公平性、人本性等特征赋予更加丰富的时代内涵。

2.2.2.1 教育现代化新特征

1. 教育现代化的智慧性特征

人类进入智慧时代,教育必然走向智慧教育,相应地智慧时代的教育现代化具有智慧性特征,是理所当然、顺理成章的。教育现代化的智慧性特征的内涵是,教育的所有要素、元素更加具有智慧性,形成与智慧时代相适应、相匹配的教育理论、教育理念、教育思想、教育模式、教育方法、教育评价、教育管理、教育服务,教师更富有智慧地教,学生更富有智慧地学,教师成为智慧型教师,学生成为智慧型学习者,成为具有时代视野、时代观念、时代能力的创新创造之人。

需要特别说明,这里谈教育现代化的智慧性特征,并不否认过去教育的智慧存在,事实上每个时期的教育都有一定智慧性,只有智慧时代的教育特别需要智慧,特别需要更大的智慧[①]。

智慧是教育的本源,知识、能力和创新是智慧教育的力量之源。教育承载着知识、文明,既是智慧的产物,又是智慧的载体,同时也是智慧的推进器;教育始终是智慧的行业,教育特别需要智慧。而智慧也需要教育的传承,需要教育者和被教育者去发展与丰富,教育与智慧始终相伴相生,唇齿相依。传统教育追求"知能并进",这里的"知"是指知识,"能"是指能力。其中,知识是智慧的结晶,也是智慧产生的基础;智慧教育首先是知识的教育,没有知识的教育便无从谈智慧教育,这样的教育会成为"空中楼阁"。而能力是智慧的外显,没有能力谈智慧也没有意义,也终将成为"海市蜃楼"。

社会要发展,就要有驱动前进的力量,而相当长时间内人们高度认同——"知识就是力量"。但是,自从信息技术登上历史舞台并独领风骚后,创新越来越具有更大的力量。创新是新时代智慧教育的核心,是引领发展的第一动力,是知识之泉。也就是说,随着时代的发展,教育已经不能再停留在知识是最高智慧的阶段了,而应该向创新这一更高的阶段发展。当然,强化创新智慧,并不是不重视知识和能力智慧,更不是否定知识和能力智慧。实际上,知识、能力与创新是智慧的一体多面,是互相促进的,而不是相互排斥的,更不是对立和相克的。

智慧教育具有时代性。随着社会的发展,人类智慧由低级向高级再向更高级不断演进。从工业时代跃迁到信息时代、再到智慧时代,其接力式的时代跃迁的速度和力度在人类历史上前所未有,人类的智慧也随之经历了突飞猛进的发展。尽管教育与智慧始终相伴,但是当社会快速发展时,教育在某些时段会跟不上时代的发展

[①] 陈琳,杨英,孙梦梦. 智慧教育的三个核心问题探讨[J]. 现代教育技术,2017,27(07):47-53.

步伐;而当社会发生重大变迁时,或当新旧时代交替时,教育也往往会在相当长的时间内滞后于时代。由此,人们不难得出结论:既不能用现代人的智慧标准去强求古人,也不能停留在先哲的智慧层次上裹足不前;时代巨变必须及时赋予智慧教育以新的内涵。在社会大变革期探讨智慧教育,既具有必然性,也具有迫切性。只有与具体时代相适应并能在一定程度上引领社会发展的教育才是智慧的,才能称得上是智慧教育①。

2. 教育现代化的智能性特征

教育现代化的智能性特征是随着人工智能的突破式发展而新具有的教育现代化新特征。按照常规理解,智能性包括在信息化之中,因为人工智能也属于信息技术的范畴,然而,智能化未来将改变人的认知,超越信息化所能包容的范围,这就是教育部杜占元副部长提出"零点革命"的深刻原因。智能性成为教育现代化的又一个非常重要的特征。

人工智能技术能够改变教育的时空场景和供给水平,使规模化前提下的个性化和多元化教育成为可能,进而构建出一种新的灵活、开放、终身的个性化教育生态体系。智能技术对教育行业的渗透打破了传统教育系统的固有生态,使其开始向智能教育的新形态迈进②。

教育现代化智能性特征的内涵,是人工智能在教育的变革中发挥重要作用,使教育出现新业态、新形态,使教育质量发生革命性提升,而且其至少可通过如下八个方面加以体现:

(1)人工智能成为人人皆学的基础教育内容,人人接受人工智能方面的教育。

人类社会越来越走向高度智能化,人工智能将成为每个人的好帮手、好参谋,因此智能素养以及人工智能理解力、人工智能掌控力、人工智能利用力与人工智能的协同力等,将成为社会成员必备,进行全民的智能教育即成为教育现代化的新标志。要普遍实施全民智能教育,进而全面提高全社会对人工智能的整体认知和应用水平,尤其要让孩子们为人工智能新时代的到来做好生活、就业和能力的准备。1984年,我国改革开放总设计师邓小平提出"计算机普及要从娃娃抓起",当今的智能、智慧时代,人工智能教育普及同样要从娃娃抓起。要在大中小学各学段融入智能教育的理念、知识和方法,在大中小学设置人工智能相关课程,推进人工智能的普及教育。全面实施全民的人工智能教育,开放开源人工智能研发平台或展馆,人工智能科普创作以及社会机构开展人工智能技能培训,将蔚然成风。要及时将人工智能的新技术、新知识、新变化提炼概括为新的话语体系,根据大中小学生的不同认知特点,让人工智能新技术、新知识进学科、进专业、进课程、进教材、进课堂、进

---

① 陈琳,杨英,孙梦梦. 智慧教育的三个核心问题探讨[J]. 现代教育技术,2017,27(07):47-53.
② 陈宝生. 走好智能时代中国教育发展道路[N]. 中国教育报,2019-5-17:1.

教案、进学生头脑，让学生对人工智能有基本的意识、基本的概念、基本的素养、基本的兴趣[①]。

中小学智能教育要求高，创新空间广阔，比如，中国人民大学附属中学构建了一套"人工智能+X"中学人工智能课程体系，开设相关课程超过 20 门，打造人工智能大课堂，实现学生对人工智能从感知到认知再到创新的提升。

(2) 教育条件、教育环境智能化。

建设智能校园，逐步实现 AI 在教学、管理等方面的全流程应用；开发建设基于大数据智能的在线学习平台，支持个性化学习；开发利用智能教育助理，加速实现智能、快速、全面的教育分析；瞄准日常教育和终身教育定制化的目标，建立以学习者为中心的教育环境，提供精准推送的教育服务[②]；开发智能教室，提升智能环境下教师教学诊断和精准教研的能力；建设智能实验室、智能图书馆，提供更多更优的智能化教育的基础设施。

(3) 人工智能在许多教育环节上不可替代，人工智能在教育中发挥越来越重要、越来越重大的作用。

教育领域要主动尝试运用人工智能改变教育。事实上，人工智能已可在教育的许多环节上发挥重要作用，比如，随着人工智能在语义识别的精度与速度方面超过人类，人工智能将逐步替代教师进行作业的批改、考试的阅卷，而且人工智能进行的批改和评阅，将比人更快、分析更精准；再比如，利用 AI 对学习者进行贴身性的学习答疑、陪练和辅导，利用 AI 对学习者进行分析评价等。

(4) 建构智能化的人才培养模式。

利用智能技术加快推动人才培养模式、教学方法改革，构建包含智能学习、交互式学习的新型教育体系，高校形成"人工智能+X"复合专业培养模式，实现人工智能与数学、信息科学、心理学、物理学、生物学、法学、社会学等学科专业教育交叉融合。

(5) 建设起适度的人工智能专业与学科。

在职业院校完善人工智能相关专业和课程建设培养技术技能人才，在大学布局人工智能相关的学科与专业体系。人工智能专业数量适度，人工智能一级学科点数量适度，高校人工智能学院有一定数量，人工智能相关学科方向的博士、硕士招生规模适度。

(6) 人工智能劳动力培训常态化。

根据人工智能带来的就业结构、就业方式转变以及新型职业和工作岗位的技能需求，与时俱进地开展适应智能经济和智能社会需要的终身学习和就业培训体系，

[①] 陈宝生. 走好智能时代中国教育发展道路[N]. 中国教育报, 2019-5-17: 1.
[②] 国发[2017]35 号. 国务院关于印发新一代人工智能发展规划的通知[Z].

开展人工智能技能培训，满足我国人工智能发展带来的高技能高质量就业岗位需要，既能持续不断地大幅提升就业人员专业技能，又能使从事简单重复性工作的人和因人工智能失业的人员能顺利转岗。

(7) 造就起新型的人工智能+教师队伍。

打造在智能化教学情境下，通过采集和挖掘教学、科研、管理等全过程大数据为智能教学提供支撑，实现人机协同，提供个性化、多样性和适应性的教学，能很好关注和培养学生思维方式与核心素养。培养一大批育人工作做得精准、精美的具有智能教育教学能力的新型教师。智能教育领导力研修和智能教育教学能力研修常态化。与此同时，智能学伴、虚拟教师等新型教师形态将得到有效发展。

(8) 人工智能技术的教育变革作用充分发挥。

充分地发挥人工智能技术在推动学校教育教学变革、推动学校治理方式变革、推动终身在线学习中的作用。统筹建设一体化智能教育平台，建立教育教学数据支持体系，以智能技术创新人才培养模式、改革教学方法和教育评价体系，推动深度学习、跨界融合、人机协同、群智开放，助力实现因材施教，构建智能化的终身教育体系。以智能技术推进教育教学决策的科学化、资源配置的最优化和教育管理的精细化[①]。

由于人们常常将智能与智慧、智能化与智慧化混为一谈，因此这里将前一特征定为智慧性，这一特征定为智能性，一定有人认为是重复了，实际不然。在智能化与智慧化的关系方面，有必要形成三个共性认识：

①智能≠智慧。智慧一定是指人，而智能现在更多的是指物。我国对智慧的经典解释是具有辨析判别和发明创造的能力[②]。该定义将智慧分为两个层次：辨析判别的初级智慧和发明创造的高级智慧。在人类文明诞生后的漫长历史进程中，这两种智慧都是人的专利，没有任何物具有这些能力。随着智能化的不断发展，物逐渐具有某种意义上的辨析判别能力，如无人驾驶汽车就拥有在自动评判道路的各种状况后决定自身行驶方案的能力——只不过，物的这种辨析判别能力是人所赋予的，而且这种能力与人的情感等复杂判断能力还远未达到同一个层级。目前，人工智能虽已具有一定的辨析判别能力，但这种能力层级较低，且还不能发明创造，故不能与"智慧"画等号。

②智能化助推智慧化。随着智能化的不断发展，人类越来越多的工作将交由机器人去做，在机器人将"抢"蓝领的饭碗的同时，智能软件则在"抢"白领的饭碗，而且这种现象会在一定时期内愈演愈烈。这种"双抢"将导致更多的人从简单、繁杂、重复性的劳动中解脱出来，使人性得到极大的解放。对人类社会而言，这是时

---

① 陈宝生. 走好智能时代中国教育发展道路[N]. 中国教育报，2019-5-17：1.
② 中国社会科学院语言研究所词典编辑室. 现代汉语词典[M]. 北京：商务印书馆，2005：1759.

代的巨大进步。人类从劳动中解脱出来后,将会有更多的时间从事创造发明,从而推动人类拥有以发明创造为特征的更大智慧。从这个角度说,智能化是智慧化的时代化助推器。智能化将奉献给人类的是代替人类劳动的智能机器或软件,广泛应用与利用这些智能化的机器或软件,从某种意义上说人类似乎可以不劳而获了,但实际上,这并不意味着人类真的可以永享清福了。这是因为劳动创造了人类,且人类的发展始终与劳动直接关联,劳动促使人不断思考、高效运行、体脑协调使用,使人类不断产生更高的追求,可是,一旦人类真的不劳动了,长此以往人类肯定会退化。因此,机器和软件代替人类原有的劳动后,人类必然要走向以创造发明为智慧特征的新型劳动——也就是说,智能化将倒逼人类由低端的智慧走向高端的智慧。而且智能机器也需要拥有高超创新创造智慧的人进行设计、开发等。总之,智能化将为人类的认知、统计分析、观察、记忆、决策判断等提供更好的支撑,人类将由原来仅靠大脑记忆、判断和分析派生出一种"智慧脑+智能脑"的双脑共用,而这将给人类插上更加有力的智慧翅膀,促使人类的智慧得到更好发展。

③智慧化引导智能化。随着大数据技术和机器深度学习不断向纵深发展,人工智能迟早会突破奇点,智能机器人正在迅速吞食许多行业。未来智能化的进一步发展,需要不断提升的人类智慧的引导,因为没有人类智慧,就没有智能化;没有人类的人智慧,智能化就不可能获得人发展;没有人类的智慧化,也就不可能出现高端智能化。智慧为人、智能为物,在社会发展中起决定作用的因素是人,而不是物。因此,现代教育应将人类的智慧提升放在第一位,用人类的智慧去引导和推动智能化的进一步发展,而绝不能将人的智慧和物的智能本末倒置。

3. 教育现代化的融合性特征

随着现代技术的发展,人们拥有越来越多的空间,对科学技术的期待以及对教育的期待越来越大,而且人们对自身的要求越来越高,如此多的"越来越",必须要求教育有时代化的质的拓展和提升,教育"越来越"走向多样的融合,成为教育满足人们"越来越"的要求实现的基本路径之一,融合性相应成为第二次教育现代化的一个特征。

教育现代化的融合性,至少包括五方面的"融":

(1) 多形态世界的"融"。

教育现代化要力求实现实体世界与虚拟世界的融合。信息技术诞生之前人类只拥有实体世界,信息技术的发展,使人类可拥有新的虚拟世界,使人类有了新的社会空间,新的发展空间,而今随着物联网、5G技术、多维打印技术(更主要的是3D打印技术)和人工智能技术等的突破性发展,人类可将彼此割裂与分离的虚、实二重世界很好融合,因此教育要在既利用好实体世界,又利用好虚拟世界的基础上,向利用好虚实融合的世界发展。可以深信,随着人工智能技术的持续发展以及边缘计算、云技术、大数据技术等的广泛应用，虚实融合的教育既是教育的发展方向，同样是提升教育的必然要求。虚实世界的融，即要防止两个世界顾此失彼、厚此薄彼，也要防止脱实向虚、只虚不实、教育严重脱离现实社会、教学内容空心化，不能躲在象牙塔中自成一体，而要真正将两个世界融通发展。

(2) 跨学科多学科的"融"。

智能化和机器人将越来越多的人从劳动中解放出来，从而走向创新创造，走向在多学科交融基础上的创新创造，因此智慧时代的教育必须培养跨学科的人，培养学习者的跨学科思维。很显然，跨学科性不能游离于教育现代化的特征之外。而且，学科内更多是知识体系、是单维度的创新体系，然而跨学科更容易形成大的、基于多维度的发明创造，而大的发明创造正是人类走向智慧时代所必需的。现代信息技术提升了人们的学习效率和认知水平，使跨学科学习在当今有了实现的可能。"只有根系发达，才能形成参天大树"，只有多学科渗透，才能形成大的创新创造。

国内外基础教育盛行 STEAM 教育，事实上 STEAM 中融是必要的，并且还需要加强。更应该做到 ISTEAMC 融，即 I+S+T+E+A+M+C。这其中 I 是 Idea 的缩写，表示理念与思想，S 是 Science 的缩写，表示科学，T 是 Technology 的缩写，表示技术，E 是 Engineering 的缩写，表示工程，A 是 Arts 的缩写，表示艺术，M 是 Mathematics 的缩写，表示数学，C 是 Creation 的缩写，表示创新创造。STEAM 是小融，是"器"的融，iSTEAMc 是大融，是器、术、法、道、势的融，代表了未来发展方向。只有大融，才能真正培养和造就时代所需要的大创新创造之人。

(3) 教育与经济社会的"融"。

教育要主动与经济社会"融"，一方面经济社会发展不断为教育提供丰富的鲜活的内容，另一方面教育要为经济社会的发展服务。

教育与经济社会的"融"，要求教育更加开放，而不能走向封闭。学校有实体围墙，将已经建了的实体围墙推倒是没有必要的，但是必须打破封闭学校的虚拟围墙，让学校很好地利用业界的人、物和各类资源办教育，比如，职业教育要主动请业界的"师"为专业办学的培养方案修订、资源建设、教材建设、实验室建设、平台建设等建设献计献策，甚至于部分课程就由"业师"通过远程的方式主讲或辅导。在这方面，我们一定要建立时代的新观念。当一国的经济非常落后时，其教育可以在象牙塔中独善其身，但当一国的经济社会处于世界先进行列时，教育在象牙塔中自成一体就意味着选择了与时代脱节，当今我国已经日益走向世界舞台中央，我国科学技术的部分方面正在引领世界，我国各行各业都在突飞猛进，如此跃迁式改变后的我国的教育，必须主动与经济社会文化相融合，要通过不懈努力实现由适应经济社会向引领经济社会发展的战略转型。

(4) 学、研、创之间的"融"。

学、研、创"融"是在通常学的基础上，增加研究和创新的要求、培养与考核，即由通常学习的单一过程,转化为学习、研究、创新的交融、螺旋式上升的立体过程①。此"融"是基于时代创新创造要求而设计的。学习的目的既在于应用,也在于创新创造,而不是仅仅为学习而学习。在学、研、创"融"中,学、研、创三者之间的关系既应是立体、交融、螺旋式上升的关联关系,同时又显示出一定的层次性。就一般意义上说,学是基础,研是手段,创是目标,其本质是以创新创造能力提升为总目标开展教、学和研究。实施由学习走向研究与创新创造的学、研、创"融",要对教育的理念、目标、评价、过程、条件、制度等诸多方面进行根本改造。

实施学、研、创"融",必须在培养目标中增加创新能力的培养目标。培养目标的制定不仅要有创新能力要求的概括性表述,还要有创新能力的量化考核。只有增加可量化的考核,才能将创新创造能力培养落到实处。不同学科创新能力的量化考核指标是不同的。

实施学、研、创"融"要将创新贯穿于培养的全过程。要改变以考试分数为主的知识性评价,要重视理论创新、方法突破、方式变革、技术发明、创新产品、建设创新等方面,着眼于创新高度、创新对实践的贡献度的评价。要改变终结性评价为主的评价,更多地依靠大数据来引进发展性评价、增量性评价和进步性评价,让学生的每一分努力、每一项创新、每一点贡献都能在评价中得到恰当的体现,这会倒逼学生在学习和实践中脚踏实地、奋力拼搏、不断创新。

实施学、研、创"融",要变革培养条件,全方位鼓励、支持学生创新创造,重点在精神激励、制度创新和条件保障三方面着力。在精神激励方面,要特别倡导为实现伟大的中国梦而拼搏进取、勇于担当和追求一流的精神,激发学生的事业追求、创新冲动,形成人人争创新的学风和研究风尚;在制度创新方面,围绕学生创新创造能力的培养,从项目资助、学术指导、竞赛组织、学术交流、社会服务等方面创造良好条件,支持每一位学生的发展;在条件保障方面,为技术创新提供所需要的设备和材料,搭建创客空间,为学生协同创新研究与开发提供实验室等条件支持,为学生创新成果的转化和利用提供支持和帮助,为学生交流创新经验搭建信息平台。

实施学、研、创"融"模式中的学习,是着眼于创新和提高能力的学习,而不仅仅是为拥有知识的学习,是适应时代要求的智慧型学习。在学习理念和方式方法上,更多的是国际化学习、瞄准世界科学前沿的学习、勇攀世界高峰的学习、跨学科学习、自主性学习、个性化学习、连通式学习、泛在学习、发现式学习、融合式学习和社会化学习。

实施学、研、创"融",要求学习者在积累知识的过程中必须学会凝练科学问题,勤于思考,找出解决问题的途径,达到创新的目的②。

---

① 陈琳,杨现民,王健. 硕士研究生"学研创"培养模式建构研究[J]. 学位与研究生教育,2016(05):23-27.
② 黄琳. 谈谈指导研究生与科研中的一些关系[J]. 学位与研究生教育,2014(10):1-4.

实施学、研、创"融"的研究,是着眼于创新创造的研究,是解决实际问题的研究,是追踪科学前沿的研究,是为了揭示新规律、产生新理论、诞生新方法、指导新实践的研究,是着眼于国际竞争的研究,是能产生原始创新的研究,要特别加强跨学科的交叉研究。

实施学、研、创"融"的创新,是以新的时代内涵赋予的创新,应该是立足于解决现实问题、挑战现有理论、突破现存方法、追求原始技术突破、引导新市场、形成新产品等等创新中的一种或数种,要由过去的纸上谈兵、闭门造车,转变为分量重、意义大、创新度高。从狭义的研究走向包括创新的广义研究,是以创新为时代特征的信息时代的学生培养之必然要求。

(5) 先进的技术与教育教学的深度"融"。

人类经历了几次大的技术革命,每次技术革命都使教育发生了很大的变化,然而在几次大的技术革命中,信息技术及人工智能技术对教育的影响将比前几次技术革命对教育的影响更大、更为深刻,因此离开先进的信息技术、人工智能技术与教育教学的深度"融",就无从谈及当今时代的教育现代化。我国前几年强调在教育中应用信息技术的"应用驱动",促进了信息技术在教育中的应用,促进了教育的变化,但是其有历史局限性,导致为用而用的倾向,产生了许多不讲效果、不讲效益、不讲效率的应用,使应用出现了片面化、机械化、生硬化的问题,甚至上出现了唯"新"倾向,追赶设备的新功能、高性能,购买信息技术产品不考虑实际需要,什么新就买什么,对拥有的信息技术产品频频升级换代。事实上,技术应用不是目的,手段与目的不能错位,更不能颠倒。随着信息技术以及人工智能技术的高速发展,应该及时将"应用驱动"升级为"创新驱动",要在深度融合后在教育方面产生新模式、新业态、新形态方面努力,要加快产生教育的互联网+、人工智能+。这里的"+"是"化"的意思、"颠覆"的意思,"变革"的意思,创新创造的意思。

综上所述,融合性是教育现代化的重要特征,且内涵十分丰富,这要求教育工作者要具有"融"的意识、"融"的努力、"融"的能力,不断达到"融"的状态,在"融"的发展中使教育越发具有时代性。

4. 教育现代化的引领性特征

从时代发展大势、国家发展目标和先进生产力对教育的革命性作用分析,在我国教育现代化实现方面,有着教育引领社会、中国引领世界教育现代化创新发展、教育信息化引领教育现代化、现代化教育造就引领社会发展的人等"四重引领"的新需求。

我国经济持续几十年高速发展,越来越需要转换发展方式,越来越需要转换发展动能,越来越需要创新驱动。创新靠人才,人才靠教育培养,正因为此国家先后提出科教兴国战略、人才强国战略和创新驱动战略。实施这三大国家战略,必然要求教育将引领社会发展作为新时代的新要务、新担当。我国的教育已由过去的小、短、低,发展为大、长、高(教育规模越来越大,成为世界上最大规模的教育;学习时间越来越长,正向学习型社会迈进;学历层次越来越高,高等教育进入普及化),既应该又完全可能由过去以适应社会为最高目标,转化提升为适应和引领社会发展为目标。创新强国建设中的教育,要有与时代和国家期待相匹配的担当与作为,教育者要有引领社会的担当,教育要引领社会风尚,教育要引领先进的文化,教育要引领经济社会的发展,教育要成为新的理念、新的思想、新的文化的策源地。

从人类历史看,能较好引领世界教育发展的国家,是特别具有发展活力的国家,是经济持续高速增长的国家,我国连续若干年经济增量占世界增量的30%左右,我国的发明专利数和发表论文数已跃居世界前列,我国持续改革40多年,我国将加速实现教育现代化作为教育国策,使我国引领世界教育现代化成为可能和必然。人类现有的教育,有部分是农业时代教育的继承,更多是根据工业时代要求建构,但尚未来得及按信息时代要求变革,智慧时代就悄然而至,因此教育的理论、内容、方式、平台、管理、模式等,都必须按照智慧时代的要求进行重构,否则教育现代化只能是空谈,这就为我国引领世界教育现代化以巨大机遇。

现代化的教育,要能够造就大批具有科学素养、人文素养和社会创新发展推动力的人,要能够造就引领世界的人。现代化教育的多重引领的需求,决定了引领性是教育现代化的重要特征。

2.2.2.2 教育现代化已有特征新析

1. 教育现代化的终身性特征的发展

自有人类以来终身教育就已存在[①],终身教育的理念1919年由英国植入现代教育体系也已百年[②],但是终身教育的内涵是与时俱进的,特别是随着现代科学技术迅猛发展引起生产和社会的不断变革,对终身教育提出越来越强烈、越来越高的要求。在智慧时代,人们只有不断学习与创新才能适应持续高速变化的社会与世界,因此终身性不仅仅应该成为智慧时代的教育现代化的基本特征,而且更为重要的是其内涵要由终身教育向终身学习、终身创新创造方面发展,相应地社会要成为学习型、创新型社会,即社会是以学习与创新求发展的社会,是以学习不断使每个人的素质向更高水平提升的社会。

智慧时代教育现代化的终身性,还将体现在要克服传统的终身教育更多局限于成人教育的倾向,要更加"瞻前""顾后""环顾左右"。

"瞻前"是更加重视家长学习,以发挥好家长对孩子启蒙教育的无与伦比的作

---

① 任宝祥. 终身教育[J]. 西南师范大学学报(人文社会科学版),1982(01):113-117.
② 何思颖,何光全. 终身教育百年:从终身教育到终身学习[J]. 现代远程教育研究,2019(01):66-77.

用,尤其是让家长学会用科学的方式方法对孩子进行启蒙以及潜移默化的教育与引导。现在人一旦降生到这个世界,就将置身于信息的汪洋大海之中,就与信息结缘,就与媒体结伴,必然要求对孩子的启蒙教育较过去在时间上有大幅度前移,而且必须提升对启蒙教育的要求,语言的启蒙、知识的启蒙、行为方式的养成引导、饮食习惯的养成引导、观看世界的方式养成引导,都是初为人父、初为人母的年轻家长义不容辞的责任和必须具备的能力,过去这种责任与能力往往是靠上代人的接力传递,是不系统的,是不完整的,是简单经验型的,可是启蒙的教育,必须是科学的、准确到位的,丝毫马虎不得,因为一旦孩子形成错误的发音、认知、行为,要进行矫正必须花更大的力气。

"顾后"是更加关注我国加速到来的老年社会快速增长的庞大的老年人群体的学习,甚至于支持其创新创造,让数以亿计的老年人在安享晚年的同时,活得充实,发挥余热,让他们适学、娱学、创学、协学,这是我国教育现代化必须特别重视和谋划与部署的。

"环顾左右"是关注处于弱势的群体学习。一是关注盲、聋、智障等特殊人群的学习;二是关注地处山区等交通极不方便地区人的学习,促使其由教育精准扶贫向教育精准扶智发展。

在终身性方面,要特别注意信息化手段支持和促进教育现代化终身性水平[①]。

2. 教育现代化的公平性特征的发展

克服习惯性思维,跳出传统路径依赖考虑教育现代化的公平性特征,有三大发展方向:

一是提升追求实现更高层次的教育公平,由起点公平向过程公平和结果公平方面发展。

二是由基于实物资源调配的物质、条件层面实施的教育公平,向同时促进优质数字资源的广泛共享实施的虚实融合式教育公平方面发展。

三是实施无死角、无盲区、无短板的教育公平。

在以上三个教育公平发展方向方面,教育信息化都可以发挥独特且巨大的作用。

早期的教育公平是基于实体资源的调配实现的,是平均主义思维主导的,是削峰填谷式的,而且公平与效益对立。换思路采用共享优势数字资源等方式实现教育公平,可实现公平与效率相向而行。因为物质资源复制加工的具有物质消耗性,而数字资源复制加工具有近乎零成本性。信息化将成为公平锐器,能够很好地打通公平的"肠梗阻"。

---

① 陈琳,王蘯,陈耀华. 终身学习信息资源建设的战略意义与模式创新[J]. 现代远程教育研究,2012(04):41-46.

3. 教育现代化的人本性特征的发展

人本性不是口号,而是实实在在的行动。人本性的基本要求是教育以学生的成长与发展为本。体现教育现代化的人本性特征,必须处理好服务学生眼前发展与长久发展、终生发展的关系,处理好学生个性发展与全体发展、全面发展之间的关系,处理好素养提升与创新发展的关系。

教育现代化的人本性实现,既要求教育工作者有大的情怀,又要求教育工作者有时代化的本领。教师将学生的事作为大事,真正想学生之所想,急学生之所急。

在不同的时代,人本性的内涵有异,当今要有与人们不断增长的对美好生活追求和向往匹配的人本性,要有与智慧时代服务人的全面发展、个性发展、创新发展相一致的人本性。

人本性要特别注意强调个性化与社会性的统一。

人类的教育经历过神本位、社会本位、政治本位、伦理本位等[①],新的人本位应该是将促进人的发展,促进人更好地成长,以及通过促进人的发展促进甚至推动社会的发展,作为教育第一位的功能。

---

① 刘世. 论教育学的人本性和科学性——关于教育学理论品性的思考[J]. 高等教育研究,2004(04):65-68.

第 3 章 信息化推动教育现代化战略

3.1 教育信息化国家战略概览

3.1.1 战略与教育信息化战略

战略原指对战争全局的谋划，后泛指重大且全局性的谋划，尤其是指国家、政党对全局性问题的谋划。"纲举而目张，领振而毛整"，事业的发展必须"举纲""振领"，任何事业的成功与科学发展，都离不开正确的战略，都必须谋划好决定全局的战略问题。只有抓好战略，才能引导事业走向胜利和未来，特别是对于新兴的前无古人的像教育信息化这样的事业。没有战略的事业发展，极容易左右摇摆，方向迷失，人心不齐，效率低下。

战略作为全局性或决定全局的谋划，具有全局性、层次性、稳定性等特点。战略又是一个体系，通常由战略目标、战略方向、战略思想、战略方针、战略重点、战略任务等要素构成。事业之谋，首先是战略之谋，我国教育信息化高速发展的重要的经验之一，就是科学的战略谋划与战略指引。

没有信息化就没有现代化，没有教育信息化就没有教育现代化，教育信息化既是教育现代化的基本内涵，又是教育现代化的重要特征，既是《中国教育现代化 2035》的重要内容，又是《中国教育现代化 2035》的重要标志，还是教育现代化的内生动力，信息化同时与国际化相伴而成为中国教育发展的两翼。教育信息化在国家教育全局中的作用如此大、地位如此高，必然要求有科学的战略谋划与指引。

教育信息化战略是引领教育信息化发展的纲领[1]，教育信息化战略规划对于教育信息化的科学发展起着至关重要的作用[2]。我国高度重视教育信息化战略制定，以发挥战略在教育信息化发展中统一意志、凝聚力量等等重要作用，而且由于教育信息化永远在路上，因此我国既制定有教育信息化的长期战略，又有中长期战略和中期战略。同样，由于教育信息化涉及教育的方方面面，是庞大的体系且具有多层次性，因此我国既有教育信息化的顶层战略，又有分层分类的具体战略。

---

[1] 王运武. 教育信息化战略规划研究的现状与未来[J]. 中国医学教育技术，2012，26(01)：1-5.
[2] 王运武. 论创立教育信息化战略规划学[J]. 现代远程教育研究，2016(02)：35-44.

从总体上看，我国教育信息化战略可有"二维三层二分"等多种战略划分。"二维战略"是既有统领性战略，又有规划性战略，即既有统领维，又有规划维。"三层战略"是既有全国性战略，又有区域性战略，区域性战略还可进行层的细分。"二分战略"是建立在子系统、分支系统上的战略，主要是领域的战略（如职业教育、成人教育、高等教育等领域的战略），又有学校内部专业和学科的发展战略。

把握时代发展大势、顺应时代发展潮流制定科学的发展战略，成为我国教育信息化发展的重要经验。

我国教育信息化的发展，与世界上其他国家的教育信息化发展相比，有着多样的特点，比如：我国的教育信息化与我国教育现代化的发展几乎同时起步，教育信息化与教育现代化始终伴随而行；是在有连续几十年经济快速增长的国度发展教育信息化；是在制造大国、加速走向创新强国的国度发展教育信息化；是在走特色社会主义道路的大国发展教育信息化。以上诸多特点决定了我国教育信息化必须有非同寻常的战略谋划，决定了我国的教育信息化战略既要有鲜明的方向性的统领性战略，又要有特色性的规划性战略。

3.1.2 统领性教育信息化战略

1993 年，党中央、国务院在面向 21 世纪的教育纲领性文件《中国教育改革和发展纲要》中指出，"再经过几十年的努力，建立起比较成熟和完善的社会主义教育体系，实现教育的现代化"，这是"实现教育现代化"第一次出现在党中央、国务院的文件中，因此 1993 年是我国教育现代化发展的开启元年。我国信息化也正式起步于 1993 年，以在全国启动金卡、金桥、金关等重大信息化工程为重要标志。这表明，我国的信息化与我国的教育现代化于 1993 年同年正式起步或开启实施。这种同步看似巧合，而实际上是我国当时就将信息化与教育现代化进行关联谋划，这就决定了我国的教育信息化战略与教育现代化总是紧密相连的，决定了我国以教育信息化服务教育现代化发展，作为谋划教育信息化战略的立足点。

信息化和现代化都是随着时代的发展而不断丰富与发展的。我国自从 1993 年开启教育现代化实现征程起，教育现代化即成为中国教育人的不懈追求。《国家中长期教育改革和发展规划纲要（2010－2020 年）》确定的到 2020 年实现的第一个重大目标就是基本实现教育现代化，国家"十三五"规划纲要中确定的教育发展的核心目标就是"教育现代化取得重要进展"，2019 年我国专门出台《中国教育现代化2035》，对教育现代化未来进行全面谋划，确定了到 2035 年总体实现教育现代化，迈入教育强国行列，推动我国成为学习大国、人力资源强国和人才强国的宏伟目标，在信息化推动教育现代化方面明确提出统筹建设一体化智能化教学、管理与服务平台，利用现代信息技术加快推动人才培养模式改革，实现规模化教育与个性化培养的有机结合，建立数字教育资源共建共享机制，加快形成现代化的教育管理与监测体系，推进管理精准化和决策科学化①，等等。

由服务于教育现代化基本实现的目标，到服务于教育现代化总体实现的目标，我国相应制定了两代教育信息化发展战略，即以教育信息化带动教育现代化的战略，以及以教育信息化全面推动教育现代化的战略。

以教育信息化带动教育现代化，与以教育信息化全面推动教育现代化，有本质的差异。以教育信息化带动教育现代化，是信息化在前，一方面起到了加速发展的示范作用，此时信息技术作为教育的外在力量，发挥榜样的力量，另一方面起到了数字化的变换作用，发展信息教育技术、建设数字化资源、建构数字化环境，是在为教育现代化创造物质条件。同时，大力推广信息化手段在教育教学中广泛应用，提升师生的信息素养和信息能力，使人和应用适应先进生产力的变化。从总体上看，以教育信息化带动教育现代化是使教育快速发生"物"变。以教育信息化全面推动教育现代化则不同，它既要使教育继续快速发生"物"变，而且要以此为基础推动"人"变，而人的发展才是最大发展。要求信息化既要在台前更要在幕后，成为教育现代化的内生力量，信息技术与教育教学深度融合、水乳交融，产生教育的新形态，推动按时代的要求重构教育要素，建构新时代的教育。

教育信息化带动与全面推动教育现代化的功用差异可有一比：如果教育信息化带动教育现代化相当于为化学反应提供合适温度、压力等反应条件的话，以教育信息化全面推动教育现代化则要助其解决具体的现代化方向和建设的问题，相当于给化学反应提供更合适的催化剂。"带动"更多发挥导向性，建构新的环境；"推动"是既发挥导向性、建构新环境，又帮助进行实际变革，产生出时代化的方式方法、体制机制和模式。

教育信息化带动与全面推动教育现代化的差异很多，主要差异如表 3.1 所示。

表 3.1 教育信息化带动与全面推动教育现代化的主要差异

序号	考察项	教育信息化带动教育现代化	教育信息化全面推动教育现代化
1	施力抓手	技术性、数字化	方式方法
2	着力点	工具	变革
3	着眼时间	眼前、现实	长远、现实性+未来性
4	作用范围及区域	招式的、局部的	系统性、整体性
5	作用层次	器、术层面	器、术、法、道层面
6	作用程度	教育面貌改变	教育内涵变，建构时代新教育
7	技术观	单技术考量	基于综合技术考虑
8	服务人才培养	知识+实践	知识+实践+创新，促进人全面发展
9	理论遵循	知行合一	知行创合一

---

① 中共中央、国务院印发《中国教育现代化 2035》[N]. 人民日报，2019-02-24: 01.

续表

序号	考察项	教育信息化带动教育现代化	教育信息化全面推动教育现代化
10	服务目标	适应社会	适应社会+引领社会
11	信息化阶段	起步、应用	融合、创新
12	工作方针	应用驱动	创新驱动
13	作用本质	"物"变	"人"变，造就时代新人
14	改变教育要素	改善优化传统教育	重构、建构时代新教育
15	建设重点	网络+资源	教育模式、服务形态、治理业态
16	工作领域	学校教育	各级各类教育(含终身教育)
17	立足时代	信息时代	智慧时代
18	工作状态	跟跑	并跑与领跑并存
19	意识层次	非全球化	全球化
20	虚实世界关系	虚实分离	虚实融合
21	服务教育改革	需求侧	需求侧+供给侧
22	诞生新学习	数字化学习	创新型学习
23	支持教师发展	专业化	专家化
24	认知改变	单主体认知优化	人机协同认知发展
25	建设面向	学校、地方	国家、世界
26	开放共享度	开放共享资源	开放学分、共享师资和资源
27	培训提升	应用能力	信息素养、创新能力
28	平台观	多平台	综合云平台("互联网+"大平台)
29	学习空间建设	网络学习空间建设	多空间融合建设
30	社会公平贡献	信息化扶贫	信息化扶贫、扶志、扶智
31	建设目标	新的数字化教育环境	全新教育生态
32	构建体系	网络化、数字化的教育体系	网络化、数字化、智能化、个性化、终身化的教育体系

3.1.3 规划性教育信息化战略

规划通常是指个人或组织制定的比较全面且较为长远的发展计划，是有关未来一定时期内的行动方案。统领性战略指引方向，规划性战略管建设与实施。随着教育信息化向纵深发展，我国开始高度重视教育信息化规划性战略的制定，且规划性战略制定越来越全面、越来越严密，保障了我国教育信息化在科学的轨道上有序地进行。

我国密集、科学的教育信息化规划性战略的制定，是随着《国家中长期教育改革和发展规划纲要(2010—2020年)》中"信息技术对教育具有革命性的影响"的科学论断提出后，从《教育信息化十年发展规划(2011—2020年)》的制定开始的，到目前为止，在规划的形式上分为教育信息化的十年规划、教育信息化的五年规划、四年的教育信息化《行动计划》与分年度的《教育信息化工作要点》。此外，在我国国家层面信息化总体部署的文件中，越来越多的同时对教育信息化进行统筹规划与部署。

3.2 信息化带动教育现代化战略

3.2.1 世纪之交信息化带动教育现代化的战略之谋

3.2.1.1 世纪之交我国教育的机遇与挑战

世纪之交，我国教育面临许多新情况、新挑战和新机遇，要求教育做出科学的应对。

第一，处于世纪之交的时间节点，信息化已经可以在教育中发挥重要作用。数字化媒体快速发展，多媒体与软件技术日趋成熟，多媒体投影技术已发展到可以普及推广应用阶段，计算机互联网开始普及，国际教育信息化浪潮一浪高过一浪，信息技术高速发展给教育增添了许多新的手段和方式，同时信息技术的发展使许多行业发生深刻的变化，时代到了要认真研究如何充分发挥信息化在教育中巨大作用的关键历史时期。

第二，世纪之交我国教育现代化的实践迫切需要在理论方面和方法方面有新突破。1993年开始的实现教育现代化的探索，在江苏、广东等省开展得如火如荼，仅就江苏省而言，1996年就提出"2010年在全省实现教育的基本现代化"的目标，并且加紧布局，比如仅仅在1996年就出台了《江苏省乡镇教育基本实现现代化建设标准（试行）》《江苏省幼儿园基本实现现代化要求（试行）》《江苏省小学基本实现现代化建设要求（试行）》《江苏省普通初中基本实现现代化要求（试行）》《江苏省普通高中基本实现现代化要求（试行）》《江苏省乡镇成人中心校基本实现现代化要求（试行）》《江苏省普通小学基本实现现代化校舍建设标准（试行）》《江苏省普通初中基本实现现代化校舍建设标准（试行）》《江苏省普通高中基本实现现代化校舍建设标准（试行）》《江苏省小学基本实现现代化装备条件建设标准（试行）》《江苏省普通中学基本实现现代化装备条件建设标准（试行）》等多个教育现代化文件，同样在1999年一年出台了《江苏省教育现代化实施纲要》《实施教育现代化工程示范初中评估办法》《实施教育现代化工程示范初中评估细则》等多个教育现代化文件，这些文件的密集出台是教育现代化在江苏高速发展、加速发展的缩影。但是，如何赋予信息时代教育现代化新内涵，以及如何运用信息技术使教育现代化既好又快地发展，迫切需要有新的方略。

第三，世纪之交我国教育取得许多历史性新突破。我国在85%以上地区已经实现普及九年义务教育和基本扫除青壮年文盲目标,如何在此基础上,教育再上新台阶,以及用新的手段加速高等教育大众化,成为迫切需要回答的重大问题。

第四,世纪之交国家对教育有越来越高的期待。1995年我国开始实施科教兴国战略,1998年成立国家科技教育领导小组,这充分表明国家越发高度重视教育,对教育有越来越大的期待,教育要有与匹配国家期待的新发展。

第五,在人类即将进入新世纪之际,世界各国都在谋划新世纪新作为,我国更是加大了对教育变革的更深层次的规划和谋划,谋划教育的改革在信息化支持下全面展开成为重要选项。

一方面要实现教育现代化,要实现中国特色的教育现代化,另一方面我国教育的底子还很薄,现实与理想之间有很大的差距,我国选择了以信息化带动教育现代化谋求教育跨越式发展,谋求以信息化带动教育现代化大发展、快发展和好发展。

3.2.1.2 "带动战略"的诞生

在2000年召开的全国中小学信息技术教育工作会议上,时任教育部部长陈至立提出以教育信息化带动教育现代化战略。陈至立代表教育部号召:"抓住机遇,不失时机地大力推进教育现代化进程,以信息化带动教育现代化",从此我国教育进入以教育信息化带动教育现代化阶段。以信息化带动教育现代化战略,在随后的15年时间内深刻影响着我国教育现代化的发展。

以信息化带动教育现代化战略在2000年正式提出,但是该战略的谋划更早,因此在上世纪末就实施了许多教育创新,比如在1998年批准国家现代远程教育第一批试点院校,举办全国多媒体教育软件大奖赛。在1999年启动的《面向21世纪教育振兴行动计划》[①]中,对以教育信息化促进教育的现代化做出了一系列政策安排。

3.2.2 信息化带动教育现代化战略的实施

教育信息化带动教育现代化战略实施之初,以信息化带动教育现代化的初始内涵有四方面:一是深刻认识信息技术的伟大力量,迎接世界信息技术迅猛发展的挑战,加快普及信息技术教育,加速教育内容的现代化;二是全面实施中小学"校校通"工程,努力实现基础教育条件的跨越式发展,加速教育条件的现代化;三是大力发展现代远程教育建设,加速教育手段的现代化;四是对在职教师开展以计算机和网络为主的信息技术的全员培训,加速教师的现代化提升。

在信息化带动教育现代化战略指引下,从2000年起我国教育领域开展了一系列教育创新实践,以加速推进时代化的教育现代化。就全国层面而言,按时间为序的开拓性工作有如下若干方面。

---

① 教育部. 面向21世纪教育振兴行动计划[J]. 中国高等教育,1999(6):3-7.

3.2.2.1 2000年教育信息化带动教育现代化的主要工作

2000年是以教育信息化带动教育现代化战略实施的元年，因此本年度教育信息化开拓性工作相对较多，从全国层面上看，大的工作至少有7项：在中小学启动实施"校校通"工程；中小学开始信息技术教育；开通中国教育卫星宽带网；启动新世纪网络课程建设工程；举办教育技术专业研究生课程进修班；举办教育技术应用成果大奖赛；举办后来形成广泛影响的全国中小学电脑制作活动（原名"全国中小学电脑制作与设计作品制作活动"，第三届起更名）。

以上7项工作，对于我国信息化带动教育现代化的发展，作用十分明显。信息化首先必须网络化，因此中小学实施"校校通"工程，是以信息化带动教育现代化的基础性保障；我国幅员辽阔，要在边远地区很快实施中小学"校校通"，开通中国教育卫星宽带网，可加速实现网络化，是符合中国国情的科学之举；教育现代化重要的是人的现代化，中小学开始信息技术教育、举办教育技术专业研究生课程进修班、举办全国中小学电脑制作活动，是将提升人的教育信息化素养放在重中之重；教育信息化要以高水平的技术应用和优质网络资源作支撑，举办教育技术应用成果大奖赛与启动新世纪网络课程建设工程，正是有效的推动手段。

3.2.2.2 2001—2005年教育信息化带动教育现代化的主要工作

2001—2005年，在我国对应于"十五"时期。在整个"十五"期间，全国层面上教育信息化的工作主要有如下方面：开展中小学信息技术教育应用西部行活动；举办优秀课例和教学设计方案评选活动；启动大学数字博物馆建设工程；创办教育技术国际论坛；实施全国文化信息资源共享工程；全国实现普通高校招生网上录取；实施农村中小学现代远程教育工程；开展全国农村党员干部现代远程教育试点工作；启动全国教师教育网络联盟计划；启动高校农业科技与教育网络联盟；"非典"期间开设"空中课堂"；开展优秀教师教育课程教材资源征集展示活动；成立教育部基础教育资源中心（与中央电化教育馆合署办公）；开展教育电子政务试点工程建设；中国高等学校精品课程上网免费开放；启动国家现代远程教育资源库工程；启动实施全国中小学教师教育技术能力建设计划。

"十五"期间教育信息化带动教育现代化的工作，还表现在4个"更加重视"：更加重视教师的教育技术能力提升，启动实施了全国中小学教师教育技术能力建设计划以及举办优秀课例和教学设计方案评选活动；更加重视信息技术的应用普及，开展了中小学信息技术教育应用西部行活动；更加重视教育资源建设与质量提升，开展了优秀教师教育课程教材资源征集展示活动，成立了教育部基础教育资源中心；更加重视国际交流的常态化，创办了成为教育技术学科会议品牌的教育技术国际论坛。

3.2.2.3 2006—2010 年教育信息化带动教育现代化的主要工作

2006—2010 年,在我国对应于"十一五"时期。在整个"十一五"期间,全国层面上教育信息化的开拓性工作主要有如下方面:成立教育信息化工作办公室;建立全国高校毕业生就业网络联盟;实施中西部农村义务教育学校教师国家级远程培训计划;开展党员干部现代远程教育工作;建立中国教育信息化专家数据库;颁布《中小学学生学籍信息化管理基本信息规范》;启动网络教育国家级精品课程评选;启动建设教育电子政务建设工程(金教工程);启动实施中西部万名农村寄宿校校长远程培训;成立全国高校网络教育资源免费开放联盟;举办全国中等职业学校信息化教学大赛;确定"国培计划"教师远程培训机构;构建"天网""地网""人网"相结合的教师培训公共服务体系。

从总体上看,"十一五"期间全国层面上教育信息化引领教育现代化的工作,更多的是在建设机构、组织、培训提升队伍,以及促进优质资源建设方面。

3.2.2.4 2011—2015 年教育信息化带动教育现代化的开拓性工作

2011—2015 年,对应于我国的"十二五"。此间就教育信息化而言,2012 年是极其关键的一年——召开了第一次全国教育信息化工作电视电话会议,部署了新阶段的教育信息化工作。此次会议与党的十八大先后召开,一定程度上开启了我国教育信息化引领教育现代化的新征程。

在整个"十二五"期间,全国层面上教育信息化的工作主要有如下方面:启动国家高等职业教育专业教学资源库项目建设,实施国家示范性职业学校数字化资源共建共享计划;启动终身学习服务体系的建设与示范项目;实施中国大学视频公开课建设;召开全国教育信息化工作电视电话会议;成立教育信息化推进工作部际协调小组;印发《教育信息化十年发展规划(2011—2020 年)》;启动全国教育信息化试点工作;启动"三通两平台"建设;实施"教学点数字教育资源全覆盖"项目;举办全国中小学信息技术教学应用展演;开通国家教育资源公共服务平台;开始 5000 门国家精品资源共享课建设;成立教育部职业院校信息化教学指导委员会;启动全国职业院校信息化教学大赛;设立远程教育学博士点;成立普通高等学校继续教育数字化学习资源开放联盟;成立国家开放大学;成立中国移动学习联盟;开通以县处级以上领导干部为重点学习对象的中国干部网络学院;启动全国中小学教师信息技术应用能力提升工程;举办信息化教学现场观摩活动;开展国家级虚拟仿真实验教学中心建设;制定年度教育部教育信息化工作要点;举办教育行政部门负责人等参加的教育信息化管理干部专题培训班;成立教育信息化专家组;开展"一师一优课、一课一名师"活动;建立教育信息化专项督导机制;举办教育厅局长教育信息化专题培训班;实施"易班"推广行动计划和中国大学生在线引领工程;成立教育部在线教育研究中心;开始探索新型教育服务供给方式；启动中国"互联网+"开展大学生创新创业大赛；开展"中国梦——行动有我"中小学生微视频征集展播活动；举办全国大学生网络文化节；举办教育行业信息技术安全专题培训班；举办全国中小学教学信息化应用展览；发布《职业院校数字校园建设规范》。

联合国教科文组织将教育信息化划分为起步、应用、融合、创新四个发展阶段，很显然在"十二五"期间我国教育信息化建设与应用的阶段性特征十分明显，并开始在向融合方面迈进。"十二五"期间的五年，是我国教育信息化自开始以来发展最快的阶段，这既得益于教育信息化电视电话会议的召开，又得益于党和国家高度重视教育，在《国家中长期教育改革和发展规划纲要（2010—2020年）》中将信息技术和教育信息化重要性提升到前所未有的高度。

特别难能可贵的是，"十二五"期间我国的教育信息化越来越多地根据我国的经济社会发展的阶段特色进行设计，出台了许多具有中国特色的创新举措，比如，国家高等职业教育专业教学资源库项目建设、国家示范性职业学校数字化资源共建共享计划、开展全国教育信息化试点、启动"三通两平台"建设、实施"教学点数字教育资源全覆盖"项目、开展全国职业院校信息化教学大赛、实施全国中小学教师信息技术应用能力提升、开展"一师一优课、一课一名师"活动、举办中国"互联网+"大学生创新创业大赛，等等。

3.2.3 信息化带动教育现代化战略成效

2000年起以信息化带动教育现代化战略的实施，是多方面共同推动的：各类信息化平台的创建（包括国家教育资源公共服务平台、国家教育管理公共服务平台），网络远程教育的兴起与发展，各种国家精品系列资源的建设（包括国家精品课程、国家精品资源共享课、国家精品视频公开课），教师信息素养提升，教育信息化组织优化，在大中小学生中普及信息技术，开展教育信息化试点和培育教育信息化典型，加快建设和不断优化教育信息化环境，以农村中小学现代远程教育工程和"教学点数字教育资源全覆盖"项目为代表的以信息化创立教育公平新形式，使我国教育信息化由跟跑向并跑发展，初步探索出了一条中国特色的教育信息化发展路子。

信息化带动教育现代化战略实施15年间，我国的教育面貌发生巨大变化。教育信息化战略地位得以确立。党和国家高度重视教育信息化，强调"坚持不懈推进教育信息化，通过教育信息化大力促进教育公平"，"运用现代信息技术让贫困地区和农村的孩子共享优质教育资源"。建构起了世界上最大规模的教育体系，并初步构建了广覆盖、多层次的教育信息化系统，使农村、边远、贫困、民族地区缩小了教育差距和数字鸿沟，推进了教育公平；使优质教育资源惠及了广大师生，提升了教育质量[①]。2015 年 5 月联合国教科文组织的首届国际教育信息化大会在青岛召开，与会国家的代表高度评价我国教育信息化的进展与成就。

3.3 信息化全面推动教育现代化战略

3.3.1 以教育信息化全面推动教育现代化的战略之谋

在 2015 年年底召开的第二次全国教育信息化工作电视电话会议上，中共中央政治局委员、国务院副总理刘延东提出以教育信息化全面推动教育现代化战略。

在"十二五"期间应用驱动发展的基础上，我国的教育信息化如何在"十三五"期间求得更大发展，这是教育信息化领域在跨五年计划的时间节点上要给出答案的重大问题，刘延东副总理的报告确立了"十三五"教育信息化工作的大方向，这就是开拓创新，以教育信息化推动教育现代化，加快我国从教育大国向教育强国迈进。相应地，我国教育信息化战略，由以教育信息化带动教育现代化战略，跃升为以教育信息化全面推动教育现代化战略。

党的十九大召开，标志着中国特色社会主义道路进入新时代。我国正日益走近世界舞台中央，我国科学技术以及社会发展的诸多方面在世界上所处发展状态，正在实现由跟跑向并跑与领跑并进的跨越式发展，正在由"人口红利"向"人才红利"迈进，正在实现由要素增长向创新驱动发展的动能转换，正在实现供给侧结构性改革，并将基本实现现代化目标的时间前移 15 年加速实现。这些发展、变化、转换、改革、前移和提速，必然要求教育提供符合时代要求的人才支撑，历史上从未像现在这样对教育提出如此高的要求，而且要率先实现教育现代化。大数据、移动通信、物联感知、人工智能等丰富了作为教育信息化根基、支柱、核心的现代信息技术，使教育信息化的技术特征，由过去的"三化""四化"特征，向数字化、多媒体化、网络化、数据化、移动化、物感化、多维化、智能化、平台化的"九化"特征发展，特别是人工智能正接近奇点，加速发展的智慧环境将深刻改变教育文化和生态，信息化真正到了可使教育发生革命性改变的时候了，将支撑重构教育的新生态，支持人们建构真正时代化的新教育[②]。在如此的背景下，又赋予教育信息化全面推动教育现代化以新的战略内涵，教育信息化将作为教育系统性变革的内生变量，推动教育理念、模式、体系的现代化。由带动教育现代化走向全面推动教育现代化，即由数字化走向数字化基础上的变革化、智慧化，流程与方式方法的时代再造。

---

① 刘延东. 巩固成果 开拓创新 以教育信息化全面推动教育现代化——刘延东副总理在第二次全国教育信息化工作电视电话会议上的讲话[J]. 中国教育信息化，2016(3)：1-4.
② 陈琳，刘雪飞，冯熳，等. 教育信息化转段升级：动因、特征方向与本质内涵[J]. 电化教育研究，2018，39(08)：15-20.

3.3.2 信息化全面推动教育现代化战略初始期的创新探索

以教育信息化全面推动教育现代化的战略，将贯穿于我国整个教育现代化的实现进程，从 2015 年底刘延东副总理首次提出该战略后的 4 年，是以教育信息化全面推动教育现代化战略的初始创新探索期。4 年来，教育信息化全面推动教育现代化重点体现在"十个加速"方面，即加速发展中国特色的智慧教育，加速部署"互联网+"以及"人工智能+教育"，加速支持建构新时代教育研究新范式，加速教育系统全员队伍的信息素养和现代化教学能力的时代提升，加速虚实世界的教育融合，加速发展大规模个性化的教育，加速建设智能化的教育环境，加速发展信息化促进的大教育，加速更高层次教育公平的实现，以及加速发展大平台基础上的教育模式、服务形态、治理业态，尤其在加速发展中国特色的智慧教育、加速部署"互联网+"以及"人工智能+教育"、加速支持建构新时代教育研究新范式等三方面，已形成时代特色。

3.3.2.1 加速发展中国特色的智慧教育

自从 IBM 公司提出智慧地球的理念后，我国各行各业纷纷开启"智慧化"进程。2017 年在首届智慧教育国际研讨会上，以大会宣言的形式发布了《智慧教育宣言》，受到学界、政界高度认可。在发布的当月由《电化教育研究》《中国远程教育》《现代远程教育研究》《现代远距离教育》等 4 种期刊全文刊发，《新华日报》《人民网》《新浪网》等几十家媒体报道。

《智慧教育宣言》的内容如下：

人类社会正由信息时代走向智慧时代。信息时代是智慧时代的序幕、前奏，智慧时代是人工智能等现代信息技术渗透生产生活的各个领域并以创新创意创造为核心特征的崭新时代。

当今教育亟须以智慧时代创新创造创意特征进行重塑，重构为智慧教育，以适应智慧时代并能在相当程度上引领智慧时代发展，更好地促进和推动人全面发展、终身发展、特色发展、创新发展，实现教育范式的转变。

智慧时代教育的使命是培养具有认知能力、合作能力、创新能力和职业能力的智慧学习者，培养创新创造、持续发展的社会人。

智慧教育遵循"知行创"合一的基本理念，充分吸收脑科学、学习科学、人工智能等研究成果，实现教育思想、理念和技术方法的变革与创新。

智慧教育以学校形态的系统变革为支撑，以课程、教与学、管理、评价等主流教育活动的全新设计为基础。

智慧教育以教师使命重塑、角色重大转变为保障，教师成为创新创造之人，由学习的组织者、引导者、帮助者、合作者，转变为同时是创新的指导者、陪伴者、协同者、激励者。每个教师要由包揽一切的杂家，转成为术有专攻的引领型、创新型、融通型、专家型教师。

智慧教育的核心是实施以发展学习者的学习智慧，提高学习者的创新能力为目标，具有创新性、个性性、自主性、高效性、融通性以及持续性等六大核心特征的智慧学习。

智慧时代的教育管理从传统"延迟响应"的人治模式走向"即时响应"的智治模式。

智慧教育的评价以过程性、发展性、创新性、个性化、数据化、智能化为新特征。

具有悠久历史文化且极富智慧并日益走近世界舞台中央的第一人口大国，理应在智慧教育方面率先发展，创新发展，为解决人类教育问题贡献中国智慧和中国方案，进而引领世界教育。

让我们一起为实现智慧教育，推动人的全面智慧化发展，促进更加美好美丽的人类社会发展而努力奋斗！

《智慧教育宣言》，发出了智慧教育的中国之声。《智慧教育宣言》发布2个月后，教育部将智慧教育写入2018年教育工作要点，并在《教育信息化2.0行动计划》中，将"智慧教育创新发展行动"作为新时代的教育信息化8大行动之一，提出以人工智能、大数据、物联网等新兴技术为基础，依托各类智能设备及网络，积极开展智慧教育创新研究和示范，推动新技术支持下教育的模式变革和生态重构，并开展智慧教育创新示范，支持在地方积极、条件具备的地区设立10个以上"智慧教育示范区"，开展智慧教育探索与实践，推动教育理念与模式、教学内容与方法的改革创新，提升区域教育水平，探索积累可推广的先进经验与优秀案例，形成引领教育改革发展的新途径、新模式。在中共中央办公厅、国务院办公厅印发的《加快推进教育现代化实施方案(2018—2022年)》中，专门部署加快推进智慧教育创新发展。

加速发展中国特色的智慧教育，充分彰显了新时代中国教育人在文化自信基础之上产生的教育自信，同时预示着我国教育发展状态的多重转变：由更多关注信息技术的教育生产力作用，向同时关注信息技术引发的生产关系改变转变；由过去更多关注器、术层面，向同时关注器、术、法、道层面转变；由过去教育理论与实践跟跑西方、洋为中用，向创新引领发展，有勇气有智慧发出新时代的中国教育创新之声，在为世界教育的更好发展贡献创新的中国智慧、中国理论、中国方案、中国经验而不懈努力。

3.3.2.2　加速部署互联网+以及人工智能+教育

"互联网+"是把互联网的创新成果与经济社会各领域深度融合，推动技术进步、效率提升和组织变革，提升实体经济创新力和生产力，形成更广泛的以互联网为基础设施和创新要素的经济社会发展新形态。"互联网+教育"是利用以互联网为代表的现代信息技术变革教育，重构教育新生态，推动时代化的教育现代化发展，为此国家高度重视互联网+教育。国务院在《关于积极推进"互联网+"行动的指导意见》中顶层设计部署我国教育的"互联网+"。教育部发布的《教育信息化2.0行动计划》,是推进"互联网+教育"具体实施的计划,在到2022年基本实现"三全两高一大"的发展目标中,将建成"互联网+教育"大平台,推动从教育专用资源向教育大资源转变、从提升师生信息技术应用能力向全面提升其信息素养转变、从融合应用向创新发展转变,努力构建"互联网+"条件下的人才培养新模式、发展基于互联网的教育服务新模式、探索信息时代教育治理新模式的。《国家教育事业发展"十三五"规划》将"积极发展互联网+教育"作为核心内容,部署实施"互联网+教育培训"行动,支持"互联网+教育"教学新模式,发展"互联网+教育"服务新业态作为重要目标。

2019年我国人工智能+教育进入快车道:1月22日教育部科技司组织召开中国智能教育推进路径项目研讨会;1月24日在北京召开推进智能教育发展高校座谈会,围绕人工智能技术发展对教育带来的机遇与挑战以及我国智能教育推进路径和发展重点进行了深入探讨;1月26日在北京师范大学召开推进智能教育发展中小学座谈会,围绕中小学智能教育发展现状进行了深入探讨,分享了智能教育应用典型案例;3月19日教育部科技司组织召开智能教育战略研究研讨会,就推动智能教育发展相关问题进行了深入研讨;5月16—18日中国政府和联合国教科文组织在北京联合举办了国际人工智能与教育大会,习近平主席向大会致贺信,会议通过成果文件《北京共识——人工智能与教育》;8月29—31日2019年世界人工智能大会教育行业主题论坛"人工智能助力教育现代化"在上海举行。在此之前,2017年国务院印发《新一代人工智能发展规划》,其中对人工智能教育做出整体部署,2018年教育部印发《高等学校人工智能创新行动计划》,部署我国高校人工智能的研究与教育。

正如国家主席习近平向国际人工智能与教育大会贺信里所指出的,人工智能正推动人类社会迎来人机协同、跨界融合、共创分享的智能时代。把握全球人工智能发展态势,找准突破口和主攻方向,培养大批具有创新能力和合作精神的人工智能高端人才,是教育的重要使命。正因为此,我国高度重视人工智能对教育的深刻影响,积极推动人工智能和教育深度融合,促进教育变革创新,充分发挥人工智能优势,加快发展伴随每个人一生的教育、平等面向每个人的教育、适合每个人的教育、更加开放灵活的教育。

3.3.2.3 加速支持建构新时代教育研究新范式

时代化的教育必须有时代化的教育研究支持,必须以信息化支持的新的研究范式支持,我国以教育信息化全面推动教育现代化战略实施以来,在支持建构新时代教育研究新范式方面专门打造了"三把斧":

一是建立研究信息技术变革教育的国家级实验室。2016年,"互联网教育关键技术及应用国家工程实验室""教育大数据应用技术国家工程实验室"两个国家工程实验室同时诞生,分别由北京师范大学和华中师范大学牵头建设。

二是增设教育信息科学与技术的国家自然科学基金申请代码。2018年国家自然科学基金新增专门用于支持教育科学基础研究的申请代码——"F0701"(教育信息科学与技术)。

三是建立教育信息化方面的协同创新中心。2019年教育部批准依托华中师范大学建立信息化与基础教育均衡发展省部共建协同创新中心。

3.4 重要的战略性教育信息化规划

3.4.1 教育信息化的中长期规划

《教育信息化十年发展规划(2011—2020年)》是我国教育信息化领域的中长期规划,对我国十年的教育信息化发展作了周密的战略谋划和部署,是将教育信息化作为实现我国教育现代化宏伟目标的动力与支撑加以战略设计与规划的。确定了"坚持育人为本,以教育理念创新为先导,以优质教育资源和信息化学习环境建设为基础,以学习方式和教育模式创新为核心,以体制机制和队伍建设为保障,在构建学习型社会和建设人力资源强国进程中充分发挥教育信息化支撑发展与引领创新的重要作用"的指导思想,"面向未来,育人为本;应用驱动,共建共享;统筹规划,分类推进;深度融合,引领创新"地推进教育信息化应该坚持的工作方针,"形成与国家教育现代化发展目标相适应的教育信息化体系,基本建成人人可享有优质教育资源的信息化学习环境,基本形成学习型社会的信息化支撑服务体系,基本实现所有地区和各级各类学校宽带网络的全面覆盖,教育管理信息化水平显著提高,信息技术与教育融合发展的水平显著提升;教育信息化整体上接近国际先进水平,对教育改革和发展的支撑与引领作用充分显现"的发展目标,为完成发展目标确定了"基础教育、职业教育、高等教育、继续教育、教育管理、公共支撑环境、队伍建设、体制机制"方面的八项任务,"优质数字教育资源、学校信息化能力、国家教育管理信息系统、可持续发展能力、基础能力建设"等五大行动,"加强组织领导、完善政策法规、做好技术服务、落实经费投入"等四项保障。

无论是在《教育信息化十年发展规划(2011—2020年)》出台之时看,还是时过八九年后的当今回过头来看,其既具有科学的导向性,又具有先进的引领性,很好促进了我国教育信息化的发展,促进了信息化推动教育现代化的发展。其十分强调推进教育信息化能力体系建设,采用既从教育看技术、也从技术看教育的双重视角推动信息技术与教育的双向融合创新,既强调教育信息化对教育发展的支撑作用,又十分强调其引领性作用,强调教育信息化要革新教育的主流业务,强调利用教信息化破解制约我国教育发展的难题①等内容，观念前卫，既有指导性，又有可操作性②，发挥了很强的引领与导向作用。

3.4.2 教育信息化的五年规划

五年规划，是与国家五年发展计划同步的规划，是中国特色，而且以规划谋划发展是中国经济和社会发展成功的经验之一。关于教育信息化的规划，既在国家国民经济和社会发展的五年规划（如"十二五"和"十三五"）中就教育信息化的重大工程和发展进行规划，又在全国教育事业的五年规划中作详尽规划，在有的五年计划期间还制定有教育信息化的专门五年规划（如《教育信息化"十五"发展规划（纲要）》③《教育信息化"十三五"规划》④），相比较而言，在国家教育事业五年规划中，对教育信息化的规划是框架性的，但发展的方向性指导作用更加明晰，下面重点对国家教育事业五年规划中有关教育信息化带动与推动教育现代化的战略部署作较为深入的剖析。

我国信息化起步于1993年，但是在1996年制定全国教育事业"九五"计划发展规划时，教育信息化对于教育的作用还不显著，而且当时我国教育现代化建设还没有在全国范围内展开，因此在相应的规划中未提教育信息化，所有的规划内容都与教育信息化不相关。全国教育事业规划部署教育信息化，起于新世纪，从教育部发布的《全国教育事业第十个五年计划》开始，因为那时我国已开始实施以教育信息化带动教育现代化的战略。

3.4.2.1 《全国教育事业第十个五年计划》对教育信息化的规划部署

2001年制定全国教育事业第十个五年计划时，信息技术对社会发展已发挥着较大作用，因此在新的五年计划中，增加了教育信息化方面的规划。在《全国教育事业第十个五年计划》10773字的篇幅中，关于教育信息化内容就多达660多字，占比高达6.2%。现在回过头来看本世纪初最早的五年教育规划，立意高、方向准、规划全、部署实，对我国教育信息化发展起到了奠定性的规划作用，以及对发展的指导性作用。

《全国教育事业第十个五年计划》中的教育信息化规划内容，建立在充分认识到"大力发展终身教育，积极构建终身教育体系，高度重视信息技术对教育产生的革

---

① 余胜泉. 推进技术与教育的双向融合——《教育信息化十年发展规划（2011—2020年）》解读[J]. 中国电化教育，2012(05)：5-14.
② 杨宗凯. 解读教育信息化十年发展规划——兼论信息化与教育变革[J]. 中国教育信息化，2014(11)：3-9.
③ 教育信息化"十五"发展规划（纲要）[J]. 教育信息化，2003(04)：3-7.
④ 张纲，王珠珠. 发挥信息技术支撑引领作用服务教育现代化发展大局——学习领会《教育信息化"十三五"规划》[J]. 中国电化教育，2017(02)：140-144.

命性影响,大力推进教育信息化,已经成为世界教育发展的主流"①的基础之上,以及基于"教育手段现代化和信息化程度较低"的我国教育现状。规划中明确"在西部大力推进现代远程教育,加快扩建中国教育科研网,提高西部地区对发达地区和全国优质教育资源的共享能力",如此的规划找到了实现现代教育公平的金钥匙。"把教育信息化工程列入国家重点建设工程,以信息化带动教育现代化",在认真组织实施的六项教育工程中,教育信息化工程成为六项工程之一,使发展教育现代化有了很好的抓手,"推动各级各类学校普及计算机及网络知识教育",体现了人是教育现代化核心的思想。

3.4.2.2 《国家教育事业发展"十一五"规划纲要》对教育信息化的规划部署

"十五期间"我国教育信息化建设成效明显,教育信息化程度显著提高,因此在《国家教育事业发展"十一五"规划纲要》中以"加快教育信息化步伐"的专门条目对教育信息化进行进一步规划部署,篇幅进一步加大,用700多字规划教育信息化,首次在国家教育规划中对实施全国教师教育网络联盟计划、推进农村中小学现代远程教育工程、强化校园网络的应用与管理、掌握网络思想政治教育工作主动权、全面提高教师和学生运用信息技术的能力、构建教育信息化公共服务体系、创建国家级教育信息化应用支撑平台、形成国家信息教育资源服务体系、建立和完善教育信息化技术服务支撑体系,以及巩固发展汉语言文字规范化、标准化、信息化成果,推动我国文字的国际标准化和民族语言文字的信息化,作出规划部署②。其规划涉及带动教育条件现代化、师资队伍现代化、教学手段现代化、教育管理现代化等方面的战略规划与部署。

3.4.2.3 《国家教育事业发展"十二五"规划》对教育信息化的规划部署

经过"十五""十一五"十年时间的大力建设,我国教育信息化各要素全面发展,《国家教育事业发展"十二五"规划》③中关于教育信息化的总体部署相应由"加快教育信息化步伐"的专门条目进化为"加快实施教育信息化战略",由战术上升至战略,且规划教育信息化的内容用篇幅多达1500字,提出超前部署教育信息网络,发布实施《教育信息化十年发展规划》,把教育信息化纳入国家信息化发展战略,全面推进下一代互联网建设与应用,探索数字校园、智能教室建设,出台国家精品开放课程建设的实施意见,启动建设国家优质教育资源中心,建立覆盖各级各类教育所有课程的教育资源库和公共服务平台,开展教师信息技术应用全员培训,建立教育基本建设信息化管理系统,加快推进教育信息化、现代化,不断提高各级

---

① 教发[2001]33号. 全国教育事业第十个五年计划[Z].
② 国发[2007]14号. 国务院批转教育部国家教育事业发展"十一五"规划纲要的通知[Z].
③ 教发[2012]9号. 国家教育事业发展"十二五"规划[Z].

各类学校信息化、现代化水平，以广播电视大学为基础建设开放大学，建设全国高等学校毕业生就业信息服务网络和监测服务体系，实现就业状况实时监测以及就业手续办理自动化，加快建立覆盖本地进城务工人员随迁子女的义务教育信息服务与监管网络，实施中等职业教育信息化能力提升计划，等等。

3.4.2.4 《国家教育事业发展"十三五"规划》对教育信息化的规划部署

"十五"至"十二五"期间连续15年的教育信息化全面推进，加之互联网、云计算、大数据、人工智能等现代信息技术对人类的思维、生产、生活和学习方式产生越来越深刻的影响，我国《国家教育事业发展"十三五"规划》中对教育信息化的规划部署的篇幅增加到2400多字，以"积极发展'互联网+教育'"的新定位在更高层次、更加深入的层面上展开，提出了许多新观念、新举措、新目标、新方法、新要求：

一是开启加快完善制度环境的征程，开始结束教育信息化发展中或多或少存在的无序状态、失序状态，使教育信息化走向规范化、制度化、科学化。提出建立数字教育资源准入和监管机制，完善数字教育资源知识产权保护机制，培育社会化数字教育资源服务市场，探索建立"互联网+教育"管理规范。

二是加速发展互联网教育服务新业态。以期形成全国性的互联互通、高效协同的数字教育资源公共服务体系，提出了实现各种类型数据的伴随式收集和集成化管理的理念。

三是推动职业学校网络化的仿真实训环境建设，为职业院校学生学习的时代化、资源的共享化奠定更加坚实的基础。

四是改变学习模式。以建设课程教学与应用服务有机结合的优质在线开放课程和资源库为基础，形成线上线下有机结合的网络化泛在学习新模式。鼓励利用大数据技术收集、分析和反馈教育教学活动和学生行为数据，推动具有时代意义的新型个性化学习和针对性教学。

五是以智慧校园建设为抓手实施教育环境的智慧化。

六是鼓励高等学校开展基于互联网的学历与非学历继续教育，建立基于互联网、云技术的科研协作平台与基于互联网的科研组织模式。促进信息技术与教育的融合创新发展，形成信息技术与教育融合创新发展的新局面，学习的便捷性和灵活性明显增强。

七是努力构建习近平总书记在致国际教育信息化大会贺信中所说的新的教育体系和学习型社会，即"构建网络化、数字化、个性化、终身化的教育体系，形成人人皆学、处处能学、时时可学的学习型社会"。

八是服务以德为先，加强网络环境下的德育工作。强化网络阵地建设。引导社会力量为学校提供信息化课程包。打造具有广泛影响的核心价值观主题教育网站和网络互动社区。开展青年网络文明志愿行动，参与监督和遏制网上违法和不良信息传播，营造清朗网络空间。

九是创新教育模式。着力加强"四课"（名师课、名校网络课堂、专递课堂、在线开放课程）等信息化教育教学模式和教师教研新模式的探索与推广。积极鼓励学校依托优势学科专业开发具有竞争力的在线开放课程，将在线课程纳入培养方案和教学计划。加快推动教育服务模式和学习方式的变革。实施"互联网+教育培训"行动，支持"互联网+教育"教学新模式，发展"互联网+教育"服务新业态。建立学分银行和相应的信息化平台。打破传统学科以及专业局限发展移动互联网、云计算、大数据、物联网、智能硬件、集成电路等新兴学科专业。

十是促进信息化应用走向深入，不断深化信息技术与教育教学的全方面深度融合。加强语言文字信息化关键技术研究与应用。健全留学人员信息化管理服务机制。充分利用"互联网+就业"新模式。加强教师校长网络研修社区建设，构建教师校长培训学分银行。全面开展依法治教和教育信息化领导力培训。运用网络了解民意、感知社会态势、畅通沟通渠道、辅助科学决策。推动各级教育行政部门和学校开展深度数据挖掘和分析，运用互联网、大数据提升教育治理水平，更好地服务公众和政府决策。

由此可见，《国家教育事业发展"十三五"规划》中的教育信息化内容，涉及教育信息化实现新突破，拓展教育新形态，加快完善制度环境，进一步改善基础条件，全力推动信息技术与教育教学深度融合，推进优质教育资源共建共享，加快培养战略性新兴产业急需人才，改善社会育人环境，构建教育诚信环境，提升教师能力素质，健全教育管理监测体系等众多方面，是立体式全方位的规划。对教育信息化的规划新颖、详尽且具有挑战性，体现了"十三五"期间教育信息化全面推动教育现代化战略的提升要求。

3.4.3 教育信息化的"行动计划"

这里的"行动计划"，专指国务院和教育部发布的文件名中包括"行动计划"的文件。此类"行动计划"，既是发展战略的特殊形式，又是使国家大的战略或教育战略得以实施的系统化安排，通常包括行动的意义、指导思想、基本原则、目标任务（基本目标、主要任务）、实施行动（主要措施、组织实施）等等的阐释和安排。

从世纪之交开始，全国层面制定的"行动计划"有《面向 21 世纪教育振兴行动计划》《2003—2007 年教育振兴行动计划》《高等职业教育创新发展行动计划（2015—2018 年）》《教师教育振兴行动计划（2018—2022 年）》《教育信息化 2.0 行动计划》等多种。

3.4.3.1 《面向 21 世纪教育振兴行动计划》对教育信息化的规划部署

教育部 1998 年 12 月 24 日制定、国务院 1999 年 1 月 13 日批转的《面向 21 世纪教育振兴行动计划》，是我国教育领域的第一个"行动计划"，是"跨世纪教育改革和发展的施工蓝图"。由于深刻认识到"现代信息技术在教育中广泛应用并导致教育系统发生深刻的变化，终身教育将是教育发展与社会进步的共同要求"，相应规划与部署充分利用现代信息技术实施"现代远程教育工程"，形成开放式教育网络，构建终身学习体系；创造性地发挥中国教育科研网在教育管理方面的作用，建立全国大学生招生远程录取、计算机学籍管理、毕业生远程就业服务一体化的信息系统；提升资源建设绩效，改变落后的、低水平重复的远程教育软件开发制作模式，通过竞争和市场运作机制开发高质量的教育软件，重点建设全国远程教育资源库和若干个教育软件开发生产基地；依托现代远程教育网络开设高质量的网络课程，实现跨越时空的教育资源共享，由此促进了广播电视大学的转型升级，同时蕴含了运用信息化手段促进教育公平的思想。

行动计划本身也是规划，也是战略之谋，从这个意义讲，《面向21世纪教育振兴行动计划》是我国国家层面上的第一个与教育信息化相关的战略规划，为新世纪我国教育信息化促进教育现代化的科学发展、高速发展起了奠基性作用。

3.4.3.2 《2003—2007年教育振兴行动计划》对教育信息化的规划部署

教育部2004年2月10日制定、国务院2004年3月3日批转的《2003—2007年教育振兴行动计划》[①]，是《面向21世纪教育振兴行动计划》的接续，对我国教育信息化在起步阶段得到较好发展的基础上进行更富有创新、更富有远见的规划部署。其规划部署可归纳为一个工程、一个计划、两个联盟、三个系统：

"一个工程"——实施"教育信息化建设工程"。加快教育信息化基础设施、教育信息资源建设和人才培养，构建教育信息化公共服务体系，创建国家级教育信息化应用支撑平台，形成多层次、多功能、交互式的国家教育资源服务体系，普及信息技术在各级各类学校教学过程中的应用，推动高等学校数字化校园建设，推动网络学院的发展。该工程的本质是提升教育信息化的建设水平，夯实教育信息化基础。

"一个计划"——实施"农村中小学现代远程教育计划"。计划用五年左右时间使农村初中基本具备计算机教室，农村小学基本具备数字电视教学收视系统，农村小学教学点具备教学光盘播放设备和光盘资源，并初步建立远程教育系统运行管理保障机制，初步形成农村教育信息化的环境。该计划的本质是缩小城乡学校在信息化方面的差距，缩小基础教育的数字鸿沟。

"两个联盟"——一是建设"全国教师教育网络联盟"，促进"人网""天网""地网"及其他教育资源优化整合，共建共享优质教师教育课程资源来提高教

---

① 国发[2004]5号. 2003—2007年教育振兴行动计划[Z].

师培训的质量水平。二是建设"高等学校农业科技教育网络联盟",为农业科技推广、农村教育培训做出贡献。两个联盟的功用是提升人的素质与水平。

"三个系统"——一是完善高等学校招生网上远程录取系统和网上阅卷系统,建设招生信息化管理与服务平台。二是建设和用好"就业网"系统,加速实现毕业生就业服务信息化。三是建立高等学校在校生管理信息网络服务体系。三个系统的功用是扩展教育信息化的应用。

以上工程、计划、联盟、系统的建设与实施,分别促进了我国教育环境的现代化、教育公平的现代化、教师队伍的现代化和教育管理的现代化,使信息化在带动教育现代化方面发挥了更大作用。

3.4.3.3 《教师教育振兴行动计划(2018—2022 年)》对教师教育信息化的规划部署

《教师教育振兴行动计划(2018—2022 年)》提出,用五年左右时间,实施十大行动,建设一支高素质专业化创新型教师队伍。其中,"互联网+教师教育"创新行动为十大行动之一,提出充分利用人工智能等新兴的信息技术,推进教师教育信息化教学服务平台建设和应用,推动以自主、合作、探究为主要特征的教学方式变革。确定启动实施教师教育在线开放课程建设计划,遴选认定 200 门教师教育国家精品在线开放课程,推动在线开放课程广泛应用共享。规划在已完成中小学教师信息技术应用能力提升工程的基础上,实施新一轮中小学教师信息技术应用能力提升工程,引领带动中小学教师与校长将现代信息技术有效运用于教育教学和学校管理,并提出建设教师专业发展"学分银行"。很显然,《教师教育振兴行动计划(2018—2022 年)》的实施,将更好发挥教育信息化推动教师队伍现代化的重要作用。

3.4.3.4 《教育信息化 2.0 行动计划》对教育信息化的新谋划

中国特色社会主义进入新时代,相应地我国教育信息化迈进 2.0 时期。

教育信息化 1.0 时期,相当于教育信息化起步和应用阶段,主要任务是建设与应用,是为技术变革教育奠定信息技术环境和进行人才积淀的时期;教育信息化 2.0 时期,相当于教育信息化融合、创新的发展时期。由 1.0 到 2.0,意味着教育信息化的转段升级,为了更好地指导新时期教育信息化的科学发展,使教育信息化更好地转段升级,教育部相应于 2018 年 4 月制定颁布了《教育信息化 2.0 行动计划》,提出了许多教育信息化新理念,确立新时代我国教育信息化新定位,明确了教育信息化发展的新方向、新目标、新任务,确立了教育信息化新行动,是对我国新时代的教育信息化全新的立体、全景式的谋划和规划。

《教育信息化 2.0 行动计划》是我国教育信息化规划与战略的最新版,充分展现了当代中国教育人的追求、担当。随着行动计划的付诸实施,我国教育信息化将推动更具时代性的教育现代化既快又好的发展，加速领跑世界的第二次教育现代化的实现①。

《教育信息化2.0行动计划》（下面简称为《2.0行动计划》）是《教育信息化十年发展规划(2011—2020年)》（下面简称为《十年规划》）的接续，然而，《十年规划》的规划期是指向2020年，可是《2.0行动计划》2018年就出台，即提前2、3年问世，其深刻原因，一方面是教育信息化转段升级需要政策指导，另一方面是我国教育信息化发展超过预期，必须在更高层面上谋划其进一步发展。

《十年规划》2012年3月13日印发，《2.0行动计划》2018年4月13日印发，也就是两个教育信息化专门的战略规划文件在时间上相隔六年。六年是弹指一挥间，然而在短暂的六年中，我国教育信息化发展神速，发挥的作用非常大，从《2.0行动计划》的表述看，有了"五大进展"和"三大突破"的基础，《2.0行动计划》作了全新的布局和谋划。将《2.0行动计划》与《十年规划》对比分析，可深切感受我国教育信息化战略谋划能力与水平的高超，可更好明确我国教育信息化的发展方向，形成更强大的教育现代化发展力量。

《2.0行动计划》与《十年规划》相比，提出了如下新理念、新论断、新方针。

赋予新时代的教育信息化以新使命：作为教育系统性变革的内生变量，积极推进"互联网+教育"发展；推动教育观念更新、模式变革、体系重构。

确立教育信息化国际新定位：使我国教育信息化发展水平走在世界前列，发挥全球引领作用；为国际教育信息化发展提供中国智慧和中国方案。

使教育信息化新跨越有坚实基础：我国教育信息化在十八大以后的5年多时间内，取得"五大进展"和"三大突破"。大的进展分别涉及"三通两平台"建设推进、师资信息化能力提升、信息技术水平提高、信息化对教育变革发展的推动作用提升、国际影响力增强五个方面；大的突破分别为应用模式突破、推进机制突破和符合国情的中国特色教育信息化发展路子突破。智能环境不仅改变了教与学的方式，而且已经开始深入影响到教育的理念、文化和生态。

确立教育信息化发展新路径：发展智能教育；教育信息化转段升级，举起新旗帜、提出新目标、运用新手段、制定新举措。

确立教育信息化与教育现代化的新联系：教育信息化是教育现代化的基本内涵和显著特征；教育信息化是"教育现代化2035"的重点内容和重要标志。以教育信息化支撑引领教育现代化，是新时代我国教育改革发展的战略选择。

教育信息化独特优势导致"三个必将"：教育信息化具有突破时空限制、快速复制传播、呈现手段丰富的独特优势，必将成为促进教育公平、提高教育质量的有

---

① 任友群. 走进新时代的中国教育信息化——《教育信息化2.0行动计划》解读之一[J]. 电化教育研究，2018，39(06)：27-28.

效手段，必将成为构建泛在学习环境、实现全民终身学习的有力支撑，必将带来教育科学决策和综合治理能力的大幅提高。

教育信息化发展的社会目标：构建"五化"教育体系与建设"三学"学习型社会：构建网络化、数字化、智能化、个性化、终身化的教育体系；建设人人皆学、处处能学、时时可学的学习型社会。与《国家教育事业发展"十三五"规划》相比，"三学"学习型社会相同，但是"五化"教育体系是在原来"构建网络化、数字化、个性化、终身化"的基础上增加了"智能化"的发展。

将引领发展、系统推进新补充为教育信息化的基本原则，要求统筹各级各类教育的育人目标和信息化发展需求。

通过实施教育信息化 2.0 行动计划必须达到的基本目标：到 2022 年基本实现"三全两高一大"的发展目标，并实现"三个转变"。"三全"是教学应用覆盖全体教师，学习应用覆盖全体适龄学生，数字校园建设覆盖全体学校。"两高"是信息化应用水平和师生信息素养普遍提高。"一大"是建成"互联网+教育"大平台。"三个转变"是从教育专用资源向教育大资源转变，从提升师生信息技术应用能力向全面提升其信息素养转变，从融合应用向创新发展转变，努力构建"互联网+"条件下的人才培养新模式、发展基于互联网的教育服务新模式、探索信息时代教育治理新模式。

提出构建全新教育生态的理念：构建与国家经济社会和教育发展水平相适应的教育信息化体系；以信息化引领构建以学习者为中心的全新教育生态，实现公平而有质量的教育，促进人的全面发展。

确定由"三通""三用"向新"三用"的转变：由课堂用、经常用、普遍用，发展为校校用平台、班班用资源、人人用空间。并且提出实现"两平台"的融合发展，促进信息技术和智能技术深度融入教育全过程，形成研究一代、示范一代、应用一代、普及一代的创新引领、压茬推进的可持续发展态势。

提出建成国家数字教育资源公共服务体系：构建一体化的"互联网+教育"大平台，建成互联互通、开放灵活、多级分布、覆盖全国、共治共享、协同服务的国家数字教育资源公共服务体系，实现数字资源、优秀师资、教育数据、信息红利的有效共享，助力教育服务供给模式升级和教育治理水平提升。"走在世界前列"是《教育信息化 2.0 行动计划》的总基调，展现了教育信息化的巨大发展空间。

科学设定了"八大行动"：数字资源服务普及行动、网络学习空间覆盖行动、网络扶智工程攻坚行动、教育治理能力优化行动、百区千校万课引领行动、数字校园规范建设行动、智慧教育创新发展行动、信息素养全面提升行动等。这些"行动"抓住了教育信息化的一个个核心予以推进，使教育信息化2.0以及"行动计划"得到落实。

2012 年发布的《十年规划》确立了我国教育信息化"两步走"发展战略。第一步是以建设和应用为主，第二步是致力于融合与创新。到 2018 年我国教育信息化实现了第一步阶段的发展目标,并向第二阶段迈进,即进入教育信息化 2.0 时期。以教育信息化全面推动教育现代化,成为新时代推进我国教育事业改革发展的共识。中国教育信息化进入"融合"和"创新"新阶段,开启了创新引领、全面实现教育现代化的新征程[①]。

3.4.4　国家信息化规划对教育信息化的规划

教育信息化以在教育领域充分而有效地运用现代信息技术为特征,现代信息技术既是教育信息化的基石,也是教育信息化的利器,同时教育信息化是国家信息化的重要组成部分。正因为如此,国家在有关信息化的文件中,同时对教育信息化的发展进行规划和部署。

3.4.4.1　《2006—2020 年国家信息化发展战略》部署的教育信息化内容

信息化是世界发展大趋势。大力推进信息化,是覆盖我国现代化建设全局的战略举措。2006 年 3 月 19 日印发的《2006—2020 年国家信息化发展战略》,对事关国家全局战略的信息化未来 15 年进行战略规划,因此可将其看成是我国信息化方面首个且是唯一的长期战略规划。

《2006—2020 年国家信息化发展战略》确定九大战略重点[②],其中两点涉及教育信息化方面。

一是"提高国民信息技术应用能力,造就信息化人才队伍",并提出如下战略要求:强化领导干部的信息化知识培训,普及政府公务人员的信息技术技能培训;配合现代远程教育工程,组织志愿者深入老少边穷地区从事信息化知识和技能服务;普及中小学信息技术教育;开展形式多样的信息化知识和技能普及活动,提高国民受教育水平和信息能力;构建以学校教育为基础,在职培训为重点,基础教育与职业教育相互结合,公益培训与商业培训相互补充的信息化人才培养体系;鼓励各类专业人才掌握信息技术,培养复合型人才。

二是"加快教育科研信息化步伐"成为战略重点"推进社会信息化"的重要组成部分,战略要求:提升基础教育、高等教育和职业教育信息化水平,持续推进农村现代远程教育,实现优质教育资源共享,促进教育均衡发展;构建终身教育体系,发展多层次、交互式网络教育培训体系,方便公民自主学习;建立并完善全国教育与科研基础条件网络平台,提高教育与科研设备网络化利用水平,推动教育与科研资源的共享。

《2006—2020 年国家信息化发展战略》确定我国教育信息化发展的六大"战略

---

① 杨宗凯,吴砥,郑旭东. 教育信息化 2.0:新时代信息技术变革教育的关键历史跃迁[J]. 教育研究,2018,39(04):16-22.
② 中办发[2006]11 号. 2006—2020 年国家信息化发展战略[Z].

行动",其中第一条就是教育信息化方面的——"国民信息技能教育培训计划"。该战略行动的主要内容为:在全国中小学普及信息技术教育,建立完善的信息技术基础课程体系;推广新型教学模式,实现信息技术与教学过程的有机结合,全面推进素质教育;把信息技能培训纳入国民经济和社会发展规划;依托高校、中小学等公益性设施以及农村党员干部远程教育工程、全国文化信息资源共享工程等,积极开展国民信息技能教育和培训。六大"战略行动"中的"网络媒体信息资源开发利用计划""缩小数字鸿沟计划"两大战略行动,同样有与教育信息化相关的重要内容和部署。

《2006—2020年国家信息化发展战略》的出台,真正实现了在部署国家信息化时一并部署教育信息化的要求。

3.4.4.2 《国家信息化发展战略纲要》部署的教育信息化内容

2016年7月出台的《国家信息化发展战略纲要》,既对学校教育信息化进行整体谋划,又对社会教育的信息化进行布局,提出了许多新的理念与路径:构建以高等教育、职业教育为主体,继续教育为补充的信息化专业人才培养体系;本科和职业院校设置信息技术应用课程;建立信息化人才培养实训基地,推广订单式人才培养;全面开展国家工作人员信息化培训和考核;实施信息扫盲行动计划;为老少边穷地区和弱势群体提供信息技术知识和技能培训;推进优质数字教育资源均衡配置;建立适应教育模式变革的网络学习空间;缩小区域、城乡、校际的信息化方面的差距;建立网络环境下开放学习模式;探索建立跨校课程共享与学分认定制度;完善信息化资源建设的准入机制;吸纳社会力量参与大规模在线课程建设;等等。这些理念与路径促进了教育信息化推动大教育的现代化发展,促进了教育由小教育向大教育发展。

3.4.4.3 《"十三五"国家信息化规划》部署的教育信息化内容

在国务院2016年12月5日发布的《"十三五"国家信息化规划》中,着眼于大教育部署教育信息化,推动大教育的现代化:提出推动"互联网+党建",支持统筹建设全国党员信息库和党员管理信息系统、党员教育信息化平台,提高党组织建设、党员教育管理服务工作网络化、智能化水平;开展网上"讲文明树新风"活动,开展网络伦理、网络道德宣传,深化文明礼仪知识教育;通过网络教育、网络文化、互联网医疗等帮助贫困地区群众提高文化素质、身体素质和就业能力;充分应用信息技术推动远程教育,促进优质教育资源城乡共享;丰富县、乡、村各级工作人员的网络专业知识;利用信息化手段不断扩大优质教育资源覆盖面,构建网络化、数字化、个性化、终身化的教育体系,建设学习型社会。

《"十三五"国家信息化规划》在十二个"优先行动"中,将"在线教育普惠行动"列于其中,并就新型教育现代化重要内容的数字教育资源公共服务体系、在线教育、学分认定、在线课程建设、共享教育发展成果、传统文化弘扬等方面,做出规划部署:到 2020 年,基本建成数字教育资源公共服务体系,形成覆盖全国、多级分布、互联互通的数字教育资源云服务体系;提供全方位、高质量、个性化的在线教学服务;支持党校、行政学院、干部学院开展在线教育;推进在线开放课程学分认定和管理制度创新,鼓励高等院校将在线课程纳入培养方案和教学计划;加强对在校教师和技术人员开展在线课程建设、课程应用以及大数据分析等方面培训;通过教育信息化加快优质教育资源向革命老区、民族地区、边远地区、贫困地区覆盖,共享教育发展成果;积极推进我国大规模在线开放课程(慕课)走出去,大力弘扬中华优秀传统文化。

3.4.4.4 《关于积极推进"互联网+"行动的指导意见》部署的教育信息化内容

2015 年 7 月 1 日国务院发布的《关于积极推进"互联网+"行动的指导意见》①,对教育的"互联网+"进行规划与战略部署,以此为节点,在随后的国家文件关于教育信息化的总体部署中,用语更多的为"推进互联网+教育"。

《关于积极推进"互联网+"行动的指导意见》要求探索新型教育服务供给方式,相应提出"三鼓励":鼓励互联网企业与社会教育机构根据市场需求开发数字教育资源;鼓励学校利用数字教育资源及教育服务平台;鼓励学校与互联网企业合作。要求通过"三鼓励"促进"三式"新发展:提供网络化教育服务方式;逐步探索网络化教育新模式,扩大优质教育资源覆盖面,促进教育公平;对接线上线下教育资源,探索基础教育、职业教育等教育公共服务提供新方式。提出了"推动开展学历教育在线课程资源共享,推广大规模在线开放课程等网络学习模式,探索建立网络学习学分认定与学分转换等制度,加快推动高等教育服务模式变革"以及"大力发展开源社区"的要求。这些为教育信息化推动新时代的教育现代化开辟了新方向。

3.4.4.5 《促进大数据发展行动纲要》部署的教育信息化内容

2015 年 8 月 31 日国务院发布的《促进大数据发展行动纲要》②,提出教育文化大数据以及教育基础数据伴随式收集等概念与理念,对有关大数据方面的教育信息化专门化人才培养以及利用教育大数据促进教育管理的现代化、教育变革进行了系统部署:要求完善教育管理公共服务平台,建立不同学习阶段适龄入学人口基础数据库、学生基础数据库和终身电子学籍档案,逐步实现学习者在不同教育阶段的学籍档案的纵向贯通,推动形成全国性的协同服务、全网互通的教育资源云服务体系,

---

① 国发[2015]40 号. 关于积极推进"互联网+"行动的指导意见[Z].
② 国发[2015]50 号. 国务院关于印发促进大数据发展行动纲要的通知[Z].

有效地发挥大数据对变革教育方式、促进教育公平以及提升教育质量等的支撑作用。要求建立健全多层次、多类型的大数据人才培养体系，鼓励高等学校设立与数据科学以及数据工程相关的专业，更好地造就与培养专业化的数据工程师等大数据专业人才，依托并开拓社会化教育资源，广泛开展大数据知识的普及与教育培训，提高全社会对大数据的整体认知和应用水平。

3.4.4.6 《新一代人工智能发展规划》部署的教育信息化内容

近几年人工智能加速发展，呈现出深度学习、跨界融合、人机协同、群智开放、自主操控等新特征，已演变成为引领未来的战略性技术，正在深刻改变世界，社会各领域正在从数字化、网络化向智能化加速跃升。为抢抓人工智能发展的重大战略机遇，构筑我国人工智能发展的先发优势，加快建设创新型国家和世界科技强国，2017 年 7 月 8 日国务院出台《新一代人工智能发展规划》[①]，对我国人工智能发展进行顶层设计、全面规划与战略部署：

一是提出智能教育、智能学习的理念。要求利用智能技术加快推动人才培养模式以及教学方法改革，构建包含智能学习在内的新型教育体系。在过去数字校园基础上提出开展智能校园建设，以此推动人工智能在教学、管理、资源建设等全流程的应用。

二是提出建立在线智能教育平台。提出基于大数据智能的在线学习教育平台，以及开发智能教育助理，以建立智能的、快速的、全面的教育分析系统。提出以人工智能为支持建立以学习者为中心的智能化教育环境，提供精准推送的教育服务，实现日常教育和终身教育定制化。

三是提出人工智能学科建设。鼓励高校在原有基础上拓宽人工智能专业教育内容，形成"人工智能+X"复合专业培养新模式，重视人工智能与计算机科学、物理学、数学、生物学等学科专业教育的交叉融合。加强产学研合作，鼓励高校、科研院所与企业等机构合作开展人工智能学科建设。

四是提出实施全民智能教育项目。在中小学阶段设置人工智能相关课程，逐步推广编程教育，鼓励社会力量参与寓教于乐的编程教学软件、游戏的开发和推广。建设和完善人工智能科普基础设施，充分发挥各类人工智能创新基地平台等的科普作用，鼓励人工智能企业、科研机构搭建开源平台，面向公众开放人工智能研发平台、生产设施或展馆等。支持开展人工智能竞赛，鼓励进行形式多样的人工智能科普创作。鼓励科学家参与人工智能科普。

五是加快研究人工智能带来的就业结构、就业方式转变以及新型职业和工作岗位的技能需求，建立适应智能经济和智能社会需要的终身学习和就业培训体系，支

---

① 国发[2017]35 号. 国务院关于印发新一代人工智能发展规划的通知[Z].

持高等院校、职业学校和社会化培训机构等开展人工智能技能培训，大幅提升就业人员专业技能，满足我国人工智能发展带来的高技能高质量就业岗位需要。鼓励企业和各类机构为员工提供人工智能技能培训。加强职工再就业培训和指导，确保从事简单重复性工作的劳动力和因人工智能失业的人员顺利转岗。

由上显而易见，人工智能将真正推动全新形态的教育构建，正因为此，教育部副部长杜占元认为，人工智能将带来"零点革命"，也即人工智能对人类的影响有如历史上人开始有认知智能一样的巨大作用。人工智能极大丰富了教育信息化的内涵，将推动教育现代化向更智能、更智慧的方向发展。

第 4 章　信息化推动教育现代化策略

事业的推进既要有战略，同样要有策略。毛泽东同志曾精辟指出，"政策和策略是党的生命"，由此可见策略对于事业发展的重要性。

策略通常指计策、谋略，既包括可以实现目标的方案集合，又包括根据形势发展而制定的行动方针。从策略具有"谋略"内涵一面看，策略与战略具有极强的关联性；策略是围绕战略的谋略，既同战略一样具有稳定性，但又有着较大的灵活性；策略与战略的区分是相对的，一定范围内的战略，在更大的范围内就有可能转化为策略。

起于 1994 年的我国教育信息化，在起步几年积累了一定经验后，进入 21 世纪起加快谋划、不断探索，逐步形成了战略指引、组织推进、育人为本、队伍为先、规划导航、政策保障、应用驱动、机制创新、深度融合、科技支撑等灵活多样、独具中国特色的教育信息化推动教育现代化"十策略"，推动我国教育信息化取得一个个新胜利，实现了教育信息化发展的后发超越，推动着我国教育现代化不断沿着特色性的道路发展。面向未来，创新驱动将成为教育信息化推动教育现代化的新的重要发展策略。

4.1　战　略　指　引

战略指引是教育信息化的发展以科学的战略指引发展方向。战略指引是我国自改革开放起就形成的电化教育、教育技术、技术变革教育的特色策略。

不同的历史时期以最佳匹配的战略指引，是中国教育信息化特色所在，我国总是在一个个历史的转折关头，相应提出恰当的指引中国教育信息化发展的战略。制定战略，需要极大智慧，我国教育信息化战略的制定，体现了中国人善于把握时代大势、立于时代统领全局发展的大智慧。

4.1.1　技术变革教育的三代战略

教育信息化的本质是借新兴的技术之力提升教育与变革教育，而我国技术变革与提升教育的集中探索并非始于教育信息化，而是始于改革开放。自改革开放起的我国几十年的技术变革教育，始终贯穿了以战略指引航向，以战略举旗定位，以战略焕发斗志，以战略凝聚力量，"战略"成为我国教育变革浪潮不断、改革持续推进、技术变革由无为、小为向引领迈进的秘诀之一。

回眸四十多年，我国在技术变革教育方面先后产生了前后呼应的三代战略：一是改革开放之初就开始并持续20年实施的"教育最优化"战略；二是进入新世纪初的"以教育信息化带动教育现代化"战略；三是在人类由信息社会走向智慧社会之际的"以教育信息化全面推动教育现代化"战略。三代战略环环相扣，层层推进，久久为功，推动着我国技术变革教育不断跃上新高度，且始终在正确的方向上前行。

以教育信息化带动教育现代化的战略，以及以教育信息化全面推动教育现代化的战略，在第3章已详细论说。

4.1.2　技术变革与提升教育的首代战略及其功效

作为技术变革与提升教育第一代战略的"教育最优化"战略，直接体现在"运用现代教育媒体，并与传统教育媒体恰当结合，传递教育信息，以实现教育最优化"的电化教育定义中，其内涵是运用以电为标志的视觉、听觉、视听觉媒体以及后来的多媒体，改变传统教育内容表现几乎单一的文字性和教育传播几乎唯言语听觉性的局限，从而提高教学效率，发展新型的远程教育扩大教育规模，提升教育教学质量。

改革开放之初，我国教育一方面是百废待兴，在教育的技术支持方面是典型的"一穷二白"，另一方面是追求最优化，提出教育最优化战略，如此巨大反差激发了教育人的热情，使改革开放后的"电教人"激情满怀、斗志昂扬，迸发出无穷的力量，钻技术、学理论、攻艺术等乐此不疲、进步神速，设计开发教学幻灯片、教学投影片、教学电影片、教学录像片一丝不苟、精益求精。课堂教学是教育最优化的主战场，广大教师与"电教人"密切合作、共同切磋，使课堂教学在新兴的幻灯艺术、投影艺术、电视艺术以及不断发展的电影艺术道路上高歌猛进，幻灯教学精彩纷呈，投影教学活灵活现(我国的活动投影片设计开发在全世界独树一帜)，电视教学出神入化(包括运用并不广泛的电影，当时特别强化电视电影的化大为小、化小为大、化远为近、化快为慢、化慢为快以及让教学突破时间、突破空间限制的特色彰显)，与发达国家在视觉教育、视听教育、教育技术方面本来存在的几十年的差距迅速缩小。尽管教育最优化理论是舶来品，但在我国教育产生的效用极其独特和显著，使技术变革教育生根、发芽、开花、结果。实现教育最优化成为我国改革开放后技术变革教育的原始初心，且始终不忘。

持续20多年教育最优化战略实施，使电化教育专业与教育技术学科从无到有并形成完整学科体系，建立起中国特色的组织体系并不断优化，广大教师对幻灯、投影、影视、多媒体等从知之甚少到能自如地进行艺术化般的教学，各类电教教材、多媒体与网络软件从一无所有到比肩世界一流的质量并在技术与表现形式的部分方面有所创新，现代教育媒体从空白到"三机一幕"进教室，以及普遍建设电化教室、录像教室、多媒体教室，现代教育技术实践研究从无到产生国家级的成果，理论从引进到建构起"七论"（本质论、功能论、发展论、媒体论、过程论、方法论、管理论）的电化教育理论体系，教学、学科和课堂作为技术变革教育的主战场，在"深入课堂、深入学科、深入教学"的"电教三深入"方面持续发力，尤其是诞生了"电教精神"，培养造就了大批有大担当的专业化人才，大大增进了教育教学效果，世界最大规模的远程教育——广播电视大学，圆了数百万人的大学梦，我国教育技术和手段落后的面貌得到迅速持续改变。

4.2 组 织 推 进

组织推进策略是以完善的组织机构强力推进教育信息化。教育信息化是庞大的系统工程，使教育发生零星的和枝节的改变，是难以发挥信息技术对教育的革命性影响之效的，因此需要持续性、有组织地推进；技术变革教育是持续进行的教育变革，需要改变人的行为惯性和思维惯性，必须有强大的组织力量推动。

我国教育信息化发展，最大的优势是政府的高度重视和全社会的"不能在信息化浪潮中再被发达国家甩下"的强烈民族忧患意识。政府的高度重视又是通过组织加以推进与动力学传递实现的[①]。

4.2.1 健全组织

组织推进策略的前提是建立健全教育信息化组织。

在我国，"组织推进"最早并不是始于教育信息化，而是起于更早的我国改革开放。因此，组织推进策略与战略指引策略一样，同样是我国自改革开放起就形成的电化教育、教育技术、技术变革教育的特色策略。探讨组织推进策略，同样必须前延到1978年改革开放之初加以认识和总结。

自改革开放以来，我国深刻洞察新时期技术变革教育的科学规律，始终将建立健全技术变革教育组织、以组织力量推进技术变革教育作为重要行动方略，建立起相应的司局级事业单位、国家级一级协会、教育部专业教学指导委员会、教育系统信息管理中心、教育信息化专家组等各类组织，形成了多维度的推进技术变革教育的组织系统。

在改革开放之初，教育部就设立了电化教育组，随后不久建立行政性司局机构——电化教育局。电化教育局是世界各国中第一个专门的司局级技术变革教育的行政设置，其设立对于我国技术变革教育的发展意义非凡。随着教育事业的发展，电化教育局相应以其他形式代替，最先是电化教育司，后来是电化教育

---

① 刘雍潜. 国家教育技术标准研究初探[J]. 电化教育研究，2002(07)：3-6.

办公室，直到现在挂靠于教育部科学技术司的教育部网络安全和信息化领导小组办公室以及在教育部科学技术司另设的教育信息化处。行政主导、政府推动，是我国教育信息化乃至于技术变革教育的重要特色之一，在后面又增添了机制创新的内涵。

教育信息化和技术变革教育，既要有行政推动，还要有专门的业务部门研究和组织实施。在改革开放之初，我国成立了教育部直属事业单位中央电化教育馆，2004年又成立了与中央电化教育馆合署办公的教育部基础教育资源中心。有国家层面的推动技术变革教育的事业单位，同样是中国特色。中央电化教育馆成立后不负众望，开拓进取，在推动技术变革教育方面发挥了不可或缺的重要作用，特别是在组织、动员、指导广大教师进行现代教育技术研究、开发优质教育资源、激励教师创新教育实践等方面影响巨大，创办的《中国电化教育》（最初为《电化教育》）2019年中文期刊H5指数排名第一。

教育信息化以及技术变革教育，需要研究、需要实践、需要创新、需要协同，社团组织同样能发挥重要作用，我国相应形成了独具特色的技术变革教育的行业社团组织，而且相应的社团组织成为推动教育信息化的重要力量：1979年成立的中国电化教育研究会，在创办《电化教育研究》杂志、开展电化教育培训和交流活动方面，开展了卓有成效的工作[①]；1991年成立的中国电化教育协会，2002年更名为中国教育技术协会。中国教育技术协会形成了庞大的严密的分支系统，成员覆盖了高等教育、基础教育、职业与成人教育四大领域的学校和机构，现有省、部级团体会员112个，各级会员组织几千个，协会下设师范院校专业委员会、信息技术教育专业委员会等30多个专业委员会，另设专门的学术委员会。协会通过举办学术年会、组织学术交流活动与培训、出版学术著作、举办征文评比活动、主持国家教育技术课题研究、制定教育技术行业标准、推动新技术应用等工作[②]，在推动教育信息化以及技术变革教育方面，发挥了其他机构无法替代的重要作用。

教育信息化以及技术变革教育，需要集聚专家的智慧，需要名师大家的谋划与引导，我国始终注重专家作用的发挥：1984年建立全国电化教育课程教材编审组[③]；1991年成立全国电化教育教材指导委员会（后更名为全国电化教育教学指导委员会、全国高等院校教育技术教学指导委员会）；2001年成立教育部高等学校教育技术学专业教学指导委员会。这些专家委员会在教育技术学专业建设方面，尤其是在课程、教材、资源建设与教育决策咨询方面，都发挥了很大的作用。通常，教育部

---

① 南国农，李运林，李龙，等. 中国电化教育（教育技术）史[M]. 北京：人民教育出版社，2013：189.
② 李龙，刘雍潜，岳华，等. 中国教育技术协会20年[M]. 北京：中国广播电视大学出版社，2011：88.
③ 南国农. 我与电化教育：旧事追忆[J]. 课程. 教材. 教法，2014(10)：101-106.

教指委只设在专业大类,而不就单个专业设立教指委,设置教育部高等学校教育技术学教学指导委员会,初衷是寄希望于对高等教育的技术变革教育进行研究、开拓、示范。教育部高等学校教育技术学教学指导委员会在成立初期,在创新教材建设、搭建技术变革教育学术交流平台、推动教师教育技术能力提升、创新技术教育变革实践等方面做了大量开拓性的工作,后来教育部又在此之上设立了教育部教育技术与方法专业教学指导委员会、教育部高等学校教学信息化与教学方法创新指导委员会,由此可见教育部高度重视发挥专家组织在技术变革与提升教育中的重要作用。

此外,建立了教育部教育信息管理中心,成立了教育部教育信息化专家组、教育部教育管理信息化专家组,在职教领域成立了教育部职业院校信息化教学指导委员会。

截至 2019 年 10 月,我国形成了如下的技术变革与提升教育的组织体系。

教育信息化行政系统(领导机构):教育部网络安全和信息化领导小组/省教育厅网络安全和信息化领导小组/地市教育局网络安全和信息化领导小组。

电化教育馆系统:中央电化教育馆/省级电化教育馆/地市级电化教育馆/县市区级电化教育馆、站。

教育电视台系统:中国教育电视台/省级教育电视台。

信息管理系统:教育部教育信息管理中心/省级教育信息管理中心。

学校现代教育技术系统:各级各类学校现代教育技术中心,或信息中心,或电化教育中心。

开放大学系统(原广播电视大学系统):国家开放大学/省开放大学/地市开放大学。

教学指导委员会系统:教育部高等学校教学信息化与教学方法创新指导委员会(教育部高等学校教育技术与方法专业教学指导委员会)、教育部高等学校教育技术专业教学指导分委员会(原教育部高等学校教育技术学专业教学指导委员会)、教育部职业院校信息化教学指导委员会/省职业院校信息化教学指导委员会。

教育信息化专家系统:全国教育信息化专家组、全国教育管理信息化专家组/省教育信息化专家组或指导委员会。

教育技术协会系统:中国教育技术协会/省或行业教育技术、现代教育技术协会、各行业的专业委员会。

不难看出,我国教育信息化领导管理体制是不断完善的,逐步形成了发挥我国制度优势的教育信息化组织保障体系。我国国家层面的教育信息化组织与系统,如表 4.1 所示。

表 4.1　国家层面教育信息化组织与系统表

类别	名称
领导机构	教育部网络安全和信息化领导小组 教育部科学技术司
工作机构	教育部科学技术司教育信息化处
事业单位	中央电化教育馆 教育部教育管理信息中心 国家开放大学 中国教育电视台
学术组织	中国教育技术协会(下设若干个二级专业委员会)
专家组织	教育信息化专家组 教育管理信息化专家组
教学指导组织	教育部高等学校教学信息化与教学方法创新指导委员会 教育部高等学校教育技术专业教学指导分委员会 教育部职业院校信息化教学指导委员会
研究基地	教育部教育信息化战略研究基地
培训组织	教育部高校教师网络培训中心

4.2.2　顶层设计统筹推进

建立各种教育信息化组织的目的,是让各种组织在教育信息化发展中发挥动员、组织、推广等作用,有效推动教育信息化的科学发展。顶层设计统筹推进,是我国教育信息化组织作用发挥的典型经验。

1998 年实施"现代远程教育工程",构建终身学习体系,1999 年确立"现代教育技术是教育改革的制高点和突破口"的地位,2000 年确定"以教育信息化带动教育现代化"的战略、启动实施普及中小学信息技术教育、实施"校校通工程"建设,2011 年提出"信息技术对教育发展具有革命性影响"的论断,2012 年提出"三通两平台"建设任务,2015 年提出"以教育信息化全面推动教育现代化"的战略,2018 年提出 2022 年基本实现"三全两高一大"的发展目标等,都是顶层设计的体现,而且这些本身就是对教育信息化工作的统筹推进。

作为国家教育主管部门的教育部,在信息化的浪潮中立于潮头,超前布局与谋划,在全国教育信息化持续、深入、科学发展中发挥了重要作用,形成了中国特色。从"三通两平台"的提出能够管窥我国教育信息化之顶层设计。《教育信息化十年发展规划(2011—2020 年)》对我国教育信息化未来一段时期的工作方针、发展目标、发展任务以及"2020 中国数字教育行动计划"进行了整体设计和全面部署。规划颁布后,教育部领导就如何将十年发展规划中确定的任务、目标高度凝练成能实现、好记忆、能上口的目标和任务,以更好统一思想,明确目标,加大宣传力度,凝聚各方面力量,进行探索,相应提炼了"三通两平台"的目标。"三通两平台"的持续扎实推进，相应成为世界教育信息化的成功壮举[1]。

以组织推进是我国教育信息化的重要策略，相应健全了多样的组织，但是从教育信息化推进工作的实际来看，现有的组织体系有必要进行与时俱进的优化：

(1)新增国家级的教育信息化智库。

(2)扩大中央电化教育馆的职能。过去中央电化教育馆工作领域局限在基础教育和职业教育，在新时代要向高等教育以及向社会教育拓展，实现技术变革教育服务与推动的全覆盖。

(3)进一步优化专家组织的专家构成。

(4)新增教育信息化领域整体的重点实验室。现有的教育信息化方面的重点实验室是基于具体技术的，除此之外，要有重点实验室进行领域的、整体的研究，随着技术发展而开展引领性研究，既研究"硬"技术，又研究"软"技术。

4.3 育人为本

4.3.1 育人为本为首位策略

育人为本策略是教育信息化将支持服务于人的发展放在第一位的策略。以人为本是我国信息化的出发点，具有更深层次内涵的育人为本是我国教育现代化追求的新方向。中共中央办公厅、国务院办公厅早在 2006 年制定的《2006—2020 年国家信息化发展战略》中就指出："要以人为本，惠及全民，创造广大群众用得上、用得起、用得好的信息化发展环境"[2]。《国家中长期教育改革和发展规划纲要》既将育人为本作为"优先发展、育人为本、改革创新、促进公平、提高质量"20 字工作方针的主体内容，又提出"把育人为本作为教育工作的根本要求"。育人为本体现了对教育规律的科学把握以及对受教育者主体地位的尊重。教育的本质是培养人，教育是开发人力资源的主要途径，而人力资源是我国经济社会发展的第一资源，教育的对象是充满生机活力、富有个性化发展潜质的人，激发学生的活力、潜质和特长，培育学生的能力和素养是教育的出发点和最终目标。教育只有坚持育人为本，以学生为主体，以教师为主导，充分发挥学生的主动性，才能真正达到教育的目的。中国共产党指导思想之一的科学发展观，核心是以人为本，将最广大人民的根本利益放在第一位[3]，目标就是支持和促进人的全面发展，其是中国共产党人全心全意为人民服务宗旨的具体体现，这必然要求在教育信息化建设中坚持以人为本，要以是

---

[1] 祁靖一，王晓波.整合创新："三通两平台"推动教育变革——专访中央电化教育馆王珠珠馆长[J].中小学信息技术教育，2013(05)：10-13.

[2] 中办发[2006]11 号.2006—2020 年国家信息化发展战略[Z].

[3] 胡锦涛.把科学发展观贯穿于发展的整个过程[J].求是，2005(01)：3-9.

否服务师生、是否促进了学生发展作为教育信息化建设成败的衡量标准，并将提高人的信息素养作为教育信息化建设与发展重点[①]。

《教育信息化十年发展规划(2011—2020年)》中将"面向未来，育人为本"确定为推进教育信息化应该坚持的第一工作方针：以面向建设人力资源强国的目标要求，面向未来国力竞争和创新人才成长的需要，努力为每一名学生和学习者提供个性化学习、终身学习的信息化环境和服务[②]。无独有偶，《教育信息化2.0行动计划》同样将"面向未来，育人为本"作为推进教育信息化应该坚持的第一工作方针，而且赋予其内涵完全一致[③]，只是更进一步，还将"坚持育人为本"上升为教育信息化发展必须坚守的第一基本原则："坚持育人为本。面向新时代和信息社会人才培养需要，以信息化引领构建以学习者为中心的全新教育生态，实现公平而有质量的教育，促进人的全面发展"。时任国务委员刘延东在全国教育信息化工作电视电话会议上的讲话中明确指出，教育信息化是事关亿万学生切身利益的民生工程，必须树立科学发展理念，坚持育人为本的核心理念。特别强调，"教育信息化与其他领域的信息化有本质不同，最终目的是服从和服务于培养人这一根本使命。信息化的设施建设、内容建设、运行方式都要符合学生特点和育人规律，尊重学生的主体地位，帮助学生平等、有效、健康地运用信息技术，实现快乐学习、健康成长，促进人的全面发展"[④]。

4.3.2 赋予育人为本时代内涵

教育是与时代发展相随相伴的，教育的目标、教育的理念是随着时代发展而发展的，其服务于人、以人为本的内涵也是随着时代而有更加丰富的内涵的，新的时代更强调人的全面发展、终身发展、健康成长、创新创造发展，新时代的教育信息化不能停留在为学生学习提供简单服务的层次，要服务于成长、发展，唯有如此，教育信息化才能更好担负全面推动教育现代化的使命。

在相当长时间内，教育信息化"育人为本"的工作并非尽如人意，有的地方和学校只将"育人为本"作为一种口号，而没有很好地落实于行动，有的嘴上讲的"育人为本"，干的是"以物为本""以先进技术为本"，在新时代的教育信息化工作中要从根本上杜绝这种现象。

4.4 队 伍 为 先

教育现代化的本质是人的现代化，首先是教师队伍现代化，以现代化的教师造

---

① 段英. 以人为本：教育信息化建设的根本出路[J]. 教育研究与实验，2009(S2)：23-25.
② 教技[2012]5号. 教育信息化十年发展规划(2011—2020年)[Z].
③ 教技[2018]6号. 教育信息化2.0行动计划[Z].
④ 刘延东. 把握机遇 加快推进 开创教育信息化工作新局面——刘延东国务委员在全国教育信息化工作电视电话会议上的讲话.

就现代化的学生。队伍为先策略是以教师队伍信息化提升推动教育现代化的发展。

人力资源是第一资源,事业的成败在于人,创新的事业成功与否更在于人。在我国教育信息化进程中,始终将人的发展放在第一位,将转变观念、培训提高作为推动教育现代化工作的重要抓手,始终注意三支队伍的提升:一是广大教师队伍信息化教学能力的提升,二是全体的学习者以及全体公民信息素养与能力的提升,三是管理队伍特别是干部队伍教育信息化领导力、管理力提升。采取一系列措施实施队伍为先的策略,形成了中国特色。

4.4.1 不断提升教师队伍信息化教学能力

教师是教育事业的第一资源。技术变革教育以及教育创新,主要依靠教师实践和实施,脱离教师谈教育教学变革、创新,只能成为空谈。当今的教育教学创新,与信息技术总有千丝万缕的联系,毕竟信息技术对教育具有革命性的影响。因此,我国十分重视对在职教师的教育信息化培训和对师范生的信息化教学能力的培养,始终将塑造时代化的教师、转变教师观念和培训提升教师,作为推动技术变革教育的重要抓手,使广大教师在现代教育思想、先进教育理念、基于现代技术的教学素养与能力等方面得以不断提升,而且对于不同类型的教师采用不同的方式方法。

在我国,正式教育分为基础教育、高等教育、职业教育三类。对于不同类型教育的教师,有关教育信息化能力要求是不一样的,因此我国采用不同的方法促进三类教育教师信息化能力提升。

4.4.1.1 提升中小学教师信息化能力

在我国基础教育、高等教育、职业教育三类教育中,基础教育的体量最大,教师的人数最多,全国中小学教师人数多达 1200 万,因此我国对教师最庞大群体的基础教育教师的信息化能力提升格外重视,部署最为周全,提升措施最多。

对于在职中小学教师,我国主要采用两大类方式促进信息化能力提升:

一类方式是对在职中小学教师进行系统化的教育信息化培训。在 20 世纪 90 年代,教育信息化的起步阶段,我国就开始重视教师的教育信息化培训。1996 年启动的"全国中小学现代教育技术实验学校工作",1999 年启动实施"明天女教师培训计划"。许多地方将教师的教育技术培训作为其中的重要内容,比如 1997 年,江苏省就在全国率先启动以信息技术为主要内容的在职教师现代教育技术全员培训[①]。

另一类方式是通过竞赛激发教师技术变革教育的活力。早在 1998 年就诞生了全国多媒体教育软件大奖赛,且 20 多年持之以恒地将之打造成为涵盖各级各类教育、面向广大教师和专业技术人员的教育信息化重要赛事,其竞赛项目先后有多媒体课

---

① 南国农. 中国电化教育(教育技术)史[M]. 北京:人民教育出版社,2013:340.

件、移动终端课件、教育教学工具类软件系统、微课、网络课程、精品开放课程、一对一数字化学习综合课例、学科主题社区、信息技术与学科教学整合课例、信息技术创新教学案例、教育资源应用案例、教师网络空间应用案例等若干种。2017年起，全国多媒体教育软件大奖赛更名为全国教师教育教学信息化交流展示活动。

进入21世纪，我国国家层面组织的中小学教师全员性的信息化能力提升培训，一轮紧接一轮，表现出培训的连续性与持续推进的特点。剖析全国性的多轮中小学教师的信息化能力提升的全员培训，能够更深刻理解和把握队伍为先的教育信息化策略。

1) 第一轮全员培训：全国中小学教师教育技术能力建设计划

2004年教育部颁布《中小学教师教育技术能力标准（试行）》[①]，为开启面向全国中小学教师的教育信息化培训做了"标准"方面的准备。该标准成为我国颁布的第一个中小学教师专业能力标准，既使我国有了自己的教育技术能力标准，而且形成了具有特色的"414N"教育技术能力标准。在此之前发达国家已有多个版本的教师教育信息化方面的标准，比如《美国教师教育技术标准》（NETS·T）、《美国学校管理人员教育技术标准》（NETS·A）、《英国教师ICT培训标准》等，可见《中小学教师教育技术能力标准（试行）》的问世，填补了我国这方面的空白，对于我国教师培训的规范化、科学化意义深远。

"414N"教育技术能力标准，是由"4个素质与能力维度""14个一级指标""N个绩效指标"构成的能力标准[②]。其中，4个素质与能力维度分别为：意识与态度、知识与技能、应用与创新、社会责任。14个一级指标分别为："意识与态度"维度中的重要性的认识、应用意识、评价与反思、终身学习；"知识与技能"维度中的基本知识、基本技能；"应用与创新"维度中的教学设计与实施、教学支持与管理、科研与发展、合作与交流；"社会责任"维度中的公平利用努力、有效应用、健康使用、规范行为。"N"表示有若干个概要绩效指标，对于教学人员、管理人员、技术人员的三类不同标准而言，N依次有41项、46项、44项。

在2005年全国教师教育工作会议上，教育部正式启动《全国中小学教师教育技术能力建设计划》，2006年中小学教师教育技术能力培训在全国各地普遍展开。全国中小学教师教育技术能力建设计划以《中小学教师教育技术能力标准（试行）》为依据开展，将意识与态度提升为前提，以应用创新为目标，以知识技能为基础，以社会责任为价值导向[③]，以建立中小学教师教育技术培训和考试认证制度为保障，使全国每位中小学教师完成不低于50学时的培训，并逐步将教师应用教育技术的能力

---

① 教师[2004]9号. 教育部关于印发《中小学教师教育技术能力标准（试行）》的通知[Z].
② 何克抗. 关于《中小学教师教育技术能力标准（试行）》[J]. 中小学信息技术教育，2005(06)：17-20.
③ 苗逢春.《中小学教师教育技术能力标准（试行）》：内容解读与实施建议[J]. 人民教育，2005(Z2)：2-5.

水平与教师资格认证、职务晋升等挂钩，形成鼓励广大教师不断提高自身教育技术应用水平的机制。

全国中小学教师教育技术能力建设，是对全国中小学的教学人员、管理人员、技术人员的培训，是在我国基础教育信息化由建设期转向建设+应用期的转折时期实施的，适时引领了我国基础教育信息化从只重视信息技术设施建设向追求教学应用的应用效果期转变，同时规范了各类培训机构有关教育技术领域培训的课程和方式。

从全国中小学教师教育技术能力建设培训的技术内容看，并不是完全意义上的教育信息化能力培训，具有传统的媒体和技术与信息技术结合的特点，适应了当时技术与媒体发展的实际情况。很显然，随着我国教育信息化应用不断向纵深发展，全国中小学教师教育技术能力建设已不能适应教育和技术双重高速发展的新要求，国家又不失时机地启动了第二轮全国中小学教师教育信息化方面能力的培训。

2) 第二轮全员培训：全国中小学教师信息技术应用能力提升工程

教师队伍建设是教育信息化可持续发展的基本保障，信息技术应用能力是信息化社会教师必备专业能力[1]，为此 2013 年国家启动全国中小学教师信息技术应用能力提升工程(简称"提升工程")，对全国 1000 多万名中小学及幼儿园教师进行第二轮教育信息化方面的培训。

第二轮教师的教育信息化方面的全员培训，继承了第一轮培训的许多好的做法，但内容体系是全新打造，在理念和方式方法方面进一步优化提升。

"提升工程"培训目标重在提升教师信息技术应用能力、学科教学能力和专业自主发展能力，促进教师转变教学方式，推进基础教育课程改革，推动教师终身学习，相应建立教师信息技术应用能力标准体系[2]，研究制订了《中小学教师信息技术应用能力标准》《中小学教师信息技术应用能力培训课程标准》和《中小学教师信息技术应用能力测评指南》[3]，以有效引导广大中小学教师学习和应用信息技术，规范指导各地建设培训资源、有效实施培训、开展科学的测评、推动应用发展。

"提升工程"的重要保障是将教师信息技术应用能力作为教师资格认定、资格定期注册、职务(职称)评聘和考核奖励等的必备条件，列入中小学办学水平评估和校长考评的指标体系；中小学校将信息技术应用成效纳入教师绩效考核指标体系，促进教师在教育教学中主动应用信息技术；通过示范课评选、教学技能比赛和优秀课例征集等活动，发掘并推广应用成果，形成良好的信息技术应用氛围；通过建立信息技术应用创新实验区、示范性网络研修社区和示范校等举措，推动信息技术应用综合创新[4]。

---

[1] 教师[2013]13 号. 关于实施全国中小学教师信息技术应用能力提升工程的意见[Z].
[2] 祝智庭，闫寒冰.《中小学教师信息技术应用能力标准(试行)》解读[J]. 电化教育研究，2015，36(09)：5-10.
[3] 教师司函[2014]55 号. 关于印发《中小学教师信息技术应用能力测评指南》的通知[Z].
[4] 教师厅[2014]3 号. 中小学教师信息技术应用能力标准(试行)[Z].

针对不同中小学信息技术实际条件和师生信息技术应用情境的差异,《中小学教师信息技术应用能力标准》对教师应用信息技术提出了两种不同的要求,即应用信息技术优化课堂教学能力的基本要求(主要包括教师利用信息技术进行讲解、启发、示范、指导、评价等教学活动应具备的能力),以及应用信息技术转变学习方式能力的发展性要求(主要针对教师在学生具备网络学习环境或相应设备的条件下,利用信息技术支持学生开展自主、合作、探究等学习活动所应具有的能力),并以教师教育教学工作与专业发展为主线,将信息技术应用能力划分为技术素养、计划与准备、组织与管理、评估与诊断、学习与发展五个维度,详见表4.2所示。

表4.2 中小学教师信息技术应用能力标准中的能力体系[①]

维度	应用信息技术优化课堂教学	应用信息技术转变学习方式
技术素养	1. 理解信息技术对改进课堂教学的作用,具有主动运用信息技术优化课堂教学的意识	1. 了解信息时代对人才培养的新要求,具有主动探索和运用信息技术变革学生学习方式的意识
	2. 了解多媒体教学环境的类型与功能,熟练操作常用设备	2. 掌握互联网、移动设备及其他新技术的常用操作,了解其对教育教学的支持作用
	3. 了解与教学相关的通用软件及学科软件的功能及特点,并能熟练应用	3. 探索使用支持学生自主、合作、探究学习的网络教学平台等技术资源
	4. 通过多种途径获取数字教育资源,掌握加工、制作和管理数字教育资源的工具与方法	4. 利用技术手段整合多方资源,实现学校、家庭、社会相连接,拓展学生的学习空间
	5. 具备信息道德与信息安全意识,能够以身示范	5. 帮助学生树立信息道德与信息安全意识,培养学生良好行为习惯
计划与准备	6. 依据课程标准、学习目标、学生特征和技术条件,选择适当的教学方法,找准运用信息技术解决教学问题的契合点	6. 依据课程标准、学习目标、学生特征和技术条件,选择适当的教学方法,确定运用信息技术培养学生综合能力的契合点
	7. 设计有效实现学习目标的信息化教学过程	7. 设计有助于学生进行自主、合作、探究的信息化教学过程与学习活动
	8. 根据教学需要,合理选择与使用技术资源	8. 合理选择与使用技术资源,为学生提供丰富的学习机会和个性化的学习体验
	9. 加工制作有效支持课堂教学的数字教育资源	9. 设计学习指导策略与方法,促进学生的合作、交流、探索、反思与创造
	10. 确保相关设备与技术资源在课堂教学环境中正常使用	10. 确保学生便捷、安全地访问网络和利用资源
	11. 预见信息技术应用过程中可能出现的问题,制订应对方案	11. 预见学生在信息化环境中进行自主、合作、探究学习可能遇到的问题,制订应对方案
组织与管理	12. 利用技术支持,改进教学方式,有效实施课堂教学	12. 利用技术支持,转变学习方式,有效开展学生自主、合作、探究学习
	13. 让每个学生平等地接触技术资源,激发学生学习兴趣,保持学生学习注意力	13. 让学生在集体、小组和个别学习中平等获得技术资源和参与学习活动的机会

[①] 教师厅[2014]3号. 中小学教师信息技术应用能力标准(试行)[Z].

续表

维度	应用信息技术优化课堂教学	应用信息技术转变学习方式
组织与管理	14. 在信息化教学过程中，观察和收集学生的课堂反馈，对教学行为进行有效调整	14. 有效使用技术工具收集学生学习反馈，对学习活动进行及时指导和适当干预
	15. 灵活处置课堂教学中因技术故障引发的意外状况	15. 灵活处置学生在信息化环境中开展学习活动发生的意外状况
	16. 鼓励学生参与教学过程，引导学生提升技术素养并发挥其技术优势	16. 支持学生积极探索使用新的技术资源，创造性地开展学习活动
评估与诊断	17. 根据学习目标科学设计并实施信息化教学评价方案	17. 根据学习目标科学设计并实施信息化教学评价方案，并合理选取或加工利用评价工具
	18. 尝试利用技术工具收集学生学习过程信息，并能整理与分析，发现教学问题，提出针对性的改进措施	18. 综合利用技术手段进行学情分析，为促进学生的个性化学习提供依据
	19. 尝试利用技术工具开展测验、练习等工作，提高评价工作效率	19. 引导学生利用评价工具开展自评与互评，做好过程性和终结性评价
	20. 尝试建立学生学习电子档案，为学生综合素质评价提供支持	20. 利用技术手段持续收集学生学习过程及结果的关键信息，建立学生学习电子档案，为学生综合素质评价提供支持
学习与发展	21. 理解信息技术对教师专业发展的作用，具备主动运用信息技术促进自我反思与发展的意识	
	22. 利用教师网络研修社区，积极参与技术支持的专业发展活动，养成网络学习的习惯，不断提升教育教学能力	
	23. 利用信息技术与专家和同行建立并保持业务联系，依托学习共同体，促进自身专业成长	
	24. 掌握专业发展所需的技术手段和方法，提升信息技术环境下的自主学习能力	
	25. 有效参与信息技术支持下的校本研修，实现学用结合	

　　《中小学教师信息技术应用能力标准》的实施更多是通过培训落实的，而培训是基于课程的，教育部相应组织制订了《中小学教师信息技术应用能力培训课程标准》。该标准依据《中小学教师信息技术应用能力标准》对中小学教师信息技术应用能力的基本要求和发展性要求，设置"应用信息技术优化课堂教学""应用信息技术转变学习方式"和"应用信息技术支持教师专业发展"3个系列的课程，共分为27个主题(见表4.3)，并为27个主题中的每个主题编制了详细的《课程主题说明》，其中T2、T16、T20课程主题说明见表4.4。《中小学教师信息技术应用能力培训课程标准》为《中小学教师信息技术应用能力标准》的实施，提供了课程建设和自主选学的依据，这是第二轮培训的创新。

　　为规范指导各地根据《中小学教师信息技术应用能力标准》实施应用能力测评工作，教育部制定了《中小学教师信息技术应用能力测评指南》，确定了诊断测评、培训测评、发展测评等工作。该指南为《中小学教师信息技术应用能力标准》的实施提供了保障，更使评价能够很好地发挥目标导向作用。

表 4.3　中小学教师信息技术应用能力培训课程标准的主题内容体系[①]

类别	应用信息技术优化课堂教学	应用信息技术转变学习方式
技术素养类	T1 信息技术引发的教育教学变革 T2 多媒体教学环境认知与常用设备使用 T3 学科资源检索与获取 T4 素材的处理与加工 T5 多媒体课件制作 T6 学科软件的使用 T7 信息道德与信息安全	T16 网络学习空间的构建与管理 T17 网络教学平台的应用 T18 适用于移动设备的教学软件应用
综合类	T8 简易多媒体教学环境下的学科教学 T9 交互多媒体环境下的学科教学 T10 学科教学资源支持下的课程教学	T19 网络教学环境中的自主合作探究学习 T20 移动学习环境中的自主合作探究学习
专题类	T11 技术支持的课堂导入 T12 技术支持的课堂讲授 T13 技术支持的学生技能训练与指导 T14 技术支持的总结与复习 T15 技术支持的教学评价	T21 技术支持的探究学习任务设计 T22 技术支持的学习小组的组织与管理 T23 技术支持的学习过程监控 T24 技术支持的学习评价
教师专业发展类	T25 中小学教师信息技术应用能力标准解读 T26 教师工作坊与教师专业发展 T27 网络研修社区与教师专业发展	

表 4.4　课程主题说明（节选）

课程主题	T2 多媒体教学环境认知与常用设备使用	T16 网络学习空间的构建与管理	T20 移动学习环境中的自主合作探究学习
主题描述	多媒体教学环境是利用信息技术进行学科教学的基本环境。通过本主题学习，使教师科学认知多媒体教学环境，能正确使用常用设备，优化教学过程 对应能力标准：I-2	基于公共服务平台创建的网络学习空间具备知识管理与共享、学习交流与互动等功能，为在线教学或移动学习提供支持，促进教学方式与学习方式变革。通过本主题学习，帮助教师掌握网络学习空间的构建与管理方法 对应能力标准：II-3、II-4	移动学习环境中的自主合作探究学习是在教师指导下，学生通过移动设备（如笔记本电脑、平板电脑和手机等）进行自主、合作、探究学习活动。通过本主题学习，提升教师利用移动学习环境有效组织与指导学生开展自主、合作、探究学习活动的能力 对应能力标准：II-1～II-20
内容要点	1．多媒体教学环境的构成要素及其教学功能； 2．多媒体教学环境中常用设备的使用方法； 3．多媒体教学环境中常用设备的一般问题及解决方法	1．利用国家与地方教育公共服务平台、社会化平台，构建网络学习空间； 2．网络学习空间的管理与使用	1．利用移动学习设备和技术资源构建自主、合作、探究学习环境的方法； 2．移动教学环境中开展自主、合作、探究式学习的基本流程、组织管理方法与学生学习指导策略； 3．根据教学目标与内容，在移动教学环境中有效开展自主、合作、探究学习的策略与方法； 4．在移动教学环境中开展自主、合作、探究学习的常见问题与应对

---

① 教师厅函[2014]7号．中小学教师信息技术应用能力培训课程标准（试行）[Z].

续表

课程主题	T2 多媒体教学环境认知与常用设备使用	T16 网络学习空间的构建与管理	T20 移动学习环境中的自主合作探究学习
每门课学时建议	≤10	≤2	≤12
实践任务	设计多媒体教学环境的实践任务，制定实践指导方案，指导教师完成环境认知和常规使用	设计利用国家或地方教育公共服务平台、社会化平台进行网络学习空间构建的实践任务，制定实践指导方案，指导教师构建网络学习空间	设计在移动学习环境中利用移动设备开展自主、合作、探究学习的实践任务，制定实践指导方案，指导教师完成教学实践
案例资源	提供多媒体教学环境中常用设备操作使用的微课程	提供利用不同平台构建网络学习空间的典型案例	结合学科(领域)，提供移动学习环境中开展自主、合作、探究学习的典型案例
考核评价建议	提交教育教学实践报告	分享个人的网络学习空间	1. 教学设计方案 2. 学生作品 3. 教学反思报告
课程示例	1. 多媒体计算机的基本操作 2. 电子白板基本功能的操作与使用 3. 投影机的基本操作 4. 实物展台的使用 5. 触控电视的操作与使用 6. 常见数码设备的基本操作	1. 利用国家教育资源公共服务平台构建网络学习空间 2. 利用社会化平台构建网络学习空间	1. 移动学习环境支持的综合实践活动 2. 移动学习环境支持的个性化学习

继中小学教育技术能力建设的全员培训后，教育部紧接着推出"提升工程"，甚至两期培训之间还有部分时间重叠，充分表明信息时代教师信息技术观念及能力对教育信息化和教育变革的重要性，充分说明国家对教师信息化提升的重视。如果教师缺乏对信息时代的充分认识、对信息技术的充分把握，不具有技术变革教育的能力，就不可能有现代化的教育，就不可能用好与时代相匹配的教与学的方式方法，就不可能很好地培养创新型人才。

3) 第三轮全员培训：全国中小学教师信息技术应用能力提升工程2.0

随着人工智能、大数据、物联网、移动通信等新的信息技术在教育中发挥着越来越重要的变革支持作用，基于信息技术的教育变革力、教学创新力、信息技术与教育教学深度融合能力成为新时代教师的核心素养，教育的创新改革不再局限于课程、课堂、学科，而是在更广范围、更高层次上进行，建构新的教育模式、新的治理格局、新的评价方式、新的服务业态、新的学校形态，已是时代的呼唤和必然，也是实现第二次教育现代化的基本内容。为了推动所有教育工作者主动适应信息化、人工智能等新技术引发的教育变革，积极有效开展教育教学改革，2019年3月我国启动全国中小学教师信息技术应用能力提升工程2.0。

全国中小学教师信息技术应用能力提升工程2.0与上一轮的全国中小学教师信息技术应用能力提升工程相比，区别大、提升多[①]：

---

① 教师[2019]1号. 教育部关于实施全国中小学教师信息技术应用能力提升工程2.0的意见[Z].

(1) 培训范围拓展。除了普通中小学教师外，明确规定拓展至中等职业学校教师。

(2) 确定"三提升一全面"的目标。构建起以校为本、基于课堂、应用驱动、注重创新、精准测评的教师信息素养发展新机制，要通过培训基本实现"校长信息化领导力、教师信息化教学能力、培训团队信息化指导能力显著提升，全面促进信息技术与教育教学融合创新发展"的"三提升一全面"的目标。

(3) 提高了能力标准的引领性以适应信息技术发展趋势与分层分类培训的新需求。

(4) 提高研修资源的适用性。激励开放建设，改善资源供给。

(5) 变革测评方式。充分利用新技术开展教师研修伴随式数据采集与过程性评价，提高测评助学的精准性。

(6) 激发内生力。提升教师提升信息技术应用能力的内生动力，打造信息化教学创新团队引领未来教育方向。

(7) 加强管理团队建设。由校领导担任学校首席信息官（CIO），组建由校长领衔、学校相关管理人员构成的学校信息化管理团队，并特别加强智能化教育领航名校长名师培养。

(8) 未来性。充分利用大数据、人工智能等新技术成果助推教师教育，提升校长、教师面向未来教育发展进行教育教学创新的能力。

(9) 协同性。推进中西部地区开展名师网络课堂和远程协同教研相结合的"双师教学"模式教师培训改革。

(10) 跨学科性。将促进教师跨学科教学能力提升作为培训的重要目标。

4.4.1.2 提升职业教育教师信息化能力

我国职业教育起步迟，职业教育原有基础相对薄弱，因此我国对于职业院校教师的信息化能力提升，另辟蹊径：以赛促进，辅以培训。以职业院校信息化教学大赛为主抓手，推动职业院校改革创新教育教学模式，提高教师信息化教学能力。

与中小学教师采用全国性的全员培训提升教育信息化能力的方式不同，职教领域教育信息化提升主要以专题培训和研讨会的形式居多，而且不是由教育部统一部署，更多是由省、市教育厅和职业学校自身组织为主，许多地方的培训内容之先进、形式之多样，颇具特色，比如江苏省，在2012年10月之后的短短10个月时间内，针对中等职业学校教师教育信息化方面的培训、研讨，就有20多项，主要有：中职教师网络培训课程负责人及技术人员培训、全省职业学校加工制造类专业《CAD/CAM技术》教师信息化教学能力提升培训、全省职业学校土木水利类专业CAD技术教师信息化教学能力提升培训、中职教师网络空间学习开发与应用培训、职业学校信息技术类人才培养方案及精品课程开发研究培训、中等职业学校信息技术类专业骨干教师提高培训、中等职业学校信息技术类专业技能竞赛培训、中等职业学校机器人技术应用专业教师技能竞赛培训、职业学校物联网技术骨干教师提高培训[①]。

以全国职业院校信息化教学大赛为抓手，促进职业院校教师教育信息化能力提升，是我国职业院校教师信息化能力提升的特色。全国职业院校信息化教学大赛是我国唯一由教育部主办的职业院校教师的教学竞赛，旨在以信息技术推动职业教育教学改革创新，促进教学方式和学习方式的变革，促进信息技术与课程教学的深度融合，提高教师现代信息技术应用能力和信息化教学水平。

全国职业院校信息化教学大赛是一个不断发展完善的竞赛，其发展变化的历程反映了我国职业教育界信息化的不断开拓和与时俱进，其源于2010年的全国中等职业学校信息化教学大赛，2012年起更名为全国职业院校信息化教学大赛。将参赛对象由中等职业学校教师扩展为中等职业学校和高等职业院校教师，比赛内容由原来仅有多媒体教学软件比赛和信息化教学设计比赛两项，增加到中职组有多媒体教学软件比赛、信息化教学设计比赛和信息化实训教学比赛3项，高职组有多媒体教学软件比赛、信息化教学设计比赛和网络课程比赛3项。

通过全国职业院校信息化教学大赛，有效促进了职业教育界领导、教师和技术人员对教育信息化认识的提高，观念的改变，以及广大教师教学方法的更新，应用技术的提升，加速了教学模式和学习方式的转变，其对全国各类教育启示作用非常大，规模和影响也不断扩大，图4.1为2010—2017年历年参赛教师和参赛作品数量变化情况。

深入剖析历年的获奖作品发现，全国职业院校信息化教学大赛竞赛重心发生了多次转移，起初重心在"资源开发"，后来增加了"应用驱动"，再后来转向"应用驱动"+"融合创新"，越来越聚焦于运用信息技术于教学的变革与创新，持续提升了教师信息化教学意识和能力[②]，而且在变革教育的方式方法方面愈趋成熟。比如，2017年全国高等职业院校信息化教学大赛作品《幼儿园室内区角游戏环境创设》，就尝试采用"学创结合、虚拟演练、自主探究"的方式开展教学，整个教学克服了"手绘不直观，搭建较费事，修改很不易"的不足，同时实现了每位学生能动手、可创意的高要求目标，实现了"理、虚、实"一体化的培养，使教学由"知行合一"向"知行创合一"拓展，向"知行创用"转变。

2018年起全国职业院校信息化教学大赛更名为职业院校教学能力比赛，纳入全国职业院校技能大赛赛事体系，适应了教育信息化2.0时期我国信息技术与教育教学深度融合与教育方式方法创新的时代新要求。

---

① 陈琳. 中国职业教育信息化创新特色研究[J]. 现代教育技术，2014，24(03)：12-18.
② 程建钢. 职业教育信息化发展报告——回顾、成效和挑战 第6届全国职业院校信息化教学改革与创新论坛 常州，2019.05.26

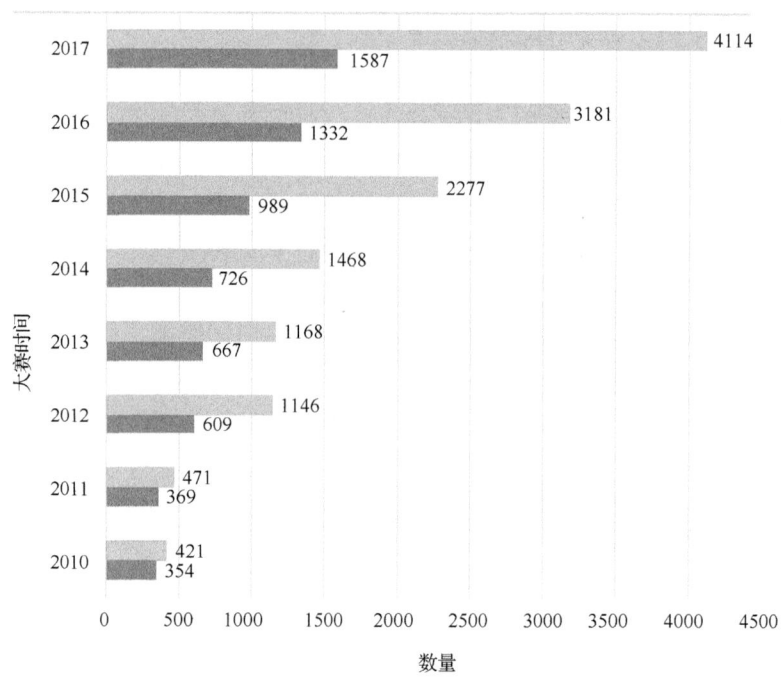

图 4.1　2010—2017 年全国职业院校信息化教学大赛参赛教师和参赛作品数量[①]

职业院校信息化教学大赛虽然取得很大成绩，但是在部分学校指导思想上有所偏颇，将重点放在培养参赛选手上，忽视了教师全员的信息化教学能力的普及与提升，相对于中小学而言，职业院校迫切需要进行信息化教学能力全员培训的补课。教育部已就此进行部署，在决定实施的全国中小学教师信息技术应用能力提升工程2.0 中，已将中等职业学校教师信息技术应用能力提升一并纳入。

4.4.1.3　提升高校教师信息化能力

从前面论述不难发现，我国职业教育与中小学在教师信息化能力提升方面采用了不同的途径，中小学教师提升是采用的以教育部统一组织的培训为主，职业院校教师提升采用组织教学信息化大赛以赛代培为主，而我国高校教师采用的是以教育部建立的全国高校教师网络培训中心负责开展网络培训为主，且采用同步培训、项目定制培训和在线点播培训等多种培训方式。

1. 全国高校教师网络培训历程的阶段划分及其内涵

在教育信息化背景下开展高校教师网络培训，是高校教师培训工作的新探索、

---

① 杨英，陈琳. 以信息化推动职业教育教学现代化的中国探索[M]. 南京：河海大学出版社，2018：39.

新实践，是促进教师专业化发展的新模式、新路径①。可将我国高校教师网络培训的历程，划分为孕育设计、起始建设和模式优化三个阶段。

1) 全国高校教师网络培训的孕育设计阶段

教育部高等教育司在 2007 年工作要点中提出"建立基于计算机网络的师资培训新体系"，并就建立师资培训新体系做出总体的顶层设计："依托各地方教育行政部门的力量，利用信息化手段，形成与各省会城市数字化分中心互动的师资培训新体系，使师资培训工作网络化、信息化、常规化，将名师、名家的授课，以现场直播、录播、点播等方式播出，并采取现场回答、短信答疑、邮件解答等交互方式与参加培训的教师进行广泛的交流，以提高师资培训效果，加快师资培训步伐，达到大面积培训师资的目的"。10 多年前就做出如此设计，特别具有前瞻性。高等教育出版社积极响应教育部号召，主动担当，2007 年 5 月 31 日决定在社内设立"全国高校教师网络培训中心"，负责构建全国高校教师网络视频培训系统和运作体系，组织开展国家级精品课程的师资培训工作，进行全国高校教师培训数字化内容资源建设，组织、指导和协调"省级网络培训分中心"和"中心城市网络教学点"，运用数字化、网络化手段开展全国高校教师培训和其他社会培训工作。2007 年 6 月教育部同意在高等教育出版社设立全国高校教师网络培训中心，并为之确定了未来工作方向："积极探索基于交互式网络视频教育的培训新模式，努力构建起一个覆盖全国的通过网络进行高校教师培训的体系，逐步形成基于数字化和网络化的高校教师终身学习平台，为高校教师的专业发展做出积极贡献"②。该批复的核心是建构新模式、新体系、新平台，做出新贡献。至此全国高校教师网络培训中心获得官方"准生证"，开始了全国高校教师新型培训的新征程。与此同时，教育部决定建立高校教师网络培训省级分中心，全国性网络培训体系开始建立。省级高校教师网络培训分中心由各省(自治区、直辖市)教育厅(教委)负责择优遴选推荐，由全国高校教师网络培训中心统一配备开展网络视频培训所需的软硬件设备，提供数字化的视频培训内容资源。

全国高校教师网络培训经过半年多的孕育，很快转入建设期。

2) 全国高校教师网络培训的起始建设阶段

起始建设阶段工作的重心是平台、机制和培训方式的初创。

"网络培训，平台先行"，2007 年 8 月 20 日全国高校教师网络培训中心网站开通。最初的网站平台具备课程发布功能和支付缴费、学员管理等功能。2007 年第一批 15 个省级分中心、5 个市级分中心建成，全国性培训体系建设迈出了坚实步伐。

教育部发布《关于实施精品课程师资培训项目的指导意见》及《精品课程师资

---

① 宋永刚. 高校教师网络培训的回顾与展望[J]. 中国高等教育，2013，(15)：43-44.
② 教育部全国高校教师网络培训中心. 五周年庆专题网站.

培训项目管理办法》，使全国高校教师网络培训有章可循。

2007年11月16日全国高校教师网络培训中心开出网络培训第一课，由李尚志教授主讲《线性代数》。"第一课"奠定了其精品、名师的基调。2008年2月25日全国高校教师网络培训中心发布第一个半年培训计划，预示着全国教师网络培训以半年为周期。同年推出对西部学员免费的政策，体现了我国利用信息化手段促进教育公平的思想。2009年，开启"双课"模式，即运用集中培训和在线培训两种培训模式，集中培训是指教师到全国高校教师网络培训中心、各地高校教师网络培训分中心或相关高校参培，在线培训是指学习时间和地点不受限制的教师通过点播视频进行自主学习，并参加在线辅导和交流活动。当年，全国所有省市自治区都建立了分中心，实现了分中心的全国全覆盖；首开公益讲座(开办国情教育讲座)，并逐步形成品牌；全国高校教师网络培训项目正式纳入全国高等教育"质量工程"。2010年网络培训首推分会场模式，在线培训平台建成并正式投入使用。2011年尝试网络直播北京青年教师教学基本功比赛(高校)，举办教师发展在线网络公益沙龙。起始建设期使全国高校教师网络培训步入正轨，并初具规模，至2011年提前1年完成5年内10万人的培训任务。

3) 全国高校教师网络培训的模式优化阶段

模式优化阶段从2012年开始。该阶段主要探讨如何发展多种培训方式，如何开展各种形式的教学活动，如何实现培训内容的全覆盖。2012年高校教师学习中心开通，标志着全国教师网络培训的"三级体系、三种模式"并行的战略实施，并陆续增加培训新模式，至2015年年底，培训方式增至集中培训、直播培训、在线培训、混合式培训和网络公益讲座等5种，2016年下半年开始进行模式的整合归并，2017年优化为同步培训、项目定制培训和在线点播培训三种培训方式。

同步培训是固定时间实时开展的培训，包括网络直播培训和面授培训。

项目定制培训是由各省、分中心或高校自主选择培训项目，或根据其自身个性化培训目标及需求，由全国高校教师网络培训中心进行量身定制，提供的精准、有效培训。

在线点播培训是通过网络进行自主学习和互动交流的学习培训，其课程又细分为在线点播培训课程、新教师在线点播培训课程以及在线点播培训自选组课等形式。在线点播培训自选组课专题以短小灵活的专题讲座形式呈现专题内容(时长3小时以内)，学习者可按需选择若干专题，自主组课学习。专项培训是网培中心与部分高校国家级教师教学发展示范中心联合研发的培训课程项目，首期推出基于任务驱动的高校新教师专项培训课程，主要特色是设计递进整合的学习任务，并配以专门的全程辅导咨询团队开展在线工作坊小班化培训。

在模式优化阶段，既使模式不断优化，又通过不懈努力使培训内容极大丰富，这从 2012、2015、2019 年中三个半年培训任务对比表(见表 4.5)和 2019 年上半年在线点播培训课程分类统计表(见表 4.6)中可清楚看出。

表 4.5 2012、2015、2019 年半年培训任务对比表

时间	同步集中培训课程数	在线培训课程数	网络直播培训课程数	在线点播培训自选组课专题	项目定制培训	专项培训
2012 年下半年	22	321				
2015 年下半年	15	656	17			
2019 年上半年	6	918*	33	891	21	3

* 不包括新教师在线点播培训课程。

表 4.6 2019 年上半年在线点播培训课程分类统计表

培训内容分类	培训课程数	培训内容分类	培训课程数
"马克思主义理论研究和建设工程"重点教材课程教学培训	60	新闻传播学类课程教学	13
师德师风建设	8	历史学类课程教学	12
创新创业教育	20	数学类、统计学类课程教学	36
教师信息技术能力提升	50	物理学类课程教学	18
教师科研能力提升	17	化学类、化工类课程教学	17
教师发展与综合素养提升	44	计算机类课程教学	28
教学方法与教学能力提升	83	电子信息类、电气及自动化类课程教学培训	35
教师身心健康与心理调适	9	机械类、材料类课程教学	18
高校工作人员专题培训	30	土木类、力学类课程教学	18
政治学类、社会学类、哲学类课程教学	24	医学类课程教学	19
经济学类课程教学	51	生命科学、环境科学、农学类课程教学	25
法学类课程教学	24	管理学类课程教学	77
教育学类、心理学类课程教学	26	体育学类、艺术学类课程教学	30
中国语言文学类课程教学	45	应用型院校教学科研能力提升	44
外国语言文学类课程教学	37	总计	918

模式优化阶段还不断优化设计多种教学活动，让参培教师参与互动、相互交流与启发。全国高校教师网络培训平台，设计有调查问卷、主题讨论、资源分享、网络投票、高师社群、作业互评、辅导答疑、有奖征文、课件大赛等活动。各具特色的活动，调动了广大教师参与的积极性。

全国高校教师网络培训的定制式培训，具有精确定位、准确达标的特点，其成功的案例是 2009 年 3 月教育部高等教育司组织的"大学英语教师网络在线培训"，利用远程网络培训系统开展大学英语教师在线培训，推进大学英语教学改革，促进大学英语教学改革成果的广泛应用，进一步提高大学英语教师教学水平，

促进我国大学英语教学质量的全面提高[①]。培训确定100所高等学校，参加培训的教师在本校内通过网络培训系统同步在线听课。为保证培训效果，课堂通过实时互动答疑、教学讨论等多种方式进行互动学习和交流。从参加学习的高校教师所写的培训后的感受看，参加培训后使其对大学英语教学的改革方向更加明确、方法更加多样，在促进大学英语教学理念、手段和方式方法等的现代化方面发挥了很大作用。

2. 全国高校教师网络培训的创新特点

全国高校教师网络培训，是我国利用现代化手段大规模提升教师队伍的特色之举。探讨其创新特色有助于发扬成绩和优化发展。综合来看，其创新具有如下特点：

1）时代性

互联网+正在深刻改变各行各业，全国高校教师网络培训是互联网+高校教师培训的好形式。全国高校教师网络培训的开展并不断完善，既是教师培训适应现代化、信息化发展的时代要求，也是高校教师培训改革创新的内在需要。该网络培训方式使教师提升具有灵活性和自主性，突破了学习时空限制，时时可学，处处能学，很好地解决了工学矛盾，并实现了真正意义上的优质资源共享，一定意义上促进了教育公平，而且实时互动交流，进一步保障了学习效果。时代性还表现在定位的与时俱进，比如2019年的培训宗旨定为：以研讨交流先进教学理念、经验、技术和方法为主要内容，从教师发展需求出发，突出教师思政和课程思政，紧密围绕高等教育战线重点工作和最新动态，开设以一流本科、一流专业与一流课程建设，信息技术与教育教学深度融合课程，"形神兼备"的应用型大学建设，中国制造2025，新工科、新医科、新农科、新文科建设等为主题内容的各类培训课程。

2）名师示范性

教育部高等教育司在每半年公布一次的"全国高校教师网络培训计划的通知"中明确指出：高校教师网络培训工作由高校教学名师奖获得者、国家精品开放课程主持人、国家级教学团队带头人、国家级特色专业负责人等担任主讲教师。这种主讲教师的名师性，保障了培训的影响力、先进性和示范性。上千名高校教学名师奖获得者、国家精品开放课程主持人在内的主讲教师讲座、对话和交流，起到了促进地区间优质教学资源共享的作用，促进了更高层次教育公平的实现[②]。榜样的力量是无穷的，通过听名家大师的课，接受大师的润物细无声的熏陶，能够使更多教师学大师进而成为大师，促进全国高校教师水平不断有新的提升。

3）立体性

立体性主要体现在培训形式多样化、教学活动多样化、网络功能多样性三个方

---

① 教高司函[2009]10号. 关于开展大学英语教师网络在线培训的通知[Z].
② 陈耀华. 教育信息化提升教育公平研究[J]. 中国电化教育，2014，（7）：70-74.

面。多种培训形式实现优势互补，促进教师的全面提升；教学活动除了正常的听课之外，还包括主题讨论、资源分享、网络投票、高师社群、作业互评、辅导答疑、有奖征文、课件大赛、微课教学比赛、教学基本功比赛等多种形式，让培训教师借助多种活动实现教学能力的立体化提升；设计有校级教师在线学习中心、专题网站、专家在线、教学论坛、个人中心、教育动态、面授培训班等专栏或链接，并且设有客户端。

4) 激励性

依靠平台组织开展微课教学比赛以及青年教师教学基本功比赛等各类活动，可极大地激发教师的内生发展智慧。通常人们认为，教师也具有职业倦怠，甚至于存在惰性。为什么会有职业倦怠，为什么会存在惰性？产生倦怠和惰性的深刻原因，往往是职业人自我良好的感觉造成的，是对新技术、新时代、新变革缺乏了解造成的，而不是教师的本质使然，一旦教师发现有先进所在，就会激发学习的内在动力，会义无反顾地、不遗余力地学习和追赶甚至于超越，这就是无穷的榜样力量[①]。依托平台举办的微课教学比赛，让教师同台公开竞争，会改变"坐井观天"的视角，会发现差距，更加明确前进方向。外因是变化的条件，内因是变化的根据，通过竞赛的外因转化为教师更加奋发的内因，可很好激发教师的内生发展智慧。

5) 平台性

全国高校教师网络培训本身是国家级教师培训平台，该平台具有体系性平台特点。1个国家级中心、55个省级分中心与千个校级中心的结合，形成了全国高校教师培训的"天罗地网"，有助于实现高校教师培训的全覆盖，为未来的全员性培训，奠定了坚实的物质基础。

除了以上这些特点外，全国高校教师网络培训中心还主动担当，积极履行社会责任，开展系列公益活动，追求实现平台功能的最大化。为了提高青年教师和大学生服务国家、服务人民的社会责任感，全国高校教师网络培训中心与中国老教授协会配合教育部举办《当代中国国情与青年的历史责任》系列网络讲座，有百万青年教师和大学生聆听讲座。为促进青年教师教学水平的提高，全国高校教师网络培训中心与北京市教育工会共同举办"北京青年教师教学基本功比赛（高校）"，比赛全程进行网络直播，同时专设网络"比赛论坛"，供全国高校教师参与交流。

3. 全国高校教师网络培训的进一步优化策略

我国的高校教师网络培训起点高，并得到快速发展，然而面对一流高校一流学科建设、一流专业培养一流人才、创新型国家建设、教育现代化建设、智慧教育发

---

① 陆薇. "晒课"促进教师智慧成长研究[J]. 中国电化教育, 2015, (12): 132-137.

展的新形势新任务，还必须不断创新方式、方法、模式和实践。

在2014年首届国家级教学成果奖评比中，基础教育和职业院校的信息化成果各占其国家级教学成果奖的9%，而高等教育的信息化成果只占其国家级教学成果奖的6%①，且在高等教育领域获国家教学成果奖中，缺少提升教师信息化教学能力的成果，资源共建共享机制方面的成果不足，缺少人才开放式协同培养类成果，缺少立体式学习资源创新建设类成果，用信息化手段促进学生创新创造能力提升的成果比例不高，缺少学习评价创新类成果。国家级高等教育教学成果中的信息化成果占比不高，以及存在六方面的缺少或不足，与高等教育教师缺少系统化的全员教师信息化培训不无关系，因此加强和改善高校教师的信息化提升培训显得尤为重要和迫切。

立于信息时代走向智慧时代的高度洞察和谋划，未来的全国高校教师网络培训可从如下方面更好着力：

1）实施"刚柔相济"式培训

"刚"是培训要求上的更加明确，将接受培训作为高校教师的硬约束。"柔"是方式上的更加灵活，真正实现泛在培训。在各类教师当中，在社会大转型、时代大变革时期，最需要培训与提升的是高校教师，因为高校处于创新的源头，是变革创新的源头活水。当然，最难培训的也是高校教师，因为其培训从内容上来说是最高层次的，且专业、学科繁多，而且难就难在少有人能够胜任做他们的培训工作。纵观我国的教师培训，中小学、职业学校教师培训得到高度重视，"在基础教育领域各级政府加大投入，有计划地对中小学教师进行职后培养培训，并初步构建了相应的政策法规体系"②，2010年后教育部就出台了《关于实施"中小学教师国家级培训计划"的通知》《关于实施全国中小学教师信息技术应用能力提升工程的意见》《中小学教师信息技术应用能力标准（试行）》《中小学教师信息技术应用能力培训课程标准（试行）》《关于改革实施中小学幼儿园教师国家级培训计划的通知》等多个文件，而且还就中小学教师信息技术能力提升工程，制定了"每五年不少于50学时培训""将教师信息技术应用能力作为教师资格认定、资格定期注册、职务（职称）评聘和考核奖励等的必备条件，列入中小学办学水平评估和校长考评的指标体系"等具体而明确的规定，相比之下高校教师培训成为事实上的短板，缺少制度约束。近几年，教育部每年发布的教育信息化年度工作要点都提到中小学教师培训，但没有一年提到高校教师培训。我国迫切需要制定高校教师培训的规划，要明确培训的目标、确定培训考核的要求，将培训与职称晋升与晋级一定程度上挂钩。媒体曾经探讨高校课堂为什么不能够吸引学生，大学课堂为什么互动不起来，大学为什么缺少大师，从一个侧面说明高校教师培训的迫切性。全国高校网络培训中心的调查表明，87%的参培学员赞同实施学分制培训，这说明

---

① 陆斌，陈琳. 教育信息化国家级教学成果奖获奖作品分析[J]. 中国远程教育，2018（10）：75-78.
② 钟秉林. 高度重视高等学校教师发展问题[J]. 中国高等教育，2011，（18）：4-6.

广大教师对刚性培训有强烈要求。建议就高校教师的职后培养培训,制定总体规划并推进实施;在教学评估和学科专业评估中加强对中青年教师教学能力的考察[①]。人类已进入泛在学习时代,学习型社会、终身学习都正在快速成为现实,全国高校教师网络培训应适应这种学习条件的转变,培训不应该受通常学期的限制和上班时间的限制,而可将讲座视频放在网上让高校教师随时浏览学习,特别是让广大教师利用假期学习,开发移动版让广大教师随时随地学习。

2)实施系统开放培训

高校教师培训难还难在专业太多,不同的教师有不同的需求。全国高校教师网络培训要进行全面的总体规划,加强培训的系统化设计,零星的、片断性的培训已无法适应和满足高校教师专业化提升的需要。系统化培训要转化为教师、政策制订者和高校的自觉行动。

要进行定向的深度培训。高校具有四大职能,全国高校教师网络培训要着眼于提升高校教师服务于四大职能的能力。已有的培训几乎只侧重于人才培养的职能,而且几乎仅限于"教学"的培训。高校教师有狭义与广义之分,狭义的仅仅指教学的教师,广义的还包括高校管理人员、服务人员、辅导员等,全国高校教师网络培训要由已有的基本局限于狭义的教师培训向广义的教师培训发展,分门别类地进行培训。此外,要由目前以培训青年教师为主向培训全年龄段的教师发展。在培训平台上,可创设能够促进教师智慧生成的"奇思妙想""思维碰撞""原创展示""创新之路"等栏目,使之具有交流思想、展示智慧、激发想象、凝聚力量的功能和作用[②]。

全国高校教师网络培训在借名师的力量培训方面做得很好,值得发扬光大,但是仅仅这种借力发展还远远不够,要借一切可利用的力量,当前至少可从以下方向着眼:借助国家特色专业、全国综合改革试点专业、省品牌专业以及一流专业专业的力量。借助国家和省优势学科、重点学科的力量,借助教育部和各省市研究基地、重点实验室、国家和省部工程技术研究中心的力量,让这些机构在提升教师的科研和创新创造能力方面做贡献。将为培养本科生建设的国家精品资源共享课改造升级为可供高校教师培训的智慧型课程。借社会力量实行虚实融合培训。教育现代化的一个重要特征是教育的社会性和实践性,可借助物联网等技术,将教师与现代的生产、研究实际相联系进行培训,实现由虚拟走向虚实一体的O2O培训[③]。整合竞赛,利用多种竞赛力量激发高校教师的内生发展智慧,比如与中央电化教育馆合作办好全国教师教育教学信息化交流活动中与高校教师相关的课件、微课、信息化教学课程案例竞赛,或将该比赛的获奖作品置于全国高校网络培训中心的网站上展示。调

---

① 钟秉林. 高度重视高等学校教师发展问题[J]. 中国高等教育,2011,(18):4-6.
② 陈琳,陈耀华. 以信息化带动教育现代化路径探析[J]. 教育研究,2013,(11):114-118.
③ 乔灿. 由虚拟走向虚实一体——高校智慧教育资源大开放共享观研究[J]. 现代教育技术,2015,(11):19-24.

动广大主讲教师的积极性,赋予授课资源更多的公共资源的属性①。借全世界的名师力量,要邀请世界顶尖名校的名师、大家参与主讲和指导。

3)导向创新创造培训

现代大学教育要由培养"知识人"向培养"智慧人"转变,着重培养具有高级思维能力和创新创造能力的人②。要创造条件让学生在学习的基础上研究,在研究的基础上创造,即采用"学-研-创"培养新模式。这就需要高校老师由知识的传授者转为学习的组织者、引导者、帮助者、合作者的基础上,进行二次升华,转为创新创造的指导者、协同者、激励者③。因此不仅要提升高校教师的科研和创新创造能力,还要培训如何成为创新创造的指导者、协同者、激励者,如何更好地促进学生创新创造能力的培养。

对高校教师信息化能力提升的要求是最高的,下面尝试在多年研究的基础上初步提出高校教师信息化能力提升体系能力框架(见表4.7),供人们研究和实践参考。

表4.7 高校教师信息化能力提升培训内容体系

提升能力类别	培训模块名称	模块培训目标	主要培训内容
智慧时代教育观念与理论提升	模块一 信息技术对教育具有革命性影响	使教师了解信息技术对教育教学变革产生的影响及作用,形成信息化变革教育的紧迫感、责任感	信息技术及信息化发展趋势对教育产生的影响; 新技术在当前教育领域的主要应用; 教育领域中新技术应用趋势; 教育信息化使教育发生的巨变; 抢抓技术变革教育大机遇; 中国技术变革教育在路上
	模块二 智慧社会教育新理念	使教师具有现代教育理念和观念	智慧社会观; 颠覆创新观; 科学发展观; 特色发展观; 智慧教育观; 知行创统一观; 开放教育观; 研究性学习; 创造性学习; 先发超越创新观
	模块三 智慧社会教育新理论	使教师掌握现代教育理论,并运用先进的理论指导教学实践,具有创新教育理论的意识和欲望	人本主义学习理论; 建构主义学习理论; 多元智能理论; 情境学习理论; 联通主义学习观; 双主体教学理论; 融合学习理论; 大成智学及智慧学习理论; 创新学习理论

① 陈琳,王运武. 面向智慧教育的微课设计研究[J]. 教育研究, 2015, (3): 127-130.
② 陈琳. 智慧型课程及其设计研究[J]. 现代远程教育研究, 2016, (1): 33-40.
③ 陈琳. 教育信息化走向智慧教育论[J]. 现代教育技术, 2015, (12): 12-18.

续表

提升能力类别	培训模块名称	模块培训目标	主要培训内容
信息化应用能力提升	模块四 信息化教学环境	使教师科学认知信息化教学环境，能充分利用其变革教育教学	信息化教学环境建设意义； 智慧教室、课程录播室、虚拟仿真室、数字校园、智慧校园等信息化教学硬件环境的教育教学应用； 教学系统平台、安全保障体系、管理环境、信息标准体系、教学工具系统等信息化教学软件环境的了解与应用； 智慧学习环境构成、发展及利用
	模块五 信息化教学工具及学科软件	使教师了解学科教育的特殊数字化工具，能根据学科特点，合理选用学科软件，优化教育教学	交流协作工具、信息检索工具、学科探究工具、认知工具、知识建构工具、问题解决与决策工具、效能工具、评测工具、文献管理工具(包括个人知识管理工具)和个性化学习工具等的种类、特点与应用； 学科软件的功能与应用； 适于移动设计的软件及使用
	模块六 信息化教学资源	让教师了解资源所有、所在、所为，能根据教和学的需要，灵活选择优质而合适的教育资源	国内外资源建设与服务平台种类、特点； 学科相关的优质资源网站和平台； 可有效支持教师专业提升的网站和数字化平台； 资源与平台的利用； "三通两平台"的建设与利用
信息化建设能力提升	模块七 微课程的设计与制作	使教师具备根据教学需要设计制作高质量微课的能力	微课的特点； 微课的设计； 微课的制作； 优质微课的选择； 微课的教学运用
	模块八 慕课的设计与开发	使教师了解慕课的特点，并能够根据工作需要设计开发合适的慕课	慕课的特点及发展； 不同慕课平台的特点； 慕课的设计； 慕课的开发； 慕课的教学运用
信息化教学能力提升	模块九 信息化教学环境下的学科教学	提升教师在信息化教学环境进行信息化教学的能力	信息化环境利用策略； 数字教育资源与软件选择策略； 应用数字教育资源与软件的方法和策略； 信息化教学环境下教学的常见问题与应对
	模块十 翻转课堂及其翻转教学实施	使教师全面了解翻转课堂，并能根据实际工作需要灵活而有效地运用翻转教学	翻转课堂的内涵及发展； 翻转课堂的一般方法； 翻转课堂的特点； 翻转课堂的设计； 翻转课堂的实施
	模块十一 网络、移动学习环境中的自主合作探究学习	提升教师利用网络教学环境、移动学习环境有效组织与指导学生开展自主、合作、探究学习活动的能力	利用技术资源以及移动学习设备构建自主、合作、探究学习环境的方法； 网络教学环境、移动教学环境中开展自主、合作、探究学习的基本流程、组织管理方法与学生学习指导策略； 根据教学目标与内容，在网络教学环境、移动教学环境中有效开展自主、合作、探究学习的策略与方法； 在网络教学环境、移动教学环境中开展自主、合作、探究学习的常见问题与应对

续表

提升能力类别	培训模块名称	模块培训目标	主要培训内容
信息化教学能力提升	模块十二 发展性评价及其新型学习评价的实施	使教师对发展性评价有全面了解，增强教师应用新型评价的意识以及提升利用技术支持有效开展学习评价的能力	学习评价的发展； 发展性评价的内涵及趋势； 发展性评价的一般方法； 基于大数据的发展性评价； 学习评价方式及所需的技术资源； 技术支持的评价工具的设计； 技术支持的评价数据的收集、整理与分析； 技术支持的过程评价的组织与管理策略
信息化管理能力提升	模块十三 技术支持的学习过程监控	提升教师利用技术手段对学生学习过程进行监控，发现问题、及时干预，进而提升学习有效性和成果质量的意识，提升教师利用技术手段进行学习监控与干预的能力	支持学习过程监控的技术资源类型及功能； 技术资源支持下的学习过程监控的策略与方法； 技术资源支持下的学习干预的策略与方法； 设计利用技术资源支持学习过程监控的实践任务，制定实践指导方案，完成学习过程监控的教学实践
	模块十四 网络学习空间的构建与管理	帮助教师掌握网络学习空间的构建与管理方法，以基于公共服务平台创建的网络学习空间具备知识管理与共享、学习交流与互动等功能，为在线教学或移动学习提供支持，促进教学方式与学习方式变革	利用国家与地方教育公共服务平台、社会化平台，构建网络学习空间； 网络学习空间的管理与使用； 利用不同平台构建网络学习空间的典型案例； 分享个人的网络学习空间
信息化研究能力提升	模块十五 智能化研究工具	让教师了解各类智能化的研究工具，以更加高效地进行教学和科学研究	智能化研究工具和种类与特点； 智能化研究工具的使用； 智能化研究资源的利用； 智能化研究平台的建构
	模块十六 信息化研究方法与研究评价培训	让教师了解信息时代的研究方法，了解科研评价的新趋势，以更加科学有效、与时俱进地进行科学研究	信息化研究方法的类型及特点； 各类信息化研究方法的应用； 信息时代的研究评价新方法； 信息时代研究评价的趋势； 新的研究评价方法的应用； 应用信息化研究方法的典型案例

4.4.1.4 优化教师信息化能力提升工作

尽管我国围绕提升教师信息化能力采取了一系列创新举措，但在新时代还需要有新举措，至少可在如下方面优化发展：

(1)强化提升教师技术变革教育培训的刚性要求。

(2)精心挑选能将教师带到时代前沿的培训师。

(3)实现技术变革教育培训的学前、中小学、职业教育、高等教育教师的全覆盖。以网络培训作为培训的主形式，实现常态化培训。

(4)重视培养教育技术专业或学科背景的专业化人才从事教育信息化工作。

(5)尽快启动人工智能+教育的培训。信息技术与人工智能已对教师赋能，当今的教师拥有了过去所没有甚至不可想象到的"分身术""穿越术"，所开展的培训，要将技术对教师的赋能真正转化为教师的能力，从而真正使教师成为时代化的教师，真正成为塑造灵魂、塑造新人、塑造生命的新型的时代化教师。

(6) 优化培训内容。当前培训总量较少，培训内容应广泛加入更优质资源。

(7) 培训要能帮助教师解决教育信息化发展中的现实问题。

4.4.1.5 提升未来教师信息化能力

在读的师范生理论上都是未来的教师。我国高度重视师范生信息化能力提升，且主要通过开设现代技术课程加以实现，即现代教育技术课程成为提升未来教师信息化能力的主渠道。

1. 现代教育技术课程的创新起步

面向教师教育类专业学生的现代教育技术课程，成为未来教师走上教育工作岗位后能够适应和引领基础教育现代化的重要课程。正因为此，我国许多高校将现代教育技术课程与教育学、心理学、学科教学法一起，并称为教师教育类专业的教育类四大课程，是面向全体教师教育类专业高年级学生的必修课，同时是教育硕士的核心课程。

现代教育技术课程开设宗旨是使师范生对现代教育技术重要性有充分认识的基础之上，具有运用现代信息技术的能力，在现代教育理论指导下运用现代教育技术教学和教改的能力。其能力包括教学设计能力、媒体的应用能力、教学资源的建设能力、研究能力、信息技术与教育教学融合能力、基于教育媒体的教学改革能力等几大方面。其中每一大方面的能力又包括许多具体的能力，比如教学资源建设能力就包括文字、图形、图像、视频媒体的设计与加工，数字化拍摄、数字摄像、动画设计与制作、多媒体课件设计与开发、微课设计与开发、网页制作、网络数据库应用、网络与在线课程设计与开发等能力[①]。

我国高度重视师范生基于现代技术的现代教学能力的培训与提升，早在1979年教育部电化教育局就委托南国农、肖树滋先生所在的西北师范大学(当时的甘肃师范大学)举办全国电化教育讨论班，为改革开放起步后的电化教育建设和发展撒播了"火种"，并于1982年举办高等师范院校电化教育课程师资进修班。参加讨论班的教师和参加师资进修班的教师，返校后纷纷在各自的高等师范院校率先开设电化教育选修课程，后来相应的课程由选修课变为必修课，并发展为现代教育技术课程，且全国先后有多所高校(如华中师范大学、陕西师范大学、西北师范大学、华东师范大学、首都师范大学、华南师范大学、天津师范大学、河南大学、江南大学、江苏师范大学等)的现代教育技术课程建成为国家级精品资源共享课，截至2019年1月底已有3门现代教育技术课程成为国家精品在线开放课程(由陕西师范大学、河南大

---

① 陈琳. 观念为先 能力为上 创新为本——教师教育类专业现代教育技术课程教材建设的体会[J]. 电化教育研究，2007(09)：55-59.

学、江苏师范大学教师主讲)。我国现代教育技术课程(最先称为电化教育课程)与专业课程和教育学教学法课程的结合,是中国特色的教师培养的TPACK(Technological Pedagogical Content Knowledge),较西方国家盛行的TPACK要早20年。

在师范院校开设现代教育技术课程,可使师范生在走上教师岗位时能够更好地进行技术支持教育和变革教育的实践。有几十年历史的师范院校现代教育技术(电化教育)课程的教学内容、教学方法不断更新,始终受到学生的欢迎,为各级各类学校培养输送了大量掌握现代教育技术的教师,使他们成为中小学开展现代教育技术教学、推进教育现代化的生力军。

2. 现代教育技术课程的再优化

现代教育技术课程教学内容永远是与时俱进的,要随着新技术的发展和教育改革的不断深入而变化,因此出现了许多创新研究成果,比如有体系重构的研究成果[1]、观念突破的研究成果[2]、学习活动设计创新的研究成果[3]、评价创新的研究成果[4]等。在新时代,更要赋予其新内容。任友群团队立于新时代探讨师范生信息化教学能力的丰富内涵,形成了由3模块、9要素构成的"3×3"的师范生信息化教学能力体系框架(见图4.2)[5],并赋予了能力体系中9个要素以具体内涵:

(1)意识态度。既要具有重视现代信息技术在教育教学中的有效应用与发展的意识,又要具有主动探索和运用现代信息技术支持终身学习、促进自身发展的意识。

(2)技术环境。既要能熟练操作信息化教学设备,又要能熟练操作使用通用软件、专业教与学软件,还要能熟练应用网络学习平台与社会性软件、常见网络存储工具和常见网络学习平台等。

(3)信息责任。既要将信息安全常识应用到生活和教学情境中,遵守法律、法规和道德规范,又要合法与负责任地使用信息与技术。

(4)自主学习。既要能够根据学习需要有效甄别与获取学习资源,又要能够利用现代信息技术进行目标、信息、时间等管理,进而实施高质量、高效率的学习,还要形成自我反思习惯促进自我成长。

---

① 杨九民,王继新,李文昊. 师范生"现代教育技术"课程教学体系的重构与实践[J]. 电化教育研究,2009(01):103-107.

② 陈琳. 观念为先 能力为上 创新为本——教师教育类专业现代教育技术课程教材建设的体会[J]. 电化教育研究,2007(09):55-59.

③ 秦瑾若,傅钢善. 基于深度学习理论的MOOC学习活动设计——以"现代教育技术"课程为例[J]. 现代教育技术,2017,27(05):12-18.

④ 李五洲,汪基德. 基于模糊综合评价法的MOOC适切性研究——以"现代教育技术"课程为例[J]. 电化教育研究,2016,37(12):60-66.

⑤ 任友群,闫寒冰,李笑樱. 《师范生信息化教学能力标准》解读[J]. 电化教育研究,2018,39(10):5-14.

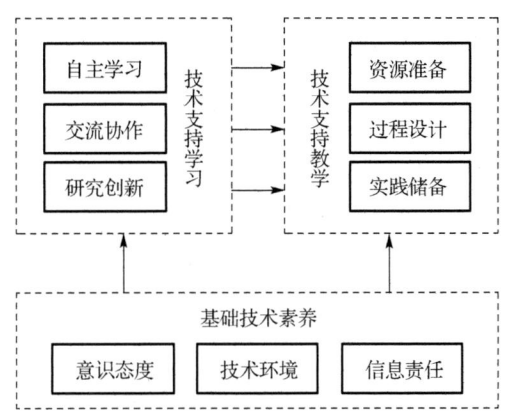

图 4.2 师范生信息化教学能力体系框架

（5）交流协作。在现代信息技术形成的环境中，要能够利用现代信息技术进行有效沟通，与他人有效地开展针对学习任务与真实问题的合作。

（6）研究创新。具有勇于质疑已有理论与观点的批判性思维，能运用思维工具发现有价值的问题；具有数据意识，能利用技术工具收集数据，合理运用软件处理分析数据，对分析结果数据做出合理判断与预测；能够运用技术工具建构知识、激发思维、创造性设计教与学方案，设计开发原创数字作品，创造性地解决实际问题。

（7）资源准备。掌握数字教学资源设计的理论与方法，掌握加工、制作数字教育资源的工具和方法，熟悉获取优质素材的途径，能够对素材进行富有艺术性的编辑和加工，能根据教学情境科学合理地设计和制作数字教育资源；能够从思想性、教育教学性、科学性、技术性、艺术性、开放性、创新性、智能性、人本性等视角科学评估数字教育资源[①]，并提出优化策略；能规划和丰富个人数字教与学的资源库。

（8）过程设计。知道信息化教学模式的种类，理解其原则、作用、应用场景与方法；根据课程标准、学习目标、教学内容以及信息化教学情境完成过程设计；理解在多种新型学习中的积极作用，科学设计运用现代信息技术促进自主、协同、探究学习的活动与指导策略；运用个性化、过程性评价的理念、原则与方法设计信息化教学评价方案，并选择、应用相应的信息评价工具进行有效教学评价。

（9）实践储备。了解信息化教学实施策略，理解教学干预的原则与方法，并有效加以使用；有效利用信息技术跟踪、分析学习过程，根据存在问题提出针对性改进措施；合理运用信息技术支持教学实践。

任友群团队师范生信息化教学能力标准研究完成于 2017 年。在其标准研究后，形势又发生了许多新的变化，故还要在以上内涵中进一步增加时代要素，比如互联网+教育、人工智能教师等内容。

---

① 陈琳. 现代教育技术(第三版)[M]. 北京：高等教育出版社，2004：154-155.

4.4.2 提升学习者信息素养与能力

随着计算机、网络等的持续高速发展,信息技术正在深刻改变人们的生活、工作、学习,并为人类构筑了新型的虚拟世界,相应地要求人的能力与素养有时代化提升:信息能力成为新世纪人们必备的能力,信息素养成为人人都必须具备的基本素养。正因为此,教育部 2000 年决定在中小学开展信息技术教育,并开展面向中小学生的信息技术类竞赛,逐步形成了通过信息技术课程和信息技术类竞赛提升中小学生信息素养与信息技术能力的特色。

4.4.2.1 普及与提升中小学信息技术教育

1. 中小学信息技术教育的起步

中小学信息技术教育,是邓小平"计算机普及要从娃娃抓起"战略指导思想在新世纪的实践化。2000 年教育部决定,将信息技术课程列入中小学生的必修课程,推动信息技术与课程教学改革的结合,促进教学方式的变革,将此作为以信息化带动教育现代化、实现我国基础教育跨越式发展战略的重要举措[①],并计划从 2001 年开始,用 5～10 年时间在中小学以及中等职业技术学校普及信息技术教育。

起步的中小学信息技术课程,一定程度上是许多中小学已开设的计算机课程的延续与发展,在教学内容中或多或少地具有计算机课程的痕迹,是以计算机和网络技术为主,让学生了解和掌握信息技术的基本知识和技能,激发学生学习信息技术的兴趣,培养学生收集、处理和应用信息的能力以及利用计算机进行自主学习、探讨的能力。教育学生正确认识与技术相关的伦理、文化和社会问题,负责任地使用信息技术。

为了在中小学普及信息技术教育以及推动教育信息化建设,教育部同时决定全面启动中小学"校校通"工程为其奠定基础,计划用 5～10 年时间使全国 90%左右的独立建制的中小学校能够上网,使中小学师生都能共享网上教育资源,提高中小学的教育教学质量,并要求因地制宜地建设好中小学校园网,鼓励有条件的城镇地区把辖区内若干中小学校作为一个整体,建设计算机网、闭路电视网、广播网三网合一的"城域网"。

在 5～10 年的有限时间内在中小学以及中职学校普及信息技术教育,需要大量的信息技术教师,教育部在同一文件中要求采取切实措施加强中小学信息技术教育师资队伍建设:凡具备条件的师范院校要积极开办信息技术等相关专业,扩大招生规模;鼓励和引导师范类和非师范类院校信息技术等相关专业的毕业生到中小学任教;各级各类师范院校要将信息技术作为学生的必修课程,使大部分学生能基本胜

---

① 教基[2000]33 号. 教育部关于在中小学普及信息技术教育的通知[Z].

任教育现代化、信息化的要求。鼓励和支持师范院校师生到中小学尤其是农村中小学进行有关信息技术方面的培训、咨询、普及等工作。

教育部在 2000 年、2001 年连续颁布"关于在中小学普及信息技术教育的通知"、印发《中小学信息技术课程指导纲要(试行)》和"关于在中小学实施'校校通'工程的通知",并在 2003 年颁布《普通高中技术课程标准(实验)》(信息技术部分)(通常称为"信息技术课标"),表明国家对中小学普及信息技术教育工作的高度重视,以前所未有的紧迫感加速推进信息技术教育[①]。在 21 世纪初,我国确定在中小学普及信息技术课程时,准备是充分的,设计是科学的,比如,在颁布《中小学信息技术课程指导纲要(试行)》[②]中,确立了中小学信息技术课程的主要任务、中小学各学段的信息技术课程教学目标,规定了教学内容和课时安排等,其中小学各学段信息技术课程的基本规定如表 4.8 所示。

表 4.8 中小学各学段信息技术课程的基本规定

基础教育学段	课程教学目标	课程教学内容 (基本模块和拓展模块)	课时安排 (学时*)
小学阶段	了解信息技术的应用环境及信息的一些表现形式; 建立对计算机的感性认识,了解信息技术在日常生活中的应用,培养学生学习、使用计算机的兴趣和意识; 在使用信息技术时学会与他人合作,学会使用与年龄发展相符的多媒体资源进行学习; 能够在他人的帮助下使用通信工具远距离获取信息、与他人沟通,开展直接和独立的学习,发展个人的爱好和兴趣; 知道应负责任地使用信息技术系统及软件,养成良好的计算机使用习惯和责任意识。	模块一 信息技术初步 (1)了解信息技术基本工具的作用,如计算机、雷达、电视、电话等; (2)了解计算机各个部件的作用,掌握键盘和鼠标器的基本操作; (3)认识多媒体,了解计算机在其他学科学习中的一些应用; (4)认识信息技术相关的文化、道德和责任。 模块二 操作系统简单介绍 (1)汉字输入; (2)掌握操作系统的简单使用; (3)学会对文件和文件夹(目录)的基本操作。 模块三 用计算机画画 (1)绘图工具的使用; (2)图形的制作; (3)图形的着色; (4)图形的修改、复制、组合等处理。 模块四 用计算机作文 (1)文字处理的基本操作; (2)文章的编辑、排版和保存。 模块五 网络的简单应用 (1)学会用浏览器收集材料; (2)学会使用电子邮件。 模块六 用计算机制作多媒体作品 (1)多媒体作品的简单介绍; (2)多媒体作品的编辑; (3)多媒体作品的展示。	≥68

---

① 王吉庆. 信息技术课:从"纲要"走向"课标"[J]. 信息技术教育,2003(12):9-10.
② 教育部基础教育司. 中小学信息技术课程指导纲要(试行)[J]. 管理信息系统,2001(02):3-5.

续表

基础教育学段	课程教学目标	课程教学内容 (基本模块和拓展模块)	课时安排 (学时*)
初中阶段	增强学生的信息意识，了解信息技术的发展变化及其对工作和社会的影响；初步了解计算机基本工作原理，学会使用与学习和实际生活直接相关的工具和软件；学会应用多媒体工具、相关设备和技术资源来支持其他课程的学习，能够与他人协作或独立解决与课程相关的问题，完成各种任务；在他人帮助下学会评价和识别电子信息来源的真实性、准确性和相关性；树立正确的知识产权意识，能够遵照法律和道德行为负责任地使用信息技术。	模块一　信息技术简介 (1)信息与信息社会； (2)信息技术应用初步； (3)信息技术发展趋势； (4)信息技术相关文化、道德和法律问题； (5)计算机在信息社会中的地位和作用； (6)计算机的基本结构和软件简介。 模块二　操作系统简介 (1)汉字输入； (2)操作系统的基本概念及发展； (3)用户界面的基本概念和操作； (4)文件和文件夹(目录)的组织结构及基本操作； (5)操作系统简单工作原理。 模块三　文字处理的基本方法 (1)文本的编辑、修改； (2)版式的设计。 模块四　用计算机处理数据 (1)电子表格的基本知识； (2)表格数据的输入和编辑； (3)数据的表格处理； (4)数据图表的创建。 模块五　网络基础及其应用 (1)网络的基本概念； (2)因特网及其提供的信息服务； (3)因特网上信息的搜索、浏览及下载； (4)电子邮件的使用； (5)网页制作。 模块六　用计算机制作多媒体作品 (1)多媒体介绍； (2)多媒体作品文字的编辑； (3)作品中各种媒体资料的使用； (4)作品的组织和展示。 模块七　计算机系统的硬件和软件 (1)数据在计算机中的表示； (2)计算机硬件及基本工作原理； (3)计算机的软件系统； (4)计算机安全； (5)计算机使用的道德规范； (6)计算机的过去、现在和未来。	≥68

续表

基础教育学段	课程教学目标	课程教学内容 （基本模块和拓展模块）	课时安排 （学时*）
高中阶段	使学生具有较强的信息意识，较深入地了解信息技术的发展变化及其对工作、社会的影响； 了解计算机基本工作原理及网络的基本知识。能够熟练地使用网上信息资源，学会获取、传输、处理、应用信息的基本方法； 掌握运用信息技术学习其他课程的方法； 培养学生选择和使用信息技术工具进行自主学习、探讨的能力，以及在实际生活中应用的能力； 了解程序设计的基本思想，培养逻辑思维能力； 通过与他人协作，熟练运用信息技术编辑、综合、制作和传播信息及创造性地制作多媒体作品； 能够判断电子信息资源的真实性、准确性和相关性； 树立正确的科学态度，自觉地按照法律和道德行为使用信息技术，进行与信息有关的活动。	模块一　信息技术基础 (1) 信息与信息处理； (2) 信息技术的应用； (3) 信息技术发展展望； (4) 计算机与信息技术； (5) 信息技术相关的文化、道德和法律问题； (6) 计算机系统的基本结构。 模块二　操作系统简介 (1) 操作系统的概念和发展； (2) 汉字的输入； (3) 用户界面的基本概念和操作； (4) 文件、文件夹（目录）的组织结构及基本操作； (5) 系统中软硬件资源的管理和维护； (6) 操作系统简单工作原理。 模块三　文字处理的基本方法 (1) 文本的编辑； (2) 其他对象的插入； (3) 特殊效果的处理； (4) 版式设计。 模块四　网络基础及其应用 (1) 网络通信基础； (2) 因特网及其提供的信息服务； (3) 因特网上信息的搜索、浏览和下载； (4) 电子邮件的使用； (5) 因特网上其他应用； (6) 网页制作。 模块五　数据库初步 (1) 数据库基本概念； (2) 数据库的操作环境及其操作； (3) 数据的组织与利用。 模块六　程序设计方法 (1) 问题的算法表示； (2) 算法的程序实现； (3) 程序设计思想和方法。 模块七　用计算机制作多媒体作品 (1) 多媒体制作工具及其特点； (2) 各类媒体资料的处理与使用； (3) 多媒体作品的制作； (4) 多媒体作品的发布。 模块八　计算机硬件结构及软件系统 (1) 信息的数字化表示； (2) 计算机的硬件及基本工作原理； (3) 软件系统简介； (4) 计算机的安全； (5) 计算机使用道德规范； (6) 计算机的过去、现在和未来。	70～140

* 上机课时不应少于总学时的70%。

2. 中小学信息技术教育的提升

就全国层面而言，我国中小学信息技术教育的提升，主要通过颁布新的课程标准而得以实现。2003年颁布的信息技术课程标准，是在教育信息化发展初级阶段制定的，是在更多的高中学生在其小学和初中阶段还没有开设信息技术课程的条件下设计的，带有信息技术教育零起点的特点。2013年教育部启动的普通高中课程修订工作，信息技术课程完全是在新起点上设计，课程标准以及相应的规定与设计发生了许多变化：

1）凝练了学科育人价值，集中体现学科的核心素养

信息技术学科的核心素养是学生通过信息技术课程学习而逐步形成的正确价值观念、必备品格和关键能力[①]。从人与技术，人、技术及问题解决，人、技术与社会的层面，分析信息社会公民必备的信息素养，相应界定信息技术学科的核心素养由信息意识、计算思维、数字化学习与创新、信息社会责任等核心要素构成[②]。核心要素间互相支持、渗透，共同促进学生整体信息素养的提升。

2）明确了高中信息技术课程数据、算法、信息系统和信息社会的大概念

厘清了信息技术课程大概念间相互关系，建立起了高中信息技术学科基本知识技能序和能力发展序，形成了信息技术课程概念体系。

3）研制了学业信息技术质量标准

依据信息技术学科核心素养建立信息技术学业质量标准，通过学业质量标准确保信息技术课程教、学、考有机衔接，形成育人合力，可有效避免课程标准与教学实施"两张皮"的现象。信息技术学业质量标准分为一至四级水平，对每级的学习结果都有详细描述，其等级梯度按学习内容、认知程度逐级加深。

4）进一步提升了普通高中信息技术课程的站位

高中信息技术课程定位是"一门旨在全面提升学生信息素养，帮助学生掌握信息技术基础知识与技能、增强信息意识、发展计算思维、提高数字化学习与创新能力、树立正确的信息社会价值观和责任感的基础课程"，首提发展计算思维、提高数字化学习与创新能力。新定位后的高中信息技术课程类别及模块如表4.9所示。

新的高中信息技术课程标准，无论从哪个方面看都是一个好的课程标准，适应了其制定时期教育信息化形势发展的需要。

国家版信息技术课程标准于2003年颁布后，在相当长时间内没有修订，而且只有高中课标，没有初中、小学的课标。为了克服这种滞后性、局限性，中国教育技术协会信息技术教育专业委员会研制发布了《基础教育信息技术课程标准（2012版）》[③]。

---

① 中华人民共和国教育部. 普通高中信息技术课程标准（2017年版）[M]. 北京：人民教育出版社，2018.

② 任友群，黄荣怀. 高中信息技术课程标准修订说明 高中信息技术课程标准修订组[J]. 中国电化教育，2016(12)：1-3.

③ 李艺，钟柏昌. 基础教育信息技术课程标准：起点、内容与实施[J]. 中国电化教育，2012(10)：23-27.

表 4.9 高中信息技术课程结构模块

类别	模块	
必修	模块 1	数据与计算
	模块 2	信息系统与社会
选择性必修	模块 1	数据与数据结构
	模块 2	网络基础
	模块 3	数据管理与分析
	模块 4	人工智能初步
	模块 5	三维设计与创意
	模块 6	开源硬件项目设计
选修	模块 1	算法初步
	模块 2	移动应用设计

3. 中小学信息技术教育的问题及优化

信息技术迅猛发展，许多软硬件技术是以年为升级换代周期的，每过几年就有颠覆性技术出现，希望信息技术课程标准像语文、数学等基础学科课标一样若干年不变，是不科学的，如果那样对于信息技术课程是致命的，因为这必将使原本对课程感兴趣的同学们失去兴趣，使该课程无法发挥应有的作用。

在 21 世纪初，信息技术在全国还远未呈现普及之势，许多学生对信息技术几乎还是零认知，因此那时我国对中小学信息技术教育的定位是较低的，只是培养学生对信息技术的兴趣和意识，让学生了解和掌握信息技术基本知识和技能，了解信息技术的发展及其应用对人类日常生活和科学技术的深刻影响；通过信息技术课程使学生具有获取信息、传输信息、处理信息和应用信息的能力，教育学生正确认识和理解与信息技术相关的文化、伦理和社会等问题，负责任地使用信息技术；培养学生良好的信息素养，把信息技术作为支持终身学习和合作学习的手段，为适应信息社会的学习、工作和生活打下必要的基础①。信息技术发展变化神速，在社会生活的各个方面的作用越来越大，对各行各业产生着颠覆性的影响，如果仅仅还是将中小学信息技术教育作如此定位，则该时代性的课程就会失去时代性的光彩，希冀将学生更好带入新时代的课程，就会阻滞学生很好地进入新时代，因此必须对课程进行新改造，相应地诞生了高中信息技术课程新的课程标准②。

时隔 18 年后再回眸《中小学信息技术课程指导纲要(试行)》，深切感到在当时这绝对是一个好文件，立意高远、设计缜密、理念前卫、措施扎实，对我国中小学信息技术课程的普及指明了正确方向、确定了科学举措，指导纲要的指导性名符其

---

① 教基[2000]35 号. 教育部关于印发《中小学信息技术课程指导纲要(试行)》的通知[Z].
② 任友群，黄荣怀. 高中信息技术课程标准修订说明[J]. 中国电化教育，2016(12)：1-3.

实。然而，《中小学信息技术课程指导纲要（试行）》颁布18年来，信息技术以及社会发生了深刻的变化，那时物联网、大数据、云计划、增强现实、深度学习、群智智能、边缘计算等技术，有的只刚刚有概念或处于技术的萌芽期，有的甚至还未出现，可是现在这些技术已在深刻改变人们的生活、工作和学习，那时我国教育信息化还处于起步阶段，现在已进入融合创新阶段，进入教育信息化2.0时期，那时信息技术在以计算机为核心向以互联网为核心的方面发展，现在正迈向以数据为核心到向以智能为核心的方面发展，那时人们迫切需要了解和适应虚拟空间，现在人们需要将现实空间与虚拟空间进行高度融合，重塑人们沟通交流的时间观念和空间观念，要求人们不断改变思维与交往模式，那时还没有智慧时代的概念，而现在人类正高速步入智慧社会，那时我国在世界科技领域只能跟跑，现在在一些科技领域已能领跑世界。18年，斗转星移，天翻地覆，我国中小学信息技术课程教育急需新的纲要指导，期待新时代中小学信息技术课程指导纲要的早日诞生。

新的高中信息技术课程标准颁布于2017年，完稿于2017年之前，在其完稿之时，我国新一代人工智能还未崭露头角，新的信息技术对人类的影响还远没有现在明显，因此这些决定了新的课程标准还是具有一定的局限性。站在时代高度审视，信息技术课程教育要在如下两方面寻求大的改变：

1）优化核心素养①

信息技术课程的核心素养体系，在2017年版的信息技术课程标准中第一次出现，提出信息意识、计算思维、数字化学习与创新、信息社会责任的四要素构成，现在要根据时代的新发展进一步扩展为由信息理念、信息思维、信息技术与艺术、信息应用与创新的四要素构成，且要赋予其每个要素更加丰富的内涵。

信息理念这一核心素养，是指学习者通过信息技术课程必须形成的能引领其自身发展和工作、学习、生活的新思想、新观念。信息技术课程必须让学生感受发展，必须让学生产生强烈的时间紧迫感，且必须能够科学发展、可持续发展、协同发展、创新发展。因此创新、绿色、协调、开放、共享这五大发展理念，理所当然将成为信息技术课程信息理念的重要内容，并要以此为基础形成引领学生终身发展的理念综合体。

信息思维这一核心素养，是指要具有以全球视野、"互联网+"视角看待世界、思考问题以及工作、生活、学习的时代新思维。信息技术课程所培养的时代新思维，理应包括计算思维，计算思维成为信息技术课程所应该培养的基本的信息思维，但计算思维不是信息思维的全部，"互联网+"时代互联网思维中的数据思维、简约思维、社会化思维、平台思维、迭代思维、极致思维、跨界思维，成为新时代思维

---

① 刘雪飞,陈琳,王丽娜,等. 走向智慧时代的信息技术课程核心素养建构研究[J]. 中国电化教育,2018(10):55-61.

的重要组成部分。当今时代，技术已成为认知的延伸，信息技术课程理应培养发展学生的协同思维。信息技术具有变革性、颠覆性的特点，信息技术课程还要培养学生的变革意识、颠覆思维。综上，信息技术课程核心素养中的信息思维，应该包括计算思维、数据思维、平台思维、迭代思维、社会化思维、跨界思维、极致思维、简约思维、协同思维、颠覆思维。

信息技术与艺术这一核心素养，是指学习者要具有与时代匹配的技术本领，以及在此基础上发展的艺术表达能力素养。信息技术课程重点培养学生的信息技术能力，此外，随着时代的发展，大数据、物联网、新一代人工智能、移动互联网、3D打印等新兴技术不断涌现，信息技术的多元特征越发彰显，信息技术课程必须让学生掌握与时代相匹配的主流信息技术。洞察信息技术发展大势，信息技术课程应该让学生掌握的技术可分为算法与程序设计、多媒体技术、网络与通信技术、数据分析技术、智能技术(人工智能)、多维技术、感知技术。信息技术形式的不断丰富，催生了多样的艺术形式、行业、专业、学科，大大拓展了人类的创意创造空间，并大大降低了艺术的门槛，艺术更加走近大众。技术极致即为艺术，信息技术课程要求学生精通技术，必然要求他们走向新型艺术，在掌握以上诸技术的同时向艺术迈进。相应地，信息技术课程核心素养中的信息技术与艺术，应包括算法与程序设计、多媒体技术与艺术、网络与通信技术、数据分析技术、智能技术(人工智能)、多维技术与艺术、感知技术。多元技术以及多样新兴艺术的要求，信息技术课程似乎难以达到，但事实是，信息技术课程遍及小学、初中、高中，将多元的技术与多样的艺术分布到不同学段学习或在不同学段有所侧重，则就可以变不可能为可能。信息技术课程教育必须建立新理念：更多地让学生自主学习、探索学习，激发其内驱力使他们更有兴趣学习、以更高的效率学习。时代化的信息技术课程，必须有匹配于时代的教学理念与方式方法。

信息应用与创新这一核心素养，包括信息应用与信息创新两大方面。信息应用是指学习者将信息及技术等灵活运用于学习、生活、工作，并创造性地解决实际问题的能力素养；信息创新是指适应社会发展需要的利用信息技术创新的品质与能力，包括理论创新、技术创新、方式方法创新和产品创新等。

优化信息技术课程核心素养的目的，是立于新时代确定课程新定位，解决原有课程定位偏低的问题。

2) 充分认识课程发展的高包容性与时代性

中小学信息技术课程包含了与现代信息技术相关理论、技术、方法的教学与学习，而信息技术是不断发展的，每隔几年总会有新兴的信息技术问世，但是必须明确，信息技术课程要将新兴技术及时纳入教学内容，而不是再另起炉灶新开一门或多门与新技术相关的平行课程。同理，不必将人工智能在信息技术课程之外单独设课，而是应该将其作为中小学信息技术课程的选修或必修的课程模块加以处置。

当人类进入一个崭新的新时代时，必须找到一个抓手对全体国民进行时代化的教育与引导，让人民得到时代化的洗礼与升华，从而能更好适应时代，进而走向引领时代。信息技术是当今最活跃的领域，信息技术课程是时代化的产物，且面向全体学生，因此，将信息技术课程定位于时代性教育与引导课程顺理成章，因此必须对其进行时代化重构。

世纪之交时，将信息技术课程定位于普及信息技术是合理的，但是，智慧新时代再如此定位该课程就不合时宜了，必须由原先的工具性、器术性、基础应用性，转向变革性、颠覆性、融合性、创造性[①]。1984年邓小平提出"计算机普及要从娃娃抓起"，拉开了我国以程序教育为主的计算机教育的序幕。教育部2000年决定，从2001年开始用5~10年的时间，在中小学普及信息技术教育，由此我国开始了计算机教育向信息技术教育转变的历程。1984年我国教育信息化尚处于萌芽期，2000年我国教育信息化正处于起步期，而后的10多年发展到应用期。在教育信息化起步、应用时期，信息技术主要是作为工具和手段，信息技术课程所承担的任务就是让学生获得相关的知识和技能，培养相应的能力和素养。而今信息技术内涵极大丰富，应用、创新不断，我国教育信息化进入2.0新时代，进入转段升级的融创阶段，进入以教育信息化全面推动教育现代化新时期，信息技术对教育发展的革命性影响特征日益突显。因此，信息技术课程所要承担的任务就不仅仅是简单培养学生的信息素养，必须重新审视其课程定位，立于新时代对其重新赋能，力求将其打造为"三个面向"的行动课、时代变革的示范课、现代化教与学的引领课、STEAM教育中国化的样板课、现代思维的养成课、学创贯通的先行课，成为一门能让学生真正产生时代性升华的课程，以引领学生未来发展。

4.4.2.2 以竞赛提升中小学生信息素养与能力

我国最早开展的层级最高的面向中小学生的信息技术类竞赛，是2000年开始并已持续20届的"全国中小学电脑制作活动"，后来又扩展了"中国梦—行动有我"微电影微视频系列展示活动等多种信息技术运用类的创新竞赛。无论是前者还是后者，都体现了我国对中小学生信息素养与能力的高度重视，以及我国在促进中小学生信息素养与能力提升方面的智慧性设计。

1. 全国中小学电脑制作活动

为促进教育部在2000年提出的"在中小学普及信息技术教育，以信息化带动教育的现代化，努力实现我国基础教育跨越式发展"战略目标的更好实现，调动全国中小学信息技术教育创新的积极性，展示中小学生信息技术学习的实践成果，时任

---

① 刘雪飞,陈琳,王丽娜,等. 走向智慧时代的信息技术课程核心素养建构研究[J]. 中国电化教育,2018(10)：55-61.

教育部常务副部长吕福源倡导和策划了"全国中小学电脑制作活动"。该项活动成为我国对中小学生影响最为持久的全国性活动。

1）彰显创新的设计

"全国中小学电脑制作活动"的设计，处处体现出对事业的高度负责与创新探索。

独特的名称设计。始终称为"活动"，而不是"大奖赛"，这一名称设计极富深意。期望其始终紧紧围绕中小学信息技术课程教育教学而开展，成为贯穿于以年为周期的教学活动的载体，而不是在一个时间点或一个时段内选拔中小学生优秀创意作品的竞赛[①]。

全新建构的课程评价。中小学信息技术课程重在培养中小学生的动手能力、实践能力和创意思维能力，而这"三力"的培养与提升，是很不适合以文字书面考试的方式进行评价的。在全国中小学开设信息技术课程后，教育部领导对此考虑得较多的一个问题是如何适应信息技术教育的特点，为这门并不太适合用书面考试的方式评价的课程创新出一种有效的评价形式，能够更好指导和促进学生的能力提升，"全国中小学电脑制作活动"相应成为中小学信息技术课程评价的新形式、新载体、新手段。从20年的活动开展情况看，"全国中小学电脑制作活动"正如设计者所愿，真正成为中小学信息技术课程"三力提升"质量与效果的很好评价平台，很好彰显了信息技术课程教学特点，成为最大限度地调动学生学习积极性与创新性的好形式。事实表明，活动的各类项目对中小学生有天然的吸引力。通过制作电脑作品以及开发机器人，可以很好激发学生的兴趣，培养学生在信息技术环境下的动手、动脑能力、创新实践能力。中小学生在信息时代的动手能力与工业时代的动手能力，有一定的差异和区别。适应时代特征的动手能力、动脑能力、人文社会情怀和科学技术素养等，都需要从小培养。"活动"的形式可以使中小学生在学习和了解信息技术课程知识体系之外，能够有一个亲身参与、亲身实践的机会。

全面的育人导向。在活动开始的指南中，就开始特别要求参赛作品要反映中小学信息技术课程坚持育人为本、以德育为核心、培养学生创新精神和实践能力的成果，体现出广大中小学师生在计算机应用方面的创新精神、实践能力和应用水平。对于有内容的参赛作品和应用性教学软件，要体现素质教育的要求，表现内容应体现广大中小学生积极向上、拼搏进取、热爱祖国、热爱自然、热爱生活的精神风貌。程序性教学软件要尽可能体现较先进的明确的设计思路、较好的创意，力争体现高技术水准。鼓励并注意在作品的设计制作过程中发挥创新精神、合作精神。从第三届开始，在发布的指南中嵌入了由思想性、创造性、艺术性、技术性的"四性"评比指标，随后不断丰富和完善，到第二十届时形成了表4.10所示的评价指标体系。

---

① 王晓芜. 全国中小学电脑制作活动的探索与创新[J]. 中小学信息技术教育，2010(02)：22-25.

表 4.10 "全国中小学电脑制作活动"评比指标集

活动类型	一级指标	二级指标或内容
评选项目	思想性、科学性、规范性	主题明确，内容健康向上
		科学严谨，无常识性错误
		文字内容通顺；无错别字和繁体字，作品的语音应采用普通话（特殊需要除外）
		非原创素材(含音乐)及内容应注明来源和出处
	创新性	主题和表达形式新颖
		内容创作注重原创性
		构思巧妙、创意独特
		具有想象力和个性表现力
	艺术性 电脑绘画	反映出作者有一定的审美能力和艺术表现能力
		准确运用图形、色彩等视觉表达语言，处理好画面空间、明暗，具有形式美感
		构图完整、合理，具有较好的视觉效果，系列作品前后意思连贯
	电子板报	反映出作者有一定的审美能力
		版面设计简洁、明快，图文并茂，前后风格协调一致
		报头及版面的设计突出主题
	电脑艺术设计	反映出作者具有一定的审美能力和设计能力
		设计意识独特，画面空间和谐，作品前后意思连贯
		表现形式美观、新颖、准确，具有艺术表现力和感染力，易于理解和接受
	网页设计	反映出作者有一定的审美能力和制作水平
		完美运用各种形式表现主题，有感染力
		界面美观、布局设计独到，富有新意
	电脑动画	能运用图形、色彩、空间、动作、音效等视、听觉元素表达内容和思想，具有一定的审美情趣和故事情节
		角色形象有特点、有性格，场景符合情节的需要，动画画面语言生动、引人入胜
		音效与主题风格一致，具有艺术感染力
		前后意思连贯，画面美观、色彩和谐
	3D 创意设计	符合主题、形象鲜明
		作品款式造型有创意，样式功能搭配合理
		数字三维模型局部精细、美观
		作品渲染效果图精美，作品功能动画演示详细
	计算机程序设计	恰当运用有关形式表现主题，有实际意义
		界面美观、布局合理、设计富有新意
		交互设计完整，操作简单便捷

续表

活动类型	一级指标		二级指标或内容
评选项目	艺术性	微视频	综合使用影视艺术语言和手法表达思想、情感或故事内容
			音效与画面内容有机统一,具有艺术感染力
			内容充实具体,生动感人,体现时代精神
			叙事流畅精炼、完整,表达连贯,富有情趣
	技术性	电脑绘画	选用制作软件和表现技巧恰当
			技术运用准确、适当、简洁
		电子板报	选用制作软件和表现技巧恰当
			技术运用准确、适当、便于阅读
			结构清晰,导航和链接无误
		电脑艺术设计	选用制作软件和表现技巧准确、恰当
			技术运用准确、适当、简洁,视觉效果好
		网页设计	选用制作软件和表现技巧恰当
			技术运用准确、适当、简洁
			人机交互方便,结构清晰,导航和链接无误
		二维电脑动画	选用制作软件和表现技巧恰当
			技术运用准确、适当、简洁
			画面播放流畅,视听效果好
		三维电脑动画	模型创建规范,布线合理,贴图恰当
			角色绑定正确,动画自然流畅,物体运动准确,镜头运用合理
			光源设置合理,渲染后画面真实自然,后期制作完整
		3D创意设计	作品装配结构设计合理
			各零件逻辑关系正确
			设计说明书内容翔实、条理清晰
			模型及零件尺寸设计符合工艺要求
		计算机程序设计	算法简捷,思路清晰,方法独特
			维护方便,易于安装部署和卸载
			功能完整,运行稳定可靠
			兼容性好,能够兼容主流操作系统和浏览器
		微视频	场面调度正确、镜头与声音录制及运用得当,剪辑流畅
			摄录与制作技巧恰当,后期制作完整
			播放清晰流畅,视听效果好
			字幕清晰,与音画搭配得当

续表

活动类型	一级指标	二级指标或内容
创客项目	思想性、规范性	作品契合主题，内容健康向上
		设计方案完备，有作品功能、结构、相关器件使用等内容
		制作过程中工具和相关器材使用规范；有详细的器材清单、作品源代码注释规范
		各功能实现的有效程度；作品的成品化程度，包括外观、封装，及整体的牢固程度、人机交互等界面友好等
	创新性	功能、结构等具有新意，有一定的实用价值
		功能细节实现方法有新意；功能设计能突破原有元器件的应用习惯
	艺术性	设计具有美感，并能将美学与实用性相结合
		作品具有一定想象力和个性表现力，能够表达作者的设计理念
	技术性	整体结构设计合理；具有一定的功能性和复杂性
		使用相关元器件等实现的硬件功能具有一定的科学性、复杂性，有技术含量
		软件设计功能明确、结构合理、代码优化、易于调试
	团队展示与协作	能够很好展现出作品的设计思路、制作过程和功能实现情况
		团队协作分工明确、合理；团队成员充分参与、协作配合

2）全国中小学电脑制作活动的持续优化

20年来，全国中小学电脑制作活动始终根据信息技术的发展、社会的发展、党和国家对人才要求的提升，而持续地进行调整与优化，使之总是能与时代发展同频共振。

（1）主题变迁。

"全国中小学电脑制作活动"的主题，经历了"科学技术与人类文明""探索与创新""实践、探索与创新"等变化。

（2）指导思想变迁。

"全国中小学电脑制作活动"的指导思想或活动宗旨，最初是"丰富中小学生学习生活；重在过程，重在参与；激发创新精神，培养实践能力，全面推进素质教育"[1]，后发展为"丰富中小学生学习生活，激发创新精神，培养实践能力，全面推进素质教育，培养有国际竞争力的创新人才"[2]。

从主题和指导思想看，随着"活动"的发展，越来越重视和强化"创新"，并且着眼于培养有国际竞争力的创新人才，体现了我国创新型强国、教育现代化的新诉求，更好匹配与适应了时代的新需求。

---

[1] 陈莉，付涛，冯策．"全国中小学电脑制作活动"综述[J]．中国电化教育，2005（05）：5-7.
[2] 教电[2018]210号．关于举办第二十届全国中小学电脑制作活动的通知[Z]．

(3) 内容变迁。

"全国中小学电脑制作活动"的内容随着时代发展也在变化与发展：

2000 年活动的"评选项目"为电脑绘画、电脑动画、电子报刊、网页及应用软件和数字化产品(作品)。

2001 年活动的"评选项目"为电脑绘画、电脑动画、电子报刊、网页、程序设计。

2002 年活动比 2001 年增加了电脑机器人表演赛，并给以政策支持：教育部规定，高中阶段获得全国中小学电脑制作活动一、二等奖的应届高中毕业生，经所在学校推荐，招生学校审核同意，可免于参加全国普通高等学校招生统一考试，进入高校学习[①]。

2003 年的第四届活动起，根据中小学信息技术课程设置内容需要，活动增设了"竞赛项目"，即增设了机器人灭火和机器人足球竞赛项目，以提升机器人制作在中小学信息技术课程中的教学质量，使活动在单纯的"评选项目"的基础上，又创新了"竞赛项目"，使活动由单星座发展为双星座；2004 年的第五届活动，将"评选项目"的高中学生电脑绘画改为电脑平面设计。

2005 年的第六届活动起，又增设了机器人舞蹈表演项目。

2006 年的第七届活动，"竞赛项目"增设了机器人工程挑战赛。

2007 年的第八届活动，"评选项目"中虚拟漫游作品频频出现。

2008 年的第九届活动，将"评选项目"中的高中学生电脑平面设计改为电脑艺术设计，并同时举办中国国际青少年动漫周。

2012 年的第十三届活动，在"评选项目"中增加了手机动漫创作、微博英语创作等项目，在"竞赛项目"中设计了机器人足球、机器人工程挑战赛——食品安全竞赛、人型机器人全能挑战赛等赛项。

2013 年的第十四届活动，在"评选项目"中增加了"创新未来设计"项目，在"竞赛项目"中增设了世界未来家居机器人挑战赛——"智能机器人管家"等比赛。

2014 年的第十五届活动，在"评选项目"中增加了 3D 创意设计(创新未来设计)、3D 创意设计(创新三维设计)、生活创意设计、微视频竞赛，在"竞赛项目"中增设了能力风暴 WER 能力挑战赛。

2016 年的第十七届活动，有两个重大突破：一是增加了"创客项目"，使活动发展为"评选项目""竞赛项目""创客项目"三足鼎立的新格局；二是增加了中职组的竞赛，使活动由小学、初中、高中，发展为小学、初中、高中和中职。"创客项目"重在发展学生在电脑辅助下设计和创作出体现多学科综合应用和创客文化作品的能力。

"评选项目"在 20 年中发生了很大变化，2003 年(第四届)时的评选项目作品

---

① 教学[2002]6 号．教育部关于 2002 年普通高等学校招收保送生工作的通知[Z]．

分类与2019年时(第二十届)的评选项目作品分类比较,如表4.11所示。之所以将比较的起端确定为2003年的第四届,是因为2003年已设置"竞赛项目",这样与新的活动更具有可比性。

表4.11 "全国中小学电脑制作活动"第四届与第二十届作品分类比较

竞赛组别	第四届作品分类		第二十届作品分类*	
	"评选项目"	"竞赛项目"	"评选项目"	"竞赛项目"
小学组	电脑绘画 电子报刊 电脑动画 网页	机器人灭火 一对一机器人足球	电脑绘画 电脑绘画("和教育"专项) 电子板报 电脑动画 电脑动画(健康教育专项) 网页设计 计算机程序设计 3D创意设计	一对一机器人足球 WER能力挑战赛 IER智能挑战赛 "太空之旅"工程挑战赛 超级轨迹赛
初中组	电脑绘画 电子报刊 电脑动画 网页	机器人灭火 二对二机器人足球	电脑绘画 电脑绘画("和教育"专项) 网页设计 电脑动画 电脑动画(健康教育专项) 电脑动画("和教育"手机动漫) 计算机程序设计 3D创意设计(创新未来设计) 3D创意设计(未来智造设计) 微视频	二对二机器人足球 二对二机器人篮球 人型机器人全能挑战赛 WER能力挑战赛 BotBall竞赛 IER智能挑战赛 "太空之旅"工程挑战赛 超级轨迹赛
高中组	电脑平面设计 电脑动画 网页 程序设计	机器人灭火与搜救 二对二机器人足球	网页设计 电脑艺术设计 电脑动画(二维) 电脑动画(三维) 电脑动画(健康教育专项) 电脑动画("和教育"手机动漫) 计算机程序设计 3D创意设计(创新未来设计) 3D创意设计(未来智造设计) 微视频	二对二机器人足球 二对二机器人篮球 WER能力挑战赛 BotBall竞赛

* 在2019年的第二十届作品分类中,除了"评选项目""竞赛项目"外,还有"创客项目",但由于小学、初中、高中的"创客项目"都设为"创意智造",故未专门以列的形式单独列出。

由表4.11可见"全国中小学电脑制作活动"的与时俱进性,赛项趋于丰富多彩,比赛内容的难度、创新度不断提升。

(4)主办承办方的变化。

"全国中小学电脑制作活动"的主办与承办方几经变迁:

第一届由教育部基础教育司主办,由教育部基础教育课程教材发展中心承办。

第二届由教育部基础教育课程教材发展中心、教育部教育管理信息中心、中央电化教育馆、人民教育出版社共同承办。

第三届由教育部基础教育课程教材发展中心、中央电化教育馆、人民教育出版社联合承办。

从第五届起,教育部基础教育司由主办方改为指导方,教育部基础教育课程教材发展中心、中央电化教育馆、人民教育出版社由承办方转为主办方。

第六届由过去的教育部基础教育课程教材发展中心、中央电化教育馆、人民教育出版社共同主办,改为由中央电化教育馆单独主办。

第九届改由中央电化教育馆和教育部考试中心主办。

第十届由中央电化教育馆和有关省教育厅等联合主办。

第十二届由教育部基础教育一司、基础教育二司和体育卫生与艺术教育司指导,中央电化教育馆主办;第十四届由教育部科学技术司、基础教育二司、体育卫生与艺术教育司、国际合作与交流司和高校学生司指导,中央电化教育馆和中国移动通信集团公司以及有关省市教育厅联合主办。

第二十届由教育部基础教育司、科学技术司和体育卫生与艺术教育司指导,中央电化教育馆和中国移动通信集团公司联合主办。

这种主办与承办方的不断调整,说明教育部始终在为其探索最佳的组织形式,是对其活动高度重视的最好说明。

3) 全国中小学电脑制作活动的阶段性划分

我国持续20年的全国中小学电脑制作活动,可大体可划分为起步、探索与智能创新三个发展阶段。

(1) 起步阶段。

可将2000—2001年划为全国中小学电脑制作活动的起步阶段、初级阶段,此阶段主要是活动的尝试与积累经验阶段,该阶段的活动主要局限于"评选项目",比如电脑绘画、电脑动画、电子报刊、网页、程序设计或应用软件,这是由当时全国中小学信息技术教育刚刚开始,还更多处于计算机教育阶段的现实所决定的。但是,"活动"的广为发动与组织开展,对中小学信息技术教育的普及,对于推动中小学信息技术的环境建设,起到了很好的宣传与促进作用。

(2) 探索阶段。

可将2002年至2015年划为全国中小学电脑制作活动的探索阶段,探索阶段由两大标志性事件作为起端,一是国家对在全国中小学电脑制作活动的鼓励性政策出台与持续推动——特别是高中阶段获得活动一、二等奖的应届高中毕业生,可免试进入高校学习,二是电脑机器人竞赛的加入,2002年先有电脑机器人的表演赛,2003年开始以机器人竞赛为主体的"竞赛项目"成为全国中小学电脑制作活动的标准配置,并且有关机器人的竞赛内容在不断升级。探索阶段的"探索"还表现在最早的

"评选项目",评比的项目始终在优化调整。

(3)智能创新阶段。

可将2016年划为全国中小学电脑制作活动智能创新阶段的起始年,以新增以智能智造为主体的"创客项目"为标志,现代人工智能开始成为活动的重要内容,活动进入以单项技术为主向综合创新为主的新时代,适应了我国教育信息化由起步、应用阶段向融合创新阶段发展。

由以上三阶段的划分可以看出,"全国中小学电脑制作活动"的不断成长成熟,可以窥见指导方、主办方对此的高度重视、精心设计。

4)全国中小学电脑制作活动评选质量的保障

"全国中小学电脑制作活动"始终秉承公开、公正,历届活动"数字创作评比项目"获奖作品都是由各省组织评选并按要求限额推荐作品参加全国评比,经主办单位(活动组委会)组织的作品技术测试、网上公示、专家评选、作者面试(包括现场技术测试和学生答辩)等步骤产生并确定。

每届活动都有详细的"指南",对活动内容,"数字创作评比"项目设置、相关要求、评比指标及办法,"创客竞赛"项目设置、竞赛方式、评比指标及有关要求,"机器人竞赛"项目设置、竞赛规则及有关要求、奖项设置、组织工作等,都做出详尽的规定,方便于各级教育机构、各中小学校进行组织与部署,方便于教师进行有的放矢的指导,方便于学生科学的准备。

已有近20年的"全国中小学电脑制作活动"网站(http://www.huodong2000.com.cn/index.html),系统化地、分门别类地展示了活动的几乎所有内容,包括活动介绍、公告通知、活动动态、活动指南、作品公示、历届作品、机器人大赛、专题栏目等,每一栏目都有丰富的内容,比如"活动介绍"栏目设有活动背景、活动内容、奖项产生、颁奖仪式暨、夏令营活动、活动效果、鼓励政策、社会支持、发展方向、活动会徽、活动主题歌等子栏目,"历届作品"展示了历年获奖的9797件作品名称、作者、类别及获奖等级,"活动指南"列出了所有各届活动的活动指南。其栏目设计之全,展示资料之详尽,设计之精美,真正体现了以人为本的用户思维和极致思维,体现了极高的服务理念和服务水平。

综上,"全国中小学电脑制作活动"为我国开展学生活动树立了很好的榜样。

2. "中国梦—行动有我"微电影微视频系列展示活动

"中国梦—行动有我"活动是体现中国特色的面向青少年学生的竞赛,以"文化自信""立德树人"作为指导思想和基本原则,鼓励中小学生运用信息技术手段创新,向社会传递学习中华优秀传统文化、社会主义核心价值观的正能量。旨在鼓励儿童从身边的小事做起,结合课堂学习、实践活动及生活实际,用眼睛去观察和感知周围的世界,寓教于乐、寓教于行,促进孩子们综合素质的提高。"中国梦—

行动有我"系列展示活动,分为微视频征集展播、微视频作品展播以及微电影征集展播活动等形式。

1) 中国梦—行动有我:全国中小学生微视频征集展播活动

"中国梦—行动有我"全国中小学生微视频征集展播活动,是我国第一项面向青少年学生、运用信息化手段的德育创新活动,成为培育和践行社会主义核心价值观的重要组成部分,2015年、2016年连续写入全国教育信息化工作要点,开展后成效显著,深受全国广大中小学生青睐,并成为2016年中国教育信息化十大热点新闻的重要内容。该项活动是立于国情的教育创新,是德育活动互联网+的创造,可更好彰显文化自信。因为教育与文化具有相互依赖、互为促进的关系,文化是教育活动内容的重要来源,教育是文化的汇集,是文化传承与普及的重要手段,文化自信必然要求具有教育自信。教育信息化是当今先进教育文化的缩影,该项展播活动本质上是运用当今教育先进文化象征的教育信息化,促进德育教育文化的发展。

该活动借助于青少年喜闻乐见的微视频方式,倡导中小学生结合课堂学习、实践活动及生活实际,用自己的眼睛去观察和感知周围的世界,用摄像机或移动终端的摄像功能摄取自己和同学们的动人瞬间与过程,旨在为中小学生提供自我锻炼的舞台,促进中小学生综合素养的提升,同时对中小学生的世界观、人生观、价值观的形成起到良好的引导作用,促进中小学德育工作的有效发展,推动中小学校普遍开展核心价值观教育、生态文明教育和文化育人,使实践育人落到实处。

活动充分利用网络国家平台形成广泛影响。活动分为启动、培训、报名、展播及评选等几个主要阶段,各主要阶段的实施方案发布、评价标准发布、所有作品报送、作品展播、广大中小学生和社会公众投票等过程,都充分而有效地利用国家教育资源公共服务平台,与分县、市、省三级分级评选的方式对作品开展逐级评选推荐,最后进行部级评选。最终评选出精品作品、最佳创意奖、最佳剪辑奖、最佳指导奖、最佳人气奖、优秀组织奖等奖项。首次该活动展播作品累计点播7700余万次,参与网络投票的有1234万余人次。

(1) 活动的创新。

该活动本身是创新,其又由多个具体的创新构成:

一是立于时代的创新创造。

活动是在对时代洞察和科学把握基础上的创新创造,其特点是审时度势。

首先,充分认识现代信息技术能为教育变革提供的支持,在此基础上设计德育活动创新。中小学生普遍"触网",已使数字视频拍摄大众化,此外,中小学信息技术课程普遍的开设及质量不断提升,使所有中小学生都具有了较高的信息素养和信息能力,几乎都具备一定的数字视频拍摄与艺术加工能力,因此让学生通过拍摄加工微视频来提升德育的学习,恰逢其时,而且"优质资源班班通"、微课、翻转课堂制作设备的配置与实践等,为活动提供了信息化环境、条件和经验的支撑。

其次，充分认识当代中小学生作为"数字土著"的共性特点，在此基础上设计德育活动创新。教学活动设计的重要前提是要对学习者进行分析，通常的教学分析是分析学习者的认知水平以及已有知识储备，而该活动在学习者分析方面层次更高，即充分认识信息时代"数字土著"学习者的共性特点。现在的中小学生都是"零零"后，他们是伴随着互联网成长的数字一代，具有互联网思维，欣赏互联网价值观，善用互联网，"见多识广"，思维活跃，适应碎片化学习，喜欢吸收多媒体信息，习惯于用图像影像表达想法，并能自然熟练地使用各种多媒体元素，对新生事物接受快，敢想敢做。动漫、影视截图为素材的表情包在 QQ 和微信等在虚拟社交活动中交流，已经成为一种新的时尚文化，微视频更是为广大青少年喜闻乐见，成为当今中小学生乐于采用的表达方式，因此该活动契合时代精神、合乎学生特征与兴趣的体验与表达方式，是育人形式与时俱进的创新，是应时代而生。

再次，根据国家发展对教育的新需求设计德育活动创新。1978 年以来的 40 多年间，我国经济、社会发展迅猛，这既得益于改革开放，又得益于人口红利，然而人口红利不可能是无止境的，我国正在逐渐告别这种红利，在人口红利减弱甚至消失的历史时期，要保持国家的持续稳健的发展，并向实现"中国梦"阔步前进，必须用好教育红利。教育红利的本质是人才红利，是通过教育培养创新创造人才，因此我国对创新创造人才需求的迫切程度比任何一个国家都更为强烈，教育必须服务于国家的迫切需求，培养和造就大批创新创造人才。该活动正是立足于此，希望中小学生通过观察社会，在此基础上进行思考和微视频的"创新"，其核心是使学习不停留在知识层面，而上升到思维和方式方法层面，为未来更大的创新创造奠定基础。

最后，在科学认识教育信息化阶段性特征的基础上设计德育活动创新。我国教育信息化已经进入融合、创新阶段，而且融合创新往往是密不可分的，融合是创新的条件，创新是融合的反映，基于此，该活动的设计已远远超出了一般的教育信息化应用，而定位于融合创新，其既是前位的，又是可行的。教育信息化在应用阶段是将信息技术仅仅作为工具使用，而在融合创新阶段是将之作为变革的手段，支持建构新的教与学的方式和模式，相应地使教育信息化由通常"器"和"术"的层面跃迁到"法"和"道"的层面。教育信息化已到了实现这一战略转型的时候了。

二是践行新学习理念。

处于融合创新阶段的教育信息化，要重在支持和促进人们的认知方式和学习方式改变，这是新时代教育现代化的重要内容，也唯有如此才能充分发挥信息技术对教育的革命性影响作用，每所学校在教育信息化方面的大量投入才能有高绩效，而不至于被人们称为"教育信息化无显著性差异"。该活动的设计充分体现了让学生以新的学习方式进行学习：

首先，支持寓于行与创的学习。让学生在学的过程中做，在学的过程中创，将"知行创"很好地统一，这是对传统教育模式的突破。认知领域的学习目标有识记、理解、应用、分析、评价、创造6个层次,通常的德育课是无法达到创造层次的,有的甚至无法企及应用层次,该活动真正使之能达到"创造"层次。

其次,支持长链学习。人们在学习过程中,只有通过一系列环环紧扣的学习、实践、协同、研究活动,才能有效培养高级思维能力和创新创造能力,否则学习者往往停留在一知半解、浅尝辄止的浅层次水平上,难以培养信息时代所需要的拔尖创新型人才[1]。长链学习是信息时代学习资源全球化、网络学习社会化和呼唤创新性人才培养的时代特征所要求的,该活动所设计的学习链足够长,适应了新时代对学习的新需求,可有效避免学习止于浅显。

再次,支持智慧学习。智慧学习是支持和促进人在信息时代个性发展、特色发展、全面发展、终身发展、内驱发展、创新发展的学习,是伴随有思想激荡、智慧碰撞的学习,是为了促进与服务社会发展的学习[2]。活动没有给学习者设过多的框框,而又有着很高的目标,符合智慧学习促进学习者个性发展、特色发展、内驱发展、创新发展的方向,而且活动本身是一种综合能力的训练,可更好地促进学生由单项式的发展向全面发展转化,而且创造本身,必然伴随有思想激荡和智慧碰撞。

最后,支持融合学习。理论与实践、虚拟与现实、学习与创新、学校与社会,对于通常的学习往往将彼此割裂,存在多维的"两张皮"现象,而"该活动将理论与实践统一,虚拟与现实融合,学习与创新一体,学校与社会连接,支持学生无缝地运用各种环境于学习。事实上,活动创新了德育教育的互联网+学习范本。

三是灵活运用互联网思维。

首先,成功地运用了平台思维。一方面是在国家教育资源公共服务平台这一大平台上建构开发活动平台,支持作品在线报送、展播、点播、投票、微信与微博转发和评选,这既使国家教育资源公共服务平台发挥了更大作用,又方便于广大中小学师生避免在寻找平台上花时间、费精力。另外一方面是搭建从学生到教师、学校、县市区教育部门、地市教育部门、省市区教育部门直至教育部的很大的竞赛"场"。竞赛范围越大,形成的竞赛"势场"越大,对人的激发力越大,活动为广大中小学生造就了催其奋进的"星光大道"。

其次,成功地运用了极致思维。极致思维的本质是要做就做最好的,这既与我国一直倡导的精益求精相一致,又与工匠精神相契合。常言道,新生之物其形必丑,然而该活动这一新生事物超乎寻常,通过精心设计使其无论从哪个方面看都有着很高的质量。比如,首届活动设计了很好的"中国梦•三爱•三节"主题,设定了有意义的目标,建立了分级评选和持续展播的机制,制定了科学的评选标准(见表4.12),建立了7×24小时的实时监控制度,组织专门队伍对上传作品进行技术审查和内容初审,等等。

---

[1] 陈琳. 现代教育技术(第2版)[M]. 北京:高等教育出版社,2014:58.
[2] 陈琳,王蔚,李冰冰,等. 智慧学习内涵及其智慧学习方式[J]. 中国电化教育,2016,(12):31-37.

表 4.12 "中国梦—行动有我"微视频作品评选标准

评价指标	评价要素	分值
选题	紧扣"中国梦·三节·三爱"主题，选题角度新颖，主题突出，体现学生有独立见解	30
内容编辑	故事情节完整充实，有层次性，构思精巧、独特，具有较强的趣味性和可观看性	30
内容编辑	影像连贯流畅，形式合理，有较强的艺术表现力和独特的视角，内容具有较强的感染力、吸引力和说服力	20
技术指标	画面清晰，镜头稳定，构图合理，光线、色彩处理得当；字幕清晰、美观，大小适当；声画关系处理得当	15
技术指标	微视频文件类型为 AVI、MPEG2、MPEG4、wmv、flash；作品封面图片类型为 jpg	1
技术指标	时长在 5 分钟内	1
技术指标	封面图片及作品符合命名要求，即以"作品名称+学校.jpg"命名	1
技术指标	使用已有的拍摄素材，不能超过全篇长度的 20%；视频片头应显示标题、作者、指导教师和单位，片尾规定时长 15 秒以内，需显示主要工作人员姓名和片中担任的职务字幕，以及所在学校机构的名称	2

再次，很好地运用了用户思维。用户思维的本质是以人为本，活动的设计处处以学生的发展为本，而且考虑的是群体发展，很好体现了当代中国以人为本的发展理念。

最后，成功运用了颠覆思维。活动是根据时代要求，运用时代技术对方式的时代再造，一定程度上是对传统观念和方式的颠覆。

(2)活动的价值。

该活动的价值在于能很好地提升德育教育质量，但更大的价值已超越活动本身的功用性，而在于引发人们对教育变革的多维思考。

一是对教育变革与发展的启示作用。活动既为我国当代的学校德育工作提供了新思路、新方法，同时又启示人们：在当今时代考虑教育改革问题，要立于时代，出新思路，出新方法，既不能墨守成规，也不能简单应对，同时不能是浅层创新。教育信息化不能停留在一味地建设阶段和简单的应用阶段，要在创新教育模式、变革教育方式方法上下功夫[①]。不能将信息化仅仅用在对传统教育的简单补充、局部改善方面，而要立足于教育的系统化重构，要运用系统思维对教育进行整体建构设计。活动还启示人们，在教育教学中完全可贯穿寓教学于乐，寓教学于察，寓教学于行，寓教学于创。活动使学生的观察力、分析判断评价力、实践力、表现力、艺术创作力、道德力等一并得到培养，启示人们：尽可能地设计多能力综合培养的活动，而这可为创新创造能力培养奠定坚实基础。一个时代有一个时代的办法。该活动一定程度上能成为引发教育深层次变革的"黑天鹅现象"，本身也将成为教育改革链式反应的引发剂。

---

① 陈琳，杨英，孙梦梦. 智慧教育的三个核心问题探讨[J]. 现代教育技术，2017，(7)：47-53.

二是对教育创新的引领作用。当代中国教育面临着三大转型。一是由不完全适应社会到适应社会并向引领社会发展的转型；二是由在世界教育中跟跑、并跑向领跑发展的转型；三是由工业时代的教育向信息时代并迈向智慧时代的教育转型。我国教育的三大转型成功了，就可以更加有力地服务和支持创新强国建设，中国的教育红利、人才红利时代就真正到来了，作为"德为先"领域的该活动，是实现教育三大转变的给人们启发之举，因为可更好培养大德之人，而大德者必行远。

三是丰富中国特色教育信息化道路。活动运用信息技术使"中国梦"教育与日常德育教育有机融合，让广大中小学生深刻理解社会主义核心价值观内涵，用微视频的方式表达着梦想，以独特的小而微的视角解读宏大的"中国梦"，用自己生动的行为诠释"中国梦"的含义，展现自己寻梦、追梦、筑梦的足迹，表达他们实现"中国梦"的共同愿望，从而构筑起自身对"中国梦"的广泛认同，是德育工作的创新拓展。中国教育信息化特色发展路子的主要内涵是信息技术与教育教学深度融合，应用驱动、机制创新。活动正是信息技术与德育教育教学的深度融合，既以应用驱动，又有机制创新，是德育途径、德育形式、德育内涵的发展创新，是对长期存在的"注重道德说教、忽视道德体验"现象的突破，是立意高、影响大、传播广的"立德树人"教育实践，使社会主义核心价值观教育很好地落地生根，方法独特，效果显著。

2）中国梦—行动有我：2018年少年传承中华传统美德微视频作品展播活动

少年传承中华传统美德微视频作品展播活动，是我国全国范围内组织的第二期中小学生微视频作品展播活动，与第一期不同的是，这次是作为教育部开展"少年传承中华传统美德"系列教育活动的一部分，以发挥信息技术在"少年传承中华传统美德"教育活动中的作用，借助互联网传播功能，向社会传递中小学生传承中华传统美德的正能量。学生以微视频的方式，讲述自己、同学、老师、家长等参与"少年传承中华传统美德"系列教育活动的精彩瞬间，反映活动中的所思所想、所感所悟，将活动感受与体悟内化于心、外化于行。

活动主题设定为"少年传承中华传统美德"，内容包括"小小百家讲坛""墨香书法展示""寻访红色足迹""小小传承人""我的家风故事"和"英雄在我心中"。"小小百家讲坛"引导中小学生学习中华优秀传统文化，阅读中国古典文学、民族文化、历史典故、神话寓言等经典读物，增强对中华优秀传统文化的理解和认同；"墨香书法展示"激发培育广大中小学生学习和欣赏书法的热情，不断提高审美能力和人文素养，努力增强文化自信和爱国情感；"寻访红色足迹"引导学生了解、学习中国革命史和中国共产党历史，加深对革命传统和革命精神的感悟，传承红色基因；"小小传承人"鼓励学生发掘家乡的优秀传统文化，通过传承实践，将中华优秀传统文化和中华传统美德内化于心，变成个人的自觉行动；"我的家风故事"鼓励学生弘扬勤俭、节约、孝顺、坚韧等中华民族传统家庭美德，形成积极健康的人格和良好的品质;"英雄在我心中"引导学生铭记英雄,崇尚英雄,捍卫英雄,学习英雄,关爱英雄,传承和弘扬无私无畏、精忠报国的英雄精神。

本活动的设计给学生创新留下了很大空间:可自定题材,创作内容只要积极向上、生动活泼、格调高雅、思想健康,富有创新精神即可;摄像器材不限具体品牌和型号,要求影像清晰、色彩正常即行;音频可以现场录音或后期配音,普通话、方言均可,可自选软件进行视频后期处理,且视频格式不限;作品可以是个人作品或集体作品,可自行创作、拍摄、编辑合成,也可请人表演、配音。

本活动的设计特别注意品德的养成和信息化生活习惯与能力的锻炼:每个作品需准备一张图片,作为作品在网页展示时的封面图片;每个作品需准备一段200字以内的作品简介;作品需保证原创;作品必须由作者(一人或多人)独立完成,作者需承认拥有该作品的版权、著作权、肖像权;作者需确保该作品在报送前未公开发表展示或参加其他赛事(校级以上);作品投票期间,杜绝恶意刷票行为;获奖证书采用电子版形式发放,登录证书验证网站即可下载自行打印,还可扫描证书上的二维码进行验证。

活动的设计特别注意质量的控制:活动采取学校统一报送、省级电教部门推荐、中央电教馆组织专家终审、全程展播的方式进行;作品报送以学校为单位组织,学校需对本校报送作品进行初审,确保报送作品内容健康向上。

活动得到广大中小学校及师生的积极参与,平台上传作品16012部,省级推荐作品5391部,优秀作品最高得票8万多。最后经专家审定,共有1471件作品获得"展播优秀作品"称号、1471件作品获得"展播优秀指导作品"称号、54件作品获得"人气作品"称号,65个单位获得优秀组织单位。

3)中国梦—行动有我:2019年中小幼学生"成语中国"微电影征集展播活动

中小幼学生"成语中国"微电影征集展播活动,是我国全国范围内组织的第三期面向基础教育学生的视频作品类展播活动,与前两期不同的是有三大改变,一是参赛对象增加了"幼学生",二是表现形式由"微视频"改为"微电影",三是参赛内容由"德育"改为"德育+文化"。三大改变充分反映了设计者的与时俱进,其每一改变都非常有意义。

现在幼儿园的学生对信息技术有天然适应性,通过活动发展幼儿园小朋友的创新能力,很有时代意义。

电影与电视过去有许多差别,随着信息技术的发展,电影、影视逐步走向"殊途同归",影视走向合一化,"微视频"与"微电影"已无本质差异,但是"微视频"只是一种媒体类型,"微电影"更多是艺术的形态,由"微视频"改为"微电影"使表达更为准确,更加具有文化、艺术、创新的内涵。

"中国梦—行动有我"是德育活动,是非常有意义的德育活动,将纯粹的"德育"活动改为"德育+文化"的活动,更加丰富了德育的形式,可使德育的形式更为广泛，真正使德育在学生中产生润物细无声的效果。

2019年中小幼学生"成语中国"微电影征集展播活动，是一次将中华优秀传统文化完美融入思想道德教育、文化知识教育、艺术体育教育、社会实践教育的创新活动，立意高。成语是中国语言的重要组成部分，是我国优秀传统文化的一部分，是我国几千年以来人民智慧的结晶。

"成语中国"微电影征集展播活动，是落实党和国家《关于实施中华优秀传统文化传承发展工程的意见》和教育部、中共中央宣传部《关于加强中小学影视教育的指导意见》的切实行动。《关于实施中华优秀传统文化传承发展工程的意见》中"把中华优秀传统文化全方位融入思想道德教育、文化知识教育、艺术体育教育、社会实践教育各环节，贯穿于启蒙教育、基础教育、职业教育、高等教育、继续教育各领域"；"推动网络文学、网络音乐、网络剧、微电影等传承发展中华优秀传统文化"；"开展'少年传承中华传统文化系列教育活动'"，直接指导了该活动的设计。《关于加强中小学影视教育的指导意见》强调"各地教育行政部门和学校要积极开展校园影视教育活动，通过电影赏析、电影评论、电影表演、电影配音、微电影创作、影视节（周）活动等，营造浓厚校园影视文化氛围，让中小学生在看电影、评电影、拍电影、演电影中收获体会和成长"，对该活动同样有指导作用[①]。

成语富于哲理而又形象鲜明生动，表现力特别强。此次活动围绕德、智、体、美、劳等主题，由各学校及幼儿园统一组织学生自主选择教育性强、故事性强、易于表演的成语，结合学生自己的学习、生活和实践活动进行创作，以学校或幼儿园团队形式参与，演绎一个完整故事情节的成语。通过演绎成语故事，学生能够更好地领会成语中所蕴含的人生哲理，从而展现他们的创作能力、语言表达能力和舞台表现力，激发中小幼学生学习成语的热情，提升学生的传统文化素养，为学校和幼儿园创新开展中国传统文化教育提供新路径、新方法，向社会传递学生传承中华传统美德的正能量[②]。

4.4.3 教育信息化管理力与领导力的提升

随着信息技术的发展，技术对教育的变革作用越发显著和深刻，其变革不再局限于教学内容、教学方式、教学媒体、教学资源、教学过程，不断向教育模式、教育管理、校园环境、课程形态、学校形态、治理结构、评价方式等方面扩展，因此提高教育领域管理人员特别是干部的素质和水平，特别是提高教育主管部门领导基于教育信息化的决策水平，就显得非常重要和迫切，因此在全国教育信息化电视电

---

① 曾祥翊．"中国梦—行动有我：2019年中小幼学生'成语中国'微电影征集展播活动"解读[S]．
② 教电馆[2019]26号．关于开展"中国梦—行动有我：2019年中小幼学生'成语中国'微电影征集展播活动"的通知[Z]．

话会议后，我国加大了教育信息化领导力的培养力度。

从 2013 年开始，教育部采用专题报告、案例分析、经验交流、现场观摩、分组研讨、汇报展示等方式，持续对全国县级以上教育局长进行教育信息化培训，重点培训全国所有省级教育行政部门教育信息化分管负责同志、职能处室负责同志、市县教育局局长、地市级教育局长，以提高教育行政主管部门对教育信息化的认识，准确把握新时期教育信息化的内涵、核心理念、思路，更好地了解国际教育信息化的发展态势，深刻领会我国教育信息化的工作方针、工作目标、总体部署和重点任务，进一步明确工作思路和举措，更新工作理念，了解信息技术与教育教学深度融合的典型模式，教育信息化应用驱动和机制创新的先进经验，提升教育信息化工作的统筹能力、领导能力、管理能力、执行能力和创新能力，以教育信息化事业发展推动教育现代化发展。

"网络学习空间人人通"是我国独创，为了更好地推进该工作，从 2016 年开始，教育部与中国电信、中国联通、中国移动合作，采取专家引领、专题报告、课堂观摩、诊断评析、现场实践等方式，持续开展中小学校长、职业院校校长、中小学骨干教师"网络学习空间人人通"专项集中培训。且针对不同的对象，进行内容侧重不同的针对性培训。

对中小学校长围绕"网络学习空间人人通"的组织与推进，学校空间、教师空间、学生空间、家长空间等建设与应用，融合网络学习空间创新教学模式、学习模式、教研模式和教育资源的共建共享模式等开展培训。

对职业院校校长，重点围绕"网络学习空间人人通"的整校推进，学校空间、教师空间、学生空间等建设与应用，融合网络学习空间创新教学模式、学习模式、教研模式和教育资源的共建共享模式，网络学习空间对学校教学、管理和服务工作的支撑、拓展与创新等开展培训。

对职业院校骨干教师，重点围绕教师应用网络学习空间开展备课授课、网络研修、实训教学、指导学生学习等活动，依托信息技术变革传统教学模式与方法，形成线上线下相衔接的新的教学形态等开展培训。

此外，还举办省级教育行政部门教育信息化、基础教育、职业教育、教师培训责任处室负责同志和市县教育行政部门代表参加的"网络学习空间人人通"专题研讨班，以现场观摩教学+专题报告+案例分析+经验交流的方式，就网络学习空间推进机制及在教育教学和教育管理中的应用模式和经验进行交流研讨，提高"网络学习空间人人通"的行政推动能力；举办部属各高等学校教育信息化工作分管负责人和各省级教育行政部门高等教育信息化工作责任处室负责人参加的高等学校教育信息化专题研讨班，就高等教育信息化战略部署、前沿动态以及数字校园、在线开放课程、网络学习空间等建设与应用，系统开展交流研讨培训，助推高等教育信息化事业科学发展；举办中西部地区省级教育行政部门基础教育和教育信息化责任处室处级干部、市县教育局局长参加的中西部地区教育信息化专题研讨班，分享推进教育信息化的成功经验和典型案例，以加快中西部地区教育信息化进程。

多层次的教育信息化专题培训，提升了各级领导对教育信息化的领导力，对教育现代化的推动力。

4.4.4 教育信息化建设专门人才培养

教育信息化的本质特征是以信息技术变革教育，而技术变革教育必须具有时代化的专门的专业人才，必须有能够设计技术变革教育的专业人才，因此教育信息化建设专门人才培养事关教育信息化事业的成败，事关能否以信息化全面推动教育现代化，事关我国实现什么样的教育现代化，以及如何实现教育现代化。

我国高度重视教育信息化专门人才培养，而且这种高度重视是通过设立教育技术学本科专业、教育技术学硕士点、教育技术学博士点、远程教育学硕士点、远程教育学博士点培养教育信息化专门人才加以实现的。

在我国改革开放后，随着我国教育改革的需要，随着电视、录像、录音、投影等媒体的发展，1983年在华南师范大学诞生了技术变革教育的专业——电化教育专业，后来改称为教育技术学专业。世界上有教育技术学本科专业的国家很少，世界上一国有上百所高校拥有教育技术学本科专业的，唯有我国，我国的教育技术学本科专业形成了世界上教育技术专门人才培养的独特风景线。

办电化教育专业是我国立于国情的创造，是适应技术变革教育的新形势发展需要的创造。我国长期处于农业社会，工业社会起步较迟，教育基础薄弱，因此20世纪70年代、80年代的教师，对新兴的电化教育缺少了解，要将电化教育手段引进教育教学并能够有效变革教学，必须有专门人研究、实践、服务，否则难以完成"运用现代教育媒体优化教育过程"的任务。

办电化教育专业是我国的创造，把握好电化教育专业发展的节奏同样彰显了中国特色。1983年到1998年的16年间，我国共批准31所高校办电化教育专业，那时审批电化教育专业，原则上一个省只批准一、两所高校办电化教育专业，这样既保障了人才培养质量，又很好保障了培养的专业人才最大化的发挥作用。1999年开始，随着我国教育信息化高速发展以及高等教育开始迈向大众化，电化教育专业相应进入井喷式增长时期，从1999年至2004年，每年增加的专业数大幅度上升，各年增加数分别是10、13、26、35、35、38[①]，2002—2004年每年批准数量超过过去16年批准数之总和，至2018年教育部共批准239个教育技术学本科专业点，但也有26个专业点因批准后未建设或师资力量不足等原因而被撤销。

电化教育既是事业，又是学科，还是应用与环境，决定了电化教育专业（教育技

---

① 南国农，李运林，李龙，等. 中国电化教育（教育技术）史[M]. 北京：人民教育出版社，2013：189.

术学专业)具有跨学科性、综合性,这就要求培养的学生在业务上是"四位一体"的,即要达到理论、技术、艺术、工程"四项全能"[①],在教育信息化2.0时期,还要求其具有利用新技术、新理念和新方法破解教育问题的创新能力[②],成为教育信息化的建设者、服务者、管理者、研究者、创新者,为此对教育技术学专业的师资提出了非常高的要求。一些学校的教育技术学专业师资远未达到这种高要求,停办部分高校教育技术学专业也就在情理之中,不是市场不需要教育技术学专业,而是社会发展需要优秀的师资团队办高水平的时代化的教育技术学专业。

国内始终有种声音,认为教育技术学专业没有存在的必要,其理由是国外鲜有教育技术学本科专业。事实表明,教育技术学本科专业适合中国国情,是中国特色,如果没有教育技术学本科专业,就不可能有我国教育信息化持续的高速发展和如此的繁荣。我们要坚持走符合国情的创新之路,要坚定专业自信。

随着技术变革教育任务的层次提升,我国分别在1986年和1996年开始了教育技术学硕士和博士的培养历程,在世界上率先建立起了庞大的技术变革教育的完整的专业人才培养体系,而且从2012年开始创设了远程教育学博士点。

我国教育信息化建设专门人才培养,已走在世界前列,但是按我国信息化全面推动教育现代化的使命审视,教育信息化专业人才培养至少必须在以下两方面优化:

1. 加大教育信息化高层次人才培养力度

教育技术学博士(包括远程教育学博士,以下同)是教育信息化高层次人才的代表。目前全国每年招收教育技术学博士生80人左右,其博士培养规模小,严重不适应教育信息化全面推动教育现代化的需要。

2. 加速建立教育技术学科、专业教师的培训提升机制

教育技术学专业具有综合学科的特点,要培养理论、技术、艺术、工程"四位一体、四项全能"的教育信息化建设者、管理者、服务者、革新者、创新者,培养的学生可以授予教育学、理学、工学学位中的一种,还要主动担当信息化全面推动教育现代化的使命,教育技术学从事的教育信息化事业所依赖的现代信息技术是当今发展最快、最活跃的技术,凡此种种决定了教育技术学教师要学的东西太多太多,要钻研得很深很深(特别是随着人工智能深度学习的发展),要做的事纷繁复杂,在如此的条件下如果靠所有教师自学跟上时代并能够在一定程度上引领专业的发展,是非常困难的,因此,当务之急要寻求高校教育技术学教师提升机制的突破,教育部教师工作司、教育部高等学校教育技术学专业教学指导分委员会,在这方面要有新谋划,要有新作为。

---

① 陈琳. 教育技术学本科专业人才培养模式创新研究[J]. 中国电化教育,2010(10):21-27.
② 陈丽,王志军,郑勤华. "互联网+时代"教育技术学的学科定位与人才培养方向反思[J]. 电化教育研究,2017(10):5-11.

从 2011 年开始，全国有 26 所高校的教育技术学专业先后被教育部撤销，原因是多方面的，比如，有的是由于学校学科重新调整，砍去了一些非优势学科，非优势学科的专业一同被砍；有的是创办于教育信息化早期的起步、应用阶段，随着教育信息化进入融合、创新阶段，已有师资感到力不从心；还有的是申报专业时将办教育技术学专业想得太简单，对其时代性、艰巨性认识不足，导致办专业缺少后劲，难以为继。事实上，教育技术专业始终是朝阳专业，前景广阔，但要办好教育技术学专业，同样需要非凡的努力。

4.5 规 划 导 航

4.5.1 规划导航策略内涵与意义

规划导航策略的内涵是重视教育信息化推动教育现代化的统筹规划发展。

规划是较长远的发展计划，是对未来一段时期内发展的基本性设计与整体性谋划。规划的过程是学习、研究的过程，是分析时代、国内外现状、优势与问题的过程，是提高认识、寻求共识、扩大建设发展力量的过程，是对未来发展深思熟虑通盘设计的过程。在事业发展中，规划还具有调动力量、配置资源、推动创新的多重作用。上兵伐谋，规划先行。

教育信息化是全新的庞大的事业，如果没有统一的规划与协调，必然造成建设的无序，形成不了强大的建设合力。教育信息化是支持服务人的发展事业，服务人的工作特别需要科学与谨慎，对教育信息化进行科学规划同样是教育科学性的要求。教育信息化是相当复杂巨大的系统化工程，每年全国支出以百亿元计，稍有闪失就会造成极大的损失，通盘设计、周密部署成为必然要求。就一个学校而言，教育信息化经费投入可能是个小数目，但是"集腋成裘"，放大到 51.89 万所各类学校所支撑的 2.76 亿在校生的大教育，其投入就是巨大的数字，因此对于具有 14 亿人口的大国，教育信息化规划既是我国的特色，也是大国要求之必然。教育信息化规划好了，就可形成全国一盘棋，就可以形成教育信息化发展的集约化；教育信息化规划好了，就可使大家方向明，从而采取更加有力的行动；教育信息化规划好了，就可利用教育系统内、外、上、下的力量协同支持发展教育信息化，从而形成庞大的建设合力。

在我国，不仅仅有时间长短不等、从国家到地方和学校的不同层次的规划，而且规划对教育信息化发展的导向作用十分明显。

《教育信息化十年发展规划(2011—2020 年)》是我国教育信息化成功规划的典范，让人们认清了教育的新形势以及教育面临的技术挑战，明确了十年教育信息化的指导思想、发展目标、发展任务、工作方针、重点项目、保障措施、行动计划，很好地发挥了动员教育信息化力量、确定教育信息化主攻方向等重要作用,进一步增强了教育战线加快教育信息化进程的责任感、紧迫感和使命感,其在后来的几年中,对科学建设覆盖城乡各级各类学校的教育信息化体系、促进优质教育资源普及共享、推进信息技术与教育教学深度融合,对于实现教育思想、理念、方法和手段全方位创新,对于提高教育质量、促进教育公平、构建学习型社会和人力资源强国,都发挥了重要作用。可以说,如果没有《教育信息化十年发展规划(2011—2020年)》,我国教育信息化不可能取得今天这样的高发展水平。

4.5.2 规划的制定与优化

教育信息化规划的制定有许多特殊性,因此既要高度重视规划制定,又要科学制定规划,还要制定成体系的规划,并要很好地落实规划。

尽管我国近几年教育信息化规划已取得许多成绩,但仍存在如下问题:

一是教育信息化规划的研究仍相对薄弱,缺少对其规划理论与方法的深入研究,远远不适应教育信息化战略规划实践的需求,因此有学者提出创立教育信息化战略规划学,以加强教育信息化规划的理论与实践研究[①],实现教育信息化规划从"拍脑袋规划"向"科学规划"的转变。

二是在规划制定的科学性方面差异很大。《教育信息化十年发展规划(2011—2020年)》投入大量的专家和管理者进行长时间调研、酝酿、谋划、讨论等,是一个很好的教育信息化规划文件,但是有些教育信息化规划制定较为随意。受现实中许多单位规划制定的随意性影响,许多人对规划功能的指引性、制定的科学性认识不足,用敷衍了事、马马虎虎的态度对待需要以科学、严谨的态度、前瞻性的眼光、全局性的谋划的规划工作。

三是规划制定间隔期较长。我国已有的教育信息化规划是"十年规划"或"五年规划",如此长的周期很不适应发展异常迅速的教育信息化。我国在教育信息化"十三五"规划颁布两年多后,颁布了《教育信息化2.0行动计划》,在"十三五"与"十四五"期间架起了一座桥梁。如果将《教育信息化2.0行动计划》也看成规划,事实上它也有规划的性质,在两个五年规划之间加插一个教育信息化行动计划,最起码在教育信息化发展变化异常迅猛的当前是十分必要的。

四是规划制定的开放性不够。规划过程不能简单化,不能关起门来搞规划。要开门制定规划,群策群力做规划,如果将规划过程变成写学术论文的过程,则是教育信息化事业的悲哀。只有开门规划,才能保障规划是长远发展的指导、整体发展的指导,是发展的系统化指导。

五是规划的体系化不够。条、块规划不均衡,缺少不同教育类型的规划,缺少

---

① 王运武. 论创立教育信息化战略规划学[J]. 现代远程教育研究,2016(02):35-44.

有关教育领域融合、创新的规划,有的规划是粗线条的,过于宽泛。未来教育信息化规划制定要体现系统思维、整体思维、发展思维,要增加分类型规划,并形成教育、教学、管理、服务等的立体式规划。规划本身是前瞻性谋划,一定要确保教育信息化规划的方向感、创新性、变革性、重构性。规划导航是我国教育信息化的重要策略,但是我国教育信息化缺少重大理论的研究规划、支持与协同的组织。研究更多处于散兵游勇状态,难以形成大的理论研究成果以及理论创新。

4.6 政策保障

政策保障策略是通过制定一系列的教育信息化政策、法规、规范、标准,确保新兴的不断发展的教育信息化沿着正确的轨道科学前行,进而更好推动教育现代化发展。"政策和策略是党的生命",重视政策对事业的推动,是我们党和国家治理的重要经验和优良传统。

我国教育信息化政策保障策略主要通过四大方面加以实施:一是与时俱进地明晰教育信息化的新地位;二是出台多样的教育信息化标准、规范与指南;三是适时发布教育信息化发展的指导意见;四是及时给出教育信息化发展的科学良方——实施方案。

4.6.1 与时俱进地明晰教育信息化的恰当地位

我国深刻洞察教育的时代发展规律,深刻认识现代信息技术对教育的变革作用,在不同的时期明晰教育信息化的重要作用,与时俱进地赋予教育信息化时代新地位。

1998年确立教育信息化是教育改革和发展的制高点地位。时任教育部部长陈至立指出:"现代教育技术是教育改革和发展的制高点与突破口。要实现教育的现代化,要实现教育的跨越式发展,教育信息化是一个关键因素。占据了这个制高点,就可以打开通向教育改革发展的现代化之门。"

2000年确定信息化带动教育现代化的战略地位。教育部关于在中小学普及信息技术教育的通知中,提出在中小学普及信息技术教育,以信息化带动教育的现代化,努力实现我国基础教育跨越式的发展。

2010年确立信息技术对教育的革命性影响作用。《国家教育中长期改革与发展规划纲要》用一章专门论述教育信息化,提出了"信息技术对教育发展具有革命性影响"的论断。

2013年确定信息化扩大优质教育资源覆盖面的有效机制。十八届三中全会决定——《中共中央关于全面深化改革若干重大问题的决定》,要求"构建利用信息化手段扩大优质教育资源覆盖面的有效机制"。

2015年确定信息化全面推动教育现代化的战略地位。在第二次全国教育信息化工作电视电话会议上,刘延东副总理所做的报告开宗明义,题目即为"以教育信息化全面推动教育现代化"。

2018年确立教育信息化对教育现代化的支撑引领地位。《教育信息化2.0行动计划》提出教育信息化是教育现代化的基本内涵和显著特征,是"教育现代化2035"的重点内容和重要标志,以教育信息化支撑引领教育现代化,是新时代我国教育改革发展的战略选择。

4.6.2 适时颁布教育信息化标准、规范与指南

新的信息技术总是不断涌现,决定了信息化永远在路上,教育信息化永远面对的是新情况,要解决新问题。领域的常新性,决定了必须随着发展而有新的法规、标准出台,建构新秩序,使之科学前行。我国高度重视教育信息化法规和标准的制定与完善,特别注重以引领性、开拓性、创新性、指导性、实践性的标准科学规范教育信息化发展,在新世纪,我国全国层面上先后出台了如下主要的标准、规范与指南:

2000年出台《现代远程教育资源建设技术规范》《新世纪网络课程建设技术规范》《新世纪网络课程建设工程质量认证标准》,印发《中小学信息技术课程指导纲要(试行)》。

2001年印发《高等学校计算机网络电子公告服务管理规定》,共青团中央、教育部等8单位联合面向社会发布《全国青少年网络文明公约》,要求各级教育行政部门和学校努力加强青少年的网络道德教育,共同构筑有利于青少年学生健康成长的网络空间。

2002年出台《基础教育教学资源元数据规范》《现代远程教育技术标准体系和11项试用标准V1.0版》《教育管理信息化标准》。历时4年制定的《教育管理信息化标准》出台,使我国教育信息化建设有了一个正式实施的、相对完整的、实用的技术标准与行业规范,适应了我国各级各类学校教育管理信息化建设、各级教育行政管理部门信息需求以及学校与教育行政部门信息资源交流与共享的需要,很好地引导了全国教育管理信息化工作向规范化方向发展,提升了教育管理现代化水平。

2003年出台《高中信息技术课程标准》《视频展示台教育行业标准》。

2004年出台《农村中小学现代远程教育工程试点工作终端接收站点技术方案》。

2005年印发《中小学教师教育技术能力标准(试行)》。

2007年颁发《中小学学生学籍信息化管理基本信息规范》,对中小学学生学籍管理中涉及的入学、升级、毕业、休学、复学、转学、借读、素质评价、考试、奖励、处分等基本信息作出规定,适应了实现全国范围中小学学生学籍数据共享和分析利用的需要,促进了学籍管理现代化水平的提升。

2008年颁布《高等学校管理信息标准》《中等职业学校管理信息标准》《普通中

小学校管理信息标准》《幼儿园管理信息标准》《教育行政部门管理信息标准》《教育卡标准》《国家教育考试网上评卷技术暂行规范》《国家教育考试网上评卷统计测量暂行规范》《计算机辅助普通话测试工作规程》。

2009 年发布《数字化学习社区建设标准》。

2010 年发布《国家教育考试标准化考点建设规范》。

2011 年出台《精品视频公开课建设技术标准》《精品资源共享课建设标准》《共享服务平台建设标准和国家精品开放课程评价规范》。

2012 年发布《教育管理信息教育管理基础代码》等七个教育信息化行业标准,分别是《教育管理信息 教育管理基础代码》《教育管理信息 教育管理基础信息》《教育管理信息 教育行政管理信息》《教育管理信息 普通中小学校管理信息》《教育管理信息 中职学校管理信息》《教育管理信息 高等学校管理信息》《教育管理信息 教育统计信息》)。

2013 年发布《国家示范性职业学校数字化资源共建共享计划资源开发技术规范》。

2014 年发布《中小学教师信息技术应用能力培训课程标准(试行)》。

2015 年发布《职业院校数字校园建设规范》。

2017 年发布《基础教育教学资源元数据》系列教育行业标准,分别为《基础教育教学资源元数据 信息模型》《基础教育教学资源元数据 XML 绑定》《基础教育教学资源元数据 实践指南》。

2018 年发布《中小学数字校园建设规范(试行)》《网络学习空间建设与应用指南》。

几十个标准、指南、规范的出台与发布,保障了我国教育信息化在健康的轨道上发展。

4.6.3 发布指导意见对教育信息化以精准指导

信息技术瞬息万变,我国的经济社会发展一日千里,国人对学习的期待之大、之高、之迫切前所未有,这些与由于地域差异造成的教育条件的千差万别相结合,使得教育信息化发展异常复杂,如果所有都靠规范、标准加以约束,是不适合变化万千的教育信息化发展的,搞得不好就会在建设和发展中出现"钟摆现象"。鉴于此,我国采用了随着新形势的变化、事业发展的特殊节点发布"指导意见"的办法,提高人们新的认识,给全国教育信息化发展以方向性指导,对新的创新性工作进行总体部署和扎实推进,同时又有利于各地因地制宜、因时制宜。将标准、规范的刚性与指导意见方向性、灵活性与柔性相结合,是我国在教育信息化发展中的创新。

进入新世纪,教育部主要发布了如下的教育信息化方面的指导意见:

2000 年的《关于加强高等学校思想政治教育进网络工作的若干意见》。

2001 年的《关于在职业学校进行学分制试点工作的意见》《关于中小学校园网建设的指导意见》。

2002 年的《关于现代远程教育校外学习中心(点)建设和管理的原则意见》《关

于加强高校网络教育学院管理提高教学质量的若干意见》。

2003年的《关于实施全国教师教育网络联盟计划的指导意见》。

2004年的《关于教育电子政务建设的指导意见》《关于加快推进全国教师教育网络联盟计划组织实施新一轮中小学教师全员培训的意见》《关于广播电视大学进一步面向农村开展现代远程教育的若干意见》。

2005年的《关于全面推动农村中小学现代远程教育三种模式应用的指导意见》。

2007年印发《关于在全国农村开展党员干部现代远程教育工作的意见》。

2008年印发《关于进一步加强高等学校校园网络信息安全工作的意见》。

2009年印发《关于推进全国数字化学习社区建设的意见》。

2011年印发《关于推进中小学信息公开工作的意见》。

2012年的《关于加快推进职业教育信息化发展的意见》《关于国家精品开放课程建设的实施意见》。

2014年的《关于加强教育行业网络与信息安全工作的指导意见》。

2015年的《关于加强高等学校在线开放课程建设应用与管理的意见》。

2016年的《关于办好开放大学的意见》。

2017年的《关于全面推进教师管理信息化的意见》《关于数字教育资源公共服务体系建设与应用的指导意见》。

2018年的《关于加强网络学习空间建设与应用的指导意见》。

2019年教育部等六部门的《关于规范校外线上培训的实施意见》。

4.6.4 及时给出教育信息化发展需要的管理与实施办法

教育信息化基础是建设，核心在应用，本质在创新，新的建设、新的应用、新的创造必须有新的管理办法、新的实施办法加以保障，而这里如果靠每个人、每个单位、每个团体的摸索一定是"少、慢、差、费"，因此在我国教育信息化建设中，基本做到了在人们对新的事物发展较为迷茫时，及时以文件的形式给出管理办法和实施方案，给出新的路径，给出科学的方法。

进入新世纪，教育部颁布的我国教育信息化方面的管理办法和实施办法，主要有如下若干项：

2000年的《教育网站和网校暂行管理办法》。

2001年《高等教育学历证书电子注册管理暂行规定》。

2002年的《西部中小学现代远程教育工程项目和西部中小学现代远程教育培训中心教师培训项目实施办法》。

2003年的《教育管理信息化标准实施办法(试行)》《教育管理信息化标准应用示范区建设实施办法(试行)》《现代远程教育校外学习中心(点)暂行管理办法》《国家精品课程建设工作实施办法》。

2004 年的《教育管理软件评测管理办法(试行)》《农村中小学现代远程教育工程试点工作终端接收站点技术方案》《农村中小学现代远程教育工程试点工作验收管理办法》。

2005 年的《农村中小学现代远程教育工程设备及教学资源招标采购管理办法》《教育电子政务建设实施要点》《农村中小学现代远程教育工程实施方案》《农村中小学现代远程教育工程设备及教学资源招标采购管理办法》《教育部科技基础资源数据平台建设管理办法》。

2006 年的《国家教育统一考试网上评卷工作考务管理办法》。

2007 年的《普通高等学校新生学籍电子注册暂行办法》。

2008 年的《中国语言资源有声数据库建设试点方案》《教育服务与监管体系信息化建设项目管理暂行办法》《教育服务与监管体系信息化建设系统运行维护管理办法》《国家教育考试网上评卷暂行实施办法》。

2011 年的《网络高等学历教育招生与统考数据管理暂行办法》《"网络游戏未成年人家长监护工程"实施方案》。

2012 年的《精品资源共享课建设工作实施办法》《国家级精品资源共享课项目管理办法》。

2014 年的《高等学校学生学籍学历电子注册办法》《构建利用信息化手段扩大优质教育资源覆盖面有效机制的实施方案》。

2016 年的《教育信息化项目管理暂行办法》。

2018 年的《网络学习空间建设与应用指南》。

4.7 应 用 驱 动

4.7.1 应用驱动的内涵与本质

应用驱动策略是指以促进信息技术在教育教学中的应用、通过信息技术的应用提升教育应用效果为目标安排教育信息化工作,发挥教育信息化的重大作用。应用驱动既是我国教育信息化的发展策略,又是相当长时间内我国教育信息化的指导方针之一。

信息技术只有在教育教学中应用才能发挥其对于提高教学质量的强大支撑作用,信息技术只有在教育中应用才能体现教育信息化的价值,因此,我国提出要课堂用、普遍用、广泛用、经常用[①],在应用中发展,在应用中提升[②]。当然,在不同

---

① 杜占元. 全面深化应用 全面实现"十二五"教育信息化发展目标——在 2015 年全国电化教育馆馆长会议上的讲话[J]. 中国电化教育, 2015(05): 1-5.

② 杜占元. 深化应用 融合创新 为实现"十三五"教育信息化良好开局做出贡献——在"一师一优课、一课一名师"活动国家级培训暨 2016 年全国电化教育馆馆长会议上的讲话[J]. 中国电化教育, 2016(06): 1-6.

时期，教育信息化应用的内涵是不同的、应用的层次是不同的，比如，就学习应用而言，早期的信息技术更多服务课堂学习，信息技术更多是传播信息的工具，而今更多地在支撑网络化的泛在学习，还发展成为学习中的交流、交往、设计、创新创造的工具。

应用驱动的核心是以应用为导向，而不是以建设为导向，更不是以建设为目的。应用既是切入点，又是着力点。用，不是简单、初级地使用，而要与教育的实践相结合，与改革教学方法、丰富教学内容、培养学生的创新精神、提高教学质量、改进教育管理服务这些问题结合起来[1]。

应用驱动是对教育信息化起步阶段一味地比拼教育信息化投入、装备性能的"唯量倾向""唯新倾向""硬件驱动"的一种纠正。教育信息化起步必须从信息技术的设备和软件切入，但这种切入不能长期维系，经过一段时间建设发展后，必须及时转向以应用作为切入点和着力点。设备和软件是构成教育信息化环境建设的基础，是教育信息化的重要内容，但不是教育信息化的目标，只是对教育信息化起支持和保障作用，因此必须及时转向应用阶段。教育信息化应用是过程，是实践，是信息技术与教育教学及学习相结合的过程，要让广大教师和学生在信息技术与教育教学及学习相结合的过程中去体会、提高、改变。只有这样教育信息化对教育才真正有意义，也只有这样才能真正体现教育信息化的核心理念。

应用驱动的本质是通过信息技术在教育教学中的广泛应用，促进教师和学生的改革，促进教育的改革和提升，相应我国在教育信息化方面形成了以应用为导向，以基础建设营造应用环境，以教学、科研拓展应用渠道，以培训促进应用效能，以评价提升应用水平的特色[2]，并在实践中逐步明确了应用驱动的多层要义，比如：要着眼于解决教育改革与发展中的问题，在教与学的主战场中开展应用；要让师生在日常教与学的活动广泛应用，贯穿于教学活动的始终应用，实施改造教学方法的应用；要在教育教学改革与发展的过程中不断提出新的应用、实践新的应用[3]。

4.7.2 教育信息化应用的扎实推进

应用是手段，改变是目的。但通过应用改变要有条件，要有氛围，要有方向，为此我国在推进应用、提升教育应用效果、拓展教育应用范围、促进应用层次提升方面，采取了一系列措施。而且，我国在教育信息化推进的一系列重大举措，其中相当部分是着力提升教育信息化的应用水平与应用效果的。

---

[1] 杜占元. 杜占元副部长在教育管理信息化工作研讨会暨2012年全国教育信息中心主任会议上的讲话[J]. 中国教育信息化，2013(01)：3-5.
[2] 雷朝滋. 以教育信息化全面推动教育现代化开启智能时代教育新征程[J]. 人民教育，2019(02)：40-43.
[3] 杜占元. 推进教育信息化的目标、部署和认识[J]. 中国高等教育，2013(24)：3-5.

4.7.2.1 以"晒课"活动推进应用

教育部将"一师一优课、一课一名师"活动作为基础教育信息化的扎根工作大力推进。"应用"要有基础,要有"根"。应用面上看得见的"根"是"教师",而更深的支根、细根是"学生"。已有 2000 多万人次的教师在国家资源公共服务平台上晒课,产生了 140 万堂"优课",说明调动了广大教师应用的积极性,应用根深叶茂,为达到"普遍用、经常用、广泛用"的要求奠定了基础。

4.7.2.2 以应用能力提升工程提升应用

2013 年起并已于 2017 年结束的中小学教师全员参与的信息技术应用能力提升工程,为广大中小学教师在教学中想应用、会应用、善应用信息技术,进行了信息时代的赋能,推动了全国基础教育教师信息技术整体应用水平与能力的极大提升。

4.7.2.3 以"班班通"与"全覆盖"促进优质资源共享应用

我国"十二五""十三五"教育信息化标志性工作"三通两平台"中的"班班通",指向的是"优质资源",是为广大师生共享优质资源进行教与学创造条件与提供支持保障,调动了人们应用优质资源的积极性,激发了扩大优质资源应用范围、效果的方式方法的创新性。

"优质资源班班通"是促进优质资源在"面"的共享,"教学点数字教育资源全覆盖"项目,则推动了优势资源在"点"上的应用;"优质资源班班通"是着眼于普遍提升的应用,是增长应用"木桶"的所有板,"教学点数字教育资源全覆盖"项目,是对"教学点"的精准施策,是增长应用"木桶效应"中的短板,通过该应用提升教育公平。"优质资源班班通""教学点数字教育资源全覆盖"项目,催生了"名师课堂""专递课堂"和"名校网络课堂"等以优质资源共享应用为特征的课堂新模式。

事实上"三通"中的"宽带网络校校通"的目标与任务也是按照应用驱动的基本思路提出的。"宽带网络校校通"虽属于信息基础设施建设范畴,但强调应用环境的建设,是为教育信息化的应用创新更便捷的网络条件。许多教育信息化的其他工程,同样在支持应用驱动,或者本身也是按照应用驱动的思路设计的。

4.7.2.4 以网络空间建设推进新型常态化应用

"网络学习空间人人通"是利用云技术、宽带网络技术为教师、学习者、教育管理者提供基于网络服务空间与环境的应用,是新的虚拟学习应用空间的开拓。

此外,多数教育信息化竞赛活动,一定程度上起到了激发师生创新信息技术应用的作用。

4.7.3 八类应用模式

应用驱动卓有成效,我国教育信息化初步形成了八类应用模式,这就是资源共建共享的模式、教师应用的模式、课堂应用的模式、数字校园的模式、网络学习空间的模式、校际应用的模式、区域整体推进的模式和管理信息系统的应用模式[①]。

4.7.4 正确践行应用驱动

应用驱动在教育信息化的发展中也存在被曲解的情况,比如,为用而用,不顾效果的一味使用,使学生反感,甚至于造成逆反心理。有的教师教学用 PPT,不按多媒体认知规律进行设计,将 PPT 作为教学的"提词器"了,PPT 上呈现的是上课要说的每一句话,上课变成读 PPT 了,存在严重的教学 PPT 依赖,教学变成放电影式的一次过,教师的教学成为"人灌"+"机灌",学生苦不堪言却收效甚微。

在教育信息化中还存在刮风式应用,比如,当电子书包还不是很成熟时,就一味推广使用,结果劳民伤财;在一些学校以在教室四壁遍布显示器为时尚。

在教育信息化中存在着以物为中心的使用,在一些学校,当教室改装成多媒体教室后,学生就丧失了在里面自修学习的机会,为了保护万元左右的设备,而牺牲了学生的学习权利;一些学校购买使用很不成熟的信息化管理系统,浪费了师生大量宝贵的时间。

在教育信息化中存在着不顾学生健康式的应用,比如,让学生配套头盔进行虚拟现实的学习或脑电波监控,可能有损伤学生视力和大脑认知的风险,增加学生心理负担,引起了广泛批评。

在教育信息化中存在着乱贴标签式应用,比如,有的学校将一个个教室改造成录播式,只是为了教学督导不需要进课堂听课。

以上这些教育信息化应用中问题的出现,有些是未全面正确理解应用驱动所致,有的是因为教育信息化是什么、为什么的问题还没有搞明白,缺少对教育信息化的常识性正确认知,未能很好建立信息化的初心所致。教育信息化的应用要紧紧围绕提升学习的效果、效益、效率,提升教学的效果、效益、效率而开展工作,应用驱动应该去除不该有的功名驱动和利益驱动。

4.8 深度融合

深度融合策略是指要通过信息技术与教育教学深度融合,发挥信息技术对于教

---

① 雷朝滋. 教育信息化:从 1.0 走向 2.0——新时代我国教育信息化发展的走向与思路[J]. 华东师范大学学报(教育科学版),2018,36(01):98-103.

育的革命性影响作用,推动教育的时代化和现代化发展,信息技术与教育教学深度融合相应成为我国教育信息化的核心理念[①]。

4.8.1 信息技术教育运用的阶段划分

信息技术的不断发展及其在教育中的应用,将导致教育最终从目的、内容、形式、方法到组织等发生根本性的变革。但是,变革不是一蹴而就的,需要经历漫长的多中间过程[②],形成若干中间过渡态。信息技术在我国教育中的作用,经历了由小作用到更大作用再到变革作用的发展。信息技术在教育中的运用,从程度方面看可以大体分为编程使用、课程整合、深度融合与融合创新的四个阶段。

编程使用阶段是在多媒体、互联网还没有能够在教育上普遍采用时期,信息技术在教学中只有极少数专家和计算机教师使用,因为通过计算机编程才能应用,所以不太适宜规模化教学。

课程整合阶段在我国始于1998年前后,这时多媒体计算机技术相对成熟,价格也能够为条件好的学校接受,多媒体投影机的性能已经初步达到在明室使用的要求,多媒体投影机的亮度和清晰度已能够基本满足教学的使用要求,许多教师也开始尝试将以"多媒体计算机+投影机"为特征的信息技术应用于自身的课程教学,相应提出信息技术与课程整合。

深度融合阶段始于2012年教育部出台的《教育信息化十年发展规划(2011—2020年)》中提出"信息技术与教育教学的深度融合",使信息技术在我国教育教学中的应用由整合阶段开始向融合阶段转变。

融合创新阶段始于2018年教育部出台的《教育信息化2.0行动计划》中提出"推进新技术与教育教学的深度融合,真正实现从融合应用阶段迈入创新发展阶段,不仅实现常态化应用,更要达成全方位创新",使信息技术在我国教育教学中的应用由融合阶段开始向创新阶段转变,开始了我国教育信息化融合创新的新的历史时期。

4.8.2 信息技术与课程整合

信息技术与课程整合是在课程的教学活动中全面使用信息技术,以便更好地完成课程教学目标。

信息技术与课程整合的核心是信息技术与课堂教学的整合,既发挥传统课堂教学模式的优势,又设计新的课堂教学结构,探索课堂空间的拓展——与数字学习资源"链接",探索课堂时间的延伸——与学习相关过程的融通,其最终目的是实现

---

① 杜占元. 推进教育信息化的目标、部署和认识[J]. 中国高等教育,2013(24):3-5.
② 刘儒德. 信息技术与教育相整合的进程[J]. 高等师范教育研究,1997(03):18-23.

信息技术与教学过程其他要素的无缝连接①。信息技术与课程整合的关键是将信息技术作为学习的认知工具，建构多样的数字化学习的教学模式。数字化的学习环境建设、数字化学习资源建设、数字化学习方式建构，成为信息技术与课程整合时期教育信息化的重要工作。利用数字化资源进行情境探究学习，借助资源自主发现探索性的学习，利用网络群进行合作式讨论式的学习，使用信息工具进行实践性、创新性的学习②，成为新的学习方式。

信息技术与课程整合，使信息技术完成了工具性质的重大变迁，即由计算工具扩展为学习工具。信息技术与课程整合，诞生了网络课程，推动了网络教育学院的问世和现代远程教育的不断完善与发展，扩大了教育规模。

整合不等同于混合，混合只是在课程中运用了信息技术，而整合要使学习发生变化。

4.8.3 信息技术与教育教学深度融合

信息技术与教育教学深度融合是我国教育信息化的一个核心理念。只有抓住了这个核心，才能真正端正教育信息化为教育改革发展服务的思想，信息技术才能对教育产生革命性影响。如果核心把握不准，就会产生"谁买的设备更好，谁的教育信息化就做得好"的错误认识和导向③，如果这样，势必成为教育信息化的灾难。

课程"整合"强调的是课程教学，信息技术作为教学的工具手段。"融合"一词具有密不可分、互相渗透、互相作用、有机结合、无缝连接的意思，信息技术与教育教学"融合"，基于技术应用，但高于技术应用，信息技术一定意义上超越了工具的辅助性，能够与教育教学相互促进。一方面是信息技术进入教育教学过程，由此而形成新的教学方法和模式；另一方面是新的教育教学理念和模式的应用与发展，又对信息技术发展提出新的更高要求。

信息技术与教育教学深度融合是复杂而长期的过程，既要将信息技术融入教育教学的全过程，又要运用信息技术改变原有的教育教学过程与模式，在其发展中要重点关注如下方面的发展④：

（1）人的素养的提升。由传统"读、写、算"为核心的素养，新增以创新创造、批判性思维与问题解决、团队协作为核心的素养的发展。

（2）教学模式与学习服务的发展。由传统教学方法和评价方式，转向以大数据为支撑的精准教学和基于过程的发展性的量化评价，实现规模化基础上的个性化学习

---

① 李子运，李芒，陈维嘉. 信息技术与课堂教学的整合[J]. 中国远程教育，2001(05)：61-64.
② 李克东. 数字化学习（上）——信息技术与课程整合的核心[J]. 电化教育研究，2001(08)：46-49.
③ 杜占元. 杜占元副部长在教育管理信息化工作研讨会暨2012年全国教育信息中心主任会议上的讲话[J]. 中国教育信息化，2013(01)：3-5.
④ 杨宗凯. 推进信息技术与教育的深度融合[J]. 中国教育学刊，2016(11)：151.

服务，逐步真正实现因材施教；由以知识传授为主的教学方式转向以能力素质培养为主的教学方式。

(3) 资源的建设与利用方式发展。数字资源由自发建设、共建共享，转向公建众享以及企业建设用户购买服务的方式转变，零散资源向平台资源集聚，资源静态建设走向与动态进化和伴随式生成相结合，由为教建设网络资源向为学而建在线资源转变，由传统的资源用户主动通过搜索来获取资源的定位，转向利用大数据和智能分析技术进行分析，主动向学习主体推送个性化资源发展；实施"教育资源服务平台建设工程"，促进共建优质教育资源[①]。

(4) 教师能力发展。信息技术的不断发展使教师角色持续受到挑战，教师要由知识的传授者转向同时是教学活动的组织者和参与者，再转向同时是创新创造活动的指导者、组织者、参与者，实现技术+艺术+学术的高度融合。

信息技术与教育教学深度融合，要在实践中处理好虚拟与现实、版权保护与开放内容、规模化与个性化、资源形式碎片化与知识系统性之间的平衡关系。

4.9 机制创新

教育信息化是一个动态的、持续演进的、复杂的系统过程，其多样性决定了必须根据阶段的不同、实际发展情形的不同，采用不同的机制加以推进。教育信息化是一个全新的领域，新的领域必须有新的发展机制支撑。多样的创新的机制，成为教育信息化健康发展所必需。遵循教育信息化发展的内在规律，我国在信息化推动教育现代化的进程中，始终重视创新机制、创新多样的机制。我国在《教育信息化十年发展规划(2011—2020年)》中，将"以体制机制和队伍建设为保障"作为指导思想的重要内容，将"创新体制机制，实现教育信息化可持续发展"作为发展任务之一，提出"建立政府引导、多方参与、共建共享的开放合作机制""建设资源建设机制""推动高校创新科研组织机制""探索国家继续教育优质数字资源公共服务平台的运营机制""建立国家教育管理公共服务平台配套服务机制""探索国家公益性网络的可持续发展机制""逐步形成政府购买公益服务与市场提供个性化服务相结合的资源共建共享机制""形成教育信息化标准测试、认证、宣传和应用推广的保障机制""探索建立安全绿色信息化环境管理机制""创建用户按需购买产品和服务的机制""建立教育信息化技术创新机制和战略研究机制""建立教育信息化产业发展机制""建立高效实用的运行机制""建立资源评价机制""探索信息化对教育产生革命性影响的新机制""建立数据采集、交换共享、管理与应用的工作机制""建立公益性信息化基础设施的可持续发展机制""建立经费投入保障

---

① 周洪宇. 信息技术与教育深度融合的政策建议[J]. 人民教育，2014(07)：11-14.

机制""形成多渠道筹集教育信息化经费的投入保障机制""健全工作督导机制",等等。经过多年的探索,形成了多样的机制,而且机制创新成为我国特色教育信息化路子的重要组成部分,以下只选择若干机制中的部分作分析探讨。

4.9.1 政府主导的协同建设机制

在我国各类教育的信息化当中,基础教育信息化涉及的范围最广、服务于人的数量最多,因此我国教育信息化的机制,更多的是指基础教育信息化的机制。在相当长时间内,我国基础教育信息化采用"政府规划与投入,中小学使用"的推进机制,在教育信息化起步阶段,该机制很管用,但在教育信息化应用阶段,特别是教育信息化走向融合阶段、创新阶段,该机制存在着持续推进困难与发展瓶颈,因此我国相应建立了教育信息化协同推进机制[①]。

处理好政府和市场的关系,既是我国经济体制改革的重点,也是我国教育以及我国教育信息化改革和发展必须解决的重大课题,尤其是在优质数字资源与教育信息化平台建设方面。因此,我国所倡导的教育信息化机制创新,是创新调动全社会一切可以调动的力量,将政府的力量、市场的力量、广大师生的创造性和力量都调动起来推动教育信息化的机制,是创新形成政府和市场"两条腿"走路,将"看不见的手"和"看得见的手"都用好,形成政府政策支持、企业参与建设、学校持续使用的机制。政府引导、鼓励、制定政策,企业搭建平台与创造环境,教师和学生结合教学实践应用与发展,是我国教育主管部门所总结的教育信息化机制创新的主要内容[②]。该机制的核心是鼓励企业和社会力量投资、参与数字教育资源和数字教育平台的建设与服务,把市场配置资源的优势在教育信息化方面得到充分发挥,把企业等机构在教育信息化专业化服务方面的优势充分发挥。企业参与机制的核心是合作共赢发展。

由于对机制创新的重视,我国很快形成了教育信息化 GUES 四方协同的推进机制。其中 G 代表政府(Government),U 表示高校(University),E 代表企业(Enterprise),S 是表示用户学校(Subscriber)。这种推进机制核心是"政府主导、大学献智、企业推动、学校参与"的协同机制,多方面共同作用,既有政府资金与管理支持,又引入高校的先进理论、公司的先进技术,还调动学校以及师生主动参与的积极性[③],且四方责任明确,协同工作:

政府是教育信息化的第一责任主体,主要负责教育信息化的统筹规划、顶层设计、政策制定、师资培训、财力投入、协同协调和监督监管,为大学、企业参与教

---

① 左明章,卢强. 区域教育信息化协同推进机制创新与实践[J]. 中国电化教育,2017(01):91-98.
② 杜占元. 在教育管理信息化工作研讨会暨 2012 年全国教育信息中心主任会议上的讲话[J]. 中国教育信息化,2013(01):3-5.
③ 王继新,施枫,吴秀圆. "互联网+"教学点:新城镇化进程中的义务教育均衡发展实践[J]. 中国电化教育,2016(01):86-94.

育信息化建设提供政策和制度保障，为中小学信息化教育教学变革提供资金支持。

大学具有教育信息化理论、方法、模式以及信息技术促进教育教学变革的研究理论优势与研究优势，在教育信息化推进中主要担负理念引领、理论引导、实践指导等智力支持工作，为政府政策制定、规划、制度建设等提供智力支持和决策指导，为企业信息化资源和产品研发提供智力支持和理念指导，为学校基于信息技术的教育教学变革和信息化教学实践提供智力支持和理论指导。

企业具有教育信息化的技术优势与服务能力，负责为教育信息化的基础设施建设、资源开发、管理与服务平台开发提供技术与服务，以及运营维护服务，为信息技术与教育教学的深度融合提供全方位的技术与服务保障。

中小学是基础教育信息化的主战场，负责本校教育信息化建设的组织与监督，根据自身发展需要提出教育信息化的建设、改革、改进需求，动员和组织广大师生主动积极地进行基于信息技术的教育教学创新实践、充分发挥信息技术对教育教学变革的重要作用，不断提升教育信息化应用管理水平和信息化教与学的能力与水平。

多方协同的机制，调动了各方面的积极性。我国信息技术企业，尤其是有技术、有实力、有社会责任感的大企业，充分发挥自身优势，积极参与、支持教育信息化建设，助力教育改革和发展。比如，2016年教育部与中国移动签署为期5年的"十三五"战略合作框架协议，确定"十三五"期间聚焦八大领域展开全面合作，深入推进教育信息化：①在教育信息化基础设施建设领域，深入推进"三通工程"；②在教育管理及资源平台的应用与协同领域，推动教育平台互通互联，搭建各级教育云平台；③在优质教育资源开发、共享与应用领域，支持探索数字教育资源开发、共享与供给模式，扩大优质教育资源覆盖面；④在信息技术与教育教学融合创新领域，支持深化信息技术与教育教学的融合互动，协助推动教学改革和教育创新；⑤在信息技术应用能力培训与提升领域，大力提升教育行政管理干部、学校校长及教师的信息技术应用能力和学生信息素养，拓展师生适应信息时代需要的创新能力；⑥在信息技术和产品研发及推广领域，双方积极支持下属机构联合申请、共同承担国家在移动通信和教育信息化领域设立的重大科技项目；⑦在教育与公益活动领域，开展各类联合活动，深化业务合作；⑧积极支持教育部及各级教育行政部门与各级各类学校的管理信息化建设，提供语音、数据、融合通信、视频监控、会议系统、移动办公等多种信息化服务。中国移动自2011年与教育部签署"十二五"战略合作框架协议以后，为帮助学校实现宽带接入，投资数百亿元用于网络建设，其网络覆盖几十万所学校；搭建的"和教育"云平台，服务上亿教育用户。

4.9.2 协同机制再优化

四方协同机制推动了我国教育信息化发展，但是该机制在运行中还是发现一些问题，从时代发展的新要求看，可从三个方面对已有GUBS协同机制进行优化。

1. 更好发挥教育系统专业机构的作用

在现有的 GUBS 模式中,忽视了我国教育系统存在的电化教育馆、教育科学研究院、教育管理信息中心、教育装备研究与发展中心等专业机构对于教育信息化的作用,而电教、信息、装备、教研等教育系统专业机构可在教育信息化中发挥很大作用,发挥其他主体无法替代的作用,事实上它们一直在发挥非常大的作用,因此全国《教育信息化"十三五"规划》在"教育信息化服务支撑机制"部分相应提出"整合教研、电教、信息、装备等教育系统专业机构的力量,充分利用相关企业专业化服务的优势,形成合力,为学校、师生等提供优质、便捷、高效的服务"。

各级电化教育馆、教育科学研究院、教育管理信息中心、教育装备研究与发展中心等作为教育系统事业单位的专业机构,在教育信息化发展中是政府教育信息化等政策与规划的执行者、推动者与制定的智囊智库,是教育信息化公共服务体系的规划者、建设者、运营者与管理者,是网络与教育信息安全的重要保障,是教育信息化运行维护与技术支持服务的专业队伍[①],很显然,在我国教育信息化的机制中,它们是不能缺位的,由此应该将我国教育信息化协同与应用推进机制,由 GUBS 机制发展为 GOUBS 协同与应用推进机制,即新增专业机构(O,Organization)。

2. 由大学的指导聚焦为专门研究机构的指导

教育信息化必须有理念、理论、模式、方法的指导,在 GUBS 机制中是依靠大学,但实际运行表明,许多大学的教育信息化方面的专家远不能胜任指导,使该机制运行失灵。问题出在教育信息化是庞大的体系,许多大学老师的知识体系过于狭窄,在庞大的体系面前无所适从;问题出在教育信息化是创新的体系,许多大学老师还不适应该创新体系;问题出在我国教育信息化已进入引领发展阶段,许多大学专家还没有引领的胆量与担当。为了解决这一问题,必须将"大学"这一泛化的指导群体再行窄化,限制为层级较高的教育信息化研究机构的专家,这些教育信息化研究机构可以存在于大学,也可以在大学之外,比如省级、部级、国家级的教育信息化以及智慧教育的工程中心、重点实验室、研究中心,如此限定后可确保专家的引领性,真正对教育信息化发展提供智力支持,真正利用自身优势,在理论研究、决策支持、实践指导等方面提供有力支撑。

由于这些高级别的研究机构,具有教育信息化智库(Think Tank)的功能,因此 GOUBS 协同与应用推进机制,应该发展为由政府(G)、专业机构(O)、研究智库(T)、信息化企业(E)、用户学校(S)五方面构成的 GOTBS 协同与应用推进机制。这里的用户学校包括中小学而不局限于中小学。

---

① 史利平. 信息技术与教育深度融合的机制创新解析[J]. 教育研究,2018,39(10):147-153.

3. 对学校提出首席信息官制度要求

教育信息化的基础在学校。在 GOUBS 协同机制中，用户学校是教育信息化的作用域、功能场，是教育信息化发挥作用的最后一公里。而学校教育信息化的关键在校长、教师，校长的教育信息化领导力，师生的信息素养、信息理念、信息创新，学校教育信息化的建设理念、服务理念、管理理念等直接决定了教育信息化的效能，这就对用户学校提出了高要求：学校要有专业人进行专门化的教育信息化谋划与科学决策，"建立'一把手'责任制，主要领导亲自抓信息化工作"，"建立由校领导担任首席信息官制度，全面统筹本单位信息化的规划与发展"，"加强信息化专业队伍建设，确保学校信息化管理与服务工作得到落实"[①]。

4.10 科 技 支 撑

科技支撑策略是通过科学研究促进信息化推动教育现代化的科学发展，通过技术创新不断提升信息化推动教育现代化的水平。科学技术是第一生产力，是教育信息化发展的强大支撑。我国主要通过设立专门科研机构加强研究开发，设立专门项目类型支持教育信息化研究，鼓励企业支持创新研究，大力研究符合中国国情的技术应用，造就科研与人的发展良性互动机制等举措，发挥科技对信息化推动教育现代化的强大支撑作用。

4.10.1 设立专门科研机构加强研究开发

建立教育信息化领域的省部级和国家级工程中心、教育部重点实验室、国家工程实验室、部级研究基地等研究机构专门从事教育信息化研究，从而促进教育信息化更好发展。

4.10.1.1 设立教育信息化领域的工程技术研究中心

教育信息化领域的工程技术研究中心是教育信息化科技创新体系的重要组成部分，是以教育信息化推动教育现代化和技术变革教育的需要，以及建设创新型国家与产业结构优化升级的战略需求，以提高自主创新能力、增强产业核心竞争能力和发展后劲为目标而建立的研究开发实体。

1. 教育信息化领域的国家及教育部工程技术研究中心

国家和教育部的工程技术研究中心，主要有国家数字化学习工程技术研究中心、教育部数字学习与教育公共服务工程研究中心、教育部数字化学习支撑技术工程研究中心、教育部数字化学习技术集成与应用工程研究中心等。

---

① 教技[2016]2 号. 教育信息化"十三五"规划[Z].

2009年科技部批准建立国家数字化学习工程技术研究中心，由华中师范大学承建。国家数字化学习工程技术研究中心主要研究数字化学习标准与技术、数字教育公共服务体系与软件系统、教育资源集成与开发、数字媒体内容集成与开发等，取得了双板数字教室系统、资源服务系统、课堂交互系统、学习管理系统、空间视频系统等多项自主知识产权的科技成果，形成了良好的社会效益和经济效益，成为我国教育信息化技术研发、产品推广、产业示范的重要基地，代表了国内教育信息化领域技术研发和工程实践的一流水平。

教育部数字学习与教育公共服务工程研究中心由北京师范大学承建，教育部数字化学习支撑技术工程研究中心由东北师范大学承建，教育部数字化学习技术集成与应用工程研究中心由国家开放大学承建。

2. 教育信息化领域的省市工程技术研究中心

部分省市建有省级的教育信息化领域的工程技术研究中心，比如，上海建有数字化教育装备工程技术研究中心，由华东师范大学承建，广东省建有智慧学习工程技术研究中心，由华南师范大学承建，江苏省建有教育信息化工程技术研究中心，由江苏师范大学承建。

4.10.1.2 设立教育信息化领域的工程或重点实验室

1. 设立教育信息化领域的国家工程实验室

国家发展和改革委员会着眼于技术变革教育的重大需求，2016年首次立项建设教育信息化方面的国家工程实验室，相应批准了教育大数据应用技术国家工程实验室、互联网教育智能技术及应用国家工程实验室、互联网教育数据学习分析技术国家地方联合工程实验三个国家级实验室，由华中师范大学、北京师范大学、西北师范大学等单位分别承建[①]，杨宗凯、黄荣怀、郭绍青分别担任国家级工程实验室主任。

教育大数据应用技术国家工程实验室是我国首个专门从事教育大数据研究和应用创新的国家工程实验室，建设目标是成为国内领先、国际一流的教育大数据理论研究、工程实验、成果转化和高端人才培养平台，在提升我国教育质量、促进教育公平和教育治理能力的革命性发展中起到关键性作用，支撑国家教育现代化发展目标，重塑以智能化为核心的未来教育。根据建设任务以及攻克教育大数据关键技术和开展应用服务的实际需求，重点建设由"一个数据中心+五大研发平台+七大研究中心"（"1+5+7"）所构成的教育大数据应用技术研发平台与创新应用研究中心，形成教育大数据创新应用示范网络，形成教育大数据产业创新联盟，引领产业发展。

互联网教育智能技术及应用国家工程实验室的主要任务是建设互联网教育智能

---

① 陈琳，杨英，华璐璐. "十三五"开局之年以信息化推动教育现代化新发展——2016年中国教育信息化十大热点新闻解读[J]. 中国电化教育，2017(02)：69-75.

技术应用研究平台，支撑开展远程教学交互系统、知识建模与分析、学习者建模与学习分析、学习环境设计与评测、系统化教育治理等技术的研发和工程化。通过建立支撑互联网教育的试验平台，形成国内一流的科研环境，主动承担国家和行业重大科研项目，在学习资源生成进化和智慧学习环境等方面取得一批关键技术成果并成功转化，构建互联网教育智能技术领域的自主知识产权和标准体系，形成可持续的产学研协同创新机制，促进教育公平、教育质量提升和学生个性化发展，为推动互联网教育智能技术的进步和产业发展提供技术支撑。

互联网教育数据学习分析技术国家地方联合工程实验室主要围绕互联网教育云服务关键技术研发、自适应数字化教育资源开发、互联网教育大数据决策与评估三个方向，开展基于大数据的学习行为分析技术、云端个性化资源推送技术、数字化教育资源交互设计技术、虚拟现实和增强现实数字化学习资源环境构建关键技术、教育决策与评估数据采集与分析技术等互联网教育中关键技术的研究。

2. 设立教育信息化领域的教育部重点实验室

教育部设立的教育信息化领域的重点实验室，有陕西师范大学承建的现代教学技术教育部重点实验室，北京师范大学承建的"移动学习"教育部-中国移动联合实验室。

现代教学技术教育部重点实验室是以现代科技支撑教学的教育部重点实验室，基于聚合科技的思想，以教与学、创造性和教师发展为研究核心，以认知神经科学、信息技术、技术集成为支撑，以创新型人才培养为目标，在认知神经科学与学习、教学心理与创造性、信息技术与教学、技术集成与应用四个方面展开研究。

"移动学习"教育部-中国移动联合实验室主要围绕移动学习平台和智能终端技术与教育的深度融合应用，开展技术创新、原型开发、系统孵化与转化、应用示范、人才培养、社会服务等工作，其研究以中国移动等承建的"移动学习平台"以及中国移动覆盖全国的通信网络为基础，重点研发移动学习实验平台、建设未来学习体验中心、开展学校移动学习示范应用，在政企联合实验室建设方面开展创新探索。

我国设立的国家级、省部级的教育信息化方面的科研机构，共有表 4.13 所示的 13 个。

表 4.13 国家和省级层面上的教育信息化科学研究机构

研究机构级别	研究机构名称
国家级科研机构	国家数字化学习工程技术研究中心 互联网教育智能技术及应用国家工程实验室 教育大数据应用技术国家工程实验室 互联网教育数据学习分析技术国家地方联合工程实验室

研究机构类别	研究机构名称
省部级科研机构	教育部数字学习与教育公共服务工程研究中心 教育部数字化学习支撑技术工程研究中心 教育部数字化学习技术集成与应用工程研究中心 现代教学技术教育部重点实验室 "移动学习"教育部－中国移动联合实验室 上海市数字化教育装备工程技术研究中心 广东省智慧学习工程技术研究中心 江苏省教育信息化工程技术研究中心 江苏省高校哲学社会科学重点研究基地智慧教育研究中心

4.10.2 设立专门项目类型支持教育信息化研究

从 2001 年开始，全国教育科学规划项目中单独设立教育信息技术学科，开始加强教育信息化的研究；2018 年起在国家自然科学基金信息科学领域增设"教育信息科学与技术"申请代码(F0701)，吸引不同领域研究者开展多学科交叉的基础研究，解决教育创新发展中亟待解决的科学问题，推动自然科学、社会科学与教育科学的交叉融合，尤其是支持用自然科学的范式、自然科学的手段研究教育科学问题，更好地运用自然科学研究成果来重构教与学体系，推动我国教育改革发展和创新人才培养，其具体申请代码方向包括教育信息科学基础理论与方法、在线与移动交互学习环境构建、虚拟与增强现实学习环境、教学知识可视化、教育认知工具、教育机器人、教育智能体、教育大数据分析与应用、学习分析与评测、自适应个性化辅助学习[①]。

4.10.3 大力研究符合中国国情的技术应用

为了缩小数字鸿沟，让边远和山区的孩子共享优质数字资源，推动教育均衡，促进教育公平，需要研发符合中国国情的技术应用，其中比较有代表性的，一个是从 2000 年起投入使用的中国教育卫星宽带传输网，另一个是 2017 年起利用高通量宽带卫星实现学校（教学点）网络全覆盖。

中国教育卫星宽带传输网是集图、文、音、视、数据传输于一体的数字化远程教育综合应用系统，IP 数据广播是其特色功能。我国通过自主研发，在世界上第一个按 MEPG-4 压缩标准进行流媒体播送和将文件数据按 UDP 协议打包后以 IP 数据包发送[②]，从根本上解决了幅员辽阔的我国要将地面光纤网络线路通到人烟稀少的边远或山区的一所所学校和一个个家庭的极端困难，相应开通了 20 多个 IP 频道[③]，

---

① 陈丽，郭玉娟，王怀波，等. 新时代信息化进程中教育研究问题域框架[J]. 现代远程教育研究，2018，(1)：40-46.
② 周师亮. 中国教育卫星宽带传输网 CEBsat 技术规范[J]. 卫星电视与宽带多媒体，2006(06)：35-39.
③ 曹凤余. 远程教育基础设施建设的进展与制约因素——访教育部科技司司长张尧学[J]. 中国远程教育，2001(04)：6-8.

有效缩小了数字鸿沟，创新了信息化促进现代化教育公平提升的新形式。

然而，中国远程教育卫星宽带网的带宽不宽，为此教育部与工业和信息化部联手，下决心解决宽带网络校校通的最后一公里问题，攻克贫困地区和边远山区、海岛等自然条件特殊地区学校宽带联网问题，实现全部学校 100%接入宽带互联网。2017 年 4 月我国首颗高通量卫星“中星 16 号”发射成功，用户终端可以方便快速地接入网络，下载和回传速率最高达 150Mbps 和 12Mbps。“利用高通量宽带卫星实现学校(教学点)网络全覆盖项目”对试点地区利用信息化手段，着力解决教学点师资短缺、师资水平不高的实际困难，推进教学点开齐、开足、开好国家规定课程，让边远薄弱学校的孩子享受与城里孩子一样的优质教育资源，对推进网络条件下的精准扶智扶贫，建立互联网+条件下的区域教育资源均衡发展配置机制，缩小区域城乡校际差距，促进教育公平，实现教育均衡发展具有积极的意义。

4.10.4　科研与人的发展形成良性互动

在我国教育信息化发展中，国家对教育信息化研究十分重视，从《全国教育学学者论文指数排名 TOP50》看出：在教育学一级学科的 TOP50 的学者中，教育信息化学者有 15 人上榜(见图 4.3)，占总人数的 30%，而且排位总体靠前。

排名	作者	机构	综合指数	中文期刊论文数	核心刊论文数	被引频次	篇均被引	学者学科H指数
1	祝智庭	华东师范大学	1371.81	165	147	7400	43.77	43
2	何克抗	北京师范大学	1357.55	111	104	5146	46.36	35
3	余胜泉	北京师范大学	1128.69	125	110	4004	32.03	34
4	黄荣怀	北京师范大学	1102.97	117	106	3956	33.81	29
5	潘懋元	厦门大学	1101.69	92	73	4160	45.22	31
6	钟启泉	华东师范大学	971.89	79	73	3688	46.68	34
7	别敦荣	厦门大学	951.92	137	123	3112	22.72	31
8	石伟平	华东师范大学	872.3	159	143	2571	16.17	26
9	顾小清	华东师范大学	870.45	107	101	2999	28.03	25
10	徐国庆	华东师范大学	836.27	130	104	2653	20.41	25
11	林健	清华大学	803.21	53	52	3151	59.45	24
12	朱德全	西南大学	802.63	221	203	1739	7.87	22
13	靳玉乐	西南大学	753.87	174	150	1915	11.01	22
14	钟秉林	北京师范大学	735.6	113	126	2345	20.75	28
15	庞丽娟	北京师范大学	721.2	81	78	2549	31.47	29
16	陈琳	江苏师范大学	716.1	125	100	2157	17.26	25
17	刘献君	华中科技大学	715.14	96	99	2396	24.96	26
18	马云鹏	东北师范大学	714.98	143	129	2001	13.99	24
19	陈丽	北京师范大学	712.26	122	111	2165	17.75	24
20	焦建利	华南师范大学	707.4	79	46	2504	31.7	23
21	杨现民	江苏师范大学	701.82	79	74	2479	31.38	27
22	崔允漷	华东师范大学	661.73	65	65	2417	37.18	27
23	邬志辉	东北师范大学	651.18	144	131	1707	11.85	23
24	董泽芳	华中师范大学	633.76	126	107	1780	14.13	22
25	李艺	南京师范大学	630.67	129	111	1741	13.5	21
26	冯建军	南京师范大学	615.98	104	88	1885	18.13	20
27	任友群	华东师范大学	580.18	111	97	1666	15.01	24
28	王洪才	厦门大学	576.43	127	102	1515	11.93	21
29	王建华	南京师范大学	574.53	136	111	1431	10.52	19
30	王鉴	西北师范大学	574.42	91	65	1808	19.87	24
31	史宁中	东北师范大学	570.17	73	71	1940	26.58	22
32	朱旭东	北京师范大学	569.33	89	79	1802	20.25	22
33	龙宝新	陕西师范大学	559.09	169	95	1085	6.42	18
34	李森	海南师范大学	557.24	140	94	1320	9.43	19
35	郭绍青	西北师范大学	555.95	61	51	1977	32.41	17
36	褚宏启	北京开放大学	554.41	51	57	2054	40.27	10
37	陈向明	北京大学	547.78	57	56	1974	34.63	19
38	赵蔚	东北师范大学	530.89	76	65	1739	22.88	18
39	沈红	华中科技大学	527.41	131	126	1262	9.63	18
40	宋乃庆	西南大学	518.38	117	121	1339	11.44	18
41	王佑镁	温州大学	517.97	79	68	1656	20.96	22
42	徐涵	沈阳师范大学	511.98	64	50	1755	27.42	17
43	范先佐	华中师范大学	499.22	56	53	1765	31.52	23
44	顾明远	北京师范大学	497.09	70	63	1638	23.4	18
45	王嘉毅	西北师范大学	469.54	100	75	1263	12.63	19
46	钟志贤	江西师范大学	459.53	62	48	1537	24.79	20
47	陆根书	西安交通大学	451.7	85	71	1309	15.4	22
48	张应强	华中科技大学	445.51	60	68	1491	24.85	24
49	岳昌君	北京大学	440.25	56	54	1501	26.8	23
50	石中英	北京师范大学	438.56	52	42	1527	29.37	19

图 4.3　全国教育学学者论文指数排名 TOP50

《全国教育学学者论文指数排名 TOP50》由中国知网根据 2006 年至 2018 年上半年全国高校教育学界学者的中文学术期刊发文、被引情况，并分别进行综合排序，在 2018 年教师节之际推出。排行榜数据统计源为中文学术期刊论文数据，按照综合指数进行最终计算排名。综合指数是以学科核心作者的平均发文量和平均被引频次为参数所计算的相对指标,数值 100 代表该学科核心作者的平均水平,学者综合指数除以 100 后,代表了学者的成果数与影响力相比平均水平的倍数。综合指数的计算主要考虑发文量和被引频次两个维度,可以客观衡量作者或机构的成果产出能力和学术影响力,客观评价学者科研能力、创新能力、学科建设能力以及取得的学术影响力、同行认可程度,具有较高的参考价值。

4.11 创新驱动

创新驱动是将应用驱动和深度融合两个策略的发展与交融,可由融合创新与创新引领两部分构成。

应用驱动与创新驱动同为驱动,但"驱动"的目标不一样,应用驱动是为发挥信息技术的作用而用,着眼点是"应用",创新驱动是为了使教育适应时代化发展、建构时代化的教育而创新,着眼点是"变革与创新"。应用驱动立足点是"器"和"术",创新驱动立足点是"器""术""法""道"的贯通,应用驱动是使教育发生"物理反应",创新驱动既要使教育发生"物理反应",又要促其发生"化学反应",甚至于发生"生物反应"。

4.11.1 融合创新

融合创新是由深度融合发展而来,但有着本质的区别,深度融合强调的是信息技术与教育教学融合的深入程度,融合创新强调通过融合产生的创新的高度和广度,即考察的是融合所带来的信息技术对教育的影响程度、对教育创新的支持程度,是根据建构时代新教育的需要进行更广意义上的融合,更大空间上的融合,包括虚实世界与实体世界的融合,不同技术的融合,不同学科不同行业不同领域的跨界融合,校企的新型融合,通过融合诞生新的模式、新的思想、新的业态、新的形态。

教育信息化大致有三个发展阶段:信息技术应用作为教育外生变量引进来、信息化逐步转变成教育的内生变量、教育信息化对教育产生革命性影响[①]。教育信息化是极其复杂的系统工程,越是向纵深发展,就越是涉及教育与创新发展的深层次问题,必然会对教育理念、教学模式、教学方法等产生越来越重大的影响。新时代的教育信息化,必须要更加解放思想,在创新创造方面下大工夫、硬工夫、真工夫。

4.11.2 创新引领

创新引领与融合创新同属于创新驱动,但内涵不尽相同。融合创新是指创新的

---

① 杜占元. 以教育信息化的新作为开启教育现代化的新征程[J]. 中小学数字化教学,2018(01):4-5.

方式，是通过融合而创新；创新引领则是境界、目标、方向、担当，通过教育信息化创新引领教育现代化，要通过教育现代化创新引领社会现代化创新，通过中国教育现代化的创新引领世界范围内智慧时代的教育现代化创新。融合创新需要的是技术和思路，创新引领在此基础上还需要勇气、担当、自信、情怀、精神与气魄。

《教育信息化 2.0 行动计划》确立了育人为本、融合创新、系统推进、引领发展的基本原则，明确了"使中国教育信息化步入世界先进行列，发挥全球引领作用，以教育信息化全面推动教育现代化，开启智能时代教育的新征程"的智能、创新、引领发展方向。创新引领将成为未来教育信息化发展的主旋律。

建构智慧时代的新教育的本质是教育创新、创新教育、创新与时代匹配的教育。当今教育基本是按照第一次工业革命的需要而建构，在第二次、第三次工业革命中虽然有变革，但是并无根本性改变。教育未产生根本性改变在情理之中，因为第二次、第三次工业革命，更多的是生产方式的革命，而对于教育而言媒体形态的革命是逐次展开的，人们尚未来得及成熟建构新教育，结果以人工智能为代表的第四次工业革命就悄然而至，人工智能等新兴技术与前三次工业革命累积的技术相结合将深刻改革世界，尤其是新一代人工智能的发展将深刻改变人类的思维方式、认知方式、学习方式，不仅继续加速替代人类的体力劳动，而且在加速替代人类的脑力劳动。劳动创造了人类，劳动发展了人类，在人工智能等技术逐步替代人类的体力劳动和部分脑力劳动后，人类必将加速发展创造新的劳动形式。

新时代教育现代化的核心，是建构与时代匹配的教育教学新模式、教学服务新形态、教育治理新业态，而更好培养造就时代所需要的创新创造之人。新时代的教育信息化推动教育现代化，应该紧紧围绕创新创造新教育着力，紧紧围绕引领时代、引领世界发力，因此"应用驱动"将历史性地提升为"创新引领"。

很显然，战略指引、组织推进、育人为本、队伍为先、规划导航、政策保障、应用驱动、机制创新、深度融合、科技支撑等教育信息化推动教育现代化的发展策略，始终伴随我国教育信息化推动教育现代化的波澜壮阔的伟大实践。然而斗转星移，今天我们比以往任何时候都更有可能对世界教育新的技术革命做出引领性贡献。因此，对于教育信息化，新时代要求在推动教育现代化方面发挥更大作用，战略指引、组织推进、育人为本、队伍为先、规划导航、政策保障、科技支撑、创新引领也将成为新一代教育信息化推动教育现代化的发展策略。

尽管此前尚未有人将"创新引领"作为教育信息化推动教育现代化的策略加以提出，但是在我国的教育信息化发展中，创新引领已成为许多人无声的自觉行动。江苏师范大学智慧教育研究中心策划召开的智慧教育国际研讨会以及其大会成果《智慧教育宣言》，都是创新的产物，《智慧教育宣言》全文的 765 个字，洋溢着创新，是创新引领的产物，可以说已成为教育信息化创新引领的先导。

第 5 章　信息化推动教育现代化路径

　　战略、策略与路径，是保障新兴事业顺利发展的三大要素。战略是总纲、纲领，策略是计策、谋略，好的战略、谋略的实现有赖于科学的实施路径。路径是实现正确决定的门径、方法。对于教育信息化推动教育现代化，特别需要科学的路径。在我国教育信息化发展中，学界、政界充分认识到教育信息化推动教育现代化路径的重要性，积极探讨并大胆创新。

　　学界对教育信息化路径的探讨是多元、多维的。从已有探讨看，分为五类：一是对教育信息化总体发展路径的研究，比如王竹立关于我国教育信息化战略路径选择的研究[①]，李德才等学者对教育信息化改革路径的研究[②]；二是分领域教育信息化推进路径的研究，比如陈琳关于中国高校教育信息化发展路径的研究[③]，邢西深、许林有关 2.0 时代的学前教育信息化发展路径研究[④]，李斌等学者关于互联网时代高校推进教育信息化路径的研究[⑤]；三是教育信息化促进教育变革路径研究，如郑旭东、任友群关于教育信息化服务供给的实施路径研究[⑥]，郭炯、杨丽勤基于教育部首批教育信息化优秀试点案例进行教育信息化促进教育系统性变革路径的研究[⑦]；四是区域教育信息化发展路径的研究，如张秀等人关于广东省云浮市的区域教育信息化发展路径的研究[⑧]；五是特定工作的教育信息化推进路径研究，比如金明生关于高师院校图书馆推进教育信息化路径的研究[⑨]。

　　有关路径的多元、多维的理论研究，促进了我国教育信息化路径的创新与发展。但是，有关教育信息化推动教育现代化路径的理论研究成果相对较少，直接探讨教育信息化促进教育现代化路径方面的 CSSCI 期刊论文仅有 1 篇[⑩]。

---

① 王竹立. 我国教育信息化的战略思考和路径选择[J]. 现代远距离教育，2013(04)：62-69.
② 李德才，李斌，翟雪峰，等. 教育信息化改革的方向与路径[J]. 中国高校科技，2017(08)：95-96.
③ 陈琳. 中国高校教育信息化发展战略与路径选择[J]. 教育研究，2012，33(04)：50-56.
④ 邢西深，许林. 2.0 时代的学前教育信息化发展路径探究[J]. 中国电化教育，2019(05)：49-55.
⑤ 李斌，翟雪峰，李德才，等. 互联网时代高校推进教育信息化路径探索[J]. 教育探索，2016(12)：111-114.
⑥ 郑旭东，任友群. 教育信息化服务供给的转型方向与实施路径[J]. 教育研究，2018，39(08)：113-120.
⑦ 郭炯，杨丽勤. 教育信息化促进教育系统性变革路径研究——基于教育部首批教育信息化优秀试点案例的分析[J]. 中国电化教育，2019(05)：41-48.
⑧ 张秀梅，张学波，杨青，等. 区域教育信息化发展路径研究——以广东省云浮市为例[J]. 开放教育研究，2016，22(04)：87-94.
⑨ 金明生. 高师院校图书馆推进教育信息化的路径[J]. 图书馆杂志，2005(01)：37-38.
⑩ 陈琳，陈耀华. 以信息化带动教育现代化路径探析[J]. 教育研究，2013，34(11)：114-118.

导致该类探索研究高层次论文少的深刻原因,是从整体上探讨教育信息化促进、推动教育现代化路径,对研究者的要求高,因此更多的研究者着眼于局部路径的探讨。

在20世纪后期,我国开始鼓励大胆实践创新,激发了人们的创新活力。回眸我国教育信息化进程不难发现,我国自觉不自觉地形成了环建驱动、工程推动、创新行动、典试带动、合力协动、公平撬动等"六动"特色的推动教育现代化路径。这些路径更多不是理论探讨的结果,而是在实践中形成的。在路径创新方面,顶层设计发挥了很大的作用,基层单位勇于实践探索功不可没。

5.1 环建驱动

环建驱动的信息化推动教育现代化路径,是指通过教育信息化环境建设,创造教育信息化的基础条件,驱动教育现代化发展。信息技术对教育革命性影响的实现,相当大程度上要以信息化环境、信息化教育环境作为支撑条件,教育信息化的环境是实施教育现代化的基础和前提,因为我国将要实现的教育现代化,是新时代的教育现代化,是信息化支撑、驱动的教育现代化,离开了信息化环境的教育现代化,只能是早先的教育现代化,而不能称为当今时代的教育现代化。

5.1.1 信息化教育环境的内涵及价值

在呼唤创新人才辈出的新型社会,人类迫切需要新型的信息服务方式和更加开放的学习环境,以互联网、移动通信、物联网、人工智能为代表的现代信息技术的迅猛发展,为人类建构新的信息化教育环境提供越来越充分的技术支持,全新的泛在、移动、远程、智能的教育环境正在加速建构与完善之中,为人类提供着日臻成熟的教与学的新时空。

信息化教育环境是利用现代信息技术所创建的教育环境,包含在信息技术条件下直接或间接影响教师"教"和学生"学"的所有条件和因素。信息化教育环境建设意义重大。从教学模式发生深刻变革的角度看,信息技术突破了学校的围墙,使师生拥有获取信息的平等条件,有助于构建师生积极互动的教育新模式,信息技术的高度发展可推动教与学的"双重革命",信息化环境可为教与学的双重革命提供支撑。从教育信息化促进教育公平的角度看,我国城乡、区域之间在办学水平方面存在很大差距,如果按照传统途径解决,需要一个相当长的过程,而通过信息化环境支持能够以较低成本将优质教育资源数字化,并依托各类网络便捷高效地向农村和边远地区扩散,较快地实现优质教育资源共享,促进教育公平。从构建学习型社会的角度看,当今时代人类的学习正在发生深刻变化,传统的学校教育受时间、空间和教学模式所限,无法满足"终身性、全民性、泛在性、灵活性"等学习型社会的要求,而信息化教育环境能够提供突破时空限制、创造无所不在的学习条件,并提供丰富多样的教育资源和个性化的学习支持,使所有学习者能够随时、随地、随需地开展学习,相应地将学习主体由在校学生向全体国民扩展,使学习阶段由在校期间向人的一生延伸,为构建人人皆学、时时能学、处处可学的学习型社会提供有力支撑[①]。

5.1.2 信息化教育环境建设

信息化教育环境是一个庞大复杂的系统,相应导致信息化教育环境分类的多样性。从大的方面看,信息化教育环境分为学校信息化教育环境和国家与地区层面上的教育信息化环境两大方面。

5.1.2.1 学校信息化教育环境内涵及其建设

学校信息化教育环境有广义与狭义之分。广义的环境包括信息化教学硬件环境、信息化教学软件环境、信息化教学资源、信息化教学人文环境、信息化教学队伍等五个要素,且每个要素都有着丰富的内涵。狭义的环境只包括信息化教学硬件环境、信息化教学软件环境、信息化教学资源等三方面。本部分的学校信息化教育环境建设只限于狭义的探讨,而将有关信息化教学人文环境与信息化教学队伍的内容纳于其他部分探讨。

1. 学校信息化教学硬件环境

学校信息化教学硬件环境是学校教育现代化的基础,是开展现代化教学的前提和条件,是现代学校必备。信息化教学环境赖以生存的物理支撑是信息化基础设施。在信息化的不同阶段,学校信息化教学硬件环境的内涵是有差异的,比如,新世纪初我国信息化教学基础设施的建设重点是多媒体教室、电子阅览室、多媒体计算机房、计算机局域网,"十一五"期间建设重点转向校园网、网络多媒体教室,"十二五"期间建设重点是录播教室、数字校园,"十三五"期间及其未来相当时间内的建设重点是智能校园、智慧校园、智慧教室、智能学校、智慧学校。可见,我国学校信息化教学硬件环境始终在与时俱进地发展着,而且学校信息化教学硬件环境越来越走向智能化、泛在化、虚实融合化和智慧化。

2. 学校信息化教学软件环境

学校信息化教学软件环境包括开发加工、运行管理、交换存储、教学应用等诸多方面的教学系统平台、安全保障体系、信息标准体系、教学工具系统等,其内涵丰富,是新时代教育现代化的重要支撑,是信息化教学环境发挥作用的灵魂。比如,

---

① 陈琳. 现代教育技术(第 2 版)[M]. 北京:高等教育出版社,2014.

信息化教学系统平台是为师生的教学提供信息化服务的软件系统，是师生实施信息化教学活动的"舞台"，其核心不仅包括提供教学支持、管理支持、服务支持、评价支持的信息化教学应用系统，还包括基础数据库和教学业务数据库，不仅支持教师在其上方便地设计课程、准备教学内容、制作教学课件，以及辅导答疑、检查学生的学习情况并及时对学生进行科学的评价与及时性的矫正性指导，还要支持学生在其上获取所需学习资源，即要支持开展在线教与学的一切活动。再比如，教学工具系统提供支持学生和教师交流协作、信息检索、学科探究、认知与知识建构、问题解决与决策、效能与评测、文献管理与个人知识管理，以及个性化学习等方面的工具，相应的工具能够帮助师生变革教与学的过程、方法和策略，并深刻地改变认知活动和思维方式。信息化教学软件环境像硬件环境一样也在与时俱进地发展，因为硬件变，软件必变，而且软件还可有硬件不变情况下的独特之变。

在我国，学校信息化教学软件环境经历了分立式软件和支持单功能应用，转向为学校教育提供系统化整体性支持的发展，改变了许多学校的教学生态。

3. 学校信息化教学资源

教学资源是承载教育信息的资源，信息化教学资源是以数字信号形式存在或出现并可供师生教与学使用的信息资源。信息化教学资源是改革教学模式的基础，在提高教育教学质量以及变革学习方式方面具有重要作用。当代师生既要充分了解信息化教学资源的特点，把握信息化教学资源的发展趋势，更要了解世界范围内所从事的学科和专业领域中教与学资源的所有、所在、所为和新发展，并能自觉将之用于自己的学习、科研、教学、生活。作为教育工作者，还要能向学习者推荐优质的信息化学习资源，并根据自身教学条件和人才培养的需要主动开发优质的数字化学习资源。

学校信息化教学资源分为教学素材、教学课件、在线课程、微课、虚拟仿真系统、教学 VR/AR 资源、教学 APP、教育游戏、数字图书、电子教材、信息技术创新教/学案例、教育资源应用案例、教师网络空间应用案例等多种类型，学习网站、学科门户等信息资源是支持学校信息化教学的外在资源。学校信息化教学资源，在我国经历了文字教材搬家型、分立多媒体型、融合多媒体型、移动泛在化的发展，现在正在向虚实融合与多维全息化方面发展，经历了由借助于其辅助教向借助于其移动学习、泛在学习的发展，支撑着学习方式方法的改变。

5.1.2.2 国家层面教育信息化环境建设

学校教育信息化离不开外部教育信息化环境的支持，国家与地方层面的教育信息化环境是学校教育信息化环境的重要外部保障。

我国国家层面的教育信息化环境建设，主要在"造路""造货""造库"上下工夫、下大工夫。在教育信息化"造路""造货""造库"方面的持续推进，久久为功，形成了中国气派、中国风格、中国特色。

1. "造路"

"要得富，先修路"，信息化要大发展，必须大力建设信息高速公路——网络及其信息基础设施。我国教育信息化20多年的发展史，是全国教育信息基础设施不断完善、网络持续提升提速的历史。以中国教育和科研计算机网（CERNET）为例，在1995年初开通时，国际网络带宽仅为128Kbps，到2018年12月底达到61440Mbps，23年时间国际通信线路的带宽提高48万倍。初入新世纪，国家提出"校校通"——让所有的学校"通"互联网，到2012年上升到要求所有学校"通"宽带——"宽带网络校校通"，可以预期，随着我国5G移动通信技术领先世界以及超前部署5G网络，要不了几年，我国所有学校将实现"超宽网络校校通"，将为学校提供将虚实世界相融的条件，学校将真正成为新型开放式的学校。在"造教育信息化之路"方面，我国在世界上实现了由跟跑、到并跑、再向领跑发展的跨越，发生了天翻地覆的变化。

持续建设，形成了较为完备的教育管理信息化基础设施：①建成了较完备的具有规模化的计算、存储、通信和安全技术服务能力的国家教育数据中心；②建成了较先进的包括教育系统的异地灾备体系、教育电子身份认证（CA）体系、省部"两纵两横"的网络安全技术环境等在内的国家教育管理信息化的关键保障体系，形成了数据传输、监测、运维服务等安全配套保障；③全部建成32个省级教育数据中心，支撑了国家系统省级平台的部署和地方多套系统的正常运行[①]。

在教育信息化环境建设方面，我国是既建网，又建管理管道，还创新实验条件建设，比如，2013年启动国家级虚拟仿真实验教学中心建设，其建设内容包括虚拟仿真实验教学资源、虚拟仿真实验教学的管理和共享平台、虚拟仿真实验教学中心的管理体系等方面，主要是依托虚拟现实、数据库、人机交互等信息技术构建仿真度高的虚拟实验环境和实验对象，让学生能够在虚拟环境中实验，实现真实实验中不具备或难以完成的教学功能，并探索校企共建共管的新模式和新途径，建立可持续发展的虚拟仿真实验教学服务支撑体系[②]。该建设是我国在学科专业实验教学与信息技术深度融合的创新探索，有效推动了我国实验教学信息化与现代化建设。国家启动该建设，将虚拟仿真实验提高到了前所未有的高度，让人们对实验教育手段现代化、时代化有了新的认识，成为我国教育信息化顶层设计的范例之一[③]。从批准成为国家级虚拟仿真实验教学中心的考古虚拟仿真、自动化系统虚拟仿真、经济

---

① 杜占元. 学习贯彻党的十九大精神 推动教育管理信息化跃上新台阶[J]. 中国教育信息化，2018(01)：1-4.
② 教高司函[2013]94号. 关于开展国家级虚拟仿真实验教学中心建设工作的通知[Z].
③ 陈琳，李振超. 2013年中国教育信息化十大新闻解读[J]. 中国电化教育，2014(03)：38-41.

管理虚拟仿真、机械与控制工程虚拟仿真等名称看,该建设具有独特的不可替代的作用,这也成为我国立足国情与时代的成功的教育信息化创新之举。

2. "造货"

数字化资源,是信息高速公路可运送的"货",是教育信息化发挥大的作用必有之"货"。20多年来,我国始终高度重视优质数字化资源开发,采取了一系列措施、制定了一系列政策加以推动。

1) 1998年开始全国多媒体教育软件大奖赛

以竞赛的形式调动全国广大教师开发优质数字资源的积极性,推动信息技术在教育教学中普遍应用,促进教师信息素养的提升、教育技术应用能力和资源建设水平的提升,促进信息技术与教育教学的深度融合[1]。1998年起,我国开始举办全国多媒体教育软件大奖赛,通过多年的发展,该大奖赛成为全国具有广泛影响、涵盖各级各类教育、面向广大教师的重要赛事,成为我国教育信息化的一个竞赛品牌。为使信息技术和网络技术在教育教学中的应用形式丰富多样、应用层次相当深入,从2013年的第17届开始改名为全国教育教学信息化大奖赛。为使我国广大教师教育技术及网络应用能力已有相当高水平的情况下,在更高层面上对教师教育信息化创新实现新激发,从2018年的第22届起又更名为全国教师教育教学信息化交流活动(简称全国教师信息化交流活动)。名称的变化意味着教育信息化在教育中的作用不断提升,意味着竞赛内涵的进一步拓展和丰富,但不管竞赛名称如何改变与进化,数字化教育资源都是其中必不可少的竞赛项目,促使广大教师设计开发资源的能力和水平得到不断提升。

2) 2000年开启新世纪网络课程建设工程

在现代远程教育工程中,网络建设是基础,资源建设是核心,网络课程成为现代远程教育资源建设的重中之重。在该建设工程中,重点建设基础性、示范性的网络课程以及教学案例库和试题库,建设了既供学生远程学习又供教师在课堂教学中辅助教学的网络课程(包括以相应课程各知识点为单元的开放式网络课件库);建设了既能为开展案例课程教学提供教学资源,又能为网络课程建设提供丰富的优秀教学素材的案例库;建设了既能够满足网上测试需要,又能够用于校内教学诊断的试题库[2]。新世纪网络课程的建设使我国的网络教学资源建设的整体水平有了明显的提高,对支撑现代远程教育工程的开展、推动教育信息化建设都起到了积极的作用[3]。

3) 2011年启动实施国家精品开放课程建设项目

该课程建设项目是建设1000门国家级精品视频公开课、5000门国家级精品资

---

[1] 廖斯昂. 浅析全国教育教学信息化大奖赛的变化与发展趋势[J]. 中国信息技术教育, 2015(09): 91-92.
[2] 万言. 教育部实施新世纪网络课程建设工程[J]. 中国远程教育, 2000(08): 24.
[3] 教高厅函[2003]16号. 教育部办公厅关于公布"新世纪网络课程建设工程"第一、二批项目验收结果的通知[Z].

源共享课和相应的国家精品开放课程共享系统，利用现代信息技术手段加强优质教育资源开发和普及共享，更好地服务学习型社会建设①。国家级精品视频公开课与国家级精品资源共享课尽管同属于国家精品开放课程项目，但差异明显：前者是以高校学生为服务主体，后者是以高校学生和教师为服务主体，当然同时向社会学习者开放；前者更多的是聚焦于科学、文化素质教育，后者关注于基础课和专业课；前者形式上是网络视频课程或学术讲座，后者是网络共享的具有各种课程要素的课程；前者着眼于科学文化的普及与素质的提升，后者着力促进教育教学观念转变、教学内容更新和教学方法改革，提高人才培养质量，更好地服务学习型社会建设②。国家精品资源共享课中资源具有特色，十分丰富，既有能反映课程教学思想、内容、方法、过程的核心资源，比如教学大纲、教学日历、教案、重点难点分析指导、演示文稿、课程全程教学录像、作业、学习参考资料等教与学的活动所必需的资源，又有能彰显课程特点并应用于各教学环节、支持学习过程的多样的交互性辅助资源，比如素材资源库、案例库、专题讲座库、学科专业知识检索系统、虚拟仿真实验实训与实习系统、作业系统、试题库系统、在线自测与考试系统等。

4）2012年起举办全国高校微课教学比赛

微课具有微型化、主题化、碎片化、可视化、泛在化、易控化等表象特点，具有短小精悍、传播高效的优势，具有利于建构的本质特征——能给学习者建构自己知识和能力大厦的材料，给学生自主选择学习内容留有更多更大空间③，其成为最适合于网络学习的资源形式之一。全国高校微课教学比赛旨在引导微课的科学发展。

5）2015年启动国家精品在线开放课程建设

该建设是为了更好适应学习者个性化发展和多样化终身学习需求，推动信息技术与教育教学深度融合，促进优质教育资源应用与共享，推动我国大规模在线开放课程建设走上"高校主体、政府支持、社会参与"的积极、健康、创新、可持续的中国特色良性发展道路④。2018年、2019年已连续认定两批国家精品在线开放课程，为打造具有高阶性、创新性和挑战性的"金课"搭建平台并提供支撑。

6）2018年启动国家虚拟仿真实验教学项目建设

该建设旨在适应信息化条件下知识获取方式和传授方式、教和学关系等发生革命性变化的要求，建构准确适宜的实验教学内容、创新多样的教学方式方法、先进可靠的实验研发技术、稳定安全的开放运行模式，将实验教学信息化作为高等教育系统性变革的内生变量，深化信息技术与教育教学深度融合，以高质量实验教学助推高等教育教学质量变轨超车，是推进现代信息技术融入实验教学项目、拓展实验

---

① 教高[2011]8号. 教育部关于国家精品开放课程建设的实施意见[Z].
② 张大良. 以提高质量为核心加强国家精品开放课程建设[J]. 中国高教研究，2013(01)：6-11.
③ 陈琳，王运武. 面向智慧教育的微课设计研究[J]. 教育研究，2015，36(03)：127-130+136.
④ 教高[2015]3号. 教育部关于加强高等学校在线开放课程建设应用与管理的意见[Z].

教学内容广度和深度、延伸实验教学时间和空间、提升实验教学质量和水平的重要举措[①]。

2013年我国启动国家级虚拟仿真实验教学中心建设，时隔5年又启动国家虚拟仿真实验教学项目建设，其对虚拟仿真实验教学的重视程度世界罕见，这是立于我国高等教育大国、工业门类齐全、社会事业发展快、生产生活创新多的国情基础之上的创新，意义非凡。已立项国家虚拟仿真实验教学项目，既有工业制造、科学技术方面的，又有人文类、生活类的，所立项目都有较高价值，比如2018年立项的教育学类《在园幼儿气道异物阻塞急救处理虚拟仿真》《幼儿意外事故预防与处理虚拟仿真》《运动伤害现场急救处理虚拟仿真》《特殊儿童教育与康复虚拟仿真》《特殊教育之脑瘫儿童的干预虚拟仿真》《婴儿啼哭辨析与适宜性保教虚拟仿真》《小学全科教师教育虚拟仿真》《融合教育背景下学前听障儿童教育干预的虚拟仿真》《中小学校园欺凌的识别与综合防治虚拟仿真》实验教学项目，以及心理学类的《婴幼儿客体心理表征虚拟仿真》《不同流派心理咨询技术在同一案例中的应用虚拟仿真》《临终老人心理关爱虚拟仿真》《心理危机团体辅导虚拟仿真》《儿童养育过程及其影响因素探索虚拟仿真》《自杀事件危机干预虚拟实训》《基于航空UAV虚拟/增强现实平台的飞行进场黑洞错觉虚拟仿真》等实验教学项目，都有很高的虚拟仿真实验价值，可解决传统实验所不能。

除了以上资源建设项目外，教育部2012年开始的优秀网络课程及资源征集活动[②]，本身也属资源建设的范畴。征集资源类型主要为网络课程、名师课堂、多媒体素材资源和虚拟仿真系统。基础教育领域主要征集与各种新课程标准教材版本配套的网络课程及其资源，包括各年级各学科的网络课程及其资源，特殊教育资源，民族双语教育网络课程及其资源；各地特级教师、名优教师课堂；教师培训网络课程等。职业教育领域主要征集受益面广、产业急需、岗位紧缺、脏险苦累的专业网络课程，新增专业网络课程，及其配套的虚拟仿真系统和其他多媒体素材资源。继续教育领域主要征集学历继续教育公共课、基础课网络课程，科普、通识、休闲类网络课程，传统文化、普法教育、爱国教育、科学素养、社会保险、医疗健康、家庭教育类终身学习网络课程。

3. "造库"

持续发展的教育信息化使教育资源极大丰富，人们对教育资源的要求也随之提升，要求对数字教育资源能够进行科学筛选、合理聚合、不断进化，为此国家持续建造了多个教育资源与管理服务平台。

1) 1999年启动"中国知识基础设施工程（CNKI）"

我国建成了世界上全文信息量规模最大的"CNKI数字图书馆"，并正式启动

---

① 教高函[2018]5号. 教育部关于开展国家虚拟仿真实验教学项目建设工作的通知[Z].
② 教技厅函[2012]69号. 教育部办公厅关于开展优秀网络课程及资源征集活动的通知[Z].

建设《中国知识资源总库》及 CNKI 网格资源共享平台，"中国知网"相应成为人们了解学术资源的一个重要途径。

2）2010 年起国家立项建设高等职业教育专业教学资源库

高等职业教育专业教学资源库建设在我国教育信息化中具有多重示范意义：一是在全国各级各类教育中率先示范建设专业教学资源库；二是成为践行"公建众享"数字资源建设模式①的示范——国家财政拨款提供建设资金主导组织建设信息资源，建设后的信息资源供人们广为享用②；三是借此率先开展国家 1+X 证书制度试点工作的示范；四是率先开展资源认证标准建设示范。

根据《国家职业教育改革实施方案》中"健全专业教学资源库，建立共建共享平台的资源认证标准和交易机制，进一步扩大优质资源覆盖面"的要求，国家赋予高等职业教育专业教学资源库建设工作以多重使命③：一是建设优质教学资源。按照"国家急需、全国一流、面向专业"的要求，围绕国家和战略性新兴产业和支柱产业，服务产业高端和高端产业，聚焦技术技能人才紧缺的职业领域，建立健全优质资源库，提升教学信息化水平，带动教育理念、教学方法和学习方式变革，为在校学生、企业员工和社会学习者提供服务，增强职业教育社会服务能力，不断提高职业教育和培训质量，为经济社会高质量发展提供技术技能人才支撑。二是完善共建共享平台。深化产教融合、校企合作，合力调配行业企业和职业院校资源，发挥各自优势，组建并扩大共建共享联盟，共同建设并不断更新优质专业教学和职业培训资源，率先开展国家 1+X 证书制度试点工作，实现校际之间、校企之间优质资源的共建共享。三是健全资源认证标准。发挥资源库专业领先优势，在国家职业教育专业教学标准、课程标准、教学教材标准、顶岗实习标准、实训条件建设标准和职业技能等级标准基础上，资源库主持单位牵头制定高于国家基础标准的资源库相关规范和制度，在资源库内建立健全资源认证标准，用于资源的建设、聚集、应用和推广。四是探索资源交易机制。对接国家学分银行建设，资源库主持单位要牵头探索建立基于资源认证标准的学习成果积累、转换和资源交易机制。鼓励以资源库为载体持续深化校企合作。

高等职业教育专业教学资源库建设很好地彰显了我国教育信息化"顶层设计"的特点，即站在时代高度，立于国家层面，着眼于引领发展进行战略谋划、全局定位和科学设计。教育部职业教育与成人教育司在广泛调研论证的基础上，组织专家制定了科学规范的《高等职业教育专业教学资源库项目申报指南》④，明确了教学资源库项目的建设意义、建设目标、建设内容以及建设要求。其最初的定位就非常

---

① 陈琳，王矗，李凡，等. 创建数字化学习资源公建众享模式研究[J]. 中国电化教育，2012(01)：73-77.
② 陈琳. 中国职业教育信息化创新特色研究[J]. 现代教育技术，2014，24(03)：12-18.
③ 教职成厅函[2019]11 号. 教育部办公厅关于做好职业教育专业教学资源库 2019 年度相关工作的通知[Z].
④ 教高司函[2010]129 号. 高等职业教育专业教学资源库项目申报指南[S].

高，要"围绕国家重点支持发展的产业领域，研制并推广共享型专业教学资源库，通过网络信息技术，实现优质教学资源共享，为教师教学、学生和社会学习者自主学习服务，最终带动相关专业领域的教学资源开发，推动专业教学改革，提高专业人才培养质量，提升高职教育专业的社会服务能力"；要"通过系统设计、先进技术支撑、开放式管理、网络运行、持续更新的方式，建设代表国家水平、具有高等职业教育特色的标志性教学资源库，并在全国高职院校中推广使用，实现共享，带动全国千余所高职院校专业教学模式和教学方法改革，整体提升我国高等职业教育专业人才培养质量和社会服务能力，使全国近千万高职在校生受益，并为相关产业领域在岗人员提高和更新技能，中职毕业生在岗接受继续教育，满足个人多样化学习需要提供服务"。

3) 2011年启动实施国家示范性职业学校数字化资源共建共享计划

实施国家示范性职业学校数字化资源共建共享计划，按照"育人为本、服务产业、需求导向、标准引领、共建共享"的原则，依托国家示范性职业学校的人才、技术、资源和经验优势，在国家重点振兴的十大产业、七大战略性新兴产业以及现代制造业、现代农业和现代服务业等领域，遴选量大面广、人才紧缺、岗位急需的专业、课程和项目，开发包括网络课程、虚拟仿真实训单元、生产流程模拟软件、名师名课音像制品、通用主题素材库、资源管理系统以及专业群教育网站等多种媒体形式的职业教育优质数字化信息资源，建设"国家职业教育数字化信息资源库"，并形成全国职业教育数字化资源共建共享联盟和数字化资源协作共建共享机制，加快职业教育数字化资源开发的标准化、专业化和产业化水平，提升全国职业学校协作发展、共享资源和改革创新的能力。

4) 2012年启动建设国家教育资源公共服务平台

国家教育资源公共服务平台是构建起我国"以公共服务平台为引导，以学校应用为主体，以社会各方共建共享为支撑"的教育资源建设与应用新体系，让优质资源和创新应用惠及所有人。这是我国政府提供教育基本公共服务的一次创新，特别强调以学习空间为核心的资源推送，把不同用户所需要的资源送入不同的个人空间，以教师的教学空间应用带动学生、家长和学校的应用。将国内教育的优质名校、名师资源集中起来，为资源提供者和资源使用者搭建的起网络交流、共享和应用环境，为全国师生提供个性化的空间和服务，让优质资源和创新应用惠及人人。平台的门户网站设立新闻、资源、活动、培训、导航、发现等网站频道，着力于教育信息化的工作进展、教育资源的推送推广、各类教育活动的举办实施、教育资源信息的智能导航。提供的服务分为空间服务、公益资源服务和第三方资源与应用服务三个方面。该平台形成了两大特色：一是以优质资源为核心支撑平台健康持续发展；二是以教师为主体带动学生、家长和机构的空间应用，推动网络学习空间人人通。该平台的最大不足：尚未整合高等教育、社会教育、成人教育等多类教育资源以及提供相关服务。

5) 2012 年启动建设国家教育管理公共服务平台

国家教育管理公共服务平台建设对于教育管理现代化具有特别意义且已初见成效：①已建成学校、学生、教师三大基础数据库，为全国所有学校、学生、教师建立电子档案，初步实现学校"一校一码"，师生"一人一号"，教育基础数据"一数一源"，国家核心系统间的数据共享，避免信息重复采集；②实现教育基础数据库全覆盖，涵盖了学前、中小学、中职、高等教育等教育阶段，具备了大数据的"4V"特征，为实现教育精准监管、精确服务奠定了基础[①]。

6) 2012 年启动建设中华经典资源库

该中华经典资源库的建设旨在运用现代视听手段让书写在古籍里的文字重新焕发光彩，生动形象地展现中华优秀传统文化的历史渊源、发展脉络和独特创造。资源库通过诵读、书写、讲解三种形式，结合丰富的图文、音频和视频，综合运用多种影视艺术手段，创作出兼具知识传播性和艺术欣赏性的影像精品。每部典籍均采取了多集系列化呈现，每集 28 分钟，最终形成 750 集、21000 分钟左右的视频资源。资源库的建设者们深耕凝聚中华民族优秀思想品德、道德规范和价值取向的经典要籍，挖掘植根于其中的优秀文化内容，以现代艺术手段加以展示，其意义在于：历史与现代、文字艺术与视频艺术高度融合，从思想、情感和艺术等多个角度重现经典的独特魅力，发掘经典的时代意义，引领大众更深入地了解中华经典，增强对优秀传统文化的认同感和传承意识；借助多种传播媒介，最大限度地让大众了解和接受，更好地引导人们树立并坚持正确的历史观、民族观、国家观、文化观，增强民族文化自信。响应习近平将"经典嵌在学生脑子里，成为中华民族文化的基因"的号召，资源库视频在满足社会不同层面受众需求的同时，特别注意充分发挥其在教育尤其是基础教育领域的育人作用，可为历史、语文、道德与法制等科目的教学提供很好的教育资源[②]。

以上一个个数字资源库的建设，整体推进了我国教育信息化建设与应用的水平，促进了教育以及科学研究质量的提升，特别是在促进教育公平方面发挥了重要作用。

5.1.3 教育信息化环境建设的中国经验

回眸 20 多年我国教育信息化发展，"快"和"好"是教育信息化环境建设的两大特点，并可将其所发生的巨大变化概括为"三大转变"：一是由追赶、补课式的教育信息化环境建设，转向在世界上处于总体先进并局部领先、领跑的转变；二是由清一色地利用国外信息技术产品建设，到主要利用国内自主品牌的信息技术产品主导建设的转变；三是由单向度的孤立式建设，向多元、立体、系统化建设的转变。

---

① 杜占元. 学习贯彻党的十九大精神 推动教育管理信息化跃上新台阶[J]. 中国教育信息化, 2018(01)：1-4.
② 赵阳. 融合观念下"中华经典资源库"的策划与研发[J]. 中国编辑, 2017(12)：51-56.

探讨既"快"又"好"以及实现"三大转变"的教育信息化环境建设的中国经验，对于未来更好更快地发展，是非常有意义的。

综合运用文献法、社会观察法以及专家访谈法进行研究，总结提炼出我国教育信息化环境建设"三经验"：顶层设计、统筹推进；与时俱进、持续发展；立足国情、勇于创新。

5.1.3.1 顶层设计、统筹推进

我国是人口大国、社会主义大国，也是教育大国，教育信息化是体系庞大的创新事业，我国教育信息化起步迟而全国上下对其期待大、需求旺盛——要以教育信息化带动和全面推动教育现代化，以上三方面决定了我国教育信息化环境建设必须立足国情、立足时代、走自己的路，顶层设计、统筹推进成为教育信息化环境建设的必然要求。

顶层设计通常是在集聚群体智慧基础上的科学决策，是民主与集中的统一，是学界、专家、政界共同发挥作用的新机制。只有顶层设计，才能在教育信息化环境建设方面发挥大国优势、发挥社会主义集中财力办大事的优势、发挥群体智慧。

统筹推进是运用系统化思维的科学方法，是全国一盘棋的综合考虑。只有统筹推进，才能发挥教育信息化的系统优势，兼顾区域差异，集中力量创新创造以适应教育信息化不断发展的要求。

我国已将教育信息化建设必然要求的顶层设计、统筹推进，转化为成功做法，并形成了一整套行之有效的经验。我国国家层面顶层设计和统筹推进的教育信息化建设、工程、活动、项目，数量之多，设计之科学严谨，在全世界独树一帜。

我国教育信息化建设顶层设计的层次之高，超出人们的想象。比如，2003年我国启动的农村中小学现代远程教育工程的设计，既有学界、专家的智慧，又有从中央电化教育馆领导以及上至教育部部长、国务委员的高层设计，甚至包括国家总理亲自过问、决策与推动，在从2004年起连续5年的总理《政府工作报告》中部署和总结我国农村中小学现代远程教育工程。

我国对教育信息化环境建设的顶层设计，还体现在国家战略性文件中。《2006—2020年国家信息化发展战略》要求"建立并完善全国教育与科研基础条件网络平台，提高教育与科研设备网络化利用水平，推动教育与科研资源的共享"。中共中央办公厅、国务院办公厅2016年印发的《国家信息化发展战略纲要》要求，"完善教育信息基础设施和公共服务平台，推进优质数字教育资源共建共享和均衡配置，建立适应教育模式变革的网络学习空间，缩小区域、城乡、校际差距。建立网络环境下开放学习模式，鼓励更多学校应用在线开放课程，探索建立跨校课程共享与学分认定制度。完善准入机制，吸纳社会力量参与大型开放式网络课程建设，

支撑全民学习、终身教育"。国务院在新一代人工智能发展规划的文件中提出,"建立人工智能超级计算中心、大规模超级智能计算支撑环境、在线智能教育平台"①。

顶层设计、统筹推进还体现在我国超前部署教育信息化基础设施建设。在《国家中长期教育改革和发展规划纲要(2010—2020年)》中就提出"超前部署教育信息网络""整合现有资源,构建先进、高效、实用的数字化教育基础设施""加快中国教育和科研计算机网、中国教育卫星宽带传输网升级换代。制定教育信息化基本标准,促进信息系统互联互通。"

此外,农村中小学现代远程教育工程既是我国教育信息化建设顶层设计典范,同时也是统筹推进的缩影。2003年国务院召开全国农村教育工作会议,决定"实施农村中小学现代远程教育工程,促进城乡优质教育资源共享,提高农村教育质量和效益",要求在试点工作基础上用五年左右时间,使农村初中基本具备计算机教室、农村小学基本具备卫星教学收视点、农村小学教学点具备教学光盘播放设备和成套教学光盘,将优质教育资源传输到农村。2003年教育部、国家发展和改革委员会、财政部先后发布了《农村中小学现代远程教育工程试点工作方案》《农村中小学现代远程教育工程试点工作技术方案》《农村中小学现代远程教育工程试点工作招投标管理办法》,成立了由教育部、国家发展和改革委员会、财政部有关部门负责同志组成的农村中小学现代远程教育工程部际协调小组,负责研究制定工作规划和实施方案,对工作进行统一部署,组织实施,监督检查以及协调工作中的重大问题;建立了由信息技术、教育教学、督导检查等方面的专家组成的专家队伍,对试点工作的实施方案、相关标准、设备配置、设备安装、教育教学等进行论证和咨询,以保证教育教学更符合教育规律和学校实际,设备配置科学可行,设备运转方便完善,经费使用更为有效。教育部选择两个国家级贫困县进行三种模式教学方法的研究和试点,充分利用现代远程教育的条件,加强师资队伍和技术队伍的建设,加大基础教育资源、同步课堂、卫星数据资源建设力。2004年教育部印发《农村中小学现代远程教育工程试点工作验收管理办法》,2005年教育部召开中西部农村中小学现代远程教育教学应用现场交流会,进一步推动工程在教学应用方面发力,取得促进教育教学变革的效果。很显然,以上都是对西部农村中小学现代远程教育工程的统筹推进。在区域差异巨大的我国,如果没有统筹推进,信息技术的高速发展就不是缩小经济鸿沟了,而是一方面会继续加大经济鸿沟,另外一方面是新增、扩大数字鸿沟,使社会公平和教育公平发展受阻。而今由于国家层面上的统筹推进,教育信息化成为我国促进教育公平的新手段、新支撑,在精准扶贫、让山区的孩子同享现代教育资源等方面发挥了重要作用,彰显了我国社会主义制度的优势。

---

① 国发[2017]35号. 国务院关于印发新一代人工智能发展规划的通知[Z].

5.1.3.2 与时俱进、持续发展

教育信息化是与高速发展的信息技术伴生伴行的，我国深刻认识教育信息化的本质特征，在教育信息化环境建设方面表现出明显的与时俱进、持续发展的特征，具体表现在如下方面：

一是在学校整体信息化环境建设方面，由最早的局域网建设，到校园网、数字校园、智能校园、智慧校园建设的持续接力。

二是在学校与外部连接的信息化环境建设方面，由世纪初的"校校通"，到后来的建城域网支撑，再到"宽带网络校校通"，由最早的通过双绞线与外界相连，发展为借助光纤与外界相通。

三是在资源建设主导方面，由早期的素材建设，到课件、网络课程、精品资源共享课、微课、在线开放课程的建设。

以上诸方面的建设，既在形式，更在内容，使我国在世界各国教育信息化环境建设方面的相对位置不断前移，经历了由跟进到创新引领的巨大变化，使我国教育信息化环境的整体水平跃入世界先进行列。

5.1.3.3 立足国情、勇于创新

我国在进入新世纪后，特别注重把握教育信息化发展规律、立足国情进行教育信息化环境创新建设，形成了如下四方面的建设特色：

1. 超前谋划建设

如前所述，国家在做五年规划、教育规划时，总是一并规划教育信息化环境建设，全国的教育信息化规划、教育信息化行动计划即是对我国教育信息化4年、5年或10年建设的前期谋划。科学的规划与立于时代的超前谋划，使我国教育信息化建设始终方向明确、行动力强，使教育信息化始终高速发展在正确的轨道上。

2. 导向公平建设

我国实施的农村中小学现代远程教育工程、"教学点数字教育资源全覆盖"项目，都是导向公平的教育信息化环境建设，以信息化手段促进了我国社会主义制度优越性的进一步彰显。

3. 突破瓶颈建设

在我国教育信息化环境建设方面已经初步形成了"逢山开路，遇水架桥"的开拓创新精神。比如，为一些教学点免费安装"中星16号"卫星设备并连通网络，很好地攻克了边远山区、海岛等自然条件特殊地区学校联网的问题，为实现全部学校接入互联网探索出了新路径。

4. 开放借力建设

教育信息化是庞大的事业，仅仅靠教育领域的力量进行教育信息化环境建设是远远不够的，因此我国形成了开放借力——借企业行业力量建设的格局。比如，免费安装"中星16号"卫星设备并连通网络，是借助中国卫通的力量；国家精品视频公开课初期的开放是借助中央电视台和网易公司相应网络平台的支持。这种开放式的强强联手式的建设，极大提高或提升了教育信息化环境的建设速度、建设效益和建设效果。

5.1.4 教育信息化环境建设的优化

我国教育信息化环境建设对我国教育信息化的科学发展以及教育现代化的发展起到了很好的支撑作用，形成了中国特色、中国经验、中国气派、中国风格。然而，教育信息化发展太快，教育信息化环境建设始终是新生事物，始终面对的是新技术、新要求，导致我国教育信息化环境建设不可能是一帆风顺和一蹴而就的，更不可能是尽善尽美的，总会存在种种问题和不足。

教育信息化环境建设的优化要以问题为导向，在今后一段时间内要重在解决如下五方面问题。

5.1.4.1 解决数字教育资源传统式建设的问题

数字教育资源传统式建设问题主要表现在三个方面：

一是文字内容的简单搬家，或者是多种媒体素材简单堆砌，要么未能充分发挥多媒体媒体"多"的优势，要么未能将各种媒体信息有机融合，导致无法让学习者更好地享受现代信息技术的成果。该问题的表象原因，一方面对新兴的不断发展的多媒体、新兴媒体的技术优势不太了解，对多媒体、网络资源建设的理论与方法缺少研究和把握，另一方面是不愿意在数字教育资源建设方面花大力气创新设计，"得过且过"。新时代的数字教育资源建设，一定要以创新为导向，要有极致思维，以建设一流质量的时代化新型教育资源服务学习者，进而更好地推动教育现代化发展。

二是局限于为课堂教学服务建设数字教育资源。课堂长期以来是教育的主战场，过去为课堂教学服务建设教育资源无可厚非，但是现在主战场拓展了，开辟了在线教育与在线泛在学习的"第二战区"，数字教育资源建设必须适应新变化，要实现由服务课堂教与学拓展为支撑网络化的教与学的转变，既要为课堂教与学服务，又要支撑网络化的泛在学习，支撑学生、教师及社会人员更好地学习。

三是局限于为教学建设数字教育资源。新时代党和国家对人才培养提出新的要求，数字教育资源建设相应要从服务教育教学拓展为服务育人的全过程。教育的本质、宗旨就是育人，教育信息化要为"育人"这一根本宗旨服务。就培养学生来说，过去教育信息化主要服务的是教学环节,"育人"还有许多环节,要为多环节的育人过程提供数字资源建设服务。

5.1.4.2 解决局部存在的信息化环境过度建设的问题

信息化环境过度建设,必然存在极大浪费。在教育界存在教育信息化非显著性差异一说,所指是教育信息化的巨大投入并未取得教育的显著变化,其本质是教育信息化建设的绩效问题。建设的应用绩效低就是浪费,对此有必要引起高度重视,不能让数量庞大的经费投入被无效的黑洞吞噬。

研究表明,可从三个方面解决局部存在的信息化环境过度建设的问题:

1. 要与应用和人的素质相匹配

信息化环境建设要有一定的前提量,但决不能过度超前,过度超前就意味着为企业研发埋单。信息化环境建设要以够用、实用为原则,建设的技术水平与将产生的应用水平匹配,与教育工作者和学习者的素质匹配。

2. 要谨防技术至上的技术中心主义

教育信息化一定离不开技术,但又不能一味追求新技术。教育信息化决策者一定要在过分炒作新技术、新概念的氛围中保持清醒的头脑。

3. 要建立正确的是非观、价值观、政绩观

要树立主人翁精神,具有当家做主、勤俭持家的意识,杜绝教育信息化环境建设中事实存在的讲排场、比阔气、不讲成本、不讲绩效的大少爷作风,杜绝将先进技术当作金字招牌的各种不当行为的发生。

教育信息化系统建设特别重要,要防止劳而无功的单兵突击式建设。

我国现在所进行的教育信息化,与我国曾经所独有的"电化教育"之间,有着继承与发展的关系。电化教育的目的是实现教育教学过程的"最优化",教育信息化建设也要以"最优化"为建设"初心"。

5.1.4.3 解决教育信息化环境建设中存在的区域夹生饭现象

教育信息化环境建设的"区域夹生饭"是指发达地区省份中"欠发达地区"存在的信息化环境建设严重滞后的问题。我国教育信息化环境建设,更多的顾了两头,而忽视了中间。我国发达地区中的教育信息化环境建设,建设整体水平很高,已处于世界领先水平;欠发达地区的教育信息化环境建设总体水平也相当高,因为有国家政策支持,前者的发达地区是自身经费充裕,自我发展能力强劲,后者的欠发达地区有国家政策兜底,但是,由于在发达地区的教育经费以县级、市级统筹,对于发达地区中的欠发达地区而言,其教育信息化环境建设水平较低,事实上成了我国教育信息化发展中的新的不公平,发达地区中的欠发达地区(就全国层面而言,其差

不多应该划在经济中等地区)学校的教育信息化处于建设特别落后状态,似乎成了新的被遗忘的角落。应高度重视这种教育信息化发展中的"U型差异",实现更高层面上的教育均衡发展。这种"U型差异"更多的是反映在教育信息化微环境方面,比如学校的多媒体教学设备、计算机机房计算机的配置等方面。

5.1.4.4 解决教育信息化环境追新式刮风建设问题

教育信息化环境追新式刮风建设的问题主要表现在两方面:一方面是一味地追赶新技术,追赶设备、设施的新功能、高性能,而不顾建设后能不能得到有效应用与回报;另一方面是企业夸大其词地热炒运用新技术的系统功能,误导学校和政府为其埋单。这是人们认为教育信息化巨大投入未取得显著性差异的深刻原因之一。追新式建设的问题,要通过提升教育领域决策者的教育信息化认识水平、信息化领导力和树立正确的政绩观加以解决。

教育信息化环境刮风式建设的问题,通常的表现形式是企业杜撰一美妙名词放风,教育界稀里糊涂地跟风建设,其极端表现是智慧校园和智慧教室建设之风。早在2015年5月有媒体就称"青岛完成294所学校数字智慧校园建设,占全市学校总数的24%";无独有偶,2015年岁末《北京晚报》的报道标题即称"国内近百所高校实现'智慧校园'",并特别提到北京邮电大学、同济大学等高校为最初实现智慧校园的高校。报道中是这样夸赞"智慧校园"的:学生可以通过学校的校园号查成绩、选课,并随时获得老师的各项通知,下了课去吃饭发现余额不够直接网上充值,临近毕业还可以通过校园号接受各种就业信息或寻找创业机会,学习生活的各方面都能线上达成[①]。事实上,绝不能仅凭这些就认为相应的大学校园为智慧校园了。

智慧校园还远未到实现的时候。因为智慧校园是数字校园的高端形态,是数字校园发展的理想追求[②],是教育发展的"高级形态",是学校建设的理想目标[③]。理想的东西不是轻易就可实现的,建成真正意义上的"智慧校园"注定需要一个漫长的过程[④]。数字化校园是一个网络化、数字化、智能化有机结合的新型教育、学习和研究的校园平台[⑤],现在所说的"已实现"的智慧校园,事实上还未达到真正意义上的数字校园的水平,而智慧校园不仅仅是要网络化、数字化,而且要具备现代化、智能化、创新化、引领化、社会化[⑥]等特征。媒体对智慧校园过于乐观的报道,说明人们对智慧校园的认识是模糊的,在智慧校园建设方面存在乱贴智慧标签的倾

---

① 郑勇. 国内近百所高校实现"智慧校园"[N]. 北京晚报,2015-12-02.
② 黄荣怀,张进宝,胡永斌,等. 智慧校园:数字校园发展的必然趋势[J]开放教育研究,2012(4):12-17.
③ 吴旻瑜,刘欢,任友群. "互联网+"校园:高校智慧校园建设的新阶段[J]. 远程教育杂志,2015(4):8-13.
④ 赵春,任友群. 高校管理信息化:离智慧校园有多远[J]. 中国教育信息化,2013(23):3-7.
⑤ 陈丽. 数字化校园与E-learning——信息时代大学的必然选择[M]. 北京:北京师范大学出版社,2007:25.
⑥ 陈琳,王蔚,李佩佩,等. 智慧校园的智慧本质探讨——兼论智慧校园"智慧缺失"及建设策略[J]. 远程教育杂志,2016,34(04):17-24.

向。智慧校园的智慧主要在于创新智慧、开放智慧、融通智慧、智能智慧[1]，判别是不是智慧校园是有标准和依据的：看是否支撑与服务于教育方式、教育模式、教育流程的创新、重构、再造，是否支撑与服务于创新创造人才培养，是否支持学校形态开放、教师开放、学分开放，是否支持实现虚实校园高度融合、师生内外脑融合教与学、师生跨学科融通，是否充分利用人工智能支持服务于人的智慧提升。显而易见，按此判别，当前建成智慧校园的概率近乎为零，建成智慧校园还有漫长的路要走。

教育部在发布的《2016 年教育信息化工作要点》中，首次提及并部署"智慧校园"，使智慧校园成为我国首推的教育智慧工程，我们必须将之建设好，实现校园的智慧性与时代的智慧性相统一，使通过智慧校园培养的人成为能适应智慧时代、引领智慧时代的人[2]。

5.1.4.5　解决教育信息化环境建设对健康、绿色关注不够的问题

国家层面上始终强调教育信息化建设要以人为本，但是在具体单位的建设与使用中，不时地忽视了环境可能对主体"人"造成的影响甚至伤害，并且尚未对之采取防范措施。比如，教室中的投影亮度越来越高，LED 大屏的亮度更是有过之而无不及，这会不会对教师和学习者的视力造成影响或伤害，是不是影响学习的效果，缺少相关研究和控制；再比如，一些学校的教室成为多媒体教室、录播教室后，为了保护设备，没有课的时间不再对学生开放，使学生失去了本该有的自习场所，本末倒置了；泛在学习已成为学生学习的主流学习方式，如何保障泛在学习资源的高质量，缺少像传统资源建设那样的保障制度，这导致不少学生将有限的宝贵时间花在无为的学习资源上，甚至于受不良信息的影响。

从发挥我国的国情特色着眼，我国国家层面上可采取四大措施优化教育信息化环境的建设：一是建立教育化环境的建设监测机构；二是建设全国的学习大平台，聚焦优质学习资源；三是建立学习资源建设的准入制度；四是建立学习资源的"把关人"制度。

5.2　工程推动

工程推动是指将教育信息化推动教育现代化的工作分解为一个个工程加以重点推进，各个击破，重点突破。

以工程推进事业的发展，有助于组织和调动各方面力量合力建设，在我国这已

---

[1] 陈琳，华璐璐，冯熳，等. 智慧校园的四大智慧及其内涵[J]. 中国电化教育，2018(02)：84-89.
[2] 陈琳，李佩佩，华璐璐. 论智慧校园的八大外部关系[J]. 现代远距离教育，2016(05)：3-8.

成为中国特色社会主义建设的重要组成部分。我国研制原子弹、导弹和人造卫星的"两弹一星"工程，事关民生的"菜篮子"工程，关于自然改造的"南水北调工程""三峡工程"，关于促进落后地区孩子教育成长的"希望工程"，关于促进精神产品精品佳作建设的"五个一工程"，为我国创新人才培养和国家创新体系建设奠定重要基础的"211工程"等等，都是新中国史上的知名工程。

教育信息化是开创性工作，也是系统性的工作。作为世界人口第一大国的教育信息化建设，尤其适合也特别需要工程推动，因为这样既可以发挥最大的规模化效益优势，又可以推动教育事业的快速发展、均衡发展、科学发展。

以工程推动教育信息化建设与发展，既是我国教育信息化发展的内在要求，又是彰显我国特色的必然选择，已逐步成为推进我国教育现代化发展的基本思路和常规做法，形成了立体多元的、成体系的工程格局，既有国家层面的，又有省、市、县层面的，还有学校层面的。仅就国家层面教育信息化推动教育现代化的建设而言，已实施的工程就可分为保障工程、队伍提升工程、综合变革工程、质量提升工程、资源建设工程等若干类，每一大类工程又包含多样的具体工程，其都在我国教育信息化推动教育现代化的事业中发挥了重要作用，所有工程推进的经验都值得加以总结，以更好地指导未来实践。事实上，我国已经将教育信息化本身作为一个大的工程在推动，在国务院批转的教育部《2003—2007年教育振兴行动计划》中，关于教育信息化部分的标题就是实施"教育信息化建设工程"[①]，教育信息化建设的大工程又由若干个具体的工程构成。

5.2.1 教育信息化的基础性保障性建设工程

在我国，推动教育条件现代化的信息化基础性保障性建设工程，主要有中国教育和科研计算机网（CERNET）建设工程、中国教育卫星宽带传输网（CEBsat）建设工程、校校通工程、西部大学校园网工程、金教工程、"三通两平台"建设工程、学校数字校园/智慧校园建设、国家级虚拟仿真实验教学中心建设，等等，其每一工程的实施都对教育现代化的某些方面起到了很好的支撑保障作用。

5.2.1.1 中国教育和科研计算机网建设工程

在我国推动教育现代化的信息化建设工程中，中国教育和科研计算机网（CERNET）建设是最早、最基础性、最持久的工程。没有网络化，就没有信息化；没有信息化，就没有当今时代的现代化。

CERNET工程始于1994年11月国家计委批准的"CERNET示范工程"，是由我国政府投资建设的首个全国性运行TCP/IP协议的计算机互联网络建设工

---

① 国发[2004]5号. 国务院批转教育部2003—2007年教育振兴行动计划的通知[Z].

程，在此后的一年时间内初步实现了内通外联——连接八大城市的全国主干网，实现国际联网，建成 CERNET 全国网络中心、八大地区网络中心，初步建成较为完善的网络管理和运行体系，开发与研制了一批网络资源和应用系统。1995年底这一示范工程验收时，CERNET 已成为当时我国最大的计算机互联网络，也是完全由我国自行设计、自主实施建设完成的全国主干网，对推动我国计算机互联网络及其应用的发展，以及我国教育信息化、教育现代化的发展起到了奠基作用和示范作用。

从 1996 年开始，CERNET 的发展进入了巩固、提高和壮大阶段。先后进行了多个项目的建设，比如计算机信息网络及其应用关键技术研究、CERNET 主干网升级工程、CERNET 地区主干网和重点学科信息服务体系、下一代互联网教育科研 IPv6 升级示范工程等。

"计算机信息网络及其应用关键技术研究"作为国家"九五"重点科技攻关项目，其研究成果在大型复杂网络运行管理的工作流程模型、路由器的快速转发、基于 TTCN 的 TCP/IP 协议一致性测试技术等方面取得重要突破，建立在这些技术基础上开发完成的应用成果达到国际先进水平，为我国信息网络的发展和信息资源的应用创造了技术条件。

CERNET 起到了我国互联网的先行者和创新者的作用，成为国家信息化的基础平台，率先成为世界上最大规模的国家级服务网，在教育信息化、教育现代化方面发挥着越来越重要的作用。

5.2.1.2 中国远程教育卫星宽带传输网建设工程

中国远程教育卫星宽带传输网（China education broadcasting satellite transfer system，CEBsat），是我国为构建全民终身学习体系而兴建的开放式网络。CEBsat 的建设工程于 1999 年招标，2000 年 10 月 31 日正式播出节目，在教育部西部地区的扶贫项目、学校教育以及中组部开展的农村党员培训等许多领域中发挥了重要作用，对于我国大力推进教育公平的教育现代化事业具有特别意义。

教育卫星宽带传输网是集图、文、音、视、数据传输于一身的数字化远程教育综合应用系统，既包括电视节目广播，又包括多媒体 IP 数据广播以及远程交互等软、硬件功能。IP 数据广播是 CEBsat 的特色功能，在我国建设 CEBsat 时世界上没有现成的 IP 播出标准可循（流媒体广播除外），因此我国的 IP 播出系统是完全自主研发。IP 播出系统所提供的 IP 数据广播，是将输入包括文件、图表、图像、声音、课件等在内的数据信息，按 MEPG-4 压缩标准进行流媒体播送和将文件数据按 UDP 协议打包后以 IP 数据包发送[①]。

---

① 周师亮. 中国教育卫星宽带传输网 CEBsat 技术规范[J]. 卫星电视与宽带多媒体，2006(06)：35-39.

在幅员辽阔的我国，要将地面光纤网络线路通到西部人烟稀少的边远或山区的一所所学校和一个个家庭，是极为困难的，代价也是非常大的，因此我国探讨通过卫星广播的方式让这些地区人们上网：1999年开始对中国教育电视台实施改造，将播送信息的频道由原来的模拟频道改为数字频道，并从C波段改造成K波段，相应开通了教育电视台到西部地区以及全国其他地区的数字频道，特别是20多个IP频道①，形成了中国远程教育卫星宽带传输网(CEBsat)。

CEBsat的建成，在世界上首次形成了天地一体化结合的教育传输网络，教育电视台通过IP频道，将教育信息、科技信息、农业信息、商业信息向西部地区及全国传送，以一种独特的创新形式扩大优质资源的覆盖面，有效缩小了数字鸿沟，开创了信息化促进现代化教育公平提升的新形式。

5.2.1.3 校校通工程

始于2000年的"校校通"工程②，是我国为了加快中小学信息技术普及教育步伐、提升中小学信息技术教育质量，而在全国中小学实施的一项具有划时代意义的教育信息化工程，由此逐步开启了我国中小学校通过网络与外部世界沟通交流的历史程，实体的中小学校在虚拟世界中有了身影，实体世界中的中小学生在学校就可以了解外部世界的信息，借助于校外的数字资源学习，在虚拟世界中交流。"校校通"工程事实上为在校的中小学生打开了新的外部世界，使他们拥有了现实和虚拟两个世界。"校校通"工程与中小学信息技术教育相结合，是21世纪初我国造就新世纪现代化新人的重要举措，促进了师生的现代化提升，使我国中小学更加具有现代性。

"校校通"工程的目标是用5～10年时间，使全国90%左右的独立建制的中小学校能够上网，使中小学师生都能共享网上教育资源，提高所有中小学的教育教学质量，使全体教师能普遍接受旨在提高实施素质教育水平和能力的继续教育。

我国地域辽阔，条件千差万别，不同区域中小学要实现"校校通"难度不一，国家采用了分步走的办法，东部地区县级以上和中西部地区中等以上城市的中小学先期实现能上网，西部地区及中部边远贫困地区的县和县以下的中学及乡镇中心小学先与中国教育卫星宽带网联通，实在不具备上网条件的少数中小学校先配备多媒体教学设备，由此可见在大国实现教育信息化之艰难，既要有顶层设计、统筹推进，还要因地制宜、区别对待、差异化发展。

"校校通"是校校通网络，然而事实上内涵不仅仅在于此，而是一项包括课程资源开发、传输、使用及教学管理等项内容的系统工程，其"校校通"工程建设任

---

① 曹凤余. 远程教育基础设施建设的进展及制约因素——访教育部科技司司长张尧学[J]. 中国远程教育，2001(04)：6-8.

② 教基[2000]34号. 教育部关于在中小学实施"校校通"工程的通知[Z].

务不仅仅是联通网络，还包括开发系列的优秀教学课和丰富的课程资源，建设共享的中小学教育资源库，以及对中西部地区的"校校通"工程项目教师、管理人员进行专题培训等。

5.2.1.4 西部大学校园网工程

西部大学校园网工程全称为"西部大学校园计算机网络建设工程"，是国家"西部大开发"战略的重要组成部分，由国务院批准、教育部实施建设西部 143 所本科大学校园网，实现西部地区大学校园网与中国教育和科研计算机网 CERNET 高速互联，在西部地区构筑一个技术先进、具有较高水平的信息网络基础平台，提升西部地区现代化基础设施水平，促进西部教育跨越式发展。该工程 2001 年开始建设，2007 年通过验收，国家共投入资金 9 亿元。

"西部大学校园计算机网络建设工程"不仅使西部地区 143 所大学信息化程度显著增强，提升了西部大学校园网基础服务水平，促进了网络技术队伍建设及人才培养，缩小了东西部大学的数字鸿沟，而且建成的 11 个西部省会城市的教育城域网，整体提高了这些省市和地区的信息化水平，同时改善了西部大学人才培养环境，推动了西部大学信息化管理水平的提高，为少数民族地区的教育现代化建设发挥了示范作用。

"西部大学校园计算机网络建设工程"建设中确定和始终遵循的八条基本原则，为后来我国教育信息化建设提供了宝贵经验，其八条基本原则是：①根据需求统一规划，以最大效益为目的分类进行建设；②统一规划、统一设计、统一采购、统一验收；③采用先进、成熟的技术，遵循开放性和标准化的原则；④合理利用已有投资，充分发挥各方面的积极性；⑤建立合理的运行机制，促进网络建设和运行的良性发展；⑥引进发达地区已有的网络应用系统和服务体系；⑦加强网络运行和网络安全管理；⑧加强网络人才培训、培养[①]。

5.2.1.5 金教工程

始于 2008 年的"金教工程"，全称为教育电子政务建设工程，是面向全国教育系统的庞大的基础工程，是建立和完善全国教育系统信息化公共服务和管理体系的重要组成部分，国家投入 18 个多亿的建设资金。

金教工程建设重点在三方面：一是建立为教育管理与决策提供支持的教育基础信息数据库；二是建立推动教育管理效率提升的国家级教育管理信息化支撑平台；三是建设提升教育公共服务水平的国家教育管理公共服务平台[②]。通过金教工程，建成了全国教育系统的学籍管理、学生资助、招生、大学生就业、办学质量监控、

---

① 谢焕忠. 建设高校网络 推动西部腾飞[J]. 中国教育网络，2007(04)：8-9.
② 蒋东兴. 金教工程顶层技术设计[J]. 中国教育信息化，2010(17)：15.

公派留学和教育涉外监管等信息平台,建成了数据集中、应用集成、标准规范、安全高效的教育服务与监管信息化平台,促进了我国教育公共服务以及教育管理现代化水平的提升。

5.2.1.6 "三通两平台"建设工程

"三通两平台"建设工程是指宽带网络校校通、优质资源班班通、网络学习空间人人通以及教育资源公共服务平台、教育管理公共服务平台的建设,由时任国务委员刘延东在全国教育信息化工作电视电话会议上提出,成为2012年后我国教育信息化建设的核心目标与标志工程[①]。

"三通两平台"建设是进入新世纪后我国信息化推动教育现代化方面创新最集中、创新度最高的工程与建设,既有网络"路"的建设,又有优质资源的建设与应用,还有创新的平台与空间建设,更涉及教育治理的创新,其建设的五大方面,既丰富了教育现代化的建设内容,又对教育现代化提供重要支撑,一定程度上创新了教育现代化本身。

1. 宽带网络校校通

宽带网络是现代化教育的基础条件、教育改革的支持平台,是信息技术与教育教学深度融合的重要前提,正因为此,我国在"校校通"实现后很快转入"宽带网络校校通"建设,改变普通网络的"低速公路"为宽带网络的"高速公路",进一步提升学校教育信息化基础设施水平,从根本上解决校园宽带接入"最后一公里"问题。

"宽带网络校校通"既是建设,又包含创新创造,在其中要创新"高山挡不住、宽带天地连"的利用卫星通信等多种技术手段才能实现的学校互联网全覆盖,真正实现"宽带网络校校通",为此,教育部实施宽带卫星联校试点行动,与中国卫通联合,在云南省昭通市、甘肃省甘南藏族自治州、四川凉山彝族自治州选择县、市、州部分学校开展试点,为县、市、州选择的每所主体学校和4所未联网学校(教学点),免费安装具有多波束宽带通信系统的高轨道高通量通信卫星——"中星16号"卫星信号接收设备并连通网络,开展信息化教学和教研,由此攻克边远山区、海岛等自然条件特殊地区学校联网问题,创新实现全部学校宽带接入互联网的新路径,同时形成支持边远贫困地区薄弱学校联网和开展信息化教学、教研的模式及保障机制。

2018年起我国启动了教育部、工业和信息化部联合发起"学校联网攻坚行动",确保到2020年底前全国中小学(包括教学点)宽带接入率达到98%以上、出口带宽达到100Mbps以上,并探索辅以卫星通信等多种技术手段实现学校互联网全

---

① 刘延东. 把握机遇 加快推进 开创教育信息化工作新局面——在全国教育信息化工作电视电话会议上的讲话.

覆盖,真正实现"宽带网络校校通"。"学校联网攻坚行动"确定的工作重点是推动基础电信企业加大光纤网络建设力度,加速实现偏远地区未联网学校的光纤网络连续覆盖,加快已联网学校的光纤化升级改造。基础电信企业对学校执行宽带接入优惠政策,促进"互联网+教育"普及①。

2. 优质资源班班通

在持续10多年教育信息化"造路""建库"和开发优质资源的建设后,让师生通过网络共享优质资源进行教与学,成为我国教育现代化的新要求。"建而不用,等于白建"。"优质资源班班通"的推出,适逢其时。

"优质资源班班通"是通过挖掘、整理、集聚优质数字教学资源,利用网络教研、直播互动教学、资源共享等手段与形式,推进信息技术在每个班级的教学、学习过程以及在教师的教研活动中普遍应用优质资源,让优质数字教育资源发挥更大的作用,促进教学质量提升和促进教育均衡发展。

以发挥优质教育资源更大作用为核心的"优质资源班班通",调动了人们应用优质资源的积极性,激发了扩大优质资源应用范围、效果的方式方法的创造性,相应出现了"专递课堂""名师课堂""名校网络课堂""同步课堂"等以优质资源应用为核心的课堂新形态,并持续赋予"同步课堂"新的发展内涵。

"专递课堂"是针对我国中西部以及边远贫困地区缺少师资、开不出该开设的基本课程的问题,集中优秀师资与技术力量开发英语、音乐、美术、科学等短缺课程、民族双语教学急需课程以及职业教育新设课程的课堂教学视频等资源,进而向以上地区定向传送。"专递课堂"最成功的大范围运用,是为全国数万个教学点开发传送了短缺课程的优质数字教学资源,实现了数万个教学点的数字教育资源全覆盖。

"名师课堂"是指组织教学名师、特级教师开设网络课堂,形成基于名师的优质网络教育资源,包括探索以发挥名师作用为特征的网上教研活动形态,发挥名师的示范带动作用,使名师资源得到更大范围的共享。

"名校网络课堂"是以名校开设网络学校、网络选修课等方式,使名校优质教育资源更大范围和更为有效地扩散,让更多的学习者受益,推动优质资源快速在全国共享,帮助更多的学校提高教育质量并逐步成为名校。

"同步课堂"在我国最早的形式,是中国教育电视2001年开始的通过中国教育电视卫星宽带实施"基础教育同步课堂",充分利用卫星传输平台的技术优势为西部地区基础教育服务,体现了实施西部大开发的战略,体现了通过现代教育技术促进中西部地区教育跨越式发展的战略,其特点是通过IP多媒体课件和电视两种形式播出与教师授课进度相同的课程,让异地的师生选择实时收看电视,或通过IP数据

---

① 教技[2018]142号. 关于开展学校联网攻坚行动的通知[Z].

广播将课件下载到本机后选择非实时学习。"卫星电视+网络课程+网络教学课件+教学素材"同步课堂的形式,深受师生的欢迎,成为又一个使西部地区通过共享东部地区优质教育资源促进教育跨越式发展的成功范例。随着宽带网络的发展,同步课堂发展为"同体式互动同步课堂",即将一个班级的教学视频网络直播传送至其他教室,其他教室的同学与主教室的学生同时学习。"同体式互动同步课堂"首先运用于提升教学点的教学水平方面,即将一个教学点的一个班与中心学校或优质学校相同年级的一个班级结为共同体,通过网络同时备课、同时上课、同时作业、同时考试,破解教学点没有教师、开不了课的难题,实现教学点学生与城里学生共享优质教育资源[①]。"同步课堂"对共享名师教学非常有意义,正因为此各种层次的"同步课堂"纷纷出现,还出现了以县为单位逐步开设的"同步课堂"。

"专递课堂""同步课堂""名师课堂""名校网络课堂"等以信息化手段建构的新型的虚拟"课堂"或虚实联动的"课堂",使更多的人可借助于优质资源学习,对于许多人而言,实现了过去是可望而不可即的向名师学习以及在名校学习的梦想,特别是实现了优质教育资源向农村、边远、贫困、民族地区的扩散和覆盖,成为以信息化推动教育公平新形态的鲜活案例。教育公平是新型教育现代化的核心,从这个角度看,以"专递课堂""同步课堂""名师课堂""名校网络课堂"为重要表征的"优质资源班班通",有效发挥了带动以至推动教育现代化的巨大作用。

3. 网络学习空间人人通

在我国,网络学习空间被赋予特定的内涵,是指得到教育主管部门或学校认定认可的支持交互、共享、创新的实名制计算机网络学习场所,分为个人、机构、公共应用服务等空间类别。利用网络学习空间可以构建新的教师研修形式、教学方式、学习方式、师生互动方式、生生互动方式[②]。

"网络学习空间人人通"是我国根据信息技术对人发展的影响规律而审时度势提出的具有鲜明特色的建设,希冀通过为人们提供独有的虚拟网络空间造就新型的现代化教学环境,以空间为纽带,贯通学校教学、管理与评价等核心业务,将空间作为基于信息技术教育教学的基本环境,作为数字教育资源公共服务体系共享服务的主要渠道,作为先进文化建设和家校共育、校企共建的有效载体,综合运用信息技术解决教育教学实际问题,支持促进教学方式与学习方式的变革,支持教育服务与教育治理模式创新,实现基于空间的教与学应用、教学管理、教育治理的常态化。

"网络学习空间人人通"具有提供教育应用服务,引入行业、机构等社会资源,聚合学习过程和教育管理数据,开展学情分析和学习诊断,精准评估教学效果,提供个性化学习服务,支持精细化管理和科学决策,推动人工智能在教学、管理中的

---

① 文付才. 同步课堂,破解三大教育难题[J]. 中国民族教育,2016(09):46-47.
② 教技[2012]13号. 教育部等九部门关于加快推进教育信息化当前几项重点工作的通知[Z].

应用的功能,具有交互、共享、共创的属性,开放性、联通性、个性化的特征。

在网络学习空间建设与应用方面,我国始终走在世界的前列,这是国家层面上顶层设计、科学规划、精心部署、扎实推进的结果。顶层设计、扎实推进重点体现在如下方面:

(1) 确定网络学习空间建设走在世界前列的目标。

(2) 加紧建设国家数字教育资源公共服务体系,对网络学习空间提供支撑。

(3) 形成统一的数据标准和服务规范并加以遵循。

(4) 建立自主研发、委托开发、购买服务等多形式结合的空间建设机制。

(5) 以"教师率先使用、职业教育率先部署、发达地区率先示范"的"三个率先"原则加以推动。

(6) 发布文件加以规范、引导,先后发布《网络学习空间建设与应用指南》[①]《教育部关于加强网络学习空间建设与应用的指导意见》[②]。

(7) 组织开展网络学习空间应用普及活动[③],推荐评选网络学习空间应用优秀区域和网络学习空间应用优秀学校,示范推广网络学习空间在网络教学、资源共享、教育管理、综合素质评价等方面的典型案例和成功经验,引导各地加强网络学习空间建设与应用,促进网络学习空间与物理学习空间的融合互动和创新发展,推动从"三个率先"向全面普及发展,实现到2022年在各级各类教育、全体教师和适龄学生中全面普及绿色安全、可管可控、功能完备、特色鲜明的实名制空间,达到"一人一空间,人人用空间"的目标。

(8) 探讨发挥空间作为数字教育资源共建共享主渠道作用的教育资源供给模式,采取政府主导、社会参与、开放建设、严格遴选的建设机制,师生免费获取国家和地方提供的各类公益性资源、共享生成性资源、自主选购个性化资源的资源运用机制,管理者利用空间发布教育资讯、掌握学校动态、规范学校管理、加强质量监控以及建立基于数据的资源调配、学校评价、管理服务的教育治理新机制,推进管理业务重组、流程再造,实现过程化评估和精细化管理,支持教师利用空间进行学习评价、问题诊断、差异性和个性化教学与指导,以及备课授课、家校互动、网络研修等日常活动;支持学生利用空间集成丰富多元的资源与服务进行探究学习,培养解决问题的能力、创新意识和创新能力。

(9) 开展多种队伍的网络学习空间培训,提高认识,提供谋划设计能力,提供空间运用能力。仅全国层面,教育部就采取专家引领、专题报告、课堂观摩、诊断评析、现场实践等方式,持续开展中小学校长、职业院校校长、中小学骨干教师"网

---

① 教技[2018]4号. 教育部关于发布《网络学习空间建设与应用指南》的通知[Z].
② 教技[2018]16号. 教育部关于加强网络学习空间建设与应用的指导意见[Z].
③ 教技[2018]105号. 教育部办公厅关于开展2018年度网络学习空间应用普及活动的通知[Z].

络学习空间人人通"专项集中培训。此外，在全国厅局长教育信息化培训中，网络学习空间规划与建设，是其重点培训内容。且针对不同的对象，进行内容有所区别的针对性培训。

网络学习空间为学习者提供了多样的服务，比如国家开放大学早期所提供的学习空间，就既为学生提供线上的公告、课程超市、作业、虚拟实验、辅导答疑、测试练习、学习进度、查询成绩、毕业论文、缴费、预约考试等共性的学习功能服务，又为学生提供线上的校园信息、社区交流、好友交流、公共资源和咨询帮助等个性化服务。这些多样的基于网络空间的服务，方便了学生数字化学习与交流。

以上"三通"，通通紧扣，层层推进，不断提升。"宽带网络校校通"的核心在"建"，"优质资源班班通"的核心在"用"，使优质资源发挥更大作用，而"网络学习空间人人通"核心提升到"创"，要通过"网络学习空间人人通"的建设促进教与学、教与教、学与学的全面互动，支持服务于新的学习模式、新的交流方式实现。很显然，网络学习空间人人通的本质，是建构时代化的虚实融合的教与学的方式方法，推动教与学方式方法的现代化。

4. 教育资源公共服务平台建设

1) 教育资源公共服务平台的价值与发展

教育资源公共服务是实现基于现代信息技术的教育教学模式创新和教育服务的必备条件，是推进新型教育现代化的必然要求，正逐步发展成为教育基本公共服务的重要内容。教育资源公共服务平台是优质教育资源汇聚与教育信息化创新活动开展的互联网平台，在我国相应分为国家级平台以及地方平台，地方平台包括省级的平台和地市级的平台。地方平台和国家级平台很好地实现了连接连通。

国家教育资源公共服务平台是互联网思维中的"平台思维"在教育信息化建设方面的创新运用与成功实践，其名为资源方面的服务平台，实际上已远远超过资源的范畴，是资源、活动、空间三位一体的国家级教育信息化服务平台。国家教育资源公共服务平台上的"资源"有学前资源、职教资源、同步资源、案例教育资源、网校课程、专题、民族资源、慕课、中高考。国家教育资源公共服务平台支持开展的"活动"有"一师一优课、一课一名师"活动、"中国梦—行动有我"活动等若干种。国家教育资源公共服务平台"网络学习空间"的作用突显，截至 2019 年 9 月，国家教育资源公共服务平台已开通教师空间 1330 万个、学生空间 617 万个、家长空间 571 万个、学校空间 40 万个，即在国家平台上已经开通空间 2500 万个。此外，推进试点区域平台接入国家数字教育资源公共服务体系，已接入上线平台 105 个，其中省级平台 23 个。

教育资源公共服务平台是新生事物，设计和建设仍处于探索之中。为了解决各级教育资源公共服务平台重硬件建设、轻资源服务，数字教育资源共享程度低、服务机制不健全、对教育教学支持不到位、制约信息技术对教育教学改革发展重要作用的充分发挥等问题,以及为了更好地推进"互联网+"行动,切实加快教育信息化进程,以教育信息化支撑和引领教育现代化,服务教育强国建设,教育部专门就加强数字教育资源公共服务体系建设与应用发布文件,提出如下主要指导意见[①]:

(1) 明确了数字教育资源公共服务体系的"基本属性"。数字教育资源公共服务体系是政府提供数字教育资源基本公共服务的载体,主要通过网络学习空间的形式提供资源服务并支撑基于信息技术的新型教育教学模式。

(2) 确定了数字教育资源公共服务体系的"总体目标"。到2020年基本建成覆盖全国、互联互通、用户统一、共治共享、协同服务的具有中国特色的数字教育资源公共服务体系,基本实现"全国一体系、资源体系通、一人一空间、应用促教学"。全面推进"互联网+教育",不断提升教育基本公共服务均等化、普惠化、便捷化水平,努力让每个孩子都能享有公平而有质量的教育,加快教育现代化,办好人民满意的教育。

(3) 制定了数字教育资源公共服务体系的"工作原则"。服务导向、分级协作;统一标准、开放共享;创新机制、彰显特色。明确提出统一用户标准、资源标准、服务标准、管理标准,打破"信息孤岛",实现数字教育资源"一点接入、全体系共享"。

(4) 确定了数字教育资源公共服务体系建设与应用的六大"主要任务"。共建共治国家体系、建设运行国家体系枢纽环境;统筹做好省级体系的规划、建设、运维与服务;提升完善体系内教育资源公共服务平台服务功能;切实落实网络学习空间对教育教学活动的支撑;扎实开展市县两级对国家体系用户的支持服务;积极推动学校开展资源应用,探索形成新型教学、管理、服务模式。

2) 国家教育资源公共服务平台的优化

如前所述,数字教育资源公共服务平台是新生事物,建设与应用始终处于探索之中,在开始建设6年后的今天,还有必要在如下方面进一步优化:

(1) 服务更多教育类型。现有的数字教育资源公共服务平台以服务基础教育为主,适当兼顾了中等职业教育,未来应该向服务基础教育、职业教育、高等教育、终身教育、家长教育等方面发展,即由未完全服务学历教育向服务学历教育、非学历教育的大教育发展,唯有如此才称得上是真正的数字教育资源公共服务平台。

(2) 整合更多更优质的资源。为此可从三方面加以改变:一是增加资讯功能。二是加强资源平台链接。三是汇集公开竞赛资源。让评奖成果发挥更好的示范作用,比如,将全国教师教育教学信息化交流活动的获奖作品汇集;将获国家级教学成果奖的成果资料汇聚。

---

① 教技[2017]7号. 教育部关于数字教育资源公共服务体系建设与应用的指导意见[Z].

(3)增加理念理论方面的资源。当教育信息化进入 2.0 时期,教育人的思想观念直接决定着信息技术能对教育产生多大的革命性影响。与此同时要加强资源平台的理论研究,以在先进的理念、理论指导下科学设计、科学建设、科学应用。

(4)为教育人、学习人提供教育和学习的一站式服务。只要上该平台,学习的数字化资源应有尽有,以此作为信息化支持促进教育供给侧改革的新思路、新方法。

(5)加强数字化社区建设。使之成为交流经验、交流教育思想的最佳场所,使之成为激荡思维、焕发教育创新激情的最佳虚拟场所。

(6)进一步提升平台的层次。聚合、优质、有序、进化、体系、激发、开放、伴生、创新应该成为平台或体系必须体现的特点。加强系统化资源建设,创新型资源建设,新形态资源建设。

5. 教育管理公共服务平台建设

教育管理公共服务平台是为了提高教育管理现代化水平而建,其在教育系统整合和数据共享、有效提升教育管理效率、有效提升教育的监管能力与水平、有效提升教育治理水平、加快学校信息化进程、为宏观决策提供科学依据等方面发挥着重要作用。"统筹规划、统一建设、集中运行、分步推进"是推进教育管理公共服务平台建设工作的基本原则[①]。

教育管理公共服务平台建设要求高,主要建设任务包括如下方面[②]:

(1)建设三类教育基础数据库。建设学生数据库、教师数据库、学校经费资产及办学条件数据库等三类教育基础数据库,国家对每一位学生、每一位教师和职工、每一所学校进行统一编码。学生数据库主要包括学生基本信息、学习经历信息、学籍信息、学生资助与毕业就业信息等。教师数据库主要包括教师和职工的基本信息、工作信息、学习经历信息、简历信息、考核信息、奖惩信息等。学校经费、资产及办学条件数据库主要包括学校基本信息、校舍信息、条件装备信息、经费信息、教学科研信息等。

(2)建设五大类 20 个子系统的教育管理信息系统。建设五大类教育管理信息系统,分别为教师管理类信息系统、学生管理类信息系统、教育规划与决策支持类信息系统、学校资产及办学条件管理类信息系统,此外还有其他业务管理类信息系统。

(3)建设两门户一平台。建设两门户一平台分别为教育管理门户、教育公共信息服务门户和技术服务平台。

(4)建设两级数据中心。在教育部和各省级教育行政部门分别建立国家级和省级数据中心,构建全国联网的教育管理信息化基础设施体系,建设数据集中、系统集

---

① 教技[2013]2 号. 教育部财政部人力资源社会保障部关于进一步加强教育管理信息化工作的通知[Z].

② 曾德华. 教育电子政务建设——国家教育管理公共服务平台建设实施框架与关键问题探讨[J]. 中国教育信息化, 2013(14):8-10.

成的统一应用环境。

(5) 建立五级应用机制。五级应用是指各类教育管理信息系统均同步统一部署国家、省、地市、县、学校五级系统，实现系统在全国的全面覆盖，确保系统数据的准确和完整，有助于做好教育经费预算安排，政务校务公开，学生资助计划、营养餐计划等动态监管，教育热点问题科学分析和风险预测等工作。

(6) 建立支撑保障体系。支撑保障体系包括信息安全保障体系、教育管理信息化标准规范体系、教育管理信息化制度保障体系、教育管理信息系统应用与运行维护服务体系。

教育管理公共服务平台6年持续建设，使我国教育信息化管理水平跃居世界先行列，形成了中国气派和中国品牌与影响。未来将在全面提高利用大数据支撑保障教育管理、决策和公共服务的能力，实现教育政务信息系统全面整合和政务信息资源开放共享方面持续发力，构建起全方位、全过程、全天候的支撑体系，助力教育教学、管理和服务的改革发展。

5.2.2 教育信息化的队伍提升类工程

我国教育信息化始终遵循"以生为本"，始终将支持、服务、促进学生的发展放在教育信息化工作的首位。学生发展如何，在相当程度上取决于教师，因此教育信息化要更好地服务"以生为本"，必须以教师在教育信息化方面率先得到提升作为保障。没有信息化就没有现代化，没有教师的信息化，就不可能有真正意义上的信息化，也就不可能有教育整体的现代化。正因为此，在我国教育信息化发展中始终将教师的信息化提升放在重要位置，并通过一个个具体的国家级"工程"，推动教师信息素养和信息化教学能力的提升。

2013—2018年间实施完成的"中小学教师信息技术应用能力提升工程"，2019年开始实施的"全国中小学教师信息技术应用能力提升工程2.0"，2005年开始的"全国中小学教师教育技术能力建设计划"，1999年启动实施的"明天女教师培训计划"等关于教师提升的一个个信息化方面的工程，不断推动着教师队伍的信息化提升，推动着我国教师队伍整体走向现代化。

5.2.3 教育信息化的资源建设类工程

新兴的教与学的资源形态的建设与发展是教育信息化不断发展的标志，是教育信息化得以发挥变革教育作用的基础和条件，我国在教育信息化推动教育现代化的伟大征程中，始终高度重视教育信息化的资源建设与应用，相应通过"新世纪网络课程建设工程"、"国家基础教育资源网"建设、"农村党员干部现代远程教育教学资源建设"、"中国高等教育数字化图书馆建设(CADLIS)"、"中国大学数字博物馆建设工程"、"中小学语文示范诵读库"建设、"高等职业教育专业教学资源库"建设、"全国文化信息资源共享工程"、"网络教育数字化学习资源中心建设"、"国家手语词汇语料库建设"、"优质资源班班通"建设、"国家教育资源公共服务平台建设"、"国家级精品视频公开课建设"、"国家级精品资源共享课建设"、"国家虚拟仿真实验教学项目建设"、"高等学校在线开放课程建设"、"优质数字教育资源征集活动"、"教学点数字教育资源全覆盖项目建设"等专门的资源建设工程和活动,以及"现代远程教育工程"、"农村中小学现代远程教育工程"、"一师一优课、一课一名师"活动中的重要的资源建设工作,推动优质教育资源开发与应用,形成开放灵活的教育资源建设机制与公共服务平台,促进了优质教育资源普及与共享,推动了我国教育资源的现代化以及学习方式方法的现代化发展。

5.2.4 推动教育综合变革的教育信息化工程

教育信息化推动教育综合变革类工程,是建设体量非常大、对教育的影响面非常广、持续建设时间相当长、对教育将产生深远影响的教育信息化工程,有的本身就处于前面三类工程之中,主要有现代远程教育工程、三通两平台建设、"一师一优课、一课一名师"活动、高等学校本科教学质量与教学改革工程(以下简称质量工程)旗下的教育信息化建设类工程。这四大工程(或称活动),深刻影响了我国教育的走向,改变了我国教育现代化发展态势——由"一味跟进"向"部分领跑"发展,使教育现代化产生了阶段性的跃迁。

5.2.4.1 现代远程教育工程

现代远程教育工程源于《面向21世纪教育振兴行动计划》。1999年1月国务院批准的教育部《面向21世纪教育振兴行动计划》,是我国跨世纪教育改革和发展的施工蓝图,其出台开启了我国教育振兴的跨世纪工程。现代远程教育工程是其七大跨世纪教育战略工程之一,以通过现代远程教育工程,形成开放式教育网络,构建终身学习体系。形成新的教育网络,形成新的学习体系。

源于《面向21世纪教育振兴行动计划》的现代远程教育工程,续于2004年1月国务院批转的教育部《2003—2007年教育振兴行动计划》,接续于《教育信息化2.0行动计划》,并且在《国家中长期教育改革和发展规划纲要(2010—2020年)》《教育信息化十年发展规划(2011—2020年)》中对其都有专门规划与部署。

我国事关教育信息化的国家层面的教育的"行动计划",共三个,即《面向21世纪教育振兴行动计划》《2003—2007年教育振兴行动计划》《教育信息化2.0行动计划》。在三大行动计划中连续部署现代远程教育,充分凸显了现代远程教育战略作用:现代远程教育是随着现代信息技术的发展而产生的一种新型教育方式,是构筑知识经济时代人们终身学习体系的主要手段;实施"现代远程教育工程",

可以有效发挥现有各种教育资源的优势，是在我国教育资源短缺的条件下办好大教育的战略措施[①]。

5.2.4.2 三通两平台建设工程

三通两平台建设是我国"十二五"期间、"十三五"期间教育信息化、教育现代化建设的重中之重，其持续建设推动了我国教育环境的基本现代化——宽带网络校校通，学习资源的基本现代化——优质资源班班通，学习方式开始向现代化迈进——网络学习空间人人通，信息化教育服务向现代化迈进——建设教育资源公共服务平台，教育治理开始向新型现代化迈进——建设教育管理公共服务平台。三通两平台建设的持续推进，使我国教育在以上五个方面的现代化程度已跃居世界前列。

现代远程教育工程和三通两平台建设，前已深入探讨，此处从略。

5.2.4.3 "一师一优课、一课一名师"活动

教育部 2014 年启动的"一师一优课、一课一名师"活动，让数百万教师同台"晒课"，并评选出数以万计的"优课"，开辟了促进教师智慧成长的新路径[②]。时任教育部副部长杜占元认为，"一师一优课、一课一名师"活动是中国教育信息化实践的独特创造，其至少具有 6 个方面的作用：一是成为教育信息化工作整体推进的重要抓手：教育信息化关键在应用，应用主体是师生，其中教师最为关键，教师既要带头还要带动学生；"一师一优课、一课一名师"活动真正将教师积极性调动起来了，他们自觉自愿地、创新性地在建设与应用；二是成为用互联网思维构建资源体系的新模式，形成了每位老师既是浏览者也是创造者的"众筹"开发和应用系列化资源的新模式。三是成为促进课程改革的有效途径，促进越来越多的教师不断探索教学内容的呈现方式、学生的学习方式，教师的教学方式和师生互动方式因此而有改变。产生的优质课还给其他教师以启迪，会让其他教师在观察、评价中产生思想观念和方式方法的碰撞，大大地激发其创造力。四是成为孕育教育信息化新机制的有效载体。"一师一优课、一课一名师"活动有效地推动了国家平台、地方平台、企业平台的互联互通。国家制定的"政府评估准入、企业竞争提供、学校选择使用"的资源配置新机制得到很好体现。五是成为教师专业成长的加油站。六是成为展示教育信息化工作成果的重要窗口[③]。

---

① 国发[2004]5 号. 国务院批转教育部 2003—2007 年教育振兴行动计划的通知[Z].
② 陆薇，陈琳. "晒课"促进教师智慧成长研究[J]. 中国电化教育，2015(12)：132-136.
③ 杜占元. 深化应用 融合创新 为实现"十三五"教育信息化良好开局做出贡献——在"一师一优课、一课一名师"活动国家级培训暨 2016 年全国电化教育馆馆长会议上的讲话[J]. 中国电化教育，2016(06)：1-6.

1. "一师一优课、一课一名师"活动的特点
1）提供百万中小学教师试比高低的国家级赛台

教育部发布的"一师一优课、一课一名师"活动方案规定，每个学年度组织几百万名教师在国家教育资源公共服务平台上"晒课"，然后从中评选出上万堂的"优课"（最初一年评选2万堂部优课，2018年起每年评选1万堂部优课）。截至2019年9月底，全国已晒出超过2000万堂课。每年数百万名教师在国家教育资源公共服务平台（http：//www.eduyun.cn/）上"晒课"同台竞争，激发了广大中小学教师研究和建设优质资源的积极性与热情，使其资源创造潜能大迸发。可以说，"一师一优课、一课一名师"活动是国家为中小学教师开通的"星光大道"、铺设的"金光大道"①。

2）晒出覆盖全国中小学各学科各版本教材的优质资源

"晒课"面向全国所有中小学校及中小学老师，面向中小学所有的学科、教材版本、课程种类，比如所"晒课"小学数学所用教材，就有北京2011课标版、冀教2011课标版、苏教2011课标版、青岛2011课标版、人教2011课标版、西南师大2011课标版、人教2001课标版、北师大2001课标版、西南师大2001课标版、苏教2001课标版、冀教2001课标版、青岛2001课标版、沪教2001课标版、北京2001课标版。

3）形成优质资源应用新格局

我国数字教学资源众多，但建设质量参差不齐，"一师一优课、一课一名师"活动评选出的"优课"内容体系涵盖了各学科、各课的学科内容，将形成人人有优质资源可用、课课有优秀案例可循的格局。教师既可以使用自己制作的优秀教育资源，还可以运用平台上的其他"优课"资源开展教学。

2. "一师一优课、一课一名师"活动在促进教师智慧成长方面的功用
1）国家竞赛最大程度激发教师内生发展智慧

"一师一优课、一课一名师"活动让全国千万中小学教师的优质课同台竞相展示，可使每个教师感受外面精彩的教学世界，一改以往坐井观天的视角，从而会对照先进找差距，千方百计学先进并迎头赶上。外因是变化的条件，内因是变化的基础，通过"一师一优课、一课一名师"活动的外因转化为教师更加奋发的内因，是对教师发展内生智慧的最大激发。

"一师一优课、一课一名师"活动突破了通常比赛的局限性，形成了国家出资、教育部组织、地方教育厅局发动、电化教育馆系统技术保障、学校支持以及教师设计与开发的方式，对中小学教师积极参与起到了巨大的拉动作用，每年有数以万计的教师一跃成为"部优课"奖得主。对教师而言，国家级平台展示同样具有强吸引

---

① 陈琳. 智慧教育创新实践的价值研究[J]. 中国电化教育，2015（04）：15-19.

力和极大的挑战性,激发了教师参与活动的积极性和活力,唤起了教师对教学的新追求。

2) 瞄准"优课"建设迅速提升实践智慧

通过"一师一优课、一课一名师"活动,教师各显神通、各展所长地在国家级平台上分享原创的优质教学资源,教师既成为资源的贡献分享者,同时也成为优质资源的学习受益者。百闻不如一见,百见不如一练,在活动过程中,许多教师将由通常意义上的优质资源旁观者转化为真正的建设者,将对照平台中有标杆作用、参照系作用的资源,调动一切智慧以"超越"为目标建设,进而可不断提升实践智慧。

3) 通过"优课"学习不断催生持续发展智慧

"一师一优课、一课一名师"活动在国家平台上公开展现优质资源,使得广大中小学教师可以选取平台中的优质教学资源进行比对式学习分析,找到自身教学在理念、内容、方法、语言、互动、手段、艺术性等方面的差距,并且通过模仿式学习与反思调整,取他人之长补己之短,完善自身的教学。这可有效解决部分教师存在的教学中"小富即安"的问题,使其从模仿走向超越,进而不断实现智慧成长。

"一师一优课、一课一名师"活动的持续性开展机制,会形成在国家平台上千帆竞发、力争上游、互相不断超越的喜人态势。大量的优秀教师的竞争,将使教师前进的动力变得势不可挡。

4) 研究活动设计启发创新智慧

"一师一优课、一课一名师"活动是创新性的设计,活动中的每个元素设计都体现出创新、富有智慧:开放国家平台展示教师课程教学,激发了教师参与活动的斗志与激情;教师所上传的作品是公开展示的,并且整个评审过程公正、透明,提高了教师的积极性和创造性;在平台上大量的不同学科、不同教材的"优课"唾手可得,能够最大化地吸收不同学科、不同地区、针对不同内容的优秀的形式与做法,使教师的提升与发展汲取众家所长;通过对平台上优质教学资源的分析对比,可以启发教师进行教学创新。

过去教师开发的优质教育资源,往往作为自身教学用的秘密武器藏着掖着,现在通过"一师一优课、一课一名师"活动,大家竞相将绝活亮出来,将开发的优质资源共享,这是互联网思维的力量,是"公建共享"资源建设模式的典型应用。

"一师一优课、一课一名师"活动设计是科学的,建议增加教学设计专家、教育技术专家、课程专家对"部优课"的点评,评其长,说其短。专家高水平富有针对性的点评,更能启迪教师的设计智慧。

5.2.4.4 精品课系列的教育信息化建设工程

"一师一优课、一课一名师"活动是基础教育领域信息化推动教育综合变革的工程,精品课系列建设则是我国高等教育领域信息化推动教育综合变革的工程。

精品课系列建设源于2007年教育部、财政部发布的《关于实施高等学校本科教学质量与教学改革工程的意见》。该文件明确提出，推进国家精品课程建设，遴选3000门左右国家精品课程，由此开启了我国持续十多年的国家级精品系列课程建设的历程。文件同时明确了精品课程在信息时代的表现方式："实现精品课程的教案、大纲、习题、实验、教学文件以及参考资料等教学资源上网开放"。很显然，国家精品课程在网上开放的是课程的教案、课程教学大纲、课程的教学文件以及参考资料等，即开放的更多的是教学文件。这种开放，最直接受惠的对象是广大高校教师，相应的高校教师可以通过网络了解同课程优秀教师的教学设计，并能够借鉴甚至采用优秀教师课程的教学大纲、教案等教学文件。3000门国家精品课程建设，一定程度上推动了我国高校课程质量的提升。

在持续几年的国家精品课程建设后，教育部又在2011年开始推进国家级精品资源共享课和国家级精品视频公开课建设，2015年起开始推进国家精品在线开放课程建设。

国家级精品资源共享课的开放度，远远超过国家精品课程。教育部规定，国家级精品资源共享课既要在网上开放能反映课程教学思想、教学内容、教学方法、教学过程的核心资源，包括课程介绍、教学大纲、教学日历、教案或演示文稿、重点难点指导、作业、参考资料目录和课程全程教学录像等反映教学活动必需的资源，又要在网上开放能反映课程特点，应用于各教学与学习环节，支持课程教学和学习过程，较为成熟的多样性、交互性辅助资源，比如案例库、专题讲座库、素材资源库、学科专业知识检索系统、演示/虚拟/仿真实验实训(实习)系统、试题库系统、作业系统、在线自测/考试系统，课程教学、学习和交流工具及综合应用多媒体技术建设的网络课程等。很显然，如此更大程度的开放，是以普及共享优质课程资源为目的，可较好地服务于学习者自主学习。

国家精品在线开放课程是在国家级精品资源共享课基础上的进步，以支持大规模在线学习为特征，以支持学生在线学习取得学分为新的学习服务，可更好适应学习者个性化发展和多样化终身学习需求。2018年、2019年年初教育部分别正式推出490门和801门国家精品在线开放课程。

国家精品在线开放课程受国外的慕课启发，但又与国外慕课有不同，具有体现中国特色、世界水平的四方面高定位：一是立足于促进与推动高校教学改革。国外慕课主要面向社会学习者，我国则主要面向大学生(兼顾社会学习者)，以推进优质教学资源校际共享，打破"满堂灌"的传统教学模式，提高高等教育教学整体质量。二是多模式建设与应用。既借鉴国外慕课"大规模"的优点，又考虑到我国高等教育区域差异大的国情，创新大规模开放与小规模定制并重的建设应用模式，以满足不同层次类型高校的需求。三是适应线上线下混合式教学需要。改变国外一味采用线上"人机对话"的教学方式，而兼顾线上知识学习、测验、互动与线下面对面翻转课堂讨论辅导相结合。四是明确教育部、地方和高校的多主体建设责任，有效保障课程建设质量和课程安全[①]。

进入新时代,为了推进"学习革命",打造"学习中国",更好地服务学习型政党、学习型社会、学习型国家建设,我国又相应提出打造高阶性、高创新性、高挑战度七类"金课",即慕课形式的线上"金课";国家虚拟仿真实验教学项目对应的虚拟仿真"金课";基于慕课、SPOC 的线上线下混合式"金课";专门的线下"金课";社会实践"金课";有温度的国情思政"金课";有激情的创新创业"金课"。

国家精品课系列的建设,既在一定程度上使课程向新时代的现代化迈进,又推动了学习方式方法向现代化的转移。

以上四大类教育信息化推动教育综合变革类的工程,极富中国特色,都是立于时代、基于国情的创新创造。

5.3 创新行动

创新行动是以创新促进教育信息化发展,将创新转化为教育信息化行动,以通过教育信息化的创新推动教育的创新,更好地赋予教育现代化以新的时代内涵,进而更好地推动我国新型教育现代化的实现。

教育信息化的本质特征是信息技术变革教育,信息技术变革教育是新时代的教育创新方向,因此创新伴随教育信息化的发展过程,体现在教育信息化理论与实践的所有方面。

在已持续四分之一世纪的我国教育信息化发展中,我国的"创新行动"这一特殊路径,以如下多维的方式方法体现,形成了我国教育信息化的创新谱系。

5.3.1 以"统一行动"导航创新

大国的教育信息化发展,必须是个性性与统一性的集合。个性性以鼓励创新为主,统一性是为了更好发挥群体优势,更迅速推广个性化先期创新的成功经验,可使全国的学校快速受益,可很好体现我国集中财力办大事的优势,可以更好彰显社会主义制度推动教育均衡发展、教育公平提升的优势。

在先行探索的基础上,全国层面谋划统一的"行动"进行教育信息化建设与事业的整体推进,已逐步发展成为我国教育信息化的成功建设模式。该模式可以很好地明确方向、统一意志、凝心聚力,可产生同频共振的效果,可以发挥教育系统的整体功能并以大规模的优势降低建设与发展成本,可以更好地发挥协同的合力,可快速取得建设成效,可大大缩短建设周期。

教育信息化"统一行动"式导航创新,最突出地体现在我国的几大行动计划、

---

① 吴岩. 建好用好学好国家精品在线开放课程 努力写好高等教育"奋进之笔"[J]. 中国大学教学,2018(01):7-9.

国家重大的教育发展战略文件以及教育信息化中长期的规划文件。

在1998年发布的《面向21世纪教育振兴行动计划》中,统一行动式的教育信息化工程是"现代远程教育工程"。作为我国在教育资源短缺条件下办好大教育的战略措施,"现代远程教育工程"对于形成开放式教育网络、构建终身学习体系,发挥了重要作用。这一工程是我国教育信息化方面最早的"统一行动"式工程,大大提升了我国的现代远程教育水平,使我国的远程教育开始步入世界范围内现代化的先进行列。

在国务院批转的教育部《2003—2007年教育振兴行动计划》中,所确定的"统一行动"式的教育信息化行动为实施"农村中小学现代远程教育计划"。用几年时间使全国11万个农村小学教学点具备教学光盘播放设备和成套教学光盘,在全国38.4万所农村小学初步建成卫星教学收视点,在全国3.75万所农村初中基本建成计算机教室。这一创新行动,使我国农村摆脱了教育信息化条件落后的现状,并在农村科技推广和农村党员干部现代远程教育服务方面发挥了重要作用。

在《教育信息化十年发展规划(2011—2020年)》中,确定了由五大行动构成的"统一行动"式的教育信息化"行动计划",即优质数字教育资源建设与共享行动、学校信息化能力建设与提升行动、国家教育管理信息系统建设行动、教育信息化可持续发展能力建设行动、教育信息化基础能力建设行动。五大行动的实施,使我国在世界上整体落后的教育信息化水平得到大幅度提升,在教育信息化的部分方面,已处于世界领先水平,初步形成了一条中国特色的教育信息化发展路子。

全国第一次教育信息化工作电视电话会议所确定的统一行动是"三通两平台"建设,成为我国体量最大的教育信息化统一行动,从根本上改变了我国教育信息化的环境条件和资源建设与应用水平。

在《教育信息化2.0行动计划》中,确定了八大"统一行动",即数字资源服务普及行动、网络学习空间覆盖行动、网络扶智工程攻坚行动、教育治理能力优化行动、百区千校万课引领行动、数字校园规范建设行动、智慧教育创新发展行动、信息素养全面提升行动。可以预料,随着这"八大行动"的实施并圆满完成,我国教育信息化整体水平将走到世界前列,中国教育信息化发展路子的特色将更加鲜明。

除了以上成体系的统一行动外,全国层面上还有许多零星的创新行动。

5.3.2 以竞赛激发创新

教育信息化是创新的事业,教育信息化的革命性影响只有通过师生的努力才能实现,只有师生得到更好发展才能发挥革命性影响的作用。在教育信息化发展中,我国十分注意激发人们的创新活力,以促使师生更好更快地成为名副其实的现代人。

竞赛对人的激发,就犹如化学反应的催化剂,能够加速反应,能够将似乎不可能的变成可能。成功的教育必须是激发、激励的教育,而竞赛是激发、激励人的最好办法,在我国已持续四分之一世纪的教育信息化发展中,我国逐步探索出了以系列的竞赛激发人的经验和做法。全国中小学电脑制作活动、互联网+大学生创新创业大赛、中国研究生创新实践系列大赛等,是全国层面上针对不同层次学生开发的信息化支撑的主要竞赛激发活动。全国多媒体软件大奖赛、全国教师教育教学信息化交流活动、全国职业院校信息化教学大赛、国家精品在线开放课程遴选、国家级精品视频公开课遴选、国家级精品资源共享课遴选、"一师一师课,一课一名师"活动,是全国层面上针对广大教师开发的信息化支撑的主要竞赛激发活动。

仔细研究我国面向全国的信息化支撑的竞赛激发活动会发现,每一项竞赛都直接指向激发创新,都紧紧围绕创新进行了周密的系统设计。比如,在激发学生创新方面最为悠久的教育信息化竞赛活动——全国中小学电脑制作活动,至少具有如下创新点:

一是主题直面创新。新近 15 年的主题是"探索与创新"或"实践、探索与创新"。

二是活动的指导思想直接导向创新。"丰富中小学生学习生活,激发创新精神,培养实践能力,全面推进素质教育,培养有国际竞争力的创新人才",既十分强调激发创新精神,又着眼于培养有国际竞争力的创新人才。

三是在评价指标体系中创新性作为独立的考察。在评价的一级指标中,"创新性"独占一项,从主题和表达形式新颖、内容创作注重原创性、构思巧妙创意独特、具有想象力和个性表现力等多维度考查学生作品的创新性,进而评估学生的创新能力。

四是竞赛项目的创新。一开始只有"评选项目",后陆续增加"竞赛项目""创客项目",起初"评选项目"中只有电脑绘画、电子报刊、电脑动画、网页,后来陆续增加程序设计、电脑艺术设计、3D 创意设计、微视频等,在"竞赛项目"中竞赛内容变化更大,这些变化表象之后是竞赛创新度的提升。

五是竞赛网络平台创新。指向创新的活动,以创新的平台支撑,做到了内容与形式的高度统一。

5.3.3 以创新的理念和理论指导创新

创新的活动只有在创新的理念指导下才能取得最大成效。我国始终注意教育信息化创新行动与创新理念的高度贴合与匹配。教育信息化本身是创新,在我国教育信息化发展的不同阶段,我国相应提出"应用驱动""融合创新""创新驱动"的原则与方针,提出信息技术与课程整合、信息技术与教育教学深度融合的方向性理念,使教育信息化始终在先进适切的理念指导下前行。"网络学习空间人人通"是我国的创新创造,为了使"网络学习空间人人通"有序推进,行稳致远,我国相应提出"三个率先"的发展理念,即教师率先使用、职业教育率先部署、发达地区率先示范。

教育信息化是蓬勃发展的创新事业，其发展事关教育现代化的方向，因此创新相应的与时代匹配的理论指导信息化教育教学实践，显得十分必要和迫切。我国教育信息化领域的知名学者，在这方面主动担当，勇于探索，尤其是教育信息化学科的领军人物更是在理论创新方面冲锋在前，最典型的是我国第一位教育技术学博士生导师何克抗教授，进行多领域的开拓性探索，形成了由创造性思维理论、儿童思维发展新论、信息技术与课程深层次整合理论、新型"学教并重"教学设计理论、语觉论这些接中国地气的理论构成的何氏信息化教学创新理论，丰富了中国特色的信息化教学理论。

5.3.4 以创新的工程奠基创新

中国教育和科研计算机网 CERNET 示范工程、现代远程教育工程、校校通工程、三通两平台建设等以基础性为特征的一个个接续式的工程，为我国不同时期的基于教育信息化发展的创新，奠定了很好的条件。

其中，始于 1994 年的"中国教育和科研计算机网 CERNET 示范工程"，是我国最早、最基础的教育信息化创新工程，没有该工程的建设教育信息化就无"化"可言、就会名不副实，其工程的实施体现了我国在信息化方面的特事特办。20 世纪 90 年代初，互联网异军突起，孕育着巨大发展潜力，但是技术尚未成熟、大规模建设存在风险，面对这一特定形势，国家计划委员会批复同意国家教委"中国教育和科研计算机网 CERNET 示范工程"建设项目，开启了我国互联网的建设与发展历程。

5.3.5 以立体化创新措施推动创新

创新组织、创新空间、创新会议、创新平台、创新形态、创新应用等，都是我国推动教育信息化创新的创新举措。

5.3.5.1 创新组织与创新空间

在我国教育信息化方面由行政组织、事业单位组织、协会组织、专家组织组成的教育信息化"4!"（四阶层）的组织体系，相互渗透，聚力发展，形成了明确的统筹、分工、协同的机制，保障了我国教育信息化速度快、秩序好。

网络学习空间人人通是为人们建构全新的学习空间，支持学习方式、学习服务方式的创新，加速了学习方式现代化的发展。

5.3.5.2 创新形态

网络孔子学院是我国教育信息化创新教育形态的范例。2008 年中央广播电视大学的 MyEChinese（网络孔子学院）远程汉语网络教学系统上线，旨在通过"易学汉语"完成对全球汉语学习者、中国文化爱好者的服务,提供汉语和中国文化学习的学习/辅助学习资源以及远程学习支持服务;通过"易教汉语"完成对全球汉语教师、预备教师、志愿者等的服务,提供职业准入、职业培训、终身学习的培训资源,以及教学辅助支持服务;通过"易校园"提供对全球学汉语、教汉语、说汉语的人以及相关人员的虚拟社区服务。MyEChinese 基于泛在学习的设计理念、专为全球孔子学院研制的教学模式和国家开放大学海量数字化学习资源,支持汉语推广工作,在推进中华文化走向世界上探索出了一条新路。

5.3.5.3 立专项开拓研究

以项目立项的形式委托专家和单位进行创新性研究。

1. 引导创新建设国家网络教育精品课程

教育部、财政部 2007 年启动本科院校"质量工程",将课程与教材建设以及资源共享作为"质量工程"的重要建设项目,决定推进国家精品课程建设,遴选 3000 门左右国家精品课程,以全面带动我国高等学校的课程建设水平和教学质量。3000 门左右国家精品课程中包括国家精品网络教育课程。开展国家网络教育精品课程建设,旨在巩固我国现代远程教育试点工作成果,推动高水平网络教育课程的建设,促进优质网络教育资源的整合与共享,提高网络教育教学质量与人才培养质量[1]。

为了使国家精品课程建设卓有成效,教育部立项对国家精品课程进行研究[2],同时立项"高校网络教育精品课程指标体系的研究与实践"和"网络教育精品课程申报与评审系统的开发与维护"。

2. 使用信息技术工具改造大学课程

组织实施"使用信息技术工具改造课程项目",探索将成熟的信息工具软件引入课程教学,改革教学模式、内容和方法,在此基础上形成课程改革新方案,开发新课程。探讨如何在层次类型相同的高校中推广项目研究成果,共同研究、总结和完善[3]。

运用信息化手段、信息技术工具改造传统课程为现代化课程,意义重大,"使用信息技术工具改造课程项目"的目的是通过研究推动信息技术工具在改造课程结构、改革课程内容和课程教学方法中发挥更大、更重要的作用,改变教师的教学文化习惯,提高学生的学习效率,激发学生的学习兴趣,使学生花较少的时间较快学会适应社会需要的本领的有效方法,真正将信息技术与具体的课程实行整合,通过信息技术来构建课程,带动我国整个高等教育教学体系和课程结构的改革,提高我

---

[1] 邓幸涛,曹凤余. 网络教育精品课程建设五人谈[J]. 中国远程教育,2007(08):5-12.
[2] 教高司函[2008]225 号. 关于批准国家精品课程研究项目立项的通知[Z].
[3] 教高厅函[2009]1 号. 教育部办公厅关于批准"使用信息技术工具改造课程"立项项目的通知[Z].

国高等学校课程建设的现代化水平。

使用信息技术工具改造课程是一个历史性的、革命性的、挑战性的改革,因此必须集聚群体的力量,相应地每一个立项项目均由一个牵头单位和不少于15所合作试点高校共同承担。

利用 MATLAB 和建模实践改造工科线性代数课程、使用信息工具软件改造化学基础课程教学、信息技术辅助化学基础课程的建设、利用 EDA 工具提升电子信息类基础课程的质量、《营销风险管理》课程信息化改造升级研究、利用信息技术工具改造《计量经济学》课程、使用信息技术工具改造金融工程应用技术类课程、"会计信息系统"课程建设与推广、广播电视节目制作影视制作技术、数字化视唱练耳教学课程、使用 Maya 等设计软件改造课程《印刷艺术与书籍装帧设计》、"使用信息技术工具改造课程"标准及评价方案研究,以及利用信息技术改造《普通物理学》《电磁场与电磁波》《金融计量学》《运作管理》《电影画面构成》《工业设计史》《三维动画流程》课程等项目立项。这些项目促进了信息技术与大学课程的整合,一定程度上推动了我国大学课程教学的现代化发展。

3. 运用信息技术创新终身学习服务体系

为了更好地完善终身学习服务的支持服务体系,教育部、财政部设立系列项目研究"终身学习服务体系的建设与示范"[①],其中由中央广播电视大学承担的"终身学习公共服务平台模式研究及示范应用"项目,主要研究并实践不同层级广播电视大学面向学习型城市和学习型行业建设终身学习公共服务平台的建设模式和运行机制、数字化学习资源整合与共享机制,搭建多网合一的数字化学习系统平台及服务体系,开展典型示范应用,充分发挥广播电视大学在学习型城市建设中的支撑作用。由北京大学承担的"普通高等学校继续教育数字化学习资源开放服务模式的研究及应用"项目,主要探索建立不同层次类型普通高等学校充分利用现代信息技术手段,整合与开放继续教育数字化学习资源的模式及机制,搭建共享平台,整合优质普通高等学校继续教育数字化学习资源,并向全社会开放服务(含免费开放和市场化开放服务),服务于学习型社会建设。很显然,"终身学习公共服务平台模式研究及示范应用"项目与"普通高等学校继续教育数字化学习资源开放服务模式的研究及应用"项目的研究,是以信息化手段促进教育服务现代化的研究。

由以上探讨可见,"创新行动"是我国信息化推动教育现代化的重要路径,且卓有成效,然而从总体上看,原始创新还不够多,根本性、系统性、整体性的创新不足。教育信息化未来的创新要向建构新的教育业态、教育形态、教育生态方面发

---

① 教高函[2011]6号. 教育部 财政部关于批准"终身学习服务体系的建设与示范"系列项目的通知[Z].

展，要加速培植大创新的勇气、自信、能力、氛围，加速创新创造人才培养方面的模式创新。

5.4 典试带动

5.4.1 典试带动的内涵与价值

典试带动的内涵是强化试点引导，抓典型示范，推广典型经验，以典型带动一般。教育信息化一方面要试点先行，以试点为开路先锋，先行积累经验，然后推广试点的经验，另一方面又要以典型示范，以典型带动一般。试点先行，典型示范，以点带面，成为我国教育信息化推动教育现代化的重要工作方式。

典试带动还有另外一层含义，这就是在信息化与教育现代化关系层面上，教育信息化应该成为教育现代化发展的试点和典型，这是教育信息化推动教育现代化作用所决定的。

"试点先行，典型示范"在我国是广义的工作路径和工作方法，然而在教育信息化的建设与发展中更要十分强调和充分运用"试点先行，典型示范"，这是由教育信息化的创新性、挑战性、高投入以及教育是事关人的发展重要事业所决定的。教育是面向人的，是发展人的，教育的所有试验是事关学生的发展的，关于人的发展的试验不能轻率，不能将学生作为实验的"小白鼠"，教育不能乱折腾。14亿人大国的教育改革，更应该遵循在形成科学认识和方案的基础上小范围试点，先行先试，在取得成熟经验的基础上再推广。学校与学校、区域与区域、人与人之间具有相当多的差异性，发展不平衡，在创新的勇气、创新的能力、创新的方法、创新的策略、创新的发展方面有着惊人的差异，教育信息化具有对教育影响的广泛性、深刻性，教育信息化必须鼓励一些人、一些学校、一些区域，在模式、体制、方式方法方面先行先试，先行探路。

在我国四分之一世纪的教育信息化历程中，如果从创新的方式方法上来看，我国教育信息化经历了模仿式发展创新至自主式创新的发展，自主创新式发展更多以试点先行的方式进行。根据联合国教科文组织对已然与未然的教育信息化发展划分的四个阶段，我国在教育信息化发展的起步阶段，主要是跟跑式发展，进入应用阶段的我国教育信息化试点，以农村中小学现代远程教育工程试点工作为标志，进入应用、融合阶段的我国教育信息化试点，以从2012年开始历时4、5年的名称即为"教育信息化试点"的试点工作为标志。

2003年启动的农村中小学现代远程教育工程试点工作[①]，以及2004年启动的教

---

① 教基[2003]22号．教育部、国家发展改革委、财政部关于实施《农村中小学现代远程教育工程试点工作方案》的通知[Z]．

育电子政务试点[①]，是我国教育信息化工作较早的试点，很有意义，但是给试点单位创新探索的成分相对较少，因此下面探讨教育信息化试点时将其排除在外，而将我国教育信息化的"试点先行"，划分为从大面积试点探索到引领型试点创新的两阶段发展。

试点先行是典试带动的前奏。试点应该也往往产生先进的典型，试点先行、典型示范成为教育信息化发展进程中的姐妹与弟兄。典型引路，示范带动，以点带面，辐射全局，是促进时代进步的重要手段，伴随着我国新世纪教育信息化建设与发展的全程，在教育信息化进入融合创新阶段后，作用更加凸显。

5.4.2 大规模的教育信息化试点探索

我国的教育信息化与发达国家、尤其是美国的教育信息化相比，起步迟得多，因此我国教育信息化在起步阶段，更多的是模仿、跟进建设，更多的是在追赶西方，所用的软件、设备乃至管理平台，相当多的是舶来品。经过十多年的追赶后，进入应用阶段与融合阶段过渡发展的教育信息化，信息技术与教育教学深度融合、应用驱动、模式探索、机制创新等成为教育信息化发展的新的诉求与方向，随着我国实施科教兴国战略、创新驱动战略、人才强国战略，随着我国加速实现现代化，我国教育信息化的发展环境发生了质的变化，对教育信息化提出了新的更高要求。

在新的历史发展阶段，简单地模仿跟进，就意味着我国的教育信息化只能低速发展、就无法继续实现跨越式发展直至发展的后发超越，原有的发展模式相应的变得不管用了，教育信息化发展必须转换思路。为此，教育部适时启动教育全领域的教育信息化试点工作[②]，科学设计了多样的探索内容，让全国已有相当基础的地区、学校进行创新基于现代信息技术的教育创新探索。

由于全国层面的教育信息化试点工作精心设计、精心部署，教育信息化试点工作成为推动我国教育信息化整体发展提升的重要抓手，在推动教育现代化方面发挥了巨大作用，实现了我国教育信息化由一味跟跑到局部领跑的飞跃，相应地教育信息化试点工作成为教育信息化在新的起点上发展的先导性工程，值得很好地研究和总结。

定位高、范围广、抓得实、效果好，成为我国教育信息化试点工作的四大特色。

5.4.2.1 高定位的大规模教育信息化试点工作

教育部开展教育信息化试点工作的目的，是探索和创造实现教育信息化核心理念、关键思路的方法，相应确定了"探索教育信息化环境建设、优质教育资源共建

[①] 教信息厅[2004]2号．教育部办公厅关于开展教育电子政务试点工程建设的通知[Z]．
[②] 教技函[2012]4号．教育部关于开展教育信息化试点工作的通知[Z]．

共享与应用、教育管理信息化等方面的发展路径和方法"三方面建设与创新的探索，寻求"逐步形成教育信息化在促进教育公平、提高教育质量，建设学习型社会，推动教育教学改革等方面的有效模式和体制机制"四大功能方面的突破，以及在此基础上形成"总结和推广成功经验，全面提升教育信息化发展水平"的工作目标。"统筹部署、分类指导，需求导向、注重应用，协同创新、特色发展，辐射带动、全面推进"的实施原则，为试点工作指明了方向。

在试点工作的启动文件中，既要求有条件建设的路径创新和管理方法的创新，又要创新形成有效模式、体制机制，明确了试点的要点，对教育信息化、教育现代化创新发展具有明确的导向与拉伸作用。充分发挥地方、学校和师生的积极性、创造性，在政策、体制和机制以及应用模式等方面进行大胆探索。

5.4.2.2 广范围的大规模教育信息化试点工作

教育部教育信息化试点工作文件中提出试点选择两个"统筹考虑"（即统筹考虑不同经济社会和教育发展水平的地区和统筹考虑不同类型和层次的学校）、五方面的"兼顾"（即兼顾革命老区、边疆地区、少数民族地区、经济欠发达地区和薄弱学校）以及根据四类教育的需要（即根据基础教育、职业教育、高等教育和继续教育的不同特点和需求）的要求，体现了教育信息化试点工作的全面性，有利于教育信息化发展中的因地制宜式的分类指导。在2016年参与教育信息化试点工作验收时的教育部第一批教育信息化试点单位，包括66个本科院校试点、178个职业院校试点、351个中小学试点、29个专项试点、55个区域试点和32个国家教育资源公共服务平台规模化应用试点，成为我国教育史上最大规模的试点。

5.4.2.3 扎扎实实的大规模教育信息化试点工作

1. 前期科学设计

前期科学设计主要体现在三方面：

1）为不同试点类型科学设计不同的试点工作内容

（1）区域综合试点。以县、市、区或地、市为单位，根据区域社会和教育发展实际，重点围绕教育信息化促进教育公平、各类教育协调发展、经费保障、专业队伍建设、管理信息系统应用、教育信息化评价标准体系建立与应用等方面进行探索。

（2）中小学学校试点。重点在信息技术与教育教学的深度融合、优质资源共享机制与应用模式、教育教学模式创新等方面进行探索。

（3）高职和中职试点。重点在信息技术优化教育教学过程、虚拟仿真实训资源开发与应用、职业学校资源共建共享机制、教育教学模式和管理创新、校企联合开展远程职业教育和培训等方面开展探索。

（4）本科院校试点。以信息化促进人才培养模式创新和提高教育质量为重点，在信息技术与教育教学深度融合、数字化校园建设、教育教学模式改革、学生网络文化生活等多方面开展研究和探索。

(5)专项试点。针对省、自治区、直辖市范围整体推进信息化工作或特定信息化领域进行专项探索，重点研究教育信息化的体制机制改革、政策措施、信息化专业队伍建设、优质资源共建共享、管理信息系统建设与应用等。

2) 科学设定试点单位门槛条件

确定试点应具备的条件，确保试点工作有厚重的基础进而能取得更大成效。要求开展教育信息化试点工作的思路、措施明确，有特色；具有教育信息化工作基础和条件保障；区域试点得到同级政府以及上级教育行政部门的同意和支持；学校试点得到教育行政部门同意和支持。

3) 明确试点要求

明确要求试点要有细化的试点目标、进度安排、配套政策、保障措施、责任主体、预期成果，具有突出创新性、操作性、实效性的试点工作实施方案，并逐级报上级教育行政部门直至教育部备案。要立足通过信息化解决教育改革与发展的实际问题，着力创新体制机制。

2. 加强过程指导督促与表彰批评

为了使教育信息化试点工作扎扎实实开展，最大程度调动试点单位探索与实践的积极性与创新性，教育部在教育信息化过程方面重点抓了教育信息化试点工作的开局和过程性检查(类似于中期检查)。

1) 以座谈会形式谋划教育信息化试点方向

为了使教育信息化试点工作开好局、迈好步、方向明、行动实，2012年5月教育部召开兼有教育信息化试点工作布置会与前期准备会性质的全国教育信息化试点工作座谈会，部署教育信息化试点工作。会议明确了教育信息化试点工作的战略意义，确立了试点探路作用、探索在现有的情况下将教育信息化推进得更快更好的目的，确定了多类型的试点选择原则，确定了探索信息技术与教学方法结合、探索以应用驱动为核心的建设模式、探索引进新的机制、探索适合本地区本学校的特色之路以及突出国家近期工作重点的试点工作要点。

2) 以进展情况报告形式表彰先进鞭挞落后

为了发现典型、表彰先进，优化后半程试点工作，教育部于2013年11月至2014年2月进行了教育信息化试点工作的过程性检查。

过程性检查以进展情况报告与进展情况通报两种方式进行。进展情况报告分为两种：一是要求各教育信息化试点单位报送的进展情况报告，内容包括试点工作实施方案要点，工作进展概要、进度、已形成的应用模式、推进机制等试点成果；二是要求各省市自治区报送的教育信息化试点整体进展情况报告，内容包括省市自治区教育行政部门组织、推进情况，各试点单位工作进展概要及已形成的工作典型。在对各地报送的试点进展情况报告分析的基础上，2014年2月教育部办公厅发布教育信息化试点单位工作进展情况的通报。

3. 加强总结提炼与推广

试点过程工作抓得扎实，试点的验收工作同样抓得扎实。整个试点的验收与推广工作从2016年2月开始，历时近2年时间，经过省级属地验收、教育部现场抽查、推荐入选案例集遴选、提炼案例、汇编案例集等过程。

1）省级属地验收

按照属地化的原则，教育部委托省市自治区教育厅负责本地区各试点单位的验收工作。主要根据试点单位实施方案，对试点工作完成情况进行评估，考察组织方式、协调管理、执行情况、支撑保障，模式总结提炼和创新性，试点的效益、成果应用前景、示范引领和推广价值，在利用信息技术转变教学模式、改进教学管理、提高教育质量等方面产生的作用和影响。在验收程序上，采取组织验收专家组等方式，查阅试点单位实施方案和总结报告，现场听取汇报并进行核查，提出"优秀""良好""合格""不合格"的某一验收结论，并对试点单位提出改进意见和建议。

2）教育部现场抽查

教育部组织专家组对验收合格的单位进行现场抽查，重点抽查评估优秀的单位，并深入地发掘教育信息化应用的典型案例，总结发现好经验、好做法，指导试点单位深入探索、改进提升，凝练一批可复制、可推广的典型模式。教育部综合省级验收和现场抽查基础上的评议，确定了教育部第一批教育信息化试点验收结果，其中161个主动作为、积极投入、创新机制、扎实实践、成效明显的单位被确定为试点优秀单位。

3）遴选案例候选单位并编辑出版案例集

教育部组织专家在评估优秀的试点单位中推荐入选案例集候选单位，在此基础上委派专门的专家对候选单位的试点工作经验进行提炼和点评，最终编辑出版《教育信息化试点案例集》，其中遴选培育的75个基础教育信息化应用典型区域和学校案例，在第三届全国基础教育信息化应用展示交流活动中发布。

5.4.2.4 卓有成效的大规模教育信息化试点工作

从教育部科学技术司汇编的《教育信息化试点优秀案例集（2017）》[①]看，从教育部专家到山西和内蒙古两地教育信息化试点验收现场抽查的情况看，参与验收的教育信息化试点单位对试点工作十分重视，在所承担的试点任务方面大胆实践，创

---

① 教育部科学技术司. 教育信息化优秀案例集(2017)[M]. 武汉：华中师范大学出版社，2018.

造性地开展工作，涌现出许多可借鉴、可复制、可推广的应用模式。从作者直接到现场验收的三个单位试点情况，可由一斑窥全貌：

1. 教育信息化试点优秀单位例一：晋中市教育局区域优质教育资源共建共享探索

山西省晋中市多为丘陵山区，多数农村学校交通不便、布点分散、规模偏小，学科教师少，多为包班，过去教学研究各自为战、孤立无助，常规教研形同虚设，远远不能满足教育质量提升的需要，特别是农村教学点，音体美、信息技术等学科教师配置不足，难以正常开设，这些问题制约了全市教育均衡发展。

晋中市教育局在"区域优质教育资源共建共享"为主题内容的区域教育信息化试点工作中，立足于探索利用信息化手段扩大教育资源覆盖面的机制，以有效地破解农村学校的教学教研困境，采用有计划、有组织地开展个人工作室、协作组、网络集体备课、视频教研和"盟区"同步课堂等五种形式的网络协作教研，将教研、培训、备课、上课等教学环节与优质资源共建共享深度融合，让农村学校的教师方便地与全县乃至全市的名师共同开展教研活动，使广大教师得到共同提升，从而让农村学校的孩子与城镇学校的孩子享受到同样优质的教育资源。探索出了植根于日常教学，运用于日常教学，实用性强的区域优势资源的共建共享机制与办法。

2. 教育信息化试点优秀单位例二：小南坑小学线上与线下结合的混合式教学模式探索

山西省阳泉市矿区小南坑小学是一所外来务工子女超过学生总数 1/3 的老煤矿子弟小学，底子薄，生源差，教师结构严重老化（平均年龄 47.6 岁），教育质量不高。该校以教育部教育信息化试点为契机，践行"培训先行、课题引领、实践推进、平台共享"的策略，扎实推进课堂教学与信息技术的深度融合，实现教学质量的跨越式提升。混合式教学模式主体通过如下主要方面加以实现。

开展全员参与的不同主题的"信息杯"教学比赛，以赛促学。

支持和组织教师设计制作微课，建立在线课程，组内研磨课，合力开展应用研究。

组织教师积极搭建网络学习资源，全校师生依托阳泉教育资源公共服务平台搭建的学校门户、班级主页、师生空间，为混合式学习提供平台支持和技术指导。

利用建设的网络资源，组织学生在课前利用教师分发的音视频、电子教材等数字学习资源自主进行课程学习，在课堂上参与同伴和老师的互动活动（释疑、解惑、探究等）并完成平台作业和练习，形成一种新的教学形态。

线上线下相结合的混合式教学，培养了学生利用信息技术进行学习的技能，养成了学生自主学习的习惯，提高了学生的自主学习能力，促进了学生充分利用学校、家庭、社会中的信息技术环境资源更有效地开展各类学习活动，使信息技术真正成为学生认知、探究和解决问题的工具。

试点工作使小南坑小学甩掉了教学质量落后的帽子，跃入山西先进校的行列。

3. 教育信息化试点优秀单位例三：内蒙古民族大学民族院校数字化校园建设与应用探索

内蒙古民族大学作为民族院校的教育信息化试点单位，发挥蒙医药学科优势，创新并完成蒙医药文献数据库特色数据库平台建设，建设了蒙医药植物检索系统和蒙医药网上标本馆和蒙古文蒙医药信息资源库。蒙药标本馆以蒙古文文献形式收集了 52 种动物 100 种植物的数据，并有配图、名称带有中英文翻译。蒙古文蒙医蒙药综合信息资源共享平台总字数 1600 万字，条目数 15 万条。该教育信息化试点单位的建设，相当程度上推动了蒙医药教学的时代化与现代化。

教育信息化试点工作形成了若干新模式以及基于信息化的家校互动机制、信息化手段支持的互动教研机制、课堂教学全过程诊断机制等创新机制。

5.4.3 引领型教育信息化试点创新

中国特色社会主义进入新时代，教育信息化进入融合创新阶段的 2.0 时期，我国教育已进入创新模式的引领型发展阶段，在此新的历史时期的教育信息化试点，必须转型升级，必须将信息技术作为变革的引擎，由"器"和"术"层面的试点，向"法"和"道"的层面试点提升。进入 2018 年，我国因势而动、顺势而为，在教育信息化试点方面采取了四项行动，即开展教育信息化 2.0 和"互联网+教育"省级试点、推进宽带卫星联校试点、遴选组建信息化教学应用实践共同体、创设智慧教育示范区，其中的宽带卫星联校试点在工程推动部分已论述。

5.4.3.1 教育信息化 2.0 和"互联网+教育"省级试点

在教育信息化 1.0 时期，安徽、湖北、海南三省是我国教育信息化区域的省级试点，省级教育信息化试点重点在区域推进教育信息化的制度建设、机制创新和政策保障，以及典型应用模式的总结提炼和创新性等方面；进入教育信息化 2.0 时期，相应将区域的省级试点提升为教育信息化 2.0 省级试点和"互联网+教育"示范省(区)，这就是 2018 年教育部立项的湖南省教育信息化 2.0 试点和宁夏回族自治区的"互联网+教育"示范省(区)试点，以从更大范围、更高层次上围绕加快教育现代化、建设教育强国发展目标，统筹谋划、大胆创新，重点突破制约教育信息化融合创新发展的根本性、全局性、关键性问题，探索符合中西部地区发展实际的教育信息化 2.0 可持续发展道路，探索"互联网+教育"促进起点公平的更有效途径、"互联网+教育"创新应用新案例、"互联网+教育"破解教育热点问题的新经验，探讨"互联网+教育"环境下的人才培养、教育服务、教育治理的新模式。

5.4.3.2 信息化教学应用实践共同体项目

为了更好地深化信息技术与教育教学深度融合，积极推进"互联网+教育"发展，教育部在全国范围内遴选信息化教学应用实践共同体项目，探索以实践共同体的组织形式协同推进信息化教学应用创新，加速形成一批成熟的、可借鉴、可推广的信息技术支持下的信息化教学应用模式、教学组织形式、信息化教学方法和典型案例，加速高水平的信息化教学应用骨干队伍的形成，加速形成促进信息化教学应用的长效机制。

教育信息化教学应用实践共同体，在形式上可分为区/县类、学校类，区县与学校类三种不同类型，分为同步/专递课堂应用模式、网络学习空间应用模式、翻转课堂应用模式等三种共同体类别。在每一共同体类别下，分为多个共同体方向，具体是：同步/专递课堂应用模式下分为贫困、薄弱、民族地区同步/专递课堂应用，跨区域同步/专递课堂应用，县域内同步/专递课堂应用；名校网络课堂应用模式下分为利用名校网络课堂开展异步教学，利用公共服务平台资源开展名校网络课堂应用，线上线下混合学习实践，大规模在线课程学习实践；翻转课堂应用模式下分为翻转课堂优化课堂教学，翻转课堂优化教学质量评估，翻转课堂促进学生个性化学习。

信息化教学应用实践共同体项目，作为新形式的教育信息化试点，与过去的试点相比，至少具有如下方面的特色：

(1) 首次组织开展协同研究的试点。

(2) 立足于形成一批可复制、可推广的研究成果和案例典型。

(3) 要求入选实践共同体的项目主题不重复且各有特色，以通过有限数量的项目形成更大范围的研究。

(4) 对一年的协同实施期提出三方面的要求。一是专家指导下设计与实践；二是以网络为基本组织方式，利用国家教育资源公共服务平台教育信息化教学应用共同体社区开展充分交流，组织定期活动，协同研究、交流讨论，推动共同体成长；三是不断吸收新成员，丰富共同体实践经验和成果。

(5) 项目成果的特殊形式要求。成果形式包括教学信息化应用的典型案例、信息化教育应用模式研究报告和应用指南，如此的成果形式可有助于经验推广，有助于更好地发挥辐射带动作用。

5.4.3.3 智慧教育示范区

1. 智慧教育示范区建设的背景及内涵

智慧教育是当前教育发展的新追求，然而智慧教育需要清晰的界定，必须有具有智慧的教育示范，以让人们明方向、有经验可学，因此中办、国办印发的《加快推进教育现代化实施方案(2018—2022年)》中提出"加快推进智慧教育创新发展，设立'智慧教育示范区'"，教育部《教育信息化2.0行动计划》将"智慧教育创新发展行动"作为行动计划所确定的八大行动之一，寄希望于以人工智能、大数据、物联网等新兴信息技术为基础，依托各类智能媒体及网络，开展智慧教育创新研究和示范，推动新技术支持下教育的模式变革和生态重构，并提出开展智慧教育创新示范，设立"智慧教育示范区"，开展智慧教育探索与实践，推动教育理念、教育模式、教学内容、教学方式方法的改革创新，提升区域教育水平，探索积累可推广的智慧教育方面的先进经验与优秀案例，形成引领教育改革发展的新途径、新模式。

"形成引领教育改革发展的新途径、新模式"是我国赋予智慧教育示范区的重大使命，教育部相应推出智慧教育示范区遴选工作，以通过遴选积极并且条件具备的地区开展"智慧教育示范区"建设，推动这一重大使命的完成。

教育部在"智慧教育示范区"建设项目推荐遴选工作的文件中，对"智慧教育示范区"进行了界定：利用新一代信息技术为学生、教师和家长等提供个性化支持和精准化服务，采集并利用参与者群体的状态数据和教育教学过程数据，促进学习者在任意时间、任意地点，采用任意方式、任意步调进行学习，为区域内师生提供高学习体验、高内容适配和高教学效率的教育供给，以促进教育公平、提高教育质量[①]，形成支撑与引领教育现代化发展的新途径、新模式的地市或区县的行政区域。

"智慧教育示范区"建设，要创新区域教育发展机制，打造纵向衔接、横向贯通，全方位、多层次、立体化的教育新格局，构建网络化、数字化、智能化、个性化、终身化的教育体系，建立健全教育信息化可持续发展机制，为建设社会主义现代化强国提供人才支撑，为构建智慧社会奠定基础。

"智慧教育示范区"具有六大建设重点：一是建构师生信息素养全面提升的途径和机制，开展创客、STEAM等多种形式的创新教育，培养学习者跨学科解决问题能力和创新能力，开设人工智能教育课程，应对教育科技的"零点革命"；二是探索新型教学模式，利用人工智能技术助推人才培养模式改革，探索智能教育教学服务新模式，推动智能学伴和智能教学助手发展与应用，逐步实现教育的人工智能+；三是依托学习过程数据提高学生综合素质评价的精准性，全方位伴随式采集学生学习过程数据，促进学生综合素质评价体系和方式改革；四是构建数据互联融通的个性化教学支持服务环境，支持大规模+个性化的教学；五是探索提升区域教育资源供给服务能力的协同创新机制；六是利用人工智能和大数据等现代信息技术提升现代教育治理能力。

2. "智慧教育示范区"的特色

作为一种新形态的教育信息化试点，"智慧教育示范区"具有如下特色：

(1) 由基于技术到基于时代的试点探索。人类已进入智慧社会、智慧时代，智慧社会、智慧时代的教育——智慧教育是什么样、如何有效施行，对于所有人都是未知，因此组织探索与突破，智慧教育示范区是适应时代而生的试点。

---

① 教技厅函[2019]1号. 教育部办公厅关于"智慧教育示范区"建设项目推荐遴选工作的通知[Z].

(2)由基于局部的试点到整体试点的转变。
(3)立足于引领、立足于创新引领的试点。
(4)必须成为示范的试点。

3. 从申报到遴选彰显教育信息化管理水平质的提升

大规模的教育信息化试点与"智慧教育示范区",是我国教育信息化分别处于应用-融合与融合-创新两大不同发展阶段最具代表性的两大教育信息化试点。尽管两大试点相隔只有6年多时间,但是从教育信息化试点单位申报表到"智慧教育示范区"申报表的变化中,如示范区申报表的主体部分内容面广、量大,需根据多方面的设计进行遴选,其遴选更为客观、准确,能够明显感受到我国教育信息化宏观管理水平的突飞猛进。

5.4.4 教育信息化试点工作再优化

我国教育信息化试点工作卓有成效,而且在持续探索与优化。然而新时代要求试点工作要跃上新台阶。着眼于新时代的要求,我国的教育信息化试点工作可从如下方面进一步提升和优化。

5.4.4.1 开展连续式试点

教育信息化发展永远在路上,决定了其探讨创新的持续性,要不断根据新的形势,不失时机地开展内容多样的新的试点,以形成系统化的典型经验,从而全方位推动信息技术与教育教学融合的深化。教育信息化不宜搞运动式试点,教育信息化试点应该不留断裂带。教育信息化试点宜类似于密集发车的市内公交车,不宜类同于遥遥无期的长途班车。

5.4.4.2 增设接续式试点

我国教育信息化的发展已逐步逼近无人领航的区域,要引领其发展,应形成制度安排,鼓励和激励试点工作搞得好的再围绕更高高度的试点探讨,使其在某些方面不断迈向新高度,始终产生新影响。唯有如此,才能使我国的教育信息化持续产生新创新,不断赋予我国教育现代化以新内涵。

5.4.4.3 支持自选式试点

我国已有的教育信息化试点,都是发挥顶层设计优势的结果,但是教育信息化涉及教育的方方面面,体系庞大,顶层设计不可能考虑得面面俱到,因此教育信息化试点内容,要像国家级科学课题申报一样,既要有指南让大家按指南选题申报,又可自设课题进行申报。在这方面发挥政府与市场两方面的作用,处理好统一性与个性性的关系,将发挥好顶层设计优势与尊重群众的首创精神相结合。群众的创造性是无穷的，同理，国家教育信息化开展什么样的试点，既要咨询智库，也要"问计于民"。

5.4.4.4 创新多结合型试点

教育信息化试点的本质是创新，而不是简单地做事，特别是教育信息化进入 2.0 时期，教育信息化越往深层次发展，就越需要多方协同，因此教育信息化试点要逐步向发挥政府、专家、学校、教师、信息技术企业多方作用的多结合型试点方面发展。

5.4.4.5 实施多层级试点

我国教育信息化试点都是教育部层面设计的，这对于调动全国优秀力量探索与创新无疑是非常好的，但是不同地区发展的差异性、发展的不平衡性，决定了试点应该更加多样化，应该鼓励不同省市自治区根据自身的条件，设计与组织相应的教育信息化试点，尤其是经济发达地区、教育强省在教育信息化方面更应该先行先试。

教育信息化要更好地发挥推动教育现代化的作用，要求全国齐步走会挫伤发达地区创新的积极性。在发展中，要允许部分地步通过创新发挥先发优势，为全国的发展探路。我国教育现代化的起步和发展，始终坚持发达地区率先发展和差异性发展。1993 年年底江苏省发布《关于在苏南地区组织实施教育现代化工程试点的意见》，以试点的形式拉开了我国教育现代化伟大实践的序幕[①]。江苏在随后的 10 多年时间里始终是我国教育现代化实践创新的领头羊，江苏、广东、浙江、上海、北京始终通过实践试点方式使教育现代化的发展走在全国的前列，在《国家中长期教育改革和发展规划纲要(2010—2020 年)》提出 2020 年教育基本实现现代化的目标的前后，以上 5 省市提出的是到 2020 年在全国率先实现教育现代化。

在教育信息化试点方面，要特别注意调动中央和地方两个方面的积极性。

5.4.4.6 开展科学引领式试点

开展科学引领式试点包括两层含义：一是开展立足引领发展的试点，试点类型已发生了由建设试点至应用试点、应用融合试点和融合创新试点的变迁，新时代设计的教育信息化试点应该紧紧围绕融合创新、颠覆式创新设计；二是特别注意试点设计的科学性。试点设计不科学，轻则浪费精力和时间，重则对事业的发展不是起促进作用而是起阻滞作用。为了保障试点设计的科学性，有必要视需要聘请教育改革家、教育理论家、未来教育研究专家、教育管理专家、教育现代化研究专家与教育技术学等多领域专家共同探讨。作为已开展的"智慧教育示范区"，要更好地把握"智慧"本质，使智慧教育示范区的"智慧"名副其实，而不至于出现智慧教育示范区不智慧的尴尬现象。

---

① 陈琳. 省域教育现代化的探索与实践——以江苏省为例[J]. 中国教育学刊，2013(11)：11-14.

5.4.5 以典型引路的国家行动

5.4.5.1 培育教育信息化典型

我国教育信息化的试点工作，本质上是通过试点培育典型。"教育部启动并批复 682 个教育信息化试点，目标就是鼓励探索、培育典型、总结经验、示范引导，并选择好的逐步推广"[①]。许多教育信息化试点单位不负众望，涌现了许多"可借鉴、可复制、可推广的应用模式"，161 个被确定为试点优秀单位的，都是"主动作为、积极投入、创新机制、扎实实践、成效明显"的试点单位[②]，都是教育信息化某方面或某些方面的典型，其典型在试点类型中的分布见表 5.1。

表 5.1 教育信息化优秀试点单位的试点类型分布

试点类型	优秀试点单位数量
区域试点	22
专项试点	11
资源平台规模化应用专项试点	7
本科院校试点	27
职业院校试点	35
中小学试点	59
合计	161

优秀试点单位的试点内容涵盖了如下方面：

1. 地、县级区域层面优秀试点单位的试点内容

主要包括教育信息化促进区域教育均衡发展模式，以教育信息化促进区域教育公平与均衡发展模式，推进国家数字教育资源公共服务平台规模化应用，区域教育信息化发展机制，信息化条件下创新教育教学模式，宽带网络校校通建设机制与应用，网络学习空间普及与应用，中小学生自主学习平台与教与学方式变革，网络环境下学习方式变革实验，网络环境下的区域优质教育资源共建共享机制，教育信息化可持续发展模式，区域网络教研及跨区域网络协同教研，"泛在学习"发展机制，教育信息化公共服务体系建设与教育公平均衡发展，教育信息化促进经济欠发达地区教育均衡发展，教育信息化促进教育均衡发展，边疆民族地区教育信息化促进教育公平与均衡发展，学校教育信息化标准化建设，民族地区教育信息化整体推进模式与机制，优质教育教学资源共建共享方面的典型。

---

① 教技司[2013]122 号. 关于印发教育部副部长杜占元在教育信息化重点工作推进会议上讲话的通知[Z].
② 教技函[2017]77 号. 教育部关于第一批教育信息化试点验收结果的通报[Z].

2. 本科院校优秀试点单位的试点内容

主要为高校信息化系统建设，基于云计算技术的自主泛在学习新模式，数字化校园建设与应用，民族院校数字化校园建设与应用，网络条件下促进大学生全面发展模式，信息化条件下人才培养模式创新，基于云计算技术的教育教学模式改革，信息技术支撑农科教合作模式创新，"智慧校园"与工程人才培养模式创新，面向人才培养模式创新的信息化支撑体系建设，信息化条件下的科教结合机制，数字化校园服务模式，智慧校园建设与应用，信息技术与课程教学深度融合，高校教育信息化标准化建设与教育教学模式创新，网络学习空间与自主探究性学习模式，智慧校园与优质教育资源共建共享机制，个性化网络学习空间应用模式，数字化校园与学生网络文化建设，教育教学网络协作模式，数字校园与文化传承及服务社会机制，信息化条件下教育教学模式改革，基于网络的医学生自主学习模式等方面的典型。

3. 职业院校优秀试点单位的试点内容

分别为与企业合作共建优质数字教育资源的机制和模式，发挥名师课堂作用引领"教学做一体化"课程教学，职业教育远程教学模式，信息化环境下教育培训模式创新，职业技能资源共建共享与应用，信息化环境下"一体化"实践教学，信息化环境下实验实训教学与实践模式创新，智慧校园建设机制与应用模式，信息技术支撑的"2+1+N"人才培养模式，优质教育资源共建共享机制，网络学习空间教学与管理应用模式创新，"3G实景课堂"教学管理应用模式创新，数字化校园建设，信息化环境下教育教学模式创新，信息化环境下服务社会模式创新，信息化环境下管理模式创新，教学与培训资源校企共建共享机制等方面的典型。

4. 省级层面电化教育馆层面优秀试点单位的试点内容

具体为信息化条件下的小组合作学习模式，学生网络互动社区建设与应用，省级教育信息化公共服务体系建设机制与应用模式，省级教育资源与管理公共服务平台建设机制，高校科技管理公共服务平台建设与应用，职业教育名师课堂与专递课堂模式，优质教育资源共享机制，省级教育数据中心建设机制与管理信息系统应用模式等方面的典型。

5. 中小学优秀试点单位的试点内容

具体有移动网络构建自主发展的交互式学习模式，基于信息化协作平台小学生人文素养教育模式，基于电子白板环境的小学多学科主体多元合作探究教学模式，信息技术促进家校互动帮助留守儿童健康成长，数字化校园建设促进师生信息素养和实践能力的提高，信息技术促进学生信息素养和实践能力的提高，信息化促进"小班化"优质资源建设与共享机制模式，信息化环境下自主合作探究教学模式，信息技术与教育教学全面深度融合的人才培养模式，同步课堂名师讲堂与跨地区网络协作教研应用模式,信息技术促进民族地区小学语数课堂教学模式创新,个性化学习模式促进具有国际竞争力的人才培养,基于云计算技术的基础教育知识共同体发展机制,智慧校园促进师生发展,智慧校园建设机制与应用模式,信息技术促进教育教学模式创新,信息技术与教育教学深度融合,数字化校园建设机制与教育教学模式创新,数字校园建设与可持续发展机制,信息技术促进师生阅读能力提升,信息化环境下初级中学高效教学方式,信息化环境下教育教学模式创新,中小学智能机器人数字化教学模式,多校区数字化校园管理模式,优质数字教育资源共建共享机制与应用模式,网络环境下构建新型学生评价模式,大学区资源共享机制与应用模式,信息技术促进学生个性化学习,信息技术促进学生个性化发展,跨区域网络协作教研模式等方面的典型。

通过大面积的试点树立典型,可以说是我国教育信息化发展中的一个创新创造。

优秀试点单位试点内容的细化分类分布,如表 5.2 所示。

表5.2 优秀试点单位试点内容的细化分类[①]

试点内容	重点研究	细化分类
数字/智慧校园建设	建设思路	顶层设计、统筹规划、分步实施
	建设模式	自主建设、融入区域建设、校企合作建设
	建设理念	需求导向、以人为本、应用融合、服务创新
教育资源建设共享	建设方式	购买、引进、汇聚、自建、共建
	资源类型	校本资源、特色资源
	共享方式	资源共享平台、资源智能推送
	应用机制	促进常态化应用、创新应用
教与学模式创新	教学模式	协同教学、翻转教学、个性化精准教学
	学习模式	自主学习、合作学习、探索性学习
教育管理信息化	优化流程	动态管理、系统集成、业务重组
	创新模式	智能干预、数据贯通
	精准决策	基本大数据的精准教育决策
教师专业发展	针对性培训	网络培训、混合培训、个性化分层培训
	网络研修	网络研修组织形式和研修方式
	实践驱动	依托活动、竞赛驱动、课题引领
保障机制	组织保障	机构组成、管理机制
	制度保障	发展规划、管理制度、激励机制、沟通协调机制
	技术保障	单位技术部门负责、聘请单位外专业技术机构负责
	经费保障	政府拨款、自筹经费、社会企业投资、多渠道筹集

[①] 郭炯,杨丽勤. 教育信息化促进教育系统性变革路径研究——基于教育部首批教育信息化优秀试点案例的分析[J]. 中国电化教育,2019(05):41-48.

5.4.5.2 挖掘与宣传教育信息化典型

在我国教育信息化发展中，特别注意发现、挖掘教育信息化的典型，并对典型进行宣传推广，以期真正发挥典型的示范带动作用。

1. 试点工作总结挖掘和推广典型

在我国教育信息化领域，一提到教育信息化试点，人们马上想到的是全国大规模开展的教育信息化试点工作，这是由于大规模开展的教育信息化试点工作规模大、持续时间长、试点内容多。

全国大规模教育信息化试点工作的目的，既在于先行先试，更在于培育典型，以典型带动一般。为此，教育部在试点典型经验总结与推广方面进行了周密部署，使该项工作成为教育信息化典型培育和典型推广的典范。

在大规模教育信息化试点工作接近尾声时，教育部首先组织一批批知名教育信息化专家分赴各省市自治区帮助进行教育信息化试点工作的总结，分赴各个省市自治区所初步推荐的数百个候选优秀的教育信息化试点单位，进行教育信息化试点工作的实地评估，并挖掘教育信息化方面的典型做法、典型方式、典型经验，帮助提炼教育信息化方面的典型做法、典型方式、典型经验；接着，教育部组织专家对候选优秀试点单位的经验材料进行反复分析比较，确定了161个优秀试点单位；然后，161个优秀试点单位在试点总结的基础上根据统一规范的要求，编写教育信息化试点案例，教育部并组织专家对优秀试点单位案例的撰写进行一对一的指导，并在此基础上形成专家点评；最后，组织专家研究提供的典型案例，反复比较经验的先进性、创新性和示范推广价值，在此基础上选择百个案例入编教育信息化试点案例集，并编撰出版，对试点的经验进行系统推广。

2. 以应用展示展览展演活动发现和推广典型

从2012年开始，我国每隔3年遴选一次全国中小学教育信息化方面的优秀成果和典型案例，并举办全国展示展览活动，在推动基础教育信息技术与教育教学深度融合方面发挥了重要作用。同为遴选和展演，每届的名称和主题不尽相同，很好地体现了教育信息化不同发展的阶段性特征。

1) 首届：全国中小学信息技术教学应用展演

2012年教育部举办"全国中小学信息技术教学应用展演"，遴选全国中小学信息技术教学应用优秀成果和典型案例，通过展览演示、技术讲座、论坛交流和成果体验等形式，多层面、多维度地集中展示我国中小学信息技术在教育教学中的应用，搭建了一个很好的全国中小学教育信息化应用沟通和交流的平台。

展演以"信息技术推动中小学教学方式的变革与创新——探索、普及、融合"为主题，分为区域教育均衡发展、育人为本、教师专业发展、教学改革、资源建设、网络环境建设六个主题板块，系统展示了全国31个省、市、自治区以及新疆生产建设兵团和5个计划单列市教育行政部门、教育信息科技企业的教育信息化成果、理念和变革。

六个主题板块，典型经验精彩纷呈，启发人们教育信息化思考，催发人们在教育信息化方面创新行动：

(1)区域教育均衡发展主题板块的突出典型。四川省高中全日制直播教学、初中全日制录播教学、小学全日制植入式教学的远程教育新模式，促进了城乡师生共享优质教育资源；广东省秋长街道通过网络实现优质教学资源下乡，打造农村校"高效课堂"，让农村学校的课堂展现出生机和活力；甘肃华亭县利用数字视频会议系统开展城乡同步课堂教学，辐射全县所有初中和学区，一定程度上实现了城乡优质资源共享。

(2)育人为本主题板块的突出典型。福州市开办"数字青少年宫"，利用信息技术开辟新型的中小学德育和第二课堂活动，为广大青少年学生打造绿色的网络空间，使网络真正成为学生的良师益友，很好践行了教育信息化育人为本的核心理念。

(3)教师专业发展主题板块的突出典型。广州天河区5万教师博客构建区域教科研新载体，唐山市利用网络搭建打破时空界限和地域差别的教研平台，杭州市建立名师工作室，实施互动式网络学习打破名师指导时空界限，为用信息化手段促进教师专业发展探索出了一条条新门径。

(4)教学改革主题板块的突出典型。深圳市南山实验学校将信息技术融入语文教学过程，通过"集中识字""分散识字""注音识字·提前读写"，极大提高了学生语文学习兴趣和学习水平，探索了一条小学语文"提前读写"的新路。上海虹口区开展数字化课程环境建设与学习方式变革的试验，利用建设的数字化课程环境为教学提供丰富的媒体资源，对学生进行学习行为跟踪与学习分析，为每个学生打造适合自己的"智慧课程"。

(5)资源建设主题板块的突出典型。哈尔滨市香滨小学自主研发"多维教材"，实现了"教材变学材，教室变学场，要我学变我要学，通过资源自助学"的新的学习状态。鄂尔多斯市创建蒙古文教学资源库，促进了蒙古文的现代化教育。人民教育出版社研发集教育、技术、艺术于一体的第三代人教版数字教材——"网络教材"，推动基础教育教学向教材内容数字化、信息传输网络化、知识呈现立体化、教学环境虚拟化、信息处理智能化、学习方式互动化的现代化方向加速发展。南京市与时俱进地创新信息化资源建设，教育资源建设历经三阶段：首先是满足教师对新课改资源的需要，保障了有资源可用；然后是实现研修型教学资源扩充，保障了资源够用；再后是以应用为主导，保障了资源适用。

(6)网络环境建设主题板块的突出典型。苏州市实施学生卡、教师卡、家长卡卡卡畅通的"教育E卡通"工程，搭建以卡为终端载体的信息化教育资源、学习、服务、管理于一体的、提升师生公共福利、促进城乡教育均衡的新型平台。广东省推出"粤教云"，为师生提供迈进"云教育"的新型教育信息化服务模式。上海中学在高速网络上打造数字校园，为所有师生提供云端的个人桌面和应用，建构基于统一数据平台的信息化管理系统，打破信息孤岛，促进信息联通，实现信息共享，让网络、信息、资源融入教学。

首届信息技术教学应用展演，反响很好，为此 2013 年启动"全国中小学信息技术教学应用成果巡展活动"，将展演中展现的优秀应用成果，展示给中西部地区、贫困地区和民族地区的中小学校，让更多的中小学校长、一线教师和基层教育工作者了解、体验和学习这些优秀成果，推动信息技术与课堂教学紧密结合。

2) 第二届：全国中小学教学信息化应用展览

2015 年在首届国际教育信息化大会在青岛召开之际，教育部精心打造了"全国中小学教学信息化应用展览"。"全国中小学教学信息化应用展览"与首届的"全国中小学信息技术教学应用展演"相比，有多方面的不一样：

一是名称不同。首届的着眼于信息技术应用，第二届着眼于教学信息化发展。

二是展演展览的目的不完全一样。首届展演的目的在四个方面：一是推进中小学信息技术与教育思想和观念、教学内容和方法的深度融合，重点针对当前不少学校仅局限于把信息技术作为简单的、一般性辅助教学手段的问题；二是推动信息技术在中小学课堂教学中的科学应用，重点针对信息技术在课堂教学中应用不恰当的问题；三是提高中小学教学软件开发和服务水平，重点针对优质教育资源短缺的问题；四是促进中小学教学信息化产业和科研事业繁荣发展，重点针对信息化技术研究与开发的统筹协调和激励机制不健全的问题。展演期间同时举办了多个论坛，以促进校长、教师、教育管理者开阔视野、拓展思路、提升信息化应用能力。第二届展览的目的是总结信息技术在中小学课堂教学中应用的成功经验和优秀案例；进一步推进信息技术与教学理念、教学内容和方法的深度融合；提高中小学教学软件开发和服务的针对性、有效性；对外展示和宣传国家和各地教育信息化应用发展取得的巨大成就，促进国际交流与合作。最大的区别由面向国内转向面向国际。

三是时长不同，首届展出的进入新世纪的 10 多年，第二届侧重于首届后的 3 年。

四是更加突显展示的普及性、变革性和创新性。

五是更好突出"可看、可学、能体验"的特色，采用展览、演示、体验相结合的方式，借助多种媒体，以展板、实物、专题片、专人讲解、互动体验等形式进行展示。

全国中小学教学信息化应用展览，同样非同凡响，特别是向世界充分展示了我国的教育信息化新发展，展示表明，我国教育信息化的许多方面，已步入世界先进行列。

3) 第三届：全国基础教育信息化应用展示交流活动

本次交流展示与前两届着眼点在教学不同，主要交流 2015 年青岛国际教育信息化大会以后我国推进基础教育信息化深度融合应用的成功经验和优秀案例，展示新成果、新技术、新模式，提高利用信息技术服务教育教学的能力。

参加展示交流的项目中，探索学习、STEAM 教育、创客教育、"在线教研"

等新型教与学模式的案例受到更多关注。活动还展示了部分"一师一优课、一课一名师"活动中的部级优课，以及中央电教馆组织的教育教学信息化交流展示活动中获一等奖的优秀课堂教学案例，为广大教师利用信息技术提高教育教学能力提供可参考借鉴的实践案例。

在线教研是国家教育资源公共服务平台的特色频道，汇集基础教研领域信息技术环境下一线教研活动资源，通过网络平台跨区域互动，利用微博、微信等工具开展在线问答和讨论，推动线上线下教研融合，提升参与教师的信息素养和教学水平，促进资源短缺地区教育均衡优质发展。

3. 以专项活动遴选、培育并推广教育信息化典型

作为国家发改委支持的教育信息化专项，教育部基础教育司和中央电教馆联合组织开展的"信息技术与教育教学深度融合示范培育推广计划"项目，是全国层面上第一个遴选、培育并推广教育信息化典型活动，从2016年开始形成90个基础教育信息化应用示范区域及经验，形成180个不同学段、不同类型、不同应用模式的示范学校及经验，为各地区、各学校提供适切、可学的教育信息化应用样板。

该活动与过往的活动至少有5点不同：

一是将重点放在对初步入围的区域和学校进行培育上，典型案例的培育有学校、行政单位、高校、科研机构、企业等多方参与。

二是组织专家重点指导。

三是注重案例发展的过程性和故事性，讲好教育信息化应用的故事，发挥示范典型的辐射效应，为了总结提炼典型案例，示范引领全国教育信息化持续发展，2017年5月教育部基础教育司与中央电教馆还专门举办了"基础教育信息化应用典型示范案例研讨会"，区域和学校通过多种表达形式传播实践信息化过程中的真情实感和师生应用的生动形象，让更多的人愿意读、乐于读、便于学。

四是过程严密，推出的每一个示范案例都要通过遴选—培育—再遴选的过程，经历推荐与遴选、培育与研究，通过后进行宣传和推广，遴选过程有规范的程序和评价指标体系（见表5.3和表5.4）。

五是宣传推广方式现代，开发了"基础教育信息化应用典型示范网站"，开通了"基础教育信息化应用典型展示"微信公众号，在主流教育媒体上重点推出示范典型案例专版或专题进行展示，出版了《中小学信息化应用典型示范案例汇编》，召开"基础教育信息化应用典型示范案例交流会"专门推广，等等。

4. 以推荐优秀与示范的形式发现和推广典型

1) 发现和推广"教学点数字教育资源全覆盖"项目示范应用典型[①]

"教学点数字教育资源全覆盖"项目是我国促进教育公平的创新之举，促进

---

① 教基二司函[2014]86号. 关于推荐"教学点数字教育资源全覆盖"项目示范应用典型的通知[Z].

了边远地区教学点开齐开足国家规定课程,逐步提高了教育教学质量。2014 年教育部通过推荐"教学点数字教育资源全覆盖"项目示范应用典型,进一步推进项目应用,加强宣传和交流。推荐的区域典型主要是在为教学点提供数字资源、开展教师应用培训、组织教研巡回指导、帮助教学点开齐开好国家规定课程等方面,能够创新工作方法、区域整体推进、提供支持服务、工作取得明显成效的地(市)和县(市)。推荐的教学点典型是在利用优质数字教育资源开出过去无法开出开好的课程、提高教师信息技术应用水平、提高课堂教学质量等方面成效明显的教学点。

表 5.3 基础教育信息化应用典型示范案例(区域)评价指标[①]

一级指标	二级指标	指标描述
理念与规划 (15 分)	规划制度 (5 分)	根据"立德树人"的总体要求和区域教育发展与改革的总体目标,制定教育信息化发展规划(行动计划)和保障制度,运用信息技术来设计和推进区域教育发展与改革,体现较强的教育信息化领导力和执行力
	组织协调 (5 分)	建立"一把手"责任制,健全管理部门、业务部门、技术部门的分工协作机制,制定了激励学校和教师广泛参与信息化应用的政策措施,积极组织区域学校开展教育教学改革与创新实践,全面推进信息化工作
	机制保障 (5 分)	初步形成有利于调动各方积极性的体制机制,在教育信息化资金筹措、建设运营维护、资源服务、教学应用等方面出实招、破难题、建机制,形成良好的政策环境。制定了学校教育信息化评价体系及评价工作程序,并纳入学校教育督导中,定期开展区域内学校信息化进展评价
成效与示范 (60 分)	质量提升 (25 分)	通过信息化应用提高学生信息化学习能力和教师信息化教学能力,提高教育教学管理精准化水平,推动教学理念、方式和内容改革。破解教育发展过程中的难题,措施有针对性,对教育发展产生了实质性的推动作用
	均衡发展 (25 分)	利用互联网共享区域内优质学校和优秀教师资源,绝大多数学校都能够参与到信息化应用,教师、学生、家长普遍有获得感
	示范辐射 (10 分)	形成了可推广的区域信息化推进经验,具有示范辐射作用,而且有成功的示范输出实践
特色与创新 (15 分)	特色创新 (15 分)	在数字教育资源供给方式变革、构建网络教育服务新模式、探索从服务课堂学习拓展为支撑网络化的泛在学习等某方面具有区域鲜明特色,在信息化建设与应用推进中创造性地解决当地教育改革与发展中的问题,具有引领作用
格式规范 (10 分)	—	文字材料层次结构清晰,具备内容导图、正文、专家点评三个要素,主题突出,可读性较强;视频画面真实,配音清晰,流畅精美,短小精悍;支撑材料全面,质量高,可参考性强

[①] 教基司函[2017]54 号. 关于做好 2017 年度基础教育信息化应用典型示范案例推荐遴选工作的通知[Z].

表 5.4　基础教育信息化应用典型示范案例(学校)评价指标

一级指标	二级指标	指标描述
理念与规划 (15 分)	规划制度 (5 分)	根据"立德树人"的总体要求和学校办学实际，制定教育信息化发展规划(行动计划)和保障制度，推进信息技术在教学、管理、家校沟通、师生生活方面的全面融合，促进师生的全面发展，体现较强的教育信息化领导力
	队伍建设 (5 分)	形成提升教师信息技术与信息化教学能力的常态机制；引导教师使用国家、省、市等各级教育资源公共服务平台；引导教师应用网络空间开展备课、授课、学习指导等教学活动；指导、帮助师生充分利用社会性软件和开放性教育资源开展教与学；组织校本研修和网络研修活动；鼓励教师建立跨校际的网络研修共同体，实现网络研修常态化
	评价激励 (5 分)	有激励广大教师和管理人员参与校本教育资源建设、教学应用创新和设施运行管理的具体措施，并将其作为"评优推先"的重要依据。确立了教育信息化应用和管理的责任制，并能分解到部门，由专人负责，纳入年度考核中
成效与示范 (60 分)	整体发展 (25 分)	应用信息技术有效提高学校的办学条件、师资水平与治理水平，在改变学生学习方式、评价方式、家校协同教育、管理模式等方面取得显著效果，发挥了不可替代的作用，产生真实的效益，得到师生的欢迎，教师、学生、家长普遍有获得感
	质量提升 (25 分)	原则上所有教师都应利用信息技术改进教学方法、创新教学模式，推进课堂信息化教学全面普及，提升学生创新意识和能力，增强学习内驱力。学生知识学习和应用方面有显著进步或提升，教师信息化教学能力显著提高
	示范辐射 (10 分)	在利用信息技术促进学校教育发展与改革方面取得显著成效，带动周边学校的教育信息化，发挥示范辐射作用，而且有成功的示范输出实践
特色与创新 (15 分)	特色创新 (15 分)	应用案例有本地区的鲜明特色，或体现本学校独特办学理念，信息化能够支撑学校特色发展，在服务育人全过程、课程建设、教学研究、从服务课堂学习拓展为支撑网络化的泛在学习等某方面具有独特的创新，具有引领作用
格式规范 (10 分)	—	文字材料层次结构清晰，具备内容导图、正文、专家点评三个要素，主题突出，可读性较强；视频画面真实，配音清晰，流畅精美，短小精悍；支撑材料全面，质量高，可参考性强

为总结教学点教师应用数字资源开展教学的经验，2013—2014 年中央电化教育馆开展"教学点数字教育资源全覆盖项目"资源应用优秀案例征集评选活动[①]，征集各地教学点通过实施"教学点数字教育资源全覆盖"项目开齐开好国家规定课程，提高教学点教学质量的典型案例，其征集内容包括各地教学点利用数字资源解决语文、数学、英语、音乐、美术、思品、体育、科学各学科教学中的重难点问题的课堂教学案例；项目给教学点带来的新气象、新风貌，利用项目设备和资源提高教学点教育教学水平的综合案例。结果评出一等奖 12 项，25 项二等奖，30 项三等奖。

为了推广"教学点数字教育资源全覆盖"项目中好的经验，2016 年 9 月在勐海县召开全国"教学点数字教育资源全覆盖"项目资源应用经验交流现场会。参会代

---

① 教电馆[2013]150 号. 中央电化教育馆关于开展"教学点数字教育资源全覆盖项目"资源应用优秀案例征集评选活动的通知[Z].

表观摩教学点老师上的语文、数学、音乐、美术、英语课,并与教学点老师进行交流,了解他们的教学和生活情况、分享应用教学点数字教育资源的经验。

2) 评选与推广网络学习空间应用普及活动的典型[①]

网络学习空间人人通,是我国创新的教育信息化行动,对于教育与学习方式的改变意义重大。为积极推进"互联网+教育"发展,教育部 2018 年开展网络学习空间应用普及活动,推荐遴选基础教育和职业教育网络学习空间应用优秀区域和优秀学校,示范推广网络学习空间在网络教学、资源共享、教育管理、综合素质评价等方面的典型案例和成功经验,引导各地加强网络学习空间建设与应用,推动从"三个率先"向全面普及发展,实现"一人一空间"。在首期评选网络学习空间应用普及活动中,教育部表彰了 40 个优秀区域(区、县、市)和 198 所优秀学校。教育部希望通过宣传推广优秀区域和学校网络学习空间应用普及成果和经验,发挥其示范带动作用,引领各地加快推进网络学习空间建设与应用,以网络学习空间应用带动信息化教学模式创新和水平提升,推动"互联网+"条件下教育改革发展[②]。为科学遴选,教育部分别制定了网络学习空间应用普及优秀区域评价指标,以及网络学习空间应用普及优秀学校评价指标,分别见表 5.5 和表 5.6。

表 5.5 网络学习空间应用普及优秀区域评价指标

一级指标	二级指标	指标描述
空间建设 (20 分)	机制保障 (5 分)	规划设计"网络学习空间人人通"区域方案;建立管理职能部门、业务推进部门、技术保障部门协同推进机制;有效的经费投入机制与空间软硬件建设机制;具有组织推进的激励、评价、督促机制;具有促进网络学习空间应用的队伍建设机制
	功能构成 (5 分)	由地市或区县教育行政部门认定网络学习空间,其功能基本满足并支撑区域和学校主要的教育教学工作;构成上包含教师、学生、家长等个人空间,区域、学校、班级等为机构空间;集成资源共享、教学支持、学习交互、决策评估等满足日常教育教学需要的多种公共应用服务;集成大数据分析服务,可提供教学分析、学习分析、学生能力发展分析、学生综合素质评价、用户的空间应用分析等服务
	管理维护 (5 分)	网络安全制度完善,举措基本落实,网络安全意识和防护能力较好;遵循数据上移、服务下沉原则;网络空间运行高效,访问快捷,体验良好
	建设普及率 (5 分)	区域内所有学校开通机构空间,学校所有教师和适龄学生开通个人空间;班级空间开通不低于 80%;具有区域教研、名师、社团等特色空间。基本实现"一人一空间",多平台孤岛现象得到显著缓解

---

① 教技厅函[2018]105 号. 教育部办公厅关于开展 2018 年度网络学习空间应用普及活动的通知[Z].
② 教技厅函[2019]38 号. 教育部办公厅关于公布 2018 年度网络学习空间应用普及活动优秀区域和优秀学校名单的通知[Z].

续表

一级指标	二级指标	指标描述
空间应用 (50分)	资源共享(10分)	实现多渠道资源供给，社会资源、智力资源网络化供给；用户能通过空间获取所需要的教育资源，进行资源分类、评价、分享，实现资源分享、教学应用等
	教学支持(10分)	每年有至少2个区域性的常态化教育教学活动通过空间支撑线上线下开展。教师利用空间支持备授课、活动组织实施、线上线下教学、班级管理、预习、作业、答疑、自主学习、分享心得或参与其他活动等
	学习交互(10分)	网络化泛在学习普及；支持师生、师师、生生交互，促进交流共享
	决策评估(10分)	区域和学校管理者利用空间管理教育教学及教研等工作，支持电子政务，查询学校办学、文化、德育、课程、教学、设施、师生等情况；家长利用空间支持学校、班级、学生等校情学情查询，开展家校互动
	数据分析(10分)	实现分层智能测评与诊断；实现精准教学，个性化推送与辅导；实现学生综合素质评价；大数据在教育管理、科学决策、学生能力与身心发展诊断分析等一个或几个方面有成熟应用案例
社会影响及效果 (25分)	相关认可(10分)	纳入省级或国家级教育信息化特别是网络学习空间建设与应用有关专项，成效显著，获得认可（按项目列出）
	使用效果(15分)	"人人通"平台运行稳定，各类空间应用常态化，满足学校、教师、学生教育教学和管理等各方面需求，家校沟通效果好
材料规范 (5分)	务实规范 (5分)	材料内容真实、规范、完整；逻辑清晰、主题突出、可读性高；相关支撑材料全面，形式丰富，质量高，示范性强

表5.6 网络学习空间应用普及优秀学校评价指标

一级指标	二级指标	指标描述
空间建设 (20分)	机制保障 (5分)	建立"一把手"责任制；制定教育信息化发展计划和保障制度；持续的经费投入机制；形成师生信息化能力提升常态机制；师生网络学习空间应用的激励、考核、评价、督促、活动等推进机制有效
	功能构成 (5分)	由地市、区县教育行政部门或学校认定网络学习空间，其功能基本满足并支撑学校主要的教育教学工作；构成上包含教师、学生、家长等个人空间，学校、班级等机构空间；具有资源共享、教学支持、学习交互、决策评估等满足日常教育教学需要的多种公共应用服务；具有大数据分析服务，可提供教学分析、学习分析、学生能力发展分析、学生综合素质评价、用户的空间应用分析等服务
	基础环境 (5分)	学校基础设施完善，网+端部署保障虚拟环境和物理环境的有效融合。师生信息素养较好，网络安全意识和防护能力较好；遵循数据上移、服务下沉原则；网络空间运行高效，访问快捷，体验良好
	建设普及率 (5分)	学校所有教师和适龄学生开通个人空间；班级空间开通100%；具有社团等特色空间；基本实现"一人一空间"
空间应用 (50分)	资源共享(10分)	可获得定制的多渠道资源供给，社会资源、智力资源网络化供给；用户能通过空间获取所需要的教育资源，进行资源分类、评价、分享，实现资源分享、教学应用等
	教学支持(10分)	每年有至少2个全校性的常态化教育教学活动通过空间支撑线上线下开展。教师利用空间支持备授课、活动组织实施、线上线下教学、班级管理、预习、作业、答疑、自主学习、分享心得或参与其他活动等

续表

一级指标	二级指标	指标描述
空间应用 (50 分)	学习交互(10 分)	网络化泛在学习普及；支持师生、师师、生生交互，促进交流共享
	决策评估(10 分)	学校管理者利用空间管理教育教学及教研等工作，支持电子政务，查询学校办学、文化、德育、课程、教学、设施、师生等情况；家长利用空间支持学校、班级、学生等校情学情查询，开展家校互动
	数据分析(10 分)	实现分层智能测评与诊断；实现精准教学，个性化推送与辅导；实现学生综合素质评价；大数据在教育管理、科学决策、学生能力与身心发展诊断分析等一个或几个方面有成熟应用案例
社会影响及效果 (25 分)	相关认可(10 分)	纳入省级或国家级教育信息化特别是网络学习空间建设与应用有关专项，成效显著，获得认可(按项目列出)
	使用效果(15 分)	"人人通"平台运行稳定，各类空间应用常态化，满足学校、教师、学生教育教学和管理等各方面需求，家校沟通效果好
材料规范 (5 分)	务实规范 (5 分)	材料内容真实、规范、完整；逻辑清晰、主题突出、可读性高；相关支撑材料全面，形式丰富，质量高，示范性强

5. 现场会现场观摩活动示范典型

"百闻不如一见""喊破嗓子不如做出样子"。新兴的事业发展，让人们看到典型的真实状况，让典型现身说法，让学习者有切身体验，有助于典型的示范推广。我国在教育信息化的发展中不时辅以"现场会"的方式，让人们很好地观察学习。

2004 年 6 月 13 日—16 日教育部召开全国农村中小学现代远程教育工程试点工作现场会。20 个省级试点单位教育行政部门的负责人和教育部相关直属部门的负责人等，实地考察了天水市农村中小学利用"三种模式"开展教育教学的情况，甘肃、宁夏、贵州等省、自治区在会上介绍了试点工作的经验。2005 年 7 月 2 日至 3 日教育部召开中西部农村中小学现代远程教育教学应用现场交流会，代表们到张掖市"三种模式"建设的观摩点进行实地参观，亲身体会远程教育工程为中西部农村中小学教育带来的深刻变化。老师运用资源教课的干劲、学生眼中对信息技术以及光盘教课模式的喜欢和求知欲望，深深打动了参观者，使他们深切感受到这是一项伟大工程，对传播科学技术和先进文化、加强农村党员干部教育、加快农村信息化步伐、促进农村繁荣和社会进步所显现的巨大力量[①]。该现场会后，全国农村中小学现代远程教育工程全面启动，国家 5 年时间投资 100 多亿元为农村中小学配备电视机、卫星接收系统、计算机教室、光盘等教学设备，将现代远程教育教学覆盖到全国 53 万余所农村中小学。

教育部 2013 年举办信息化教学现场观摩活动，宣传推广基础教育领域教育信息化应用的典型经验，观摩了黑龙江省哈尔滨市香滨小学的三节课堂教学活动，哈尔滨市香坊区、河南省郑州市第二中学、贵州省贵阳市第十八中学、湖北省武汉市武昌区三道街小学也在活动中作了分别介绍了各自的做法和经验。

---

① 董晶. 中西部农村中小学现代远程教育教学应用现场交流会实地考察侧记[J]. 教育信息化，2005(08)：30-31.

2016年9月27日教育部召开边远、民族地区教育信息化推进工作现场会，宣传推广边远、民族地区教育信息化推进工作的典型经验，推动现代信息技术与教育教学深度融合，代表们到康定中学、康巴网校、甘孜州幼儿园、康定市回民小学、康定市民族中学进行了实地考察观察，湖北省恩施土家族苗族自治州政府、四川省甘孜州政府、云南省西双版纳傣族自治州勐海县教育局、四川省成都市教育局、吉林省延边朝鲜族自治州教育局的推进经验在大会上得到宣传推广[①]。

6. 国家级教学成果奖评选发现信息技术促进教学改革的典型

国家级教学成果奖是我国教学研究和实践领域中颁授的最高奖，教学成果奖是事实上的教学改革创新的典型，包括应用信息技术促进教育教学改革、信息技术与教育教学深度融合的典型。

1) 国家级教学成果中的教育信息化典型

进入21世纪以来，我国每届国家级教学成果评奖，教育信息化都有成果入围取得国家成果的殊荣。获得国家教学成果一等奖的可以说是教育信息化典型中的典型，表5.7所示为2001—2018年我国教育信息化方面的成果获得国家教学成果奖一等奖、特等奖的情况。

表5.7　21世纪获得国家教学成果奖一等奖、特等奖的教育信息化成果明细

获奖时间	教学成果名称	成果主持人	获奖单位	获奖等级	成果教育类型
2018年[②]	深度融合信息技术的高校人才培养体系重构与探索实践	杨宗凯	华中师范大学	特等奖	高等教育
	智能化环境下战略型会计人才培养创新	陈信元	上海财经大学	一等奖	高等教育
	跨区域跨校在线开放课程"1+M+N"协同教学模式创新与实践	徐晓飞	哈尔滨工业大学	一等奖	高等教育
	职业教育国家学分银行制度的系统构建	李林曙	国家开放大学	一等奖	职业教育
	基于网络学习空间精准培养农民大学生的创新实践	陈建民	湖南广播电视大学	一等奖	职业教育
	项目主导、多元协同、资源开放——软件技术专业人才培养体系的创新实践	眭碧霞	常州信息职业技术学院	一等奖	职业教育
	研究型课程大规模实施智能支持平台研发及实施模式探索	张治	上海市电化教育馆	一等奖	基础教育
	"兰韵"智慧学习模式构建实践		重庆市沙坪坝区树人景瑞小学校	一等奖	基础教育

① 刘博智. 教育部举办边远、民族地区教育信息化推进工作现场会[N]. 中国教育报, 2016-09-28(1).
② 教师[2018]21号. 教育部关于批准2018年国家级教学成果奖获奖项目的决定[Z].

续表

获奖时间	教学成果名称	成果主持人	获奖单位	获奖等级	成果教育类型
2014年①	中国民族音乐教学资源数字化建设工程	高佳佳	中国音乐学院	一等奖	高等教育
	高职会计专业国家级教学资源库的研发与应用	赵丽生	山西省财政税务专科学校	一等奖	职业教育
	辽宁省职业教育数字化实训教学资源建设与实践	章雪冬	辽宁省教育厅	一等奖	职业教育
	高职实训基地关键资源池(KR-POOL)模式的研究与实践	戴勇	无锡职业技术学院	一等奖	职业教育
	信息化背景下中职化学工艺专业建设的改革创新	邬宪伟	上海信息技术学校	一等奖	职业教育
	中学物理教学的革新，数字化实验系统(DIS)的研发与应用		上海市教育委员会教学研究室	一等奖	基础教育
2009年②	基于网络环境的临床医学自主学习体系及其信息化平台的建设与应用	王杉	北京大学	一等奖	高等教育
	当代大学生母语教育的理念创新、资源建设与大学语文课程改革	陈洪	南开大学	一等奖	高等教育
	基于生产过程开发全玻璃化工仿真实训教学技术的研究与实践	王艳国	天津职业大学	一等奖	高等教育
	开放远程教育在学习型城市建设中的创新与发展——上海电视大学的实践与探索	张德明	上海电视大学	一等奖	高等教育
	网络环境下以学习策略训练为特征的英语视听说自主学习教学模式研究与实践	白解红	湖南师范大学	一等奖	高等教育
	医学课程信息化教学新模式的构建与应用	殷进功	解放军第四军医大学	一等奖	高等教育
2005年	《基于网络环境的教学质量实时监控系统》在高等教育教学质量管理中的研究与实践	王杉	北京大学	一等奖	高等教育
	探索英语网络教学新模式 提高学生英语综合应用能力	刘芳	北京理工大学	一等奖	高等教育
	高等化学资源共建共享平台	程鹏	南开大学	一等奖	高等教育
	多校合作、面向西部，创建基于天地网的新型教育资源共享体系	申瑞民	上海交通大学	一等奖	高等教育
2001年	《化学元素周期系》多媒体教科书软件及教学成果	申泮文	南开大学	一等奖	高等教育
	普通生物学多媒体系列教学软件的研制开发与应用	张庭芳	北京大学	一等奖	高等教育

① 教师[2014]8号. 教育部关于批准2014年国家级教学成果奖获奖项目的决定[Z].
② 教高[2009]12号. 教育部关于批准第六届高等教育国家级教学成果奖获奖项目的决定[Z].

续表

获奖时间	教学成果名称	成果主持人	获奖单位	获奖等级	成果教育类型
2001年	教学资源信息网络化建设与应用	吴敏生	清华大学	一等奖	高等教育
	现代远程教育的研究与实践	王柯敏	湖南大学	一等奖	高等教育
	多媒体和网络环境下大学生学习能力培养的理论与实践	桑新民	华南师范大学	一等奖	高等教育

表 5.7 表明，我国教育信息化在国家教育教学改革中占有重要地位，这是国家高度重视教育信息化的结果。事实上，我国自 20 世纪 80 年代开始就始终重视教育手段的现代化，在 1989 年的国家级教学成果奖评比中，北京体育大学王家正、吴修文、顾正平的《运用现代技术，优化乒乓教学》成果，西安交通大学任组扬、龚兰芬、杨光的《运用德育电教加强思想政治教育》成果，分别获得国家级教学成果奖一等奖；在 1993 年的国家级教学成果奖评选中，华南师范大学李克东、李运林的《多媒体组合教学设计》成果，获得国家级教学成果奖一等奖。

2）从国家级教学成果奖透析教育信息化发展中的问题

从国家教学成果中获奖的教育信息化成果看，我国教育信息化方面还存在如下问题[①]：

（1）信息化尚未引起教育模式的深刻变革。在获奖成果中，与新型教育模式相关的成果偏少，尚未有很大影响的有关新的学习方式和教学模式的成果获奖，以教为中心的教学模式尚未有根本性的转变，更未见有震撼性的成果。

（2）运用信息化手段促进学生创新创造能力提升不够。在获奖成果中涉及培养学生创新创造能力的成果太少，说明我国的教学还停留在培养"知识人"的阶段，没有进入培养"智慧人"和创新创造人才的阶段，这与时代要求不相称。

（3）信息化环境建设未能很好地服务于提升人才培养质量。运用信息化教学环境进行教育教学改革是时代的要求，然而获奖成果中信息化校园环境促进人才培养质量提升类的成果较少，投入巨大的数字化校园环境建设更多地应用在服务管理方面而非教育教学方面。

（4）以教育信息化促进教育公平与教育均衡的举措不多。以信息化手段促进教育公平是实现教育公平的新路径，可是未见以教育信息化促进教育公平与教育均衡的成果获奖。

以上四方面的问题表明，教育信息化全面推动教育现代化路漫漫。

国家级教学成果奖评选的前六届，只评选高等教育领域的国家级教学成果，2014 年的第七届开始扩展到教育全领域，分为基础教育、职业教育、高等教育三大类教育分别进行评奖。

---

① 陆斌，陈琳. 教育信息化国家级教学成果奖获奖作品分析[J]. 中国远程教育，2018(10)：75-78.

5.5 合力协动

教育信息化工作涉及面广、要求高、变化快、头绪多，只有调动一切可以调动的力量和因素，将各级政府与多元的市场力量以及广大师生的积极性和创造性充分调动起来，才能在统筹规划、综合协调的基础上协同推进。我国在教育信息化合力协同推进方面，创造了许多新举措，形成了良好的建设与创新机制。

5.5.1 政府多部门多机构的协同推进

教育信息化涉及面广、头绪多，是庞大的系统工程，在国家层面如果仅仅靠教育部一个部门推进，则必然是势单力薄，必须发挥多部门、多行业的作用，明确责任，协同推进。因此，我国相应成立了由教育部等多部门组成的教育信息化推进工作部际协调小组，以在国家层面统筹规划、协调推进教育信息化工作，研究解决推进教育信息化过程中的重大问题，以及各部委在职责范围内大力支持教育信息化工作，形成强大合力，并且明确了各部门在教育信息化方面的职责：教育部负责教育信息化的统筹规划、部署和全国教育信息化工作的指导，牵头制定教育信息化重大项目实施方案并组织实施，会同国家有关部门研究制定教育信息化相关政策；国家发展改革委将教育信息化纳入国家信息化重大项目规划，在援疆、援藏、西部大开发中加大支持教育信息化力度；财政部保障教育信息化的建设与使用经费，加大对农村、边远地区教育信息化扶持力度，形成持续稳定的教育信息化财政投入机制；工业和信息化部将教育信息化纳入国家信息化发展整体战略，超前部署、重点推进教育信息网络建设，保证学校宽带网络接入全覆盖；科技部在国家科技计划中立项支持教育信息化技术设备研发及示范应用；人力资源社会保障部协助推进国家教育管理信息系统中的就业信息化部分建设；质检总局协助推进教育信息化国家标准的研制、测评和应用推广；广电总局做好教育节目有关传输渠道与机构资质审批与监管工作，共同推进教学点视频接收播放设备建设。

多部门组成的部际协调小组，对教育信息化起到了"群策群力"、协同推进的合力作用，比如，在部际协调小组成立之初的2012年，国家发展改革委、财政部就明确对教学点数字教育资源全覆盖、"校校通"等给予项目和经费支持，仅仅"教学点数字教育资源全覆盖"项目，财政部就落实经费3.1亿元。工业和信息化部将教育信息化工作列入"村村通"等相关计划，在2013年的"村村通"工程中就明确提出支持5000所学校免费接入。科技部在资源建设和一些管理信息化建设项目方面给予支持，等等。教育信息化部际协调小组的成立，形成了很好的示范效应，在全国相应成立了教育信息化的厅际协调小组和局际协调小组，相应调动了各级政府多部门的力量。

在教育系统内部,从 2012 年开始成立由教育主管部门一把手任组长的教育信息化领导小组,统筹协调教育系统信息化重大问题,研究制定教育系统信息化发展战略、宏观规划和政策。2012 年成立教育部信息化领导小组,袁贵仁部长担任组长,后来更名为教育部网络安全和信息化领导小组,陈宝生部长担任组长,教育部分管教育信息化的副部长担任副组长,小组成员包括教育部办公厅、政策法规司、发展规划司、人事司、财务司、基础教育司、职业教育与成人教育司、高等教育司、教育督导局、民族教育司、教师工作司、思想政治工作司、科学技术司、学位管理与研究生教育司、中央电化教育馆、教育管理信息中心的主要负责同志,另设立教育信息化推进办公室,挂靠科学技术司,对教育部网络安全和信息化领导小组成员单位都有明确具体的职责分工(详见表 5.8)。如此形成了教育部的教育信息化部内协调机制,教育部各司局及直属单位相应地全力以赴协同推进教育信息化工作。若干年来我国教育信息化各项工作扎实推进,以上建立的联合工作机制起到关键作用,很好地发挥了政府主导、顶层设计、统筹规划与建设的优势。

表 5.8 教育部网络安全和信息化领导小组成员单位职责分工

成员单位	网络安全和信息化职责
办公厅	负责电子政务,互联网+政务服务,教育行业密码应用,教育信息公开,教育部门户网站,部机关办公信息化建设、管理、保密与网络安全等工作
政策法规司	负责统筹协调教育网络安全和信息化标准建设,网络安全法制教育等工作。负责在相关法规规章中反映教育网络安全和信息化工作有关要求
发展规划司	负责将学校网络教学环境建设纳入学校建设标准。负责教育改革和发展数据的规划、使用、开放共享和安全等管理工作的统筹协调
人事司	负责推进网络安全和信息化领域人才队伍建设等工作,支持开展网信培训等工作
财务司	负责教育部教育信息化专项资金管理、监督检查等工作,推动提高生均公用经费标准,用于支持教育信息化支出等工作
基础教育司	负责基础教育信息化设备标准与配备,网络安全宣传教育等工作;负责推进基础教育、特殊教育信息化应用,提升中小学生信息化素养,网络安全宣传教育等工作
职业教育与成人教育司	负责推进职业教育、继续教育信息化,提升中高职学生信息化素养,网络安全人才培养和宣传教育等工作
高等教育司	负责推进本科教育信息化、在线教育,提升高校学生信息化素养,网络安全人才培养和宣传教育,自主可控产品的推广应用等工作
教育督导局	负责开展全国改善农村义务教育学校基本办学条件,推进农村学校教育信息化;开展教育网络安全和信息化专项督导等工作
民族教育司	负责推进少数民族教育信息化,民族双语教育资源的开发与应用等工作
教师工作司	负责推进教师、校长信息化素养、信息技术应用能力提升,教师学科信息化教学水平提升,教师、校长网络安全培训等工作
思想政治工作司	负责联系中央、国家有关网络信息内容职能部门,推进高校网络文化建设,协调落实重大信息内容安全任务等工作。统筹教育行业网络信息内容安全、高校网站内容安全等工作。参与组织国家网络安全宣传周,组织开展高校网络安全宣传教育等工作

续表

成员单位	网络安全和信息化职责
科学技术司	负责联系中央、国家有关信息化职能部门，牵头协调重大任务的落实等工作。统筹教育信息化工作，组织实施教育信息化专项等工作。负责联系中央、国家有关网络安全职能部门，协调落实重大任务等工作。统筹教育行业信息技术安全工作，负责组织部属单位落实信息技术安全重点任务
学位管理与研究生教育司	负责推进研究生教育信息化，网络空间安全一级学科建设与发展等工作
中央电化教育馆	负责国家教育资源公共服务平台与服务体系建设运维、应用推动和网络安全等工作。配合推进基础教育、职业教育信息化，"三通"和数字教育资源等工作
教育管理信息中心	负责教育部网络公共基础设施、基础数据库、业务管理信息系统统一门户的建设、运维与网络安全等工作。配合业务单位推进业务管理信息系统建设、集成、运维和网络安全等工作。配合办公厅、规划司、科技司等做好网络安全和信息化等相关工作

我国教育信息化许多工作的推进，是教育系统内多部门协同的结果。在每年的教育部《教育信息化与网络安全工作要点》中，确定有多项"重点任务"，在一项项重点任务后面都加注了责任单位，比如，在《2018年教育信息化和网络安全工作要点》中，"加快推进中小学'宽带网络校校通'"工作的责任单位是科学技术司、财务司、教育督导局、中央电化教育馆、地方各级教育行政部门，"启动实施数字教育资源共享行动"工作的责任单位是科学技术司、基础教育司、中央电化教育馆、地方各级教育行政部门，"实施网络学习空间普及行动"工作的责任单位是科学技术司、基础教育司、职业教育与成人教育司、高等教育司、教师工作司、中央电化教育馆、国家开放大学，"开展'基于信息技术的新型教与学模式'试点"的责任单位是基础教育司、科学技术司、中央电化教育馆、人民教育出版社、地方各级教育行政部门。由此可见，许多重要任务既有教育部内部多司局及事业单位的协同，还有教育部与各地教育主管部门上下联动式的合力推进。

中国电化教育馆作为直属教育部的教育信息化的事业性单位，动员、组织、带动全国电化教育馆系统合力协同，在教育信息化的研究、竞赛、活动、平台等方面不断开拓、持续组织发展，成为我国教育信息化的高级智库和开路先锋，成为我国教育信息化重大活动、重大工程的策划者、组织者。中央电化教育馆在教育信息化方面始终具有主动担当，比如成立"专业资源处"，持续发力开拓创新，引领教育信息化新发展。在教育信息化研究方面持续发力，立项了数万个信息技术促进教育改革的课题，使数以十万计的教师与教育管理者得到课题研究的锻炼，推动了新时代教师的现代化提升与专业发展，推动了我国信息技术与课程的整合和信息技术与教育教学的深度融合，推动了我国技术变革教育既好又快地发展。

5.5.2 社会多力量协同推进

政府引导、鼓励、制定政策，发挥企业的作用搭建平台、创造环境，师生结合教学的实践应用与发展，成为我国富有特色的教育信息化机制创新①。

我国基础电信企业对教育信息化支撑发展起到了很好的技术支持与保障作用，比如，国家提出实施"宽带网络校校通"建设，中国电信雷厉风行，很快将学校宽带接入任务分配到各省分公司，在2013年就完成几万所学校的宽带接入。中国移动投资设立教育部-中国移动科研基金，资助中国移动发展需要的信息技术和教育信息化等领域的项目研究、开发、建设，2018年设立的教育信息化项目就有中小学编程教育与人工智能工程素养研究、利用"三个课堂"促进义务教育均衡发展的有效机制与推进策略研究、基于众筹众创的教育大资源应用与服务模式研究、学生电子屏教学应用诱发近视的多中心试验研究以及构建"互联网+"条件下的新型课堂教学模式创新实证研究的10个项目。中国电信、中国移动、中国联通支持教育部"网络学习空间人人通"专项培训，负责提供专项培训经费，并支持开展训后应用交流活动。三大通信运营商大力支持以"三区三州"为重点的深度贫困地区教育信息化发展，促进教育公平、推进精准扶智。仅2018年云南移动公司与云南省教育厅达成战略合作，协同开展推普脱贫行动，就投入超过5000万的终端补贴，帮助学习者至少完成500个高频词和1000个常用句的普通话学习，学习内容符合日常生活场景，提升学习兴趣和学习效果。

利用企业的技术优势，实施校企深度合作，成为我国教育信息化协同的核心。比如，随着教育信息化的全面推进，VR技术应用于职业院校教学实训乃大势所趋。在此背景下，深圳国泰安信息技术有限公司与多数高职院校合作，发挥学校的专业优势及国泰安的综合优势打造VR智慧实训室，以通过VR技术赋能时代化的职业教育，在所建立的VR实训室解决方案中，采用桌面式虚拟现实教学平台，改变传统平面教学模式，实现全息立体课堂，学习者可从不同角度观看模型细节及透视，并进行操作，枯燥的理论知识、抽象的结构原理知识皆生动形象地呈现在学生眼前，可看、可触、可感知。针对相应专业配备开发VR教学软件与系列课程资源，满足教学授课、实训演示及课程资源制作等多元化需求，让知识难点成为课堂亮点，大大提升教师的教学质量和学生的学习兴趣及理解力。虚拟现实焊接实训项目不仅能满足船舶工程专业、船舶检验专业、轮机工程专业、航海专业、游艇专业、港口与航道专业学生焊接实训需求，还满足机械行业、建筑行业、汽车行业、道路桥梁行业等相关专业对应的通用焊接需求，达到国际领先水平，促进了焊接人才培养教学改革创新。

企业在我国信息技术与教育教学深度融合的技术支持方面，各显神通，创新不断：

科大讯飞积极推动教育智能化应用，研制类人答题机器人。研制开发学习机，

---

① 杜占元. 在教育管理信息化工作研讨会暨2012年全国教育信息中心主任会议上的讲话[J]. 中国教育信息化，2013(01)：3-5.

帮助学生提升数理化学科学习效率：做少量题就能找到知识点弱项，据此给学习者以适合的学习路径，实现"千人千面"的个性化精准学习；基于国家英语中高考口语考试评测系统和高考英语作文批改引擎的同源技术，对学生的口语训练和写作进行准确的评测，并给予一对一的及时纠错和改进提示，帮助学生从一开始就跟着标准学、按照标准练，更快提高口头表达和书面表达能力。基于手写识别、自然语言理解、智能评测等人工智能核心技术自主知识产权的设计研发智能评卷系统，实现除选择题以外的所有题型的空白题检测，以及对语文作文、英语作文、英语翻译、文综类简答题、英语填空题题型的计算机智能评卷，同时针对语文作文与英语作文，能够有效检出考生作答内容与试卷题干内容或外部范文内容高相似的异常答卷。

网易公司在开放课程方面率先实践，为我国开放课程的平台与管理奠定了经验基础，加速了我国在线开放课程实施的进程。

百度公司依托人工智能、云计算、大数据等技术优势以及百度文库、百度阅读、百度优课、教育题库等平台优势，超前布局基于海量用户数据和深度算法探索独家教育知识图谱，大数据学习兴趣分析，助力个性化学习方案。

国家级有关学会纷纷建立组织机构加强信息化全面推动教育现代化的研究。隶属于国家发改委的中国信息学会成立了教育分会，中国教育发展战略学会建立了未来教育专业委员会。这些分会和专业委员会的建立，在政府与教育机构、企业、社会之间搭建了桥梁，使我国教育有了面向未来的高端研究平台[1]。

中国教育技术协会作为全国教育信息化领域唯一的行业协会，在教育信息化研究、教育信息化政策咨询、教育信息化标准制定、教育信息化队伍培训、扩大教育信息化国际交流等方面持续发力。通过承担国家社会科学基金"十五"国家级重点课题《信息化进程中的教育技术发展研究》、"十一五"国家级课题《信息技术环境下多元学与教方式有效融入日常有效教学的研究》等加强全国教育技术界的研究工作指导与协同，成立 1000 多个子题组，先后有 8000 多人次参与研究，出版著作 300 多部，发表论文 4548 篇[2]，中央电视台、人民日报都对课题以成果报道，形成了以协会为核心的、有广泛联系的教育技术研究队伍。开展全国范围的主题为教学设计方案、教育叙事、教学 PPT、教学主题网站、云计算辅助教学、信息化课程包、PPT 数字故事的学术论文征文评比和教学设计与实践案例评比，调动了广大教师教育信息化研究与创新的积极性，推动了教育信息化研究的普及与提升。参与制定"中小学教师教育技术能力标准""中小学教学信息化实施指导纲要"，组织制定《中国教育技术标准》《教育多媒体信息资源表征规范》《语

---

[1] 陈琳，杨英，华璐璐．"十三五"开局之年以信息化推动教育现代化新发展——2016年中国教育信息化十大热点新闻解读[J]．中国电化教育，2017(02)：69-75．
[2] 李龙．中国教育技术协会 20 年[M]．北京：中国广播电视大学出版社，2011：125．

言学习网络平台规范》《数字语言学习系统技术规范》《多媒体教学环境建设规范》，以面授和远程的方式举办了教育技术与计算机多媒体教学、信息化教学设计、校园网络技术、网络管理、信息化进程中的教育技术发展研究、信息技术与课程整合、全国中小学教师教育技术能力建设、云计算辅助教学、一对一数字化学习、全国精品课程建设等内容方面的专题培训。中国教育技术协会还举办智慧教育国际展览会，为人们搭建了拓展智慧教育视野、交流智慧教育理念、碰撞教育智慧、启发智慧教育创新的好平台[①]。

5.6 公平撬动

公平撬动是借助信息技术之力实现传统方式无法实现的新形态的教育公平。

教育公平是社会公平的重要基础。实现高层次公平既是社会主义本质要求，同时也是社会主义制度优越性的最好体现，因此高层次教育公平的实现是我国的不懈追求。2016年12月28日李克强总理在国务院常务会议讨论国家教育事业发展"十三五"规划时，特别强调"教育公平是社会公平的基础，要让每个家庭的孩子都有接受更好教育的机会和可能！"然而，对于有14亿人口、区域条件千差万别、在现代史上教育与发达国家差距无比之大的国家而言，实现高层次教育公平可以说比任何国家都更加困难。但是，再大的困难也难不倒具有智慧的中国人民。在新旧世纪之交，特别是随着"教育公平""发展远程教育"写入党的第十七次、第十八次代表大会的报告以及以网络为代表的现代信息技术高度发展，我国步入了创新远程教育促进教育公平的新的历史阶段，教育公平不断得到实质性的提升，令世界瞩目，初步走出了一条独特的利用现代远程教育提升教育公平的特色之路，而这其中的国家驱动、国家实践极富特色。

5.6.1 创新教育公平路径

教育资源有硬资源和软资源之分。教育公平的硬资源可以通过政府资助和经济手段加以配置，而软资源通常要靠学校自生与积累。对于教育质量提升而言，硬件资源固然重要，但是教学内容、教学方法、人才培养理念，尤其是教师素质等软资源更为重要。20世纪40年代的西南联大，在抗战的硝烟中艰苦办学9年，共有毕业生3000人，培养产生了两位诺贝尔奖获得者、174位两院院士和一批著名的文学家、哲学家、政治家。由此可见教学质量决定于人与理念，即主要取决于软资源。能让更多的人接受大师思想和理念的教育进而提升教育公平，是教育信息化之所长，必须充分挖掘和张扬。

---

① 陈琳，李冰冰，黄蔚，等. 中国教育信息化20大庆之年新发展——2015年中国教育信息化十大新闻解读[J]. 中国电化教育，2016(02)：80-87.

5.6.1.1 利用网络在全国和世界范围内共享名师课程资源①

"人力资源是第一资源"。无论什么国家,名师资源是教育中最宝贵、最稀有的资源。在基础教育普及问题已解决以及高等教育由大众化向普及化快速发展的情况下,实现教育公平的最高要求是让学习者接受名师的教导。在我国高等教育的精英教育阶段,几乎所有本科高校都拥有一定数量的名师,名师的高深学问、深邃思想与人格魅力润物细无声的感化、影响了一代代人,为年轻学子树立了风范,造就了一代代英才,然而"十年树木,百年树人",名师的成长周期漫长。随着高校数量的增加与招生规模的扩大,原本就稀缺的名师资源在高校教师队伍中的比例被极度稀释。在上大学难这一长期困惑中国人的教育公平问题基本解决的同时,又带来了不能接受名师等优质教育的新的教育不公平。传统手段无法让绝大多数人都接受名师教育,但利用网络可在全国和世界范围内共享名师授课资源,一定程度上解决教育资源配置不均衡的问题。名师的教学授课的视频资源能够让广大教师通过揣摩其授课风格、授课内容、学术精神等特质,尽快成长为名师;能够让全国的学生通过名师的视频学知识、学认知、学思维、学发现问题解决问题的方式方法,学会创新学习、创新研究的方式方法。

现代信息技术的发展已为使用名师视频资源进行教学创造了所有条件。一是新型的智能终端能向人们呈现宽阔的、具有匹配人类的视觉分辨率极限的清晰的视觉画面。智能终端显示屏像元之间的距离已小到 0.1 毫米,在正常读书和观看距离上的视角已小至 1′(六十分之一度),即 1.0 以上视力的人在观看智能终端显示画面时肉眼无法看出像素点的存在,已不会感受到画面由像素构成,智能终端的屏幕文字、图片,与纸质印刷品上的图文在清晰度上已无区别,这些与高保真的声音还原相结合,让人们能够仿佛面对面学习全面了解教学信息和领略名师的风采,高清投影、高清电视同样可将名师"请入"普通教室"授课",让同学以班级为单位甚至更大规模地在老师组织下听名师的课。二是高清摄影、编辑、传播设备的价格都已平民化,相应的技术已经普及。三是随着我国"三通两平台"的持续建设,宽带网络即将通到所有学校,并已进入寻常百姓家,网络带宽允许高清视频的流畅播放。

随着基于名师教学视频的增多、完善,这种量变可产生质变——学习者接受系统知识的学习或者说学习知识的传播与获取,可以采用在线视听名师视频的办法,班级学习形式转化为师生共聚一堂的讨论、设计、研究、创造,是基于头脑风暴的思维碰撞和创新,是基于协作的探究式的设计与创造,现在已到了对传统教学进行一定程度颠覆的时候了,工业革命产物的"班级授课制"将变成"班级研创制",教室将成为"研创室"。

这里探讨的名师高清视频与电大教学有本质区别:一是由名师讲授,视频建设

---

① 陈耀华,陈琳. 新一代信息技术促进更高层次教育公平研究[J]. 现代教育技术,2013,23(11):22-26.

有团队支持,所讲授的内容是集体智慧的结晶,经过精心设计研究;二是内容专题化、微型化,脱离传统授课固定时长的要求,以学生认识能高度维持的时长为上限,便于学习者反复观看关键内容、重点内容、难点内容,更有助于因材施教的实施;三是视频放在云服务器上可随时观看,随时下载;四是与名师视频相结合,提供网络互动、答疑交互辅导平台。利用该办法,还可以加速名师培养的进程。

国家精品在线开放课程是利用网络共享名师资源的典型形式,期待将之与学分互认、学分银行和"网络学习空间人人通"建设相融,让其发挥更大作用,而且不仅要将名师资源在更大范围内利用,而且要将其与人的高级思维能力培养、创新创造能力培养紧密相连,将名师作用发挥到极致。

5.6.1.2 建设智慧型学科大门户大规模传播共享优质学术信息资源[①]

建立一个结构优化、平台先进、机制完善的学科信息资源服务体系是时代的需要,不仅可引领我国信息资源建设迈上新台阶,更为重要的是有利于专业人、学科人在具有公平的专业和学科信息资源的环境下共成长。

信息资源作为一种战略资源,是现代社会生产资料的基本要素。网络信息资源的开发与利用是信息化建设的核心内容。学科信息资源是居于最高层次的信息资源,代表了一个国家和社会的发展水平,体现了学科的高度,直接关系到科学研究、人才培养、社会发展、文化传承创新等方面,对于创新型国家建设、创新型人才培养至关重要[②]。然而,尽管网络信息资源数量极为庞大,可是对网络学术信息资源的发展缺少战略规划,网络上缺少学科的资源,"人们淹没在信息资源的海洋中,却又忍受着学术资源的饥渴"。学术信息资源对人的发展至关重要,而该类资源建设最为薄弱,原因在于其他信息资源与人的吃住行密切相关,任何人都可以获取,理解起来几乎毫不费力,因而访问量大,吸引大量资金投入建设。学术资源则不同,它更多地属于小众式传播资源,需要受众下功夫才能学习、掌握,对建设者的要求也相对较高。因而网络信息资源的现状是信息资源量很大,但学术资源相对较少,而且零散分布。学科信息资源创新建设,应成为创新型国家建设的重要组成部分,应将其系统的资源建构提升到抢占学科信息资源平台国际制高点的高度给予重视。

建立结构优化、平台先进、机制完善的学科信息资源服务体系是时代的需要,不仅可引领我国信息资源建设迈上新的台阶,更为重要的是有利于专业人、学科人在具有公平的专业和学科信息资源的环境下共成长。

学科信息资源最直接、最有效的表现形式是学科门户。建设智慧型的学科门户,可促进人高层次发展、创新发展,着眼的是实现高层次教育公平。智慧型的学科门

---

① 陈耀华,陈琳. 新一代信息技术促进更高层次教育公平研究[J]. 现代教育技术,2013,23(11):22-26.
② 陈琳. 中国高校教育信息化发展战略与路径选择[J]. 教育研究,2012(4):50-56.

户，应齐聚所有学科门类一、二级学科的资源，应成为学科的智慧生成平台、学科变革创新平台、协同创造平台、学科激活发展平台、学科资源深度聚合平台，力求打造为世界级的中文学科资源中心。

5.6.1.3 构建数字化公平竞争平台

利用数字化技术构建面向所有学生的全国竞争、全球竞争的开放大平台，让学习者在公平竞争和展示中力争上游。

利用信息化提升教育公平，是利用网络的联通性，突破过去立于地域以及学校的"小农式"，实现全国范围、世界范围的提升、发展、共享、融合。

5.6.2 以现代远程教育提升教育公平的政策支持和实践

5.6.2.1 以现代远程教育提升教育公平的政策支持

从1998年起，党和政府持续高度关注以现代远程教育提升教育公平，做出了一系列重大战略部署以及发布多个文件实施教育公平的国家级推动[①]。

1998年国务院发布的《面向21世纪教育振兴行动计划》，作为率先提出现代远程教育的国家文件，对现代远程教育做出政策界定，并高度评价其重要价值：现代远程教育是随着现代信息技术的发展而产生的一种新型教育方式。充分利用现代信息技术，在原有远程教育的基础上，实施"现代远程教育工程"，可以有效地发挥现有各种教育资源的优势，符合世界科技教育发展的潮流，是在我国教育资源短缺的条件下办好大教育的战略措施。并提出运用优秀师资力量和现代教育手段，把教育电视节目办好，重点满足边远、海岛、深山、林牧等地区的教育需求。

1999年中共中央、国务院在《关于深化教育改革全面推进素质教育的决定》中，对采用现代远程教育提升落后地区的教育做出总体部署：国家支持建设以中国教育科研网和卫星视频系统为基础的现代远程教育网络；运用现代远程教育网络为社会成员提供终身学习的机会，为农村和边远地区提供适合当地需要的教育。尽管那时我国还没有在国家文件中明确提出教育公平，但提升教育公平之意十分明显。

2003年9月17日国务院发布的《关于进一步加强农村教育工作的决定》，提出"提高教师队伍素质、推进现代远程教育、扶助家庭经济困难学生为重点""实施农村中小学现代远程教育工程，促进城乡优质教育资源共享，提高农村教育质量和效益"，并就农村中小学现代远程教育工程作政策性安排：用五年左右时间使农村初中基本具备计算机教室，农村小学基本具备卫星教学收视点，农村小学教学点具备教学光盘播放设备和成套教学光盘。同时要求与"农科教结合"、"三教统筹"、农村党员干部教育相结合。

---

① 陈丽雯,陈耀华,陈琳. 以现代远程教育提升教育公平的政策支持和实践[J]. 现代教育技术,2018,28(11)：80-85.

《2003—2007 年教育振兴行动计划》对实施"农村中小学现代远程教育计划"进行具体规划。

2007 年召开的党的十七大，第一次将教育公平与加强远程教育同时写入党的代表大会文件，使我国现代远程教育促进教育公平进入了高速发展、特色发展的新时期。此后 10 年，我国现代远程教育提升教育公平的创新不断。

2010 年发布的《国家中长期教育改革和发展规划纲要（2010－2020 年）》给现代远程教育促进教育公平以全新视角，为通过优质数字资源共享促进教育公平实现设计了三大现代远程教育路径：①支持民族地区发展现代远程教育，扩大优质教育资源覆盖面；②推进农村学校现代远程教育，使农村和边远地区师生能够享受优质教育资源；③建设以卫星、电视和互联网等为载体的远程开放继续教育及公共服务平台，为学习者提供方便、灵活、个性化的学习条件。

十八大报告提出"发展远程教育和继续教育，建设全民学习、终身学习的学习型社会"；"大力促进教育公平，合理配置教育资源，重点向农村、边远、贫困、民族地区倾斜"。十八届三中全会审议通过的《关于全面深化改革若干重大问题的决定》，号召"构建利用信息化手段扩大优质教育资源覆盖面的有效机制，逐步缩小区域、城乡、校际差距。"此后我国推出"全覆盖""优课"等利用现代远程教育提升教育公平的重大工程。

2015 年习近平主席在致国际教育信息化大会的贺信中指出，中国坚持不懈推进教育信息化，努力以信息化为手段扩大优质教育资源覆盖面。我们将通过教育信息化，逐步缩小区域、城乡数字差距，大力促进教育公平，让亿万孩子同在蓝天下共享优质教育、通过知识改变命运。

2015 年 12 月 27 日第十二届全国人大常委会第十八次会议，将"国家推进教育信息化，加快教育信息基础设施建设，利用信息技术促进优质教育资源普及共享"写入新修改的《教育法》。

2016 年总理政府工作报告关于教育部分的标题是"发展更高质量更加公平的教育"，特别提到加快推进远程教育，扩大优质教育资源覆盖面。

2016 年发布的《中华人民共和国国民经济和社会发展第十三个五年规划纲要》，提出加大公共教育投入向中西部和民族边远贫困地区的倾斜力度，实施中西部高等教育振兴计划、发展现代远程教育和在线教育。

教育部等六部门在 2016 年发布的《教育脱贫攻坚"十三五"规划》中，特别强化积极推动线上线下学习相结合，努力办好贫困地区远程教育，推进"专递课堂""名师课堂""名校网络课堂"建设与应用，促进贫困地区共享优质教育资源。

以上表明，以现代远程教育提升教育公平，是我们党和国家世纪之交以来始终不渝的意志和努力，且认识在不断提高，政策措施愈发具体而鲜明。

5.6.2.2 以现代远程教育提升教育公平的实践

以现代远程教育提升教育公平的实践，在我国更多是在国家层面上统一组织的[①]。下面重点分析其中 5 大现代远程教育工程对于教育公平的推动作用。

1. 农村中小学现代远程教育工程

从 2003 年起历时 5 年建设的农村中小学现代远程教育工程（简称"农远工程"），是党中央国务院从小康社会、和谐社会建设的全局出发做出的教育公平战略决策的重要组成部分，是我国首项利用现代远程教育促进教育公平的国家工程，该工程立项论证阶段，温家宝总理亲自听取中小学现代远程教育工程的汇报，并连续 5 年在总理的《政府工作报告》中有所涉及。

"农远工程"的核心是以现代远程教育方式将优质教育资源传送到农村，基本上达到使小学教学点具备教学光盘播放设备和成套教学光盘，西部地区小学基本具备卫星教学收视设备和教学光盘播放设备及成套教学光盘，农村初中基本具备计算机教室的要求，并形成三种独特的模式：模式一是为约 11 万个农村小学教学点配备教学光盘播放设备（当时配备 34 寸彩色电视机、DVD 播放机和成套教学光盘），教学点通过播放教学光盘对学生授课和辅导的模式，使全国共约 510 万名教学点小学生能够借助优质教育教学资源进行学习；模式二是在 38.4 万个乡中心小学和村完小建设卫星教学收视点（当时配备卫星接收系统、计算机、电视机、DVD 播放机和 1～6 年级所需的教学光盘），学校通过中国教育卫星宽带传输网接收优质教育资源，并同时具有教学光盘播放点功能的模式，基本满足农村 8142 万名小学生对优质教育教学资源的需求，提高占全国小学生 67% 的农村小学的教学质量和教学水平；模式三是在 3.75 万所农村初中建设计算机教室的模式（当时配备卫星接收系统、网络计算机教室、多媒体教室、教学光盘播放设备），使与 3500 万名城镇初中生规模相当的 3109 万名农村初中生能够获得一个基本的信息化的学习环境，并与城镇初中生一样接受信息技术教育。卫星教学收视点还成为全国农村党员干部现代远程教育的主要依托。

国家和地方投资 111 亿元持续 5 年实施的"农远工程"，成效显著：①借助于教学光盘播放点，将优秀课程引入农村小学课堂，使农村小学课堂开始"现代"，教师一定程度上由知识的传授者转变为学生学习的辅导者、引导者和组织者；②借助于卫星教学收视点，落后地区的小学生可像城里的孩子一样借助于呈现在面前的教学素材、课程资源、"空中课堂"学习，开始了真正意义上的共享优质资源；③建设的农村初中计算机教室，为学校开设信息技术必修课创造了条件，并使信息技术在教学中应用成为可能。

实践表明，"农远工程"符合农村中小学的实际，一定程度上促进了城乡优质

[①] 陈丽雯，陈耀华，陈琳. 以现代远程教育提升教育公平的政策支持和实践[J]. 现代教育技术，2018，28(11)：80-85.

教育资源共享，缩小了城乡的教育差距，将正在扩大的数字鸿沟得以缩小，相当大程度上提升了教育公平。正如时任国务委员陈至立所说，农村中小学现代远程教育工程是"工业反哺农业，城市支持农村"的一项重要举措；是促进城乡教育均衡发展、实现教育公平的有效途径；是推动农村学校教育教学改革、提高教学质量的重要手段；是建设社会主义和谐新农村的一项基础性工程，意义深远。

教育信息化永远在路上。联合国教科文组织将教育信息化划分为起步、应用、融合、创新四大阶段，"农远工程"是我国教育信息化还处于起步和初步应用阶段的创新，很显然该工程在信息化长河中只能是过渡的形式，随着时代的飞速发展已被新的形式所替代，但其作为以现代信息技术提升教育公平的最早的成功尝试，历史作用不容低估。

2. 教学点数字教育资源全覆盖项目

1) 教学点数字教育资源全覆盖项目的内涵、背景及价值

"教学点数字教育资源全覆盖"（简称"全覆盖"项目）是通过 IP 卫星、互联网等多种方式将优质数字教育资源传输到全国 6.36 万个教学点，帮助农村边远地区开齐开好国家规定课程，让适龄儿童就近就能接受良好教育。教育公平必须首先抓薄弱环节，加长木桶效应的短板，使之起雪中送炭的作用。那么中国教育木桶效应的最短的短板在哪儿呢？答案是数万个教学点的教育问题。

教学点是为解决偏远的山区和居住分散、人烟稀少地区适龄儿童教育发展而设置的小规模的不完全学校。这里的"小规模"是指通常只有几个学生或几十个学生，这里的"不完全"是指通常只有一、二、三年级而没有完全的小学的 6 个年级。教学点通常是采用复式教学。

教学点多数分布在大山深处、戈壁草原、边陲海岛，交通不便，地理环境恶劣，条件艰苦，因此其教学点最大作用是方便偏远地区适龄学生就近入学，帮助偏远学生克服上学路程过远的困难，减少上学成本。如果没有教学点，有些小学生上学的最远距离达到不可思议的 190 公里[①]。有了教学点，小学生在上学的路上就不用花太多的时间了，就能让小学生将更多的时间用于学习。因此，教学点是山区及偏远地区义务教育一种有效的教学组织形式，为我国义务教育的发展发挥了其他形式无法替代的巨大作用。

然而，教学点解决了偏远地区小孩有学上的问题，但教学点的教学质量，让人们心存疑虑。因为偏远型的教学点大多数采用"一师一校"的复式教学，教师多数是"校长兼教工，上课带打钟"，是"语数外通吃，音体美全扛"，有的教学点 1 位教师支撑 1 所学校一下子就是几十年。很显然，如此教学点的复式教学，教师非

---

① 赵丹. 农村教学点在义务教育均衡发展中的作用、问题与对策[J]. 华中师范大学学报，2012，(5)：153-160.

常辛苦,学生与教师之间有效交流的教学时间难以得到保障,而且让一位教师什么课都教,有些课的质量难免有所欠缺。调查显示,教学点教师大多来自本乡、本村,多为民办教师转正的或是代课的教师,没有接受过系统的教师专业学习,加之常年在偏远地区工作,信息较为闭塞,知识更新较难,使得教学点教师的整体素质偏低。很显然,处于教育"神经"末梢的教学点,是我国基础教育最为薄弱的环节,成为实现义务教育均衡发展关键的"最后一公里"。

教学点的教学质量不提高,很有可能造成贫困的代际传递,必须想方设法解决和阻断这种贫困的代际传递。尽管前面所论述的"农远工程"为每个教学点配备了卫星收视设备和光盘播放设备,但随着时间的推移,它已不能完全适应时代高速发展的需要,于是教育部 2012 年开始全面启动实施的"教学点数字教育资源全覆盖"项目,成为解决我国教育最短短板问题的有效办法。

"全覆盖"项目做到了设备配备、资源配送和教学应用"三到位",并开齐国家规定课程,使数百万名偏远农村地区的孩子就近接受到良好教育。过去教学点存在的开不全课、学生远离艺术、学习内容远离信息技术以及教学语言、写字不规范等问题,通过"教学点数字教育资源全覆盖"项目得到较好解决。

"全覆盖"项目作为一项重要的民生工程和民心工程,从中央到地方政府以及教育主管部门、电化教育馆高度重视,精心设计,精心组织,精心实施。教学点教师信息技术应用能力,是项目应用成效的保障。为保证教学点利用设备与资源开出开好课程,保证每个教学点至少有一名教师掌握设备和资源使用方法,项目采取分级"孵化"的方式开展培训——教育部组织培训骨干培训者,骨干培训者培训教学点教师。教育部组织的国家级培训为项目省份培训了 1000 名骨干培训者,各地已组织培训教学点教师 17.6 万人。

"全覆盖"项目投入不多,但是功在当代利在千秋的工程,正因为此,社会给予高度评价,各地教学点认为项目充分体现了党和国家对偏远贫困地区教学点师生的关心,推送的数字教育资源符合他们的需求。中央电视台以《瞄准"末梢"补短板、托起最薄弱环节》为题进行专门报道。

"全覆盖"项目是让大山里的孩子跟上城里的脚步,其实施及持续推进,有效解决了教学点师资短缺和水平不高的实际困难,既改善了教学质量,也通过信息技术在教学中的广泛应用,为教学点学生培育适应信息时代的观念、习惯和生活方式开辟了渠道[①]。该项目与专递课堂、名师课堂、名校网络课堂等新的课堂形式巧妙结合,使农、少、边、穷地区的薄弱学校同样能够共享优质教育资源,使城乡、区域、校际间的差距大大缩小,促进了教育公平和教育均衡。

"全覆盖"项目是智慧性地采用信息化手段促进教育公平的典型范例,其价值

---

① 陈琳,陈耀华,陆薇. 教育领域综合改革开局之年我国教育信息化新发展[J]. 中国电化教育,2015,(1):138-145.

在于让大山里的孩子不离乡土可加快追赶城里人的现代化脚步,其实施及持续推进,一定程度上解决了教学点师资短缺和教学点总体教学水平不高的实际困难,既提升了教学质量,也通过信息技术在教学中的广泛应用,为教学点学生培育适应信息时代的观念、习惯、思维方式、行为方式和生活方式开辟了渠道[①]。

2) 教学点数字教育资源全覆盖项目的创新

"全覆盖"项目作为我国实施新型教育公平的创新,其创新表现在三方面:

(1) 路径创新。

以最具活力的信息化手段,将最优质的教学资源送到祖国教育最薄弱的地方——数万个教学点,让几十万学生从最低质的教育一下子跃迁到利用祖国最优质的资源进行学习,现代远程教育打破了信息传播壁垒,缩小了因地域差异导致的教育鸿沟。

"全覆盖"项目缩小教育鸿沟、促进教育公平的作用,还在于大大缩小了数字鸿沟。"全覆盖"项目实施前,教育信息化的曙光还未普照到农村教学点,教学点似乎与信息化无缘,与城镇学校数字化的不断攀升存在天壤之别,"全覆盖"项目首次将"卫星""网络""多媒体设备"等现代信息技术接入教学点,这些现代化的设备和技术就像高山之巅上的瀑布涌入久旱之地,对教学点带来了天翻地覆的变革。

多年来我国基础教育一直在推进教育均衡,相比较而言,"全覆盖"项目是最大的促进教育均衡的战略之举,因为它将通常意义上教育均衡着眼于县内、市内,一下子上升到全国一盘棋,而且对薄弱环节的提升度是无与伦比的。

通常意义上的教育均衡是以有形物的分配作为前提的,物质资源的有限性决定资源调配的捉襟见肘,使均衡的度是极为有限的,而"全覆盖"是利用信息资源具有近乎零成本复制的特点,作为公共产品的传播具有投入小、受益广、绩效高的优势,是很好地运用时代化的信息资源公共产品观[②]。

"全覆盖"项目是充分利用信息技术突破地域差异的典范。过去是远水解不了近渴,现在是高山挡不住视线、距离不再遥远。

"全覆盖"项目的路径创新充分彰显了中国特色,一下子解决了地广、点多、交通不便、基础薄弱等众多问题,充分利用了近几年不断发展完善的信息化设施,其创新把握的时机和火候恰到好处。

(2) 平台创新。

运用"平台思维"和"公建共享"理念,建立了"全覆盖"项目专题网站,以此打通资源传送的时空界限,为教学点教师获取优质教育资源创造多种途径,扩大

---

① 王丽娜,陈琳,陈丽雯,等. 教学点"全覆盖"项目——信息化促进教育公平典型范例研究[J]. 中国电化教育,2017(12):26-32.
② 陈耀华,陈琳. 教育信息化提升教育公平研究[J]. 中国电化教育,2014(07):70-74.

了优质资源的共享范围。资源共享网的形成，打破了贫困地区"教师与书本是唯一知识源"的瓶颈，为教师和学生自主选择学习与教学资源提供了多元性通道。"全覆盖"项目资源的建设由国家组织研发并遵循统一的标准、有完善的评价指标，保证了资源的质量。优质教育资源库是一个不断动态生成的系统，各地区根据地区需求和教学特色，不断优化资源，实现资源的聚合进化和优化再生。平台创新还在于创建互动空间，实现师生的虚拟交互。

(3) 机制创新。

机制创新是以高质量、快速度达到教学点开齐、开好课的关键，"全覆盖"项目实施了协同创新管理、督导评测考核、同步互动教学等多方面的创新。

教育部、基础教育司、中央电化教育馆以及地方分工明确，教育部主要负责顶层设计，基础教育司牵头项目的规划与统筹，中央电化教育馆主要负责技术保障和方案的实施，如此的设计保障了国家层面上对项目的宏观把控。在此基础上调动地方和企业的积极性，给予地方政府极大的发展和创新空间，形成了教学点所在地方政府、省市教育主管部门与中央协同管理机制。

督导评测考核在于中央督导与地方考核并进，中央对项目实施的进度、质量等进行督导评测，地方根据不同模式，建立相应的应用质量考核与教师能力考核的政策与标准。

同步互动教学基于同步互动课堂，其着眼点不仅在于促进教育资源的传播和应用，更关注资源如何更好应用、如何更好地提高教育质量。各地涌现了许多同步互动教学的典型。比如，安徽省实施的"在线课堂"，通过网络连接"主讲教室"和"接收教室"，实现授课内容实时传送到教学点，进行双向互动。再比如，湖北省"教学点网校"，教学点以网络为载体，开创了"1+2 网络联校"和"1+3 网络联校"模式。

3. "一师一优课、一课一名师"活动

"一师一优课、一课一名师"活动(简称"优课"活动)支持和促进教育教学更好的发展，是中国教育信息化实践的一个独特创造，时任教育部副部长杜占元对"优课"活动的评价恰如其分。

在我国已对中小学的校舍进行全面改造以及实行教育经费县级统筹后，许多地方最好的建筑在中小学。因此，不同地区教育质量、办学水平的差距，关键不在于物质条件，而在于教师和管理者的水平与敬业精神。由于历史的原因，我国不同地区教师质量差异较大，如何不断提升全体教师的水平、缩小因教师的差异导致的教学质量的极大差异，成为政府和教育主管部门寻求解决的重大问题，通行的传统做法是通过教师培训和教师轮岗、支边等方法加以解决，但受制于优秀教师数量，这种拆东墙补西墙式的、削峰填谷式的办法在解决了一个困难时往往会带来意想不到连锁反应的新困难,而"一师一优课"活动找到了从根本上提升中小学教师水平的办法,可使落后的教师快速提升,使先进之师更为先进,很好地推动各地不同层次学校的整体提升。

"优课"活动形成了国家出资、教育部组织、各级教育行政部门辅助、学校支持以及教师设计开发的资源建设新方式,数以万计的基层教师将成为全国奖项得主,这对教师的发展起到强大的拉动作用,在全国中小学教师中形成了千帆竞发、力争上游、不断超越的喜人态势。

4. 全国高校网络培训与教育工程

教育公平的提升,既可以从基础教育着手,又可以在高等教育方面发力。我国着眼于以高等现代远程教育促进教育公平,主要采取了4大举措:

一是建立全国高校教师网络培训中心,目标既在于使高校青年教师的教学水平得到整体提升,同时特别向西部高校倾斜(主要是减免西部地区高校的培训费和增加西部高校教师培训的名额比例)。

二是兴办网络教育学院,通过现代通信网络向社会提供内容丰富的教育服务,让更多的人能够圆大学梦。学习者通过网络完成规定的课程学习任务,获得学分,取得国家承认的学历证书,获得学士学位证书。教育部先后批准68所高等学校开设网络教育学院开展现代远程教育试点。

三是实施《中西部高等教育振兴计划》,充分利用互联网、广播电视网、移动通信网、卫星通信等载体发展现代远程教育,将东部高校和中西部中央部委属高校的优质教学资源输送到中西部地方高校。建立东中西部高校之间、中西部高校之间优质数字化资源共建共享机制。国家精品视频公开课程和精品资源共享课程,向中西部高校免费开放。

四是开放高等职业院校建设的专业资源库以及全国职业院校信息化教学大赛平台,使西部地区师生成为优质资源的最大受益者。

此外,在国培计划中设有西部远程教育工程。

5. 网络扶智工程攻坚行动[①]

治贫先治愚、扶贫先扶教。在我国的扶贫攻坚行动中,网络扶贫行动特别重要,而在中央网信办、国家发改委、国务院扶贫办联合印发的《网络扶贫行动计划》的五大支柱中,网络扶智工程是核心。通过网络教育"丰富脑袋",可提升贫困地区人口的脱贫意识和技能,增强他们摆脱贫困的决心,增强他们摆脱贫困的信心;通过开展网络远程教育,可提高贫困地区学生教育水平;通过开展网络技能培训,可加强人才队伍建设,提升工作能力和专业化水平;通过支持大学生村官和大学生返乡开展网络创业创新,带动贫困人口就业增收。这些举措,可促使实现从"输血"到"造血"的转变,为贫困地

---

① 教技[2018]6号. 教育部关于印发《教育信息化2.0行动计划》的通知[Z].

区的人民指明一条脱贫之路，也为贫困地区永久脱贫催生出"内在的动力"。

教育部大力支持以"三区三州"（西藏、新疆南疆四地州、四省藏区和四川凉山彝族自治州、云南怒江傈僳族自治州、甘肃临夏回族自治州）为重点的深度贫困地区教育信息化发展，通过中国移动、中国电信、中国联通等企业和社会机构的支持，在"三区三州"等地开展"送培到家"活动，加强教育信息化领导力培训和教师信息化教学能力培训，推动国家开放大学云教室建设，开展信息化教学设备捐赠、优质数字教育资源共享、教育信息化应用服务等系列活动，落实教育扶贫和网络扶贫的重点任务，助力提升深度贫困地区教育质量和人才培养能力，服务地方、区域经济社会发展，促进教育公平和均衡发展，有效提升教育质量，推进网络条件下的精准扶智，服务国家脱贫攻坚战略部署。引导教育发达地区与薄弱地区通过信息化实现结对帮扶，以专递课堂、名师课堂、名校网络课堂等方式，开展联校网教、数字学校建设与应用，实现"互联网+"条件下的区域教育资源均衡配置机制，缩小区域、城乡、校际差距，缓解教育数字鸿沟问题，实现公平而有质量的教育。

第6章　信息化推动教育现代化再发展

信息化推动教育现代化再发展，是立足于新的时代着眼教育的再创新，是从理论上探讨如何建构新时代的教育现代化。该方面的探讨前提是对当今时代有新的全面的认识与把握，然后在此基础上对教育核心要素进行时代化再造，建构教育新模式、新业态、新形态。过去信息化推动教育现代化，信息技术更多的是用于为原有教学思路、教学策略、教学方式方法提供技术保障条件，而用于改革教与学的方式方法，建构时代教育新模式、教育新业态、教育新形态的探讨不是很多[①]，新时代必须从根本上改变这种状况。

6.1　重新审视与认识时代

6.1.1　人类正加速走向智慧时代

"智慧社会"一词出现于中国共产党第十九次全国代表大会工作报告，预示着人类发展正步入智慧社会。社会与时代，是人类发展阶段的一事两表，人类步入智慧社会则相应表明人类正步入智慧时代。人类社会经历了从原始社会、农业社会、工业社会、信息社会的发展，现正进入更高社会形态的智慧社会[②]。

走向智慧时代是高度信息化以及智能化高速发展的必然。以物联网、大数据、云技术、移动通信、人工智能等为代表的信息技术的高速发展、高度发展，导致人类的工作方式、行为方式、生产方式、生活方式、思维方式、学习方式发生深刻变化，必然要求人类以更大的智慧引领社会的发展。人工智能技术突飞猛进式发展，智能机器人和智能软件将越来越多地代替"蓝领"和"白领"的工作，会使越来越多的人从原先熟悉并十分擅长的岗位上"下岗"。以劳动不断发展进化的人类，将会越来越多地远离通常意义上的劳动，人将从依靠肢体式劳动创造世界向更多地依靠智慧式"劳动"创新世界发展，人类正处于劳动方式产生质的提升的关键时期，正进入职业全面更新与兴替的新时期，进入人类历史上职业变化最为迅疾的历史时期。智慧时代既不是信息时代的别名，更不同于工业时代，又远不同于农业时代，智慧时代的人将更多地从事创新创造，人类走向更大的创新创造，智慧时代相应是

---

① 钟绍春. 人工智能支持智慧学习的方向与途径[J]. 中国电化教育，2019(07)：8-13.
② 陈琳，孙梦梦，刘雪飞. 智慧教育渊源论[J]. 电化教育研究，2017，38(02)：13-18.

以创新创造以及构建人类命运共同体为重要特征的新的伟大时代。

数据、信息、知识、智慧之间有着如图 6.1 所示的递进关系,智慧是其最高形态。信息时代、大数据时代之说都是着眼于技术层面的考量,然而知识就是力量,以创新创造为最高内容的智慧具有更大力量,毕竟创新是引领发展的第一动力,数据和信息如果不转化为知识和智慧,则是没有力量的。认识时代,如果只看到技术变化对事物的影响,而不能站在人类社会发展的高度审视时代,则必然有一叶障目的局限,就会出现只见树木不见森林的尴尬。

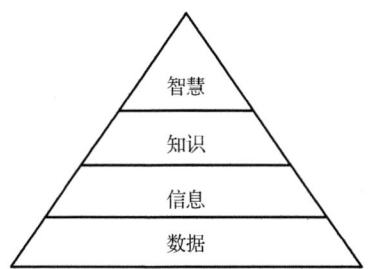

图 6.1 数据、信息、知识和智慧之间的关系图

人类走向更高级的社会形态——智慧社会,必将对教育提出前所未有的高要求,必然要求走向以培养创新创造之人为新任务、为重要任务的智慧教育①。教育要担当智慧时代重铸新人的重任,当务之急是要根据时代发展的需求重构时代化的教育,重新建构教育的理论,创新教育的环境和模式,真正将工业时代的教育升格为智慧时代的教育。举办智慧教育国际研讨会②,发布《智慧教育宣言》③,"智慧教育"写进《教育部 2018 年工作要点》,《教育信息化 2.0 行动计划》将"智慧教育创新发展行动"列入八大"实施行动"④,凡此种种表明,教育正在悄悄地走向智慧教育,教育正处于发生智慧时代深刻革命的前夜。

智慧分为两大层次,即"辨析判别"能力的初级层次智慧和"发明创造"能力的高级层次智慧。我国过往的教育重心更多的是在培养和发展以知识拥有作为基础的"辨析判别"智慧方面,即在培养"能迅速、灵活、正确地理解事物和解决问题的能力"的智慧方面⑤,现在要向既培养"辨析判别"智慧又能很好培养"发明创造"智慧方面发展,且更要强化发明创造智慧的培养,这是因为创新是新时代发展的原动力,而我国对创新的需求比任何国家都更为迫切——要通过几十年的努力将

---

① 陈琳,孙梦梦. 智慧教育渊源论[J]. 电化教育研究,2017,38(02):13-18.
② 王丽娜,陈琳. 探讨新时代教育信息化创新之路[J]. 电化教育研究,2018,39(06):35-40.
③ 冯煖,陈琳. 信息化支持的智慧时代教育创新发展探索[J]. 中国远程教育,2018(06):75-78.
④ 任昌山. 加快推进 2.0,打造教育信息化升级版[J]. 电化教育研究,2018,39(06):29-31.
⑤ 中国社会科学院语言研究所. 新华字典[M]. 北京:商务印书馆,2011.

极度贫穷落后的国家跃居世界前列并实现中华民族的伟大复兴,必须依靠创新发展。国家相应确立了创新驱动战略,将创新列于五大新发展理念之首,提出创新是引领发展第一动力的科学论断,大力营造"大众创业、万众创新"的"双创"氛围,制定"2020 年进入创新型国家的行列、2030 年进入创新型国家前列、2050 年成为世界科技创新强国"的国家创新强国发展规划。要实现科技创新强国建设的宏伟目标,必然呼唤创新教育,必然呼唤智慧教育。

智慧教育以高水平的教育信息化作为基础,但教育信息化绝非是智慧教育的全部,智慧教育是在信息化基础上建构的时代的教育新秩序和新形态,是对教育的重构,是信息化元素充分融入教育后在"时代催化剂"的作用下教育发生的"化学反应",而不是"物理变化"[1],还要发展为"生物反应",要诞生教育的新模式、新形态、新业态。

钱学森 20 世纪末提出的大成智慧学,是我国智慧教育的理论源头。大成智慧学是引导人们在新的时代尽快获得聪明才智与创新能力的理论,核心是"集大成,得智慧",让人们面对浩瀚的宇宙和神秘的微观世界,面对时代各种飞速发展、变幻莫测而又错综复杂的事物时,能够迅速做出科学、准确而又灵活、明智的判断与决策,并不断有所发现、有所创新。大成智慧的核心要意是四个结合,即"量智"和"性智"的结合,科学与艺术的结合,逻辑思维与形象思维的结合,思维的整体观与系统观的结合[2]。

6.1.2 并跑与领跑成为我国发展新常态

随着我国由制造大国向创新型大国迈进,随着我国教育由小、低、短转为大(规模大)、高(教育层次越来越高,高等教育招生人数世界第一,硕士、博士年招生数世界第一;教育质量不断提升,越来越多高校进入世界名校行列)、长(日益向终身教育拓展),随着国家发展由人口红利走向人才红利、走向更多依靠科技进步和创新创造,必然要求教育由过去适应社会为最高追求转化为引领社会为新的目标,毕竟创新驱动的本质是人才驱动,而人才驱动的本源是教育驱动,国家明确要求教育"主动适应和引领经济发展新常态"[3]。教育要由"强"向"更强"转变,要向引领社会方面发展,而国民经济持续高速发展已为教育引领奠定了坚实的物质基础。

6.1.3 教育现代化由面向转向实现创新引领

实现教育现代化是改革开放以来中国人的教育梦,直接支持和对接实现中华民族伟大复兴的中国梦。

---

[1] 陈琳,陈耀华,乔灿,等. 教育领域综合改革开局之年我国教育信息化新发展——2014 年中国教育信息化十大新闻解读[J]. 中国电化教育,2015(01):138-145.
[2] 钱学敏. 钱学森对"大成智慧学"的探索——纪念钱学森百年诞辰[J]. 西安交通大学学报(社会科学版),2011,31(06):6-18.
[3] 国发[2017]4 号. 国务院关于印发国家教育事业发展"十三五"规划的通知[Z].

1978 年开始筹建中央电化教育馆,并逐步形成国家、省、市、县的电化教育馆体系,1979 年成立中央广播电视大学,并形成全国的广播大学系统,这是改革开放后我国教育现代化在机构改革和条件保障方面的最初探索。

1983 年邓小平同志为北京景山学校题词"教育要面向现代化,面向世界,面向未来",在我国第一次将教育与现代化相关联,为教育的发展指明了方向,使教育瞄准现代化、放眼世界、着眼未来发展。

1993 年中共中央、国务院发布的《中国教育改革和发展纲要》提出"再经过几十年的努力,建立起比较成熟和完善的社会主义教育体系,实现教育的现代化",由此国家层面吹响了实现教育现代化的号角。江苏省率先积极响应国家实现教育现代化的号召,1993 年年底发布《关于在苏南地区组织实施教育现代化工程试点的意见》,在全国率先开展教育现代化工程试点,拉开了我国教育现代化伟大实践的序幕[①]。实现教育现代化开始成为中国教育人的实实在在的行动。

《中国教育现代化 2035》确定到 2035 年我国总体实现教育现代化。党的十九大确定 2035 年我国基本实现现代化。对比发现,教育要率先实现现代化,而且要率先若干年实现,这是教育优先发展战略的体现,这是教育基础性、前瞻性、战略性地位的体现。

从面向现代化,到明确提出实现教育现代化,再到要求教育率先实现现代化,是国家由站起来到富起来再到强起来的必然选择,是贫穷的人国到制造大国再到创新大国跨越式发展的必然要求。进入"十三五",进入"新时代",国家对教育现代化的要求更为迫切,期待更大,《中华人民共和国国民经济和社会发展第十三个五年规划纲要》主要目标中有关教育最为核心的内容就是"教育现代化取得重要进展",此规划纲要中教育专章的标题就是"推进教育现代化"。因此,实现教育现代化成为教育系统的重大战略任务,事关国家现代化的实现。

我国最先提出的现代化中并不包括教育的现代化。事实上,在新中国成立后的起初 40 多年内,我国关于现代化的任务和目标中,都没有教育的现代化,因为教育现代化是需要基础和条件的,在一个文盲比例高或教育普及层次很低的贫穷国度,是难以短时间内实现教育现代化的。建国初期我国文盲率高达 80%以上,那时如果谈教育现代化绝对是不切实际的,即使在 20 世纪 80 年代初,我国教育还是十分落后。1979 年教育部部长蒋南翔在国务院有关部门讨论 1980—1981 年国家发展计划会议上说,我国教育事业欠账很多,其主要表现在两个方面:一是普及教育落后。我国约有文盲 1.4 亿人。普及小学五年教育的现状是"九、六、三":形式上有 90%的人进了小学,实际念完 5 年的不到 60%,真正小学毕业的只有 30%。二是高等教育落后。我国每万人中大学生只有 9 人,比印度的 52 人、越南的 17 人还少,在世

---

① 陈琳.省域教育现代化的探索与实践——以江苏省为例[J].中国教育学刊,2013(11):11-14.

界上 137 个国家和地区中排 129 位。按人口平均的教育经费也大大落后于外国。1978 年我国教育经费每人平均 7.3 元，而英国是 366 元，意大利是 350 元，荷兰是 1266 元[①]。在改革开放之前，我国是一个文盲大国、教育穷国。因此，直到改革开放后 5 年，我国才提出教育面向现代化，又过了 10 年才提出教育要实现现代化。在新中国成立后的几十年时间内，由不提教育现代化，到提出教育面向现代化，再到提出教育实现现代化，以及要求教育率先实现现代化，完成了教育现代化要求的几级跳，在这其中对教育人提出了不断升华提升的高要求，因为教育现代化的核心是人的现代化。

教育现代化的内涵丰富、体系庞大，包括教育思想及观念的现代化、教育结构的现代化、教育制度的现代化、教育内容的现代化、教育环境的现代化、教育手段的现代化、教育方法的现代化、教育模式的现代化、教育管理的现代化和人的现代化等方面，人的现代化是教育现代化的核心，人的现代化包括认知方式、行为方式、价值观、世界观等由传统性向现代性的转变[②]。

教育现代化中的"现代"是时代元素，现代教育必须与时俱进，与时代同进步。时代发展，人们的认识改变，教育现代化的内涵必须随之丰富和发展。历史上，美、英、法等发达国家曾经实现过教育现代化，但这些国家所实现的是工业时代的教育现代化，是世界教育史上的第一次教育现代化，而我国现在将实现的是信息时代走向智慧时代的教育现代化，是人类历史上的第二次教育现代化，迄今尚无国家实现，我国将最有可能成为第一个实现第二次教育现代化的国家，如果那样我国则同时是第一个两次教育现代化一并实现的国家[③]，且是第一个实现教育现代化的 10 亿量级的人口大国。那些已实现第一次教育现代化的国家，第一次教育现代化实现时的人口多数在 1 亿之内，而我国实现教育现代化时的人口将高达 14 亿以上，其人口数倍于实现第一次教育现代化所有国家人口的总和。通常按照教育现代化的先后，将国家分为先发引领型教育现代化国家和后发追赶型教育现代化国家两大类，我国将有可能超出这种分类而成为独特新类的后发超越型国家[④]，真正走出一条独特的新型教育现代化之路。

实现新型教育现代化，是要通过创新而实现引领型的教育现代化，其挑战非常大。近代以来，我国教育几乎一直是在跟跑世界，始终未超越，从未敢提领跑，现在要率先实现新型的教育现代化，谈何容易！这必然要求中国教育人实现发展状态的根本性提升，要勇于立于时代进行创新探索，要根据我国创新发展的需要进行教育创新设计。一定要破除习惯的跟跑思维，进而改变一味跟跑的习惯状态。中国已日益走近世界舞台中央，相应地要求教育人在世界教育发展中唱主角、发挥巨大作用。

---

① 王湛. 为新时代基础教育改革发展提供财政保障[OL]. http://www.dlh.com.cn/page/news_detal_3844.html.
② 陈琳，李佩佩. 论智慧校园的八大外部关系[J]. 现代远距离教育，2016(05)：3-8.
③ 陈琳，华璐璐，冯熳，等. 智慧校园的四大智慧及其内涵[J]. 中国电化教育，2018(02)：84-89.
④ 陈琳，陈耀华，李康康. 走向实现的教育现代化定义研究[J]. 中国教育学刊，2015(11)：33-37.

实现新型教育现代化，必须有新动能。信息技术是现代人类社会发展的强大推动力量，已对人类的生产方式、生活方式、学习方式、思维方式产生了深刻影响，而且必将产生更大更为深刻的影响，信息技术对教育更是具有革命性影响，因此信息化既是教育现代化的重要组成元素，又是推动教育现代化的重要力量，正是在如此的背景下，我国进入新世纪以来的 20 年，始终将信息化作为实现新型教育现代化的新动能，先后提出以教育信息化带动教育现代化和以教育信息化全面推动教育现代化战略，并逐步形成了以信息化带动与推动教育现代化的中国特色。2015 年世界首届教育信息化大会在我国青岛召开，与会各国教育政要以及联合国教科文组织总干事，高度评价我国以信息化带动教育现代化取得的巨大成就。首届教育信息化大会召开后的几年来，我国以信息化带动与推动教育现代化又取得新的更大成就，为我国教育现代化的率先实现以至于创新引领，奠定了更加坚实的基础，提供了新的发展动力和更大势能。走出一条新型教育现代化之路，将非我国莫属。

6.1.4 教育信息化由 1.0 跃向 2.0

我国教育信息化比发达国家教育信息化起步晚得多，但发展迅速，走的是"后发追赶"到"后发超越"的发展路线[①]。

当人类进入 20 世纪 90 年代的时候，信息技术在人们生活、工作、学习中的作用开始显现，我国开始了将信息技术应用到教育教学中的尝试，CD 机、DVD 机、数字照相机、数字摄像机、非线性编辑技术纷纷登课堂入教室。随着互联网技术的日趋成熟和作用凸显，我国教育加速进入互联网时代：1994 年 4 月 20 日我国正式接入国际互联网，当时 PC 机刚刚开始流行，Windows 操作系统推出首款相对成熟的中文版，一年后的 1995 年，作为我国教育信息化起步标志的中国教育和科研计算机网 CERNET 连通国际互联网，其初始国际出口带宽为 128Kbps[②]，2018 年 12 月 CERNET 国际出口带宽已提升至 61440Mbps。CERNET 国际出口带宽的迅速提升，是我国教育信息化高速发展的缩影。

我国教育信息化起步迟，但党和国家高度重视。在 1999 年召开的全国教育工作会议上，江泽民同志强调"以远程教育为依托，形成覆盖城乡的开放教育系统，提供多层次、多样化的教育服务"[③]，在 2010 召开的全国教育工作会议上，胡锦涛同志号召"要以教育信息化带动教育现代化，把教育信息化纳入国家信息化发展整体战略，加快教育信息基础设施建设，超前部署教育信息网络，加强优质教育资源开发和应用，构建国家教育管理信息系统，确保到 2020 年基本建成覆盖城乡各级各类

---

① 李冰冰. 信息化推动区域教育现代化研究——以苏州市为例[D]. 徐州：江苏师范大学，2017.
② 陈琳，李冰冰. 中国教育信息化 20 大庆之年新发展——2015 年中国教育信息化十大新闻解读[J]. 中国电化教育，2016(02)：80-87.
③ 江泽民. 江泽民文选第二卷[M]. 北京：人民出版社，2006.

学校的教育信息化体系，促进优质教育资源普及共享，加快全民信息技术普及和应用"①。2015 年国际教育信息化大会在我国青岛召开时，习近平主席在所发贺信中指出，"当今世界，科技进步日新月异，互联网、云计算、大数据等现代信息技术深刻改变着人类的思维、生产、生活、学习方式，深刻展示了世界发展的前景。因应信息技术的发展，推动教育变革和创新，构建网络化、数字化、个性化、终身化的教育体系，建设'人人皆学、处处能学、时时可学'的学习型社会，培养大批创新人才，是人类共同面临的重大课题"②。2015 年全国人大常委会通过《关于修改〈中华人民共和国教育法〉的决定》，将教育信息化纳入《教育法》："国家推进教育信息化，加快教育信息基础设施建设，利用信息技术促进优质教育资源普及共享，提高教育教学水平和教育管理水平"③。由于党和国家高度重视，经过若干年的不懈努力，起步迟的我国教育信息化取得了超预期的发展，在基础设施、资源建设、关键应用、应用能力和机制建设等许多方面都取得突破性进展，为新时代教育信息化的进一步发展奠定了坚实的基础④。

由于教育信息化是崭新的事业，无现成的经验可借鉴，各国都在摸着石头过河，因此在信息化进程中难免会出现这样那样的问题，在我国教育信息化进程中也出现了唯"美"、唯"新"、唯"商"、唯"硬"和唯"量"等倾向性问题。唯"美"倾向是在信息化发展方面一切向美国看齐，将美国的标准当作国际标准，将美国的做法奉为圭臬。唯"新"倾向是追赶设备的新功能、高性能，购买 IT 产品，不考虑实际需要，什么新就买什么，对拥有的 IT 产品和软件频频升级换代。唯"商"倾向是以商论——企业的言论当作教育信息化决策的依据。唯"硬"倾向是只追求设备、设施的拥有⑤。

尽管我国教育信息化迅速发展，成绩显著，然而信息技术还主要停留在工具层面的简单应用，信息技术支持的教育教学模式变革还极为少见，数字教育资源开发与服务能力不强，数字化学习环境建设与应用水平不高，教师信息技术应用能力基本具备但教学创新能力不足，信息技术与教育教学深度融合不够，高端研究人才短缺，信息技术对教育的革命性影响远未充分彰显⑥，与新时代的要求仍存在较大差距。我国每 4 年评选一次教育教学的最高奖——国家级教学成果奖，从 2014 年国家级教学成果奖评选结果全数据分析看，一方面，信息化尚未引起教育模式的深刻变

---

① 胡锦涛. 在全国教育工作会议上的讲话[J]. 中国职业技术教育，2010(28)：5-11.
② 习近平. 致国际教育信息化大会的贺信[N]. 人民日报，2015-05-24(02).
③ 陈琳，李冰冰. 中国教育信息化 20 大庆之年新发展——2015 年中国教育信息化十大新闻解读[J]. 中国电化教育，2016(02)：80-87.
④ 教技[2018]6 号. 教育部关于印发《教育信息化 2.0 行动计划》的通知[Z].
⑤ 陈琳. 中国教育信息化必须防止的倾向性问题[J]. 电化教育研究，2007(04)：18-21.
⑥ 杨宗凯，吴砥. 教育信息化 2.0：新时代信息技术变革教育的关键历史跃迁[J]. 教育研究，2018，39(4)：16-22.

革,尽管获奖成果与教育模式改革相关的成果不少,但改革的深度不够、力度有限,鲜见有新的学习方式方面的成果获奖,以教为中心的教学模式未有根本性改变;另一方面,运用信息化促进学生创新创造能力提升的获奖成果不多,信息化更多的还是在培养"知识人"上发挥作用,没有能够在培养"智慧人"和创新创造人才方面很好发力;此外,信息化环境建设未能很好地服务于提升人才培养质量,缺少信息化环境建设促进人才培养质量提升的成果获奖,信息化环境建设更多是在服务管理而非教育教学方面;还有,未见以信息化促进教育公平与均衡的成果获奖[①]。正是在这样的背景下,我国提出教育信息化转段升级[②],适时地将教育信息化划分为教育信息化 1.0 和教育信息化 2.0,"十九大"之前的教育信息化为"教育信息化 1.0"时期,"十九大"后我国教育信息化进入以教育信息化全面推动教育现代化、开启智能时代教育新征程的"教育信息化 2.0"时代[③]。"教育信息化 2.0"时代对于教育是全新的时代,因此要准确认识教育信息化 2.0 的显著特征,以科学的战略规划引领新方向,以交叉的科学研究把握新规律,以信息技术支持的结构性变革推动信息化教育的创生发展[④]。

1.0 阶段的教育信息化,主要是以应用为导向,强调信息技术在教育教学活动中经常用、普遍用。教育信息化迈入 2.0 阶段,随着信息技术与教育教学融合程度的不断加深,信息化将引发教育教学的创新发展,"创新"成为这一阶段发展的关键词[⑤],"创新引领"成为教育信息化 2.0 的核心,且人工智能等新兴的现代信息技术将发挥越来越重要的作用。教育部杜占元副部长相应提出"零点革命":人工智能有可能超越由已有信息技术造就的顶峰,成为新的革命的起点,而不是以往革命的延伸。中国工程院原常务副院长潘云鹤院士认为,人类拥有了自然空间、人类社会空间和网络信息空间的三度空间,过去通过人类社会空间与自然空间不可能解决的一些问题,现在借助网络信息空间可以很好解决[⑥]。中央电化教育馆王珠珠馆长认为,信息技术发生了由计算工具、交流工具、学习工具转向变革引擎的变迁,技术与教育的服务关系,已由少数人掌握技术为多数人服务,过渡到多数人掌握普及性技术为自身服务,现在正在开启机器人为人服务的新阶段[⑦],教育要从利用媒体获取知识向应用技术生成知识转变。

---

① 陆斌,陈琳. 教育信息化国家级教学成果奖获奖作品分析[J]. 中国远程教育,2018(10):75-78.
② 任友群. 我们该怎样研讨"教育信息化 2.0"?[J]. 远程教育杂志,2018,36(04):3.
③ 雷朝滋. 教育信息化:从 1.0 走向 2.0——新时代我国教育信息化发展的走向与思路[J]. 华东师范大学学报(教育科学版),2018,36(01):98-103.
④ 杨宗凯,吴砥,郑旭东. 教育信息化 2.0:新时代信息技术变革教育的关键历史跃迁[J]. 教育研究,2018,39(04):16-22.
⑤ 吴砥,邢单霞,蒋龙艳. 走中国特色教育信息化发展之路——《教育信息化 2.0 行动计划》解读之三[J]. 电化教育研究,2018,39(06):32-34.
⑥ 王珠珠. 教育信息化 2.0:核心要义与实施建议[J]. 中国远程教育,2018(07):5-8.
⑦ 冯熳,陈琳. 信息化支持的智慧时代教育创新发展探索[J]. 中国远程教育,2018(06):75-78.

1.0时期的教育信息化主要是带动教育现代化，2.0时期的教育信息化则要全面推动教育现代化，相应地就有了以教育信息化带动教育现代化战略和全面推动教育现代化战略（以下分别称为"带动"和"全面推动"）。由"带动"到"全面推动"的变化，意味着在教育的各个层面上要有前所未有的深刻变革[①]。

现在教育的空间更多更大了，手段更丰富多彩了，办法更灵活多样了，创新的机会更多创新的可能性更大了，相应地要将教育信息化从教育变革的外生变量转化成内生变量。在信息技术能对教育变革提供无限可能性的新时代，教育人必须紧紧抓住千载难逢的重大机遇，找准技术的发力点，设计根本性变革的方案，推进思维方式和教育与教学模式的深刻变化，真正适应"互联网+""人工智能+"对教育的新要求。

面对新时代国家和社会发展的新要求,我国教育信息化工作要在创新教学模式、服务模式以及治理模式上下功夫，重在实现从教育专用资源的开发、应用和服务向大资源的开发、应用和服务转变，实现从提升信息技术应用能力向提升师生信息素养转变，实现教育信息化从融合发展向创新发展转变[②]。

6.2 创新教育信息化理论[③]

理论成熟并自觉地以理论指导实践是事业成熟的标志。然而，我国教育信息化有史以来产生的带有方向性、指导性、引领性、基础性、根本性的理论原始创新数量严重不足，迄今没有形成教育信息化推动教育现代化的核心理论，也没有形成技术变革教育的理论和方法。从总体上看，教育信息化理论创新与国家对教育信息化的巨大期待不相称。当然，不仅仅是我国没有产生多少教育信息化理论，世界范围内亦如此。一项创新的事业，几十年没有相匹配的创新理论的指导，必将影响其进一步的发展。教育信息化引领和全面推动教育现代化，必须具有先进理论的指引。理论缺失已影响我国教育信息化的发展，我国教育在与互联网+融合的发展中，已严重滞后于许多行业。

站在时代高度审视，教育信息化有必要从两方面取得理论的重大突破，一是信息技术高度支持发展的教育基本理论的突破，二是信息技术高度发展的认知理论的突破，相应地可形成知行创合一论和协同认知理论。

6.2.1 知行创合一论

新时代的教育必须以时代化的教育理论指导，然而，我们现有的教育理论更多

---

① 陈琳, 王钧铭, 陈松. 教育信息化2.0时代的职业教育创新发展[J]. 中国电化教育, 2018(12): 70-74.
② 雷朝滋. 教育信息化：从1.0走向2.0——新时代我国教育信息化发展的走向与思路[J]. 华东师范大学学报（教育科学版）, 2018, 36(01): 98-103.
③ 陈琳, 王丽娜. 走向智慧时代的教育信息化发展三大问题[J]. 现代远程教育研究, 2017(06): 57-63.

的是基于农业时代以及第一、第二次工业革命的，尚未来得及根据以信息技术为特征的第三次工业革命的要求建构，以人工智能为重要特征的第四次工业革命就接踵而至，如果再不按新的时代要求建构新的教育理论，我们的教育就只能以过时的理论指导，我们的教育就必定落后于时代。我国传统教育培养的人才，呈现出"高均值、低方差"现象[①]，即拔尖创新人才少，引领性人才很少，领袖型人才很少，成为我们教育的一大短板，不能够适应国家新时代发展的需求[②]。"高均值、低方差"现象也是我国教育理论落后的写照。

对于我国教育而言，基础性的影响最大的理论是知行合一。知行合一由明代大思想家、教育家王阳明500多年前提出。研究世界科技史发现，王阳明所处的时代社会发展非常缓慢，那时世界上几乎没有大的科学创新，知行合一作为教育理论是适应当时的社会发展对教育的要求的。但是，当人类进入以创新创造为重要特征的智慧时代，创新成为时代的最大特征以及发展的第一动力时，教育基本理论遵循进化为"知行创合一"就成为时代的必然。如果在新的时代培养的学生还仅仅能在"知—行"间封闭运行，只能用现有的知识解决现有问题，则教育就有成为"熵"不断增加的枯竭系统的危险，新时代必须要求教育引入"创"，使学习者知更多、行更远、创知、创行，相应的理论应转化为"知行创合一"[③]。"知行创合一"已写入首届智慧教育国际研讨会大会成果[④]——《智慧教育宣言》[⑤]，在学界已产生了一定共识[⑥]。

知行创统一性的探讨并非始于今日，早在20世纪三四十年代人民教育家陶行知就作过深入探讨和系统论说。年轻时候的陶行知对思想家、教育家王阳明非常崇拜，视知行合一为座右铭，19岁时将爸爸妈妈给自己起的名字改为陶知行。后来，随着他对教育研究的深入，认为王阳明的理论需要进化，需要在"知者行之始，行者知之成"的研究上发展为"行是知之始，知是行之成"[⑦]，并在43岁时将自己的名字由陶知行改为陶行知。在后来的教育研究和实践中，陶行知越来越感到创新创造对于教育的重要性，对于人类发展的和人的发展的重要性，相应提出"行动是老子，知识是儿子，创造是孙子"，并将自己的名字又改了，用了自己创造的一个与创新

---

① 钱颖一，王子晨. 大学育人，要提"均值"减"方差"[J]. 理论建设，2016(06)：105-106.
② 雷朝滋. 教育信息化：从1.0走向2.0——新时代我国教育信息化发展的走向与思路[J]. 华东师范大学学报(教育科学版)，2018，36(01)：98-103.
③ 陈琳，王钧铭，陈松. 教育信息化2.0时代的职业教育创新发展[J]. 中国电化教育，2018(12)：70-74.
④ 王丽娜，陈琳. 探讨新时代教育信息化创新之路——第16届教育技术国际论坛综述[J]. 电化教育研究，2018，(6)：35-40.
⑤ 首届智慧教育国际研讨会. 智慧教育宣言[J]. 电化教育研究，2017，38(12)：2.
⑥ 第16届教育技术国际论坛首届智慧教育国际研讨会[J]. 中国远程教育，2017(11)：2.
⑦ 中央教育科学研究所. 陶行知教育文选[M]. 北京：教育科学出版社，1981：74.

相关的字，发表了经典的《创造宣言》①，提出"处处是创造之地，天天是创造之时，人人是创造之人。汗干了，血干了，热情干了，僵了，死了，死人才无意于创造。只要有一滴汗，一滴血，一滴热情，便是创造之神所爱住的行宫，就能开创造之花，结创造之果，繁殖创造之森林"。《创造宣言》新入编人民教育出版社 2018 年版九年级上册语文教材②，说明该文章在几十年后仍闪烁着时代光辉。创新创造教育是陶行知 20 世纪 40 年代探讨的主题，继 1943 年发表《创造宣言》后，1944 年又发表了著名的《创造的儿童教育》，提出"创造的儿童教育，不是说教育可以创造儿童。儿童的创造力是千千万万祖先，至少经过五十万年与环境适应斗争所获得而传下来之才能之精华。发挥或阻碍，加强或削弱，培养或摧残这创造力的是环境。教育是要在儿童自身的基础上，过滤并运用环境的影响，以培养加强发挥这创造力，使他长得更有力量，以贡献于民族与人类。教育不能创造什么，但他能启发解放儿童创造力以从事于创造之工作"③。1946 年 55 岁的人民教育家陶行知过早去世，否则他在知行创的关系论述方面还会有更多建树，但是，从他 50 岁开始的著述中已贯穿了知行创合一的思想。陶行知探讨知行创关系的时代，创新远没有现在这样期待之大、作用之巨、发展之快、影响之广，这一方面体现了人民教育家陶行知对社会发展的洞察力和研究的前瞻性，另一方面又激励我们当今教育人在该关系的研究方面有新的贡献与建树。

我国科技界、政界对知行创关系的认识，总体上领先于教育界。1978 年我国改革开放后召开的第一次科学盛会的名称为全国科学大会，这次大会的召开使我国迎来了科学的春天，但是第二次再召开的时候将会议名称改为"全国科学技术大会"，因为科学是知识的化身，知识就是力量，但仅仅靠知识的力量还是不够的，还必然有技术的行动力量，毕竟科学技术是第一生产力，然而第三次召开的时候会议名称又改了，改为"全国科技创新大会"，更加凸显了创新对于发展的重要性，基于认识到创新是引领发展的第一动力，"科技创新"即体现了"知-行-创"的关联。这会议名称的演变，很好地体现了知行创关系的发展以及三者关系的统一，这也告诉我们，知行创合一既是必需的，又是可行的。

事实上，国家对人才、对国民已经提出了知行创的明确要求。中共中央、国务院 2017 年印发《新时期产业工人队伍建设改革方案》，明确提出：要把产业工人队伍建设作为实施科教兴国战略、人才强国战略、创新驱动发展战略的重要支撑和基础保障，纳入国家和地方经济社会发展规划，造就一支有理想守信念、懂技术会创新、敢担当讲奉献的宏大的产业工人队伍。党的十九大报告提出"建设知识型、技能

---

① 陶行知. 陶行知全集(第 3 卷)[M]. 长沙：湖南教育出版社，1985：482-487.
② 教育部组织编写. 语文(九年级上册)[M]. 北京：人民教育出版社出版，2018：101-104.
③ 陶行知. 陶行知全集(第 3 卷)[M]. 长沙：湖南教育出版社，1985：522.

型、创新型劳动者大军"。党和国家对当代产业工人、劳动者大军的要求都包含了"会创新"或"创新型",是知识、技术、创新三位一体型的。不仅如此,知行创合一已成为党和国家在新时代对全民的共同要求,"大众创业、大众创新"就是对此的最好写照。

教育创新在应对全球化激烈竞争的挑战、建设创新型国家中处于基础性、全局性和先导性地位,而教育信息化无疑是教育创新的重要基石和动力[①]。

要求教育创新并非是我国的专利。当人民教育家陶行知呼吁教育培养创新创造之人时,他的导师、大教育家杜威那时思想的精髓,就是鼓励探究与创新[②]。

创是新知源、创助科学行。创新是一种特殊能力,必须通过教育有意识地加以培养,而不能仅仅听其自然。不培养只能少数人创新、只能小创新,甚至于就不能创新,"狼孩""猪孩"一定无从创新,但创新培养的目的是使多数人能够创新。

智慧时代为学生阶段就能创新降低了门槛,提供了支撑,而且基于数字化的创新、虚拟世界与实体世界的融合创新,更是为学习者创新开辟了新的广阔空间。

通过教育培养创新创造之人,对我国而言比其他国家更为重要。我们国家对创新的诉求比任何国家都更为迫切,这既是大国必须,又是社会主义制度的要求,更是实现中华民族伟大复兴的中国梦的呼唤。知行创合一的理论突破,能够突破教育已有的掣肘,让人的创新精神创新能力得到有效激发。

知行合一有多层含义,有教育层面的,有技术层面的,更有德育层面的,以上知行创合一的探讨是就教育以及就技术领域而言的,而对于德育层面,仍应该是知行合一。

6.2.2 协同认知论

6.2.2.1 新时代需要认知理论的突破

在智能技术等新兴技术引发的第四次工业革命中,人类的认知方式必须有革命性提升才能适应更加迅即变化的世界。然而,脑科学在揭示认知方面迟迟未取得重大突破,而且从目前发展来看,短时间内人类还无法克服自身大脑认知的局限。人类在认知提升方面必须另辟蹊径。人类还没有高度认识新的信息技术对认知的巨大影响、产生新的认知理论的必要,更多认识到的是信息技术对生产、生活、思维、交流、工作、学习的影响。然而,对认知的理论突破,促进人类认知跃上新台阶,有助于人的创新创造能力迸发式提升。

---

① 王珠珠. 教育信息化2.0:核心要义与实施建议[J]. 中国远程教育,2018(07):5-8.
② 郭法奇. 探究与创新:杜威教育思想的精髓[J]. 比较教育研究,2004(03):12-16.

工具是人体的延伸。人的发展是随着工具的发展而发展的，人类在发展物质工具成为"帮手"、提升生产力的同时，也在漫长的历史长河中寻求工具"帮脑"支持，希望提升认知力量。然而，发展"帮手"容易，发展"帮脑"之路崎岖艰难，迄今没有建构起与信息社会并走向智慧社会匹配的认知理论，人类的认知提升之路迷茫，需要创建新的认知理论加以指导。没有认知的突破，教育和学习要跃上特别高的高度是非常难的。新的时代必然呼唤新的认知理论的诞生。

大机器和电力的产生与工业社会的发展，增长了人类的物理力，而信息技术与人工智能的产生与信息化发展，必将提升人类的认知力，将会成为新认知理论产生的催化剂。计算机的高速运算能力与无与伦比的加工处理能力，网络无比强大的信息联通能力，5G 与物联网发展的万物互联、物物在联以及高感知能力，边缘计算与人工智能、物联网结合的基于感知的分析能力，云技术与新发展的巨量存储结合而产生的类记忆能力，大数据与人工智能结合产生的深度学习和智能识别的评价与判断能力，现代物理发展支持的现代测量能力，等等众多且巨大的"信息"力汇聚在一起，能够帮助人们分担感知、记忆和决策方面的许多事务和使人们认知世界与改造世界的能力极大提升，人类社会已发展到了将这些上升为认知理论加以创新并使之更好地为人类服务的时候了，而协同认知最有可能成为新的认知理论。

在 5G 以及人工智能等技术方面我国已在走向世界第一方阵，这为我国创新认知理论并探讨人类认知提升奠定了先进的技术基础。

6.2.2.2 协同认知的本质与内涵

协同认知，顾名思义，是在人的认知的基础上，以物助人认知，真正实现人由有"帮手"至也有"帮脑"的发展。协同认知的诞生，可促使人类由"单主体认知"拓展为物相助、物参与的协同认知，由本能性认知、自然态认知走向主动性认知、复合态认知，由近距表象世界的认知走向深远本质世界的洞察和认知，促使人由小我走向大我，推动更多的人走向创新创造。

在新的时代，如果不能很好发展和利用协同认知，仅从认知方面看，我们在新时代的人就犹如工业时代的自耕农。

协同认知的本质是提升人类认识世界、适应世界、利用世界和改造世界的本领，更好地创新创造，使人更富有智慧地认识社会、适应社会、服务社会、改造社会、引领社会，因此协同认知相应地要研究协同认知理论体系、协同认知技术体系、协同认知方法体系、协同认知能力体系、协同认知应用范式、协同认知发展方式、协同认知教育体系、协同认知教育内容、协同认知教育平台、协同认知教育资源、协同认知学习、协同认知传播与普及，等等。

协同认知总体框架由理论、技术、应用、教育与学习四个部分构成。理论部分主要包括内涵、价值、基本思想、体系、物感理论、物记理论(类记忆)、物示理论、物智理论等；技术部分主要包括物感技术（"十感"）、物记技术、物示技术以及物智技术；应用部分主要包括协同认知的具体方式方法，以及协同认知理论在实际工作中的运用、科研中的运用、生活中的运用；教育与学习部分，主要包括协同认知教育与学习的内容、平台、资源、模式等。

协同认知的研究，要从科学技术对人类认知提升的贡献入手，探讨科学技术发展对人类认知的加速促进作用，探讨由无意识借物认知到有意识赋物认知的必然性、必要性、可行性，探讨人类认知理论的新发展与局限性。在此基础上，建构协同认知的理论体系；深入探讨建构物感、物记、物示、物智方面的理论，形成具体的分支理论；深入分析物感技术、物记技术、物示技术、物智技术，力求形成系统、科学、全面的赋物认知技术体系；深入探讨协同认知具体的认知方式，以及在科研、工作、生产、生活中的运用；深入探讨协同认知的教育与学习，建构协同认知教育与学习的内容、平台、资源与模式。通过以上系统化研究，则将形成能指导认知实践的认知理论，能促进协同认知技术提升的技术体系，能够方便于人们认识世界应用和作为行动指南的应用设计，以及可用于协同认知教育的内容体系、资源和方式方法。

协同认知主体是人，人要有协同认知的意识、掌握必要的协同认知的技术与方法，能熟练使用协同认知的工具（要加速协同认知工具的开发和推广普及），具有协同认知的能力，并能够创新地利用和发展。当务之急是开展协同认知教育的学习和研究。

6.2.2.3 协同认知的现代科技支持

认知主要包括感知、分析、判断、记忆、决策等方面，现代技术的发展已使许多外物能够帮助人们进行辅助的感知、分析、判断、预测、预警、计算、记忆、决策，而这些是以信息化作为支撑的，对促进人的现代化、促进教育的现代化，意义重大。特别是人工智能已从计算智能、感知智能不断向认知智能逐渐迈进，具有语义内涵理解、判断甄别、深度学习等能力，为助人认知提供了更多的可能[①]。

感知是认知最基础的存在前提，也是运用最为普遍的认知方式，现在技术不仅可赋物"感知"，而且使感知远远超过了人自身的感知，具有更多更快更广更灵更精的特点。从总体上看，在增强感知、拓展感知方面，物的工具式"感知"在许多方面都十分出色，比如，增强感知在光线波长维、亮度维、色彩维方面表现惊人——过去人只能感知可见光，而且光线不能太强太弱，可是现在利用技术帮助人们还可感受红外光、紫外光、X光、α射线、β射线、γ射线，这无形之中使人们感知有多维度提升；再比如，增强感知在距离维、深度维、微观维，"天眼"可远程监

---

① 张坤颖，张家年. 人工智能教育应用与研究中的新区、误区、盲区与禁区[J]. 远程教育杂志，2017，(5)：54-63.

控，利用先进技术人们已拍摄了"黑洞"的照片，人类已可拍摄得到单个原子的照片，用许多方法人们已可获取物体内部的影响，利用先进技术遥测深海、深地已不是梦。

人类协同认知已能达到较高水平。2019年6月5日长征十一号运载火箭在黄海海域成功实施海上发射，这既是我国运载火箭首次海上发射，又首次实现了火箭自主安全控制：火箭的飞行安全控制不需要地面人员监测和控制，而是由火箭自身根据飞行情况，实时自主判断，包括火箭位置状态的感知、飞行参数的计算、与存储数据的比对，并根据运算情况进行自主决策。全部过程具有了过去只有人才能具有的认知，只是这种认知是人所赋予的。

在协同认知中，不断诞生与发展的非生命性的认知体——感知与计算复合单元，将发挥越来越重要的作用，尤其是随着边缘计算的发展以及人工智能与边缘计算的结合。将使人的感知能力有极大提升，由表象感知，发展为深度感知，由近身感知，发展为遥远感知，由瞬间的片断式感知发展为可连续、无间隔的长时间感知，由感知要素有限发展为可无限感知，人类制造的技术的感知将走向高速感知、高灵敏感知、低成本感知，更好地为人类服务。

协同认知已在我国的许多方面以高精尖的技术体现出现，比如："悟空"成为我国首颗暗物质粒子探测卫星；誉为"中国天眼"的500米口径球面射电望远镜（FAST），是世界最大单口径、最灵敏的射电望远镜；以我国古代科技代表人物张衡的名字命名的"张衡一号"卫星，是我国全新研制的国家民用航天科研试验卫星，是电磁监测试验卫星，主要用于全球空间电磁场、电离层等离子体、高能粒子沉降等物理现象的监测，为地震机理研究、空间环境监测和地球系统科学研究提供新的技术手段。同时，该星探测数据也能为空间物理和地球物理研究提供重要数据支持，成为我国地球物理场探测卫星计划的首发星。由这些新技术可知，人类才认识了世界的冰山一角，协同认知，任重道远。

协同认知是信息技术高度支撑的结果，教育信息化理应在支持和发展协同认知以及协同认知的教育与学习方面发挥更大作用。

6.3 升华教师职业

6.3.1 新时代呼唤新型教师

中国特色社会主义进入新时代，人类正在走向以创新创造、建构人类命运共同体为重要特征的智慧新时代[①]。伟大时代呼唤与时代匹配的伟大教育。教师是教育

---

① 陈琳. 智慧新时代呼唤"新"教师[N]. 光明日报，2018-09-08：06.

发展的第一资源,是立教之本,时代的伟大教育必然呼唤以时代一流的教师培养造就时代一流的学生。在实现中华民族伟大复兴的中国梦的征程中的中国教师,使命更为光荣而伟大。改革开放前还是更多处于农业社会的我国,40 年来在工业化、信息化的道路上奋起直追,现正阔步迈向智能化、智慧化,必然要求教师快速完成与国家发展相匹配的几级跳,迫切要求教师有时代化的极大提升。

实现教师时代化升华的本质内涵,是造就引领型、创新型、学习型、专家型的"新四型"教师。

6.3.1.1 造就"引领型"教师

随着我国由制造大国向创新型大国迈进,以及由主要依靠人口红利发展走向更多依靠人才红利创新创造发展,必然要求教育由过去以适应社会为最高追求转化为以引领社会为新的目标。

中国引领世界,教育引领社会,"双新时代"的"双引领",必然要求我国广大教师升华境界,提升担当,引领型教师队伍建设相应成为时代呼唤。

引领型教师是有引领抱负、勇气和追求的教师,是将引领作为不懈追求的教师,是有引领能力和作为的教师,是具有造时代英才、育祖国栋梁本领的教师。没有引领型教师,何以培养具有引领之志的学生?没有大批引领型教师,就难有持续的"双引领"。

造就引领型教师,必然要求广大教师有与新时代匹配的精神,自觉努力成为有引领之志、引领之力、引领之行和引领之效的教师,自觉将自己的引领转化为学生的引领,相应有激发引领之自信、激发引领之自觉,使激发引领成自然。"中兴业,须人杰"是西南联大人的不懈追求,新时代的引领型教师则应该以"复兴业,须人杰"作为新的努力方向。人杰型教师的精神、情怀、担当、抱负、追求、奋斗、活力,能够感染学生,促进学生快速成长为人杰。

6.3.1.2 造就"创新型"教师

创新是当今时代的最大特征和最重要的发展理念,是引领发展的第一动力,创新应该成为所有国人都必须具备的意识、精神、本领与行动,劳动者大军也要是知识、技能、创新三位一体复合型的,教育必须实现由培养知识人、实践人向培养知识人、实践人和创新创造人的跃迁,教育的理论遵循必须由 600 多年一以贯之的"知行合一"发展为"知行创合一",这必然要求教师成为创新型教师。没有创新型的教师,就不可能造就数量庞大的创新型人才,就难以很好地支持建设真正意义上的创新强国。

创新型教师是具有创新意识、创新精神、创新追求、创新思维、创新品格、创新能力的教师,是有创新指导之自觉、能力、精神、特色、风格的教师,是能让学生养成创新习惯,并能成批量地培养出创新创造之才的教师,是新时代学生创新创造的指导者、协同者、陪伴者、激励者。

当今的教师新增了过去无法想象及企及的本领,如"分身术""穿越术"等,这些新本领使教师突破了物理空间的束缚,使教师的教学能力得到极大提升。大多数教师将由授课转化为研究、设计、开发、指导、协同、帮助。

教师整体走向创新,还得益于人工智能可成为教师的帮手,使教师从繁杂的事务性工作中解脱出来,而有足够的时间进行创新探索和指导。

要成为创新型教师,教师必须进行凤凰涅槃式的磨炼,进行深刻的自我革命。

6.3.1.3 造就"学习型"教师

当今时代,新技术、新方法、新产品、新工艺、新领域、新理论、新观念、新模式层出不穷,在如此瞬息万变的创新社会,教师不学习就意味着只能教过时、陈旧的知识与技能,所教的必然与时代要求格格不入。这必然要求教师是学习型教师,成为学习的楷模。

学习型教师应是"八学"之师:

(1)先学之师。始终保持强烈的求知欲,早学,先学,如饥似渴地学。

(2)新学之师。在学习方式方法方面不断寻求突破,以无与伦比的高效率学习。

(3)深学之师。泛学与精学相结合,去伪存真,求真谛,得精华。

(4)创学之师。在学习中寻求创新创造,践行"知行创合一",做到"学创贯通"。

(5)跨学之师。跨学科学习、跨专业学习、跨领域学习、跨行业学习,实现钱学森倡导的"集大成、得智慧"。

(6)协学之师。建立基于现实的和基于虚拟的学习共同体,建构可多感官参与的"学习场",在"学习势场"中相互激发,相互启发,相互帮助。

(7)智学之师。将学习目标提升到创新创造层次,借助于智能化手段学习,不断升华发展智慧。

(8)导学之师。用心研究指导学习的方法,具有高超的指导学生的本领。

建设学习资源大平台,创建先进理念方式的传播新渠道,对于造就学习型教师而言尤为重要。国家要建设大学科资源平台,加快建设对于创新十分重要的学科资源。国家层面需要利用各种技术手段及时发送宣传国家的方针政策,推送新的教育理念,传播优秀教师的先进事迹,鞭挞落后的教育现象,让国家意志、时代期盼、人民的诉求等转化为教师的切实行动。教师是人类灵魂的工程师,必须具有大德、大爱、大担当、大干劲、大奉献、大作为,具有高境界,而建构时代化的提升"师魂"的信息化教育新渠道,十分必要。

6.3.1.4 造就"专家型"教师

专家型教师的介绍,可详见 1.4.3 节"教师专家化特征"部分,这里不再赘述。"新四型教师"是教师的时代升华。一旦广大教师成为"新四型教师",我国教育将会产生质的飞跃。

6.3.2 技术已为教师赋新能

现代信息技术、材料技术、生物技术已给人类赋予了许多新的能力,使人类越发强大,同时也给教师赋了许多新能。了解新的赋能,掌握新的赋能,应用新的赋能,可使教师由传统之我发展为时代大我。

6.3.2.1 信息技术使教师新增多"术"本领

现代信息技术的发展,使教师新具有了如下之"术":

1. 分身术

当今教育,在线教学视频、在线微课比比皆是,人们学习时既可在教室,又可脱离教师而仅仅利用网络,这就相当于教师在由过去私塾教师发展到学校教室教师百年后,又在向网络教师发展,而且可同时以学校教室教师和网络教师的身份出现,同时在教室与多网络平台出现,以多种多样的网络表现方法出现。"分身术"使教师可同时在多处、以多种方式向学生施教,即在教室面对学生授课时,采用同步课堂还可对处于异地甚至异国他乡的学生进行同步授课,与此同时,还有学生或社会学习者在利用网络视频观看该教师的其他网络录制课程。

如此"分身术",可使教师由过去只能同时教授几十、几百的学生,向能同时教授成千上万的学生发展,使教师的教学生产力得到提升,这是对教师教学生产力的最大解放。"分身术"将会使名师优质教学资源发挥更大作用,推动教育教学质量的提升。

可以想象,当一部分教师可以同时为数以千万的学习者授课时(既包括面对面,又包括线上的多种形式),相当一部分教师就可以从重复性的课堂讲授中解放,而腾出大量的时间学习、研究、辅导、建设等,这就为教师成为专家提供了学习研究提升时间上的可能性。分身术是教育信息化对教学生产力的解放,是教师能量的巨大释放,使教师由"小我"成为"大我",由小能变为大能。这种对教师的解放,绝不是一星半点儿的,就以全国中小学教师为例,我国现在约有中小学教师 1200 万,中小学共有 12 个年级,每个年级平均有 100 万教师,以每个年级以 10 门课计,相当于全国中小学每个年级的每门课有 10 万个老师,即相当于全国中小学 10 万老师同教一门课。就全国范围而言,职业院校、高等院校教师中若干教师同教一门课同样存在。切不要将在课堂中面对面教与学看成是教学亘古不变的形式,事实上这种形式更多的是工业时代出现并强化的，智慧时代应该有新的形式。当我国出台《关于推进高等教育学分互认和转换工作的意见》后，有人认为，"从理论上说，世界上一门课只需要一个老师"，这种认为显然是过于乐观了，但是10万人同教一门课的状况一定会很快改变。

2. 隐身术、透视术

现在网络学习、在线学习，都可将学习的轨迹，学习的时间，练习的内容、次数与正确与否、学习的掌握程度，等等，一一及时加以记录，教师可利用这大数据对学习者进行观察、了解、分析、形成指导意见与方案。这种不是面对面的观察评价，可以更真实地了解学生，更全面地分析学习，可促使学生学习的自由而有序。

借助于物联感知等手段伴随式收集的学习过程数据，辅以数字挖掘、学习分析等手段，能对学习者进行"画像"，进而能够透过学习的过程，发现学生的学习方式、学习习惯、学习努力、学习深度、学习中遇到的困难以及学习中存在的问题，以此为基础，能对学生进行入木三分的评价，相当于教师具有了透过现象看本质的本领。而且，可预见学生学习中、发展中可能遇到的问题，从而制定早期干预，使学习向预期的正确方向发展。

3. 替身术

"替身术"是指教师可用智能替身，AI教师可代替教师批改作业，代替教师给学生答疑解惑，将来终有一天AI可代替教师在网络上授课。2018年记者节当天，新华社在全球率先推出AI主播，这个AI主播的声音和形象都来自于新华社的主播邱浩。2019年两会上推出了AI主播的升级版，第一版AI主播是坐着讲，第二版AI主播站起来讲，并能以手势、姿势助说话。新版AI主播同样颜值好、声音美，且具备汉、英、日、韩等多种语言的播报能力。AI主播是通过语音合成技术实现人工智能应用的产品。它通过采集录制真人的声音素材，再通过声音标注以及机器的深度学习算法，构建出发音声学模型，在此基础上，输入任意文本即可实现语音合成。此外，由于应用了图像处理等技术，使得主播形象更加逼真，播报过程中自然的表情和精准的口型，达到了以假乱真的效果。有了"AI主播"自然少不了"AI记者"，为了满足会议报道需求，AI记者也已面世。首个AI记者通过声音采集，复刻出了中国央视主持人白岩松的合成音库，其在音色上模仿得惟妙惟肖，在说话节奏和情感上也能很好还原。可以预期，AI主播、AI记者的今天，就是AI教师的明天。

教育与广播电视有同为传播的共性，既然电视、视频纷纷用上智能主播，教师用替身代替进行部分教学任务的日子将不会太遥远。人工智能赋予教师的替身术，有资源替身、形象替身、过程性资源替身等多种形式。

4. 穿越术

信息技术赋予教师时间穿越和空间穿越的本领。

随着全息投影显示技术的成熟和普及，教师在教学中可与教学情境中的人物进行穿越时空的对话，使教学情境更加逼真，使教学交互更加自然。

教师借助网络可使自己的教学传遍天涯海角，传到所有互联网、移动互联网或能够接受卫星网络信号的任何地方，使教师真正成为国际化教师，成为全天候教师，而且通过网络教师随时可与无论多遥远的同学沟通交流。教师原来只能教身边的人，现在通过网络可教异国他乡的任何人，教学不再受地域限制，不再受交通限制，不再受空间限制，使得任何人可通过网络向名师学习，使天下名师皆我师的学习成为可能，这将有利于教育公平和教育均衡的发展。教师"腾云驾雾"的速度之快，超过现在所有的交通工具，超过现在所有的飞行器，是以电波的速度在行进，甚至是以光波的速度穿越，使异国他乡的教学交流几乎无时延。

6.3.2.2　充分利用新增"多术"

时代已为教师至少赋以"多术"新能，广大教师要及时学习提升，真正将"多术"的可能性成为自己拥有的必然性。一旦教师将时代赋予的新能掌握好利用好，我们的教育将会呈现出另外一番新天地。

生产关系要适应生产力的发展。作为生产力的教师整体上已经新增"多术"，则我国的教育制度和教育模式有必要改革创新，以真正促进这"多术"的应用。

6.3.3　教师面临多重被"替代"

教师会不会被人工智能替代？这是近三年教育界讨论的热点话题，众说纷纭，莫衷一是，2017年英国一位大学校长说，人工智能十年内会取代教师，也有人预测，教师在未来被人工智能替代的概率不足百分之三。有必要对此进行理性分析。

事实上，教师被教师替代、被"业家"替代、被平台资源替代的迅即程度，会比人工智能替代教师的速度更快，来得更为凶猛，而这些被人们所忽视。从长远看，在替代的程度上，人工智能可能略胜一筹。

6.3.3.1　教师被教师"替代"

不断发展的信息技术已使教师具有过去无法想象的多种新"术"，可使教师的教学生产力得到极大提升，教师可同时任教学生的数量能有千万倍的增加，从一定意义上讲，一个教师可以替代过去千万个教师。这种教师生产力的提升是社会的进步。

教师"替代"教师已具有可能性，现在只缺少制度的支持，一旦可在全国范围内互认学分，则许多学生就会更大比例地采用名校名师的名优在线课程进行学习。

教师"替代"教师，形成竞争格局，不是大鱼吃小鱼，而是一种新的优胜劣汰，是好事而不是坏事。线上之师部分替代教室之师，名师一定比例上替代非名师，可使优质名师优质资源在更大范围内共享；若干"课堂教师"被替代后，可充电提升，进而从事要求更高的、专业化程度更高的更加细化了的教育工作。

教师"替代"教师，对于教育规模不断扩大、教育层次不断提升、教育范围不断由小教育向大教育拓展的我国，意义非凡，可有效解决名优师资的不足，可以在教育质量不减的前提下，不增加或少增加新教师，大大减轻国家财政负担。

6.3.3.2 教师被"业家"替代

这里的"业"是指除教育之外的各行各业，"业家"是教育之外的科学家、哲学家、艺术家、企业家、文学家、经济学家等名家和大师。教师被"业家"替代是指教师有可能在一定程度上被各行各业的名家大师所替代。

《2018年全国科技经费投入统计公报》显示，2018年我国各类企业研究与试验发展（R&D）经费支出15233.7亿元，政府属研究机构研究与试验发展（R&D）经费支出2691.7亿元，高等学校研究与试验发展（R&D）经费支出1457.9亿元，企业、政府属研究机构、高等学校研究与试验发展（R&D）经费支出所占比重分别为77.4%、13.7%和7.4%，这表明企业已真正成为我国技术创新的主体和主力，我国在由制造大国转向创新型大国的进程中，在高等教育由大众化向普及化转换的进程中，教育外各行各业的创新活力、创新能力大大增强，特别是我国科学技术由跟跑世界向并跑世界与领跑世界并存的转换中，引领世界性创新将会是源源不断，创新型、引领性企业及单位将会是层出不穷，在这样的背景下"业家"就有可能在新知识、新技术、新应用等方面超过广大教师，一旦他们将信息技术支持的"分身术"等本领运用得炉火纯青，他们主讲的新技术、新工程、新开发、新应用、新发展的课程，将会比教师的在线教学更能引人入胜。

教师在有被"业家"替代的可能性的情况下，教师该怎么办？答案是主动拥抱、强强联手，与他们共同探讨专业、课程、教学的改革，与他们共建资源、平台、协同教学。

在教师有被"业家"替代可能的情况下，学校该怎么办？答案是主动与业界合作，引智、引技、引资，形成新型的教育共同体，实现多元化办学，实施教师的双聘制，以此类推，在教育部的专业教学指导委员会构成中，要有企业或行业的名家大师加盟。企业也应该将发展高质量的中国教育当成自己的事，主动介入、主动支持。如此多方协同，将推动教育更好地培养"适销对路"的、社会抢手的人才，一改许多学生就业无门、创新无能、高分低能、走上社会"见光死"的状况。

6.3.3.3 教师被平台性资源替代

教师被平台性资源替代是指学习者更多借助于数字资源进行学习，通过网络向资源学习，将成为未来学习的重要方式和形态。

借助于网络上的数字资源进行学习,与在教室听教师讲课学习相比,有许多优势,一是可随时随地学习,二是可根据自己的接受能力改变播放节奏、回播观看、反复观看,三是其资源建设中运用专业师资团队集体研究内容和集体备课、运用专业化技术力量制作、运用推拉摇移跟的镜头运动技巧、运用切叠划化等画面组接技巧、利用动画和画外音突破时空、利用艺术创新使其成为高档艺术佳作,等等,可以做到最佳展示、帮助最佳观看、保障最佳掌握,最终能达到融会贯通的最佳效果。由此将会导致传统教育的以教师为中心、以知识为中心、以教材为中心、以课堂为中心的土崩瓦解,将逐渐形成网络就是学校、终端就是课堂、能者就是教师、资源就是学材的新教育形态。

学生越来越多地借助于网络上的数字资源进行学习了,教师该怎么办?教师可在资源设计与建设方面更加大显身手,成为数字学习资源的设计师、建构师,成为数字学习资源的运用指导师。

6.3.3.4 教师被 AI 替代

随着人工智能突破式发展,越来越多的工作岗位正在被人工智能替代,那么教师的工作会不会被人工智能替代呢?英国白金汉大学校长谢尔顿在 2017 年曾预言,人工智能在十年内将全面取代教师授课。但 BBC 预测,教师被取代的概率仅为 0.4%。联合国教科文组织在 2019 年发布的《北京共识——人工智能与教育》中认为,"虽然人工智能为支持教师履行教育和教学职责提供了机会,但教师和学生之间的人际互动和协作应确保作为教育的核心。教师无法被机器取代"。

本书姑且不论教师会不会被人工智能完全替代的问题,但是教师的部分方面的工作,正在被人工智能替代,即正在被局部替代。比如,人工智能的语义识别能力已与人类并驾齐驱,估计要不了多久,人工智能就会接手教师批改作业的任务,人工智能批改作业的效率将会数倍于人的批改;人们在网上学习遇到问题时,寄希望能够得到及时解答或解决,不断发展的人工智能能很快做到随时圆满解答人们网络学习的问题。美国佐治亚州理工大学艾休克·戈尔教授(Ashock Goel)用吉尔·沃特森(Jill Watson)的智能机器人回答 MOOC 课程问题,机器人回答问题能力非常强,以至于持续授课 5 个月教学没有任何学生发现课程助教是个机器人。人工智能在进行学习分析、自动推送个性化的学习资源方面的本领,已远远超过人类。教学本身是一种传播,当电视主持人、主持电视节目纷纷可被 AI 主持人、AI 主播代替的背景下,教师准备好的教学内容让 AI 以教师的口吻去讲授,已只是时间问题,智能学伴、虚拟教师等教师形态将会层出不穷。

综上可以说,科学技术不能完全替代教师,但是新兴科学技术武装的教师能够替代不使用科学技术的教师,同理,人工智能不会完全替代教师,但是使用人工智能的教师会替代不使用人工智能的教师。

广大教师必须顺应时代的变化,加快发展 AI 为学习伙伴,成为教和学的帮手。

6.3.4 在多重被替代可能性下的教师嬗变

教师存在多重被替代的可能性,必将带来教师队伍的重构,教师将会由"小我"升华为"大我",这对于具体的教师而言,既是机遇,但更多是挑战,每个教师都要从传统教师升华为现代教师,至少要实现如下整体的升华:

教师要在信息时代已将过去教师由知识传授者转化为学习的组织者、引导者、帮助者、合作者的基础上,再实现新的转化,转化成为创新的指导者、陪伴者、协同者、激励者,成为创新活动的设计者、组织者,而要达到如此的转变,教师必须成为创新创造之人,在此基础之上成为创新创造之师。

教师队伍要进行重新分工,改变规模化教育的清一色面孔,可对学生进行更为精细化的培养,分别有专司课程设计、资源开发、基于大数据的学习者分析、学习平台研究和管理、教学答疑辅导等若干具体门类的工作,不同的教师相应成为课程内容设计师、课程主讲教师(主讲师)、课程辅导评价诊断师(诊断师)、课程平台师(平台师)、课程资源开发师(资源师),每个教师由包揽教学一切事务的杂家转为术有专攻,从而对学生进行科学的精准的培养。

教师的职能进一步提升,相应地有"科学成长架构师""缺点转化师""综合评价师""实践动议师""心灵按摩师""智能协作师""发展导师",实现由"灌输"到"指导、引导"的飞跃,真正成为"塑造灵魂、塑造生命、塑造新人"的人,使教师真正成为创新型、引领型、学习型、专家型的卓越教师。

6.4 创新服务学习新领地

新时代教育现代化的终身性特征,决定了信息化推动教育现代化必须着眼于大教育、终身教育,必须以提供更广领域、更高质量的教育与学习服务为旨归。

6.4.1 创新服务家长学习

中国特色社会主义新时代的内涵十分丰富,其中一个重要方面是我国在世界之林中发展状态的改变,在科学技术等诸多领域要由"跟跑"发达国家向与发达国家"并跑"以及向"领跑"世界而转变,因此培养"领跑"世界的一代代新人,就成为中华民族对人才培养的新呼唤。作为孩子生命创造者的家长,是为孩子描绘发展底色之人,是孩子最长久的"老师",因此能否造就"领跑"世界的一代代新人,家长至关重要,时代必然要求家长通过不断学习为自己赋新能,通过不断学习持续增长智慧,使其能够培养造就更为优秀的孩子,一代更比一代强,一代远比一代强。

尽管家长是孩子的第一任"老师",是孩子成长最持久的"老师",家长学习事关孩子的成长、成才与发展,然而在我国,家长学习缺少关注,缺少支持,缺少好的内容、资源、平台、体系与方法,这与高质量发展的新时代不相适应。如何更好地引导新时代的家长学习,如何服务新时代的家长学习,如何使家长具有高超的家庭教育胜任力,是时代命题,值得而且必须深入探讨,并付诸切实的行动。

信息技术对教育具有革命性的影响,信息化是新时代教育变革和创新的驱动力量,正加速推动人类的学习向数字化、网络化、移动化、泛在化、智能化、个性化、终身化方面发展,各种现代信息技术也为家长学习创新甚至学习方式方法革命提供了无限的可能。一方面呼唤家长在造就"领跑"世界的新人方面做出时代性贡献,另一方面现代信息技术发展已为家长通过学习革命提升"教"的能力提供了新的支持。

创新服务家长学习可从创家长学习新资源、创家长学习新平台,以及创家长学习新社区三方面入手。

新时代的学习趋于数字化,数字化资源建设顺理成章地成为支持人类现代化学习的一项基础性工作,为此应创建系统化、时代化、多形态的家长学习数字资源,为家长进行高质量、高水平的学习提供有效支持。

家长受教育层次高低不一,家长自主学习主动性、自觉性、自律性差异很大,将导致家庭教育水平的差异性。为保障教育的起点端公平,现急需一个能够提供创新资源服务、创新空间服务及创新交流激发服务等"三种创新服务"于一体的新型家长学习平台,以支持家长高效率、高质量、个性化学习。

为方便家长通过交流提升学习力,进而提升家长对孩子成长的指导力,应开辟新的渠道支持家长学习者随时随地进行交流,在交流切磋中共同提升。虚拟学习社区交流与面对面的交流相比,具有超越时空的特点。随着虚拟学习社区技术不断发展以及功能不断丰富与日臻完善,时代已到了运用虚拟学习社区创建多元化、立体式家长学习新社区的时候。

6.4.2 创新服务老年学习

中国特色社会主义进入新时代,急需让在总人口中占比不断提升的老年人群更好享受现代化成果,跟上社会高速发展的步伐。随着时代进步,必将赋予老年学习新的内涵与功能,以服务老年人的更高精神追求。

我国老年人不仅在全世界所有国家中总人数最多,而且有许多共性特点,从总体上看,他们是新中国的建设者,是艰苦的一代,勤奋的一代,奋斗的一代,担当的一代,他们为我国站起来、富起来、强起来做出了贡献,为他们提供新型的时代化的学习服务,是日益强大的伟大祖国的责任。

在新的时代，在给予退休老人丰厚物质待遇的同时，也需提供让其精神充实、跟上时代发展步伐的条件与支持，进而提升其"未落后于时代"所产生的幸福感，并老有所为，甚至老有所创，而这需要社会为其提供信息化形态的新的学习服务支持，建构新的老年精神生活和文化生活方式。

教育信息化在支持与服务老年学习现代化方面，具有通学、易学、协学、适学等优势，通过创新构建支持老年人系统化学习的数字化巨型学校、创新老年学习虚实融合大空间、开发易学促创优质老年学习活资源、开展人工智能+学习新服务等四大路径，可实现服务全体老年人学习的全员目标、服务实时学习需求的全时目标、服务系统学习诉求的全息目标、创新学习服务形态的全新目标、智能贯通学习服务的全智目标的老年学习现代化服务的"五全"目标。

建构老年学习现代化服务，体系庞大，比如，仅学习资源的服务供给，就要综合考虑年龄、职业、文化、退龄、地域、功能(饮食、服装、运动、学习)、认知、性别、民族等至少9个维度，其组合数多达数十万种，相应地，学习资源如何规划、如何组织、如何建设、如何呈现都需要研究，由此可见该巨型的建构要建立在广泛、深入、创新的研究之上。建议我国尽快建立老年学习研究中心，由政府层面设计推进力求在短时间内取得突破，让其尽快惠及亿万老人。

6.5 创新智慧型课程新形态

6.5.1 创新智慧型课程的意义

近几年国际教育变革高潮迭起，其中相当比例的是课程方面的变革，慕课、微课、翻转课、私播课等，本质都是"课"。然而，在世界的课程变革大潮中，我们国家在课程的创新程度上、创新影响方面还远远不够，更多是作为国外课程创新改革的跟随者。在智慧新时代，我们有责任建构具有中国特色的现代化课程形态，实现由课程变革的跟潮者反超为引潮者的跨越。慕课、微课、翻转课，在实践中已暴露出许多问题，即若按认知领域学习目标分析，更多地在"记忆""理解""应用"初级认知方面表现良好，在"分析""评价""创造"等高级认知方面力不从心，存在"认知天花板"现象[1]。全球范围内方兴未艾的智慧教育，为我国引领世界课程改革，创造了千载难逢的历史机缘，我们应该紧紧抓住这一时代机遇[2]。

智慧教育主要在于"转识为智"，实现从培养"知识人"到塑造"智慧人"的

---

[1] 祝智庭. 智慧教育新发展：从翻转课堂到智慧课堂及智慧学习空间[J]. 开放教育研究，2016，22(01)：18-26.
[2] 陈琳，陈耀华，郑旭东，等. 智慧教育 中国引领[J]. 电化教育研究，2015，36(04)：23-27.

飞跃[1]，而要"转识为智"，必然要求课程有本质性改变，因为课程是教学内容和教学活动的主要载体及基本依据，是实现人才培养目标的基本保证，是学校一切教学活动的媒介，是教育命脉，是专业根基，同时是学习活动开展的系统化所在，课程意识决定教育质量，课程设计决定学生发展，课程管理定位决定教育管理品位。没有智慧的课程，教育其他的智慧或无立足依附，或成为无源之水、无本之木，或成为镜中月、水中花。因此，智慧教育的制高点在智慧型课程，建构智慧型课程这种课程新形态自然而然地成为智慧教育的核心[2]。

创新智慧型课程形态，可有效解决以下三个问题：

一是解决世界范围内缺少匹配时代支撑创新型人才培养的课程新形态问题。如前所述，尽管MOOC、微课、翻转课、SPOC等课程形式层出不穷，使教育发生了较大变化，但是这些课程形式总体上是技术变化后的"招式"改变，是在技术基础之上的简单创新，但并不是从时代需要什么样的人、如何开创课程新形态支撑支持新时代的人才培养的高度的课程的创新创造。

二是解决我国教育缺少有世界影响的教育原始创新的问题。我国的科技已到了由跟跑世界在局部方面转向并跑与领跑世界的发展阶段，教育与科技是创新型国家建设的两翼，而我国教育总体上与我国科学技术的世界地位有明显差距，教育缺少能够引领世界的"原创"。创新的智慧型课程，立足于"原创""引领"定位与设计，有望成为中国教育创新的世界品牌。

三是解决如何教育培养引领型、创新型人才支持创新型强国建设的问题。我国要在新时代迈向创新型强国，越来越需要教育造就更多的引领型创新型人才，而依靠工业时代建构的教育模式和方式方法是无法满足这史诗般的巨大要求的，必须寻求教育的根本性突破，立足于创新创造人才培养建构课程理论、建构课程平台、建构课程模式、建构课程评价，有助于促使教育形成时代化的新模式，从而适应我国新时代对教育的新要求、满足对教育的新期盼。

6.5.2 智慧型课程特征建构

智慧型课程是课程时代化的创新形式，因此智慧型课程的特征是区别于通常课程以及当今走红的微课、慕课、翻转课的特点。由于智慧型课程是一种时代化的建构，因而其特征是按照时代发展要求，在科学设计的基础上人为赋予课程的，即是人为设计打造的课程特征[3]。

研究表明，赋予智慧型课程特征，首先必须建立三大理念。一是大课程观，二

---

① 张仕志. 智慧成就教育梦——四川省遂宁市智慧教育集团"智慧教育"解密[N]. 中国教育报，2013-12-11(12).
② 陈琳，陈耀华，李康康，等. 智慧教育核心的智慧型课程开发[J]. 现代远程教育研究，2016(1)：33-40.
③ 陈耀华，陈琳. 智慧型课程特征建构研究[J]. 开放教育研究，2016，22(03)：116-120.

是创新课程观，三是创新人才培养观。在此基础上认识智慧型课程，其至少应该具有如下五方面的特征：

1. 课程学习目标的"知行创"合一性

教学目的在于发展学习者的智慧，"转识为智"是教学的基本变革方向，即教育更多地转向培养创新创造型人才，因此智慧型课程要将传统教育的知识学习和实践，与培养学生的创新精神与创新实践能力培养有机结合，更好地服务于实现培养知识人到智慧人的转变。这必然要求课程学习由通常的"知行合一"进化为"知行创合一"。只有如此进化，才能真正意义上培养具有创新能力的智慧型人才，才能真正契合创新型国家建设对庞大数量的创新人才的需求。课程的建构，要创造条件让学生在学习的基础上研究，在研究的基础上创造，即采用"研创式"培养新模式①。是否指向并服务于培养创新创造之人，是能否成为智慧型课程的分水岭。

"知行创"的合一性可用长链智慧学习理论的观点来解释：人们在学习过程中，只有通过一系列环环紧扣的学习、实践、协同和研究活动，才能有效培养高级思维能力和创新创造能力，否则易使学习停留在一知半解、浅尝辄止的浅层次水平，难以培养信息时代所需要的具有国际竞争力的拔尖创新型人才。

2. 课程教师全新意义的协同性

基于工业时代的将教师作为教书机器的教师模式必须改变，要从根本上解放教师，对教师进行更细化的分工，让每个教师由现在包揽一切的杂家而专攻一块，在专攻的方面做到极致，就像医院手术有主刀医师、辅助医师、麻醉师、器械护士、巡回护士一样，这样教师相应分为课程内容设计师、课程主讲教师、课程技术支持教师、课程资源开发教师等。精准极致是互联网思维的核心之一，信息时代的教师分工同样要精准极致。

在高校教学方面实行教师新的分工协同，至少有如下优势：

(1)教师由单干式的孤军奋战变成集团式作战，可实现优势互补，取得场强叠加效应。

(2)顺应开放教育发展大势。当 MOOC 大潮来临时，教育界十分关注，有的惊呼高等教育大旗还能举多久，一些高校选择了模仿跟进。MOOC 的影响虽然更多的是风头公司充足资金运作并裹挟名校的营销行为，可是它在一定程度上揭示了大规模开放教育的方向。大规模开放教育必然要求教师队伍有更为专业化的分工，否则一个人包揽一门课教学，然后使全部教学课程搬上网的开放，竞争优势有限，尤其难有持续的经久的竞争优势。

---

① 陈琳，杨现民，王健. 硕士研究生"学研创"培养模式建构研究[J]. 学位与研究生教育，2016(05)：23-27.

(3) 有利于教师的专业发展。就一般意义而言，只有分工的细化，才能做到精致，才能是真正的专业化发展。现在教师的"专业"性太低。时代已经到了迫在眉睫地创新教师专业化分工的时候。这里的专业化分工，不仅仅是通常按照专业和学科的分工，且更是工作性质、工作任务的再分工，"工种"的再细化。没有分工明确的专业化，就难有数量可观的真正意义的智慧型教师；没有明确的专业化分工，绝大多数教师只能充当忙于"说知识"的传输机器，就不可能有大批的教育家；没有教师的新的意义上的专业分工，就不可能有大量的优质学习资源，因为"业余"型教师无暇精雕细刻产生优质资源；更有甚者，大众化的教师教大众化的学生，则就难有高质量的专业可言了。

以上新的专业化分工，表面上看，势必要求教师量的扩张，然而，我们只要转换思维方式此问题就迎刃而解：一是采用开放式的大规模教学，二是相当层次的高校之间，进行必要的专业和相关专业教师的整体交换与专业重组。

智慧型课程仅仅对教师有以上改变是远远不够的，还要求老师成为具有很高教育智慧水平的真正智慧型教师，尤其要拥有更为虔诚的敬业精神与更为炽热的爱生情愫，具有积极、执着、开放、个性的人格特质，具有担当责任、崇尚民主、怀抱良心的伦理情怀，具有热爱生命、坚守信仰、追求艺术的审美情趣[①]。

3. 课程学习内容的时代性

课程的核心在目标在内容。离开课程内容，智慧型课程就无从谈起。智慧型课程的智慧首先在于内容的"智慧"。知识是浩瀚的，科学技术体系是庞大的，将哪些内容选入课程需要大智慧，然而就是在最需要大智慧的课程内容选择上，问题重重，值得深入探讨。

例如，课程内容的过时、泛化、重复、远离社会现实，是我国高校教学中的共性问题。我国正在为 2035 年实现教育现代化作积极努力。我国将实现的教育现代化，不是工业时代的教育现代化，而是智慧时代的教育现代化。教育现代化的重要特征之一是教育的社会性，而教学内容与火热的社会发展相脱节，是课程的最大问题。

党的十八大、十九大特别强调坚持教育为社会主义现代化建设服务。其强化至少包含三个层次的内容：第一，为建设服务，培养的学生要能建设、善建设，要有建设的本领，哈佛大学校长哈略特认为，教育要培养实干家和做出成就的人，他们成功的事业生涯可以大大增进公共福祉，不要培养世界的旁观者、生活的观众或对他人劳动十分挑剔的批评家；第二，为现代化服务，要立于时代的潮头去谈服务，让学习者练就时代化的建设真本领；第三，为社会主义服务，作为发展最快最好的

---

① 王萍，田慧生. 智慧型教师情意品质的发现与认同——基于智慧型教师成长的案例研究[J]. 中国教育学刊，2015(03)：80-85.

社会主义大国的教育，要为世界和平、伟大中国梦的实现培养具有国际竞争力的拔尖创新人才。

可是，许多课程内容设计缺少国际视野、时代担当、社会责任，只是在狭隘的过时的学科内容体系内作"知"的取舍，呈给学生的许多是"过夜茶""隔年饭"。所以，课程内容提升是当务之急。为此特建议采取以下措施：教育部有关职能司更加重视大纲、课程标准的制定，并吸纳行业人士参加制定；缩短更新大纲和课标的周期；建立专业课程的虚拟社区，使得人人可贡献课程内容智慧；保证课程内容专题研讨的常态化。

4. 课程资源的立体生成性

智慧型课程资源的立体性、生成性至少体现在如下方面：

一是课程资源表现形态立体化，以适应不同认知风格、不同学习特点的学习者。教育技术学科唯一的国家精品教材《数字影像技术》所建构的立体学习资源，是文字教材、电子书、多媒体词典、学习自我诊断软件和网络课程的统一，其设计目的是让学习者灵活运用最合适的优质资源进行学习，让学习者以最恰当的资源进行自主学习、协作学习、研究性学习、深度学习，为学生实现数字化学习模式的突破，提供新形式的资源支持，这是智慧课程资源立体化的一种有益尝试。

二是课程资源功能的立体化，不仅以传播知识为目的，而且要支持学习者的研究、创造、支持学习者建构自己的知识和能力体系。对于大学的课程资源，后一功能特别重要。

三是课程资源要具有进化性、发展性，课程资源开发后如果不能与时俱进，就不能适应智慧教育的要求。大学的课程资源，要将大学生作为资源进化的推进力量，给他们明确资源进化的任务，给他们创造资源进化的条件。

6.5.3 智慧型课程的教学模式创新

什么样的教学模式才能与智慧型课程相匹配?这是智慧型课程设计要解决的核心问题。创新实践和研究表明，设计和实施"融创式智慧教学模式"是智慧型课程的关键[①]。

1. "融创式智慧教学模式"的内涵

"融创式智慧教学模式"以智慧提升为核心，以创新创造为课程培养的重要目标，融合多种方式方法和手段，以适应未来教育要求。其中"智慧"是方向、思想和催化剂。

"融"，首先是一种"融通"的教育思想，是一种新的"融通"教育理念，即

---

① 陈琳，陈耀华，李康康，等. 智慧教育核心的智慧型课程开发[J]. 现代远程教育研究，2016(01)：33-40.

博取众家之长为课程所用,充分应用一切先进的方式方法于教学,并在融的基础之上形成新的方式方法,让其在智慧型课程的理念下发生"化学反应",共生于创新创造人才的培养。"融",又指多方面的融通与融合,包括传统与现代的融合,学生主体与教师主导的融合,学、研、创的融合,线上线下融合,多种教学方式的融合,多种理论的融合,校内外融合,理论与实践融合,国内外融合,学术性与社会性的融合,虚实融合,公开课、微课、慕课、翻转课、私播课(SPOC)的融合。不仅于此,还要在融的基础上产生新的方式、新的课程形态。

"创"是通过智慧型课程更好地培养学生的创新精神、创新意识、创新品质、创新思维、创新能力。即与原有的课程相比,将培养学生创新创造能力放在更加凸显的位置,将培养创新创造型人才作为课程的第一要务。

"智慧"往往是通过头脑风暴式的讨论、激辩,激发智慧,产生思维的火花、灵感、创新的激情和冲动,养成创新思维和创新习惯与品质,使"创"有不竭动力。

2. "融"的实现

以智慧为方向、以创新为目的的课程的"融",主要表现在 10 个方面,其实现也应从这 10 个方面着眼。

(1) 传统与现代的融合。智慧型课程是立足当前、面向未来的,但不排斥传统。任何时候和任何年代的教学,都是在继承基础上发展。通常说智慧型课程是对传统课程的一种颠覆,是指其课程形态的变化,而不是指课程中所有元素、所有规则、所有方式的颠覆。

(2) 学生主体与教师主导的融合。智慧型课程一定是"主导-主体"的,即既发挥教师引导、启发、监控教学过程的主导作用,又充分发挥学习者学习过程中主动性、积极性与创造性的主体作用。

(3) 学、研、创的融合。将学习、研究、创造在课程中统一,即让学习者在"学习"的基础上"研究",在研究的基础上"创新创造",在创新创造中深化学习。学、研、创融合中的学,已不是一般意义上的学,要学得深、学得活、学得通(基于联通的学习,不同学科的融通)、学得新、学得实(与实践、社会紧密相联系)、学得多;不是简单的学知识,还要学方法,学习创新精神、创新思维,以探讨的态度、批判的思维学习。

(4) 线上线下的融合。O2O (Online to Offline)的电子商务模式融合了虚拟经济与实体经济,推动了经济的发展。O2O 运用于教育,可产生线上线下同步虚实结合、线上到线下翻转互动、线下到线上资源拓展等不同的教学形式,从而打破传统教学单一封闭的模式。

(5) 多种教学方式的融合。教无定法、教无定则,教学方法多种多样。智慧型课程强调按照不同的内容、不同的学习对象、不同的学习要求,采用最合适的方式教授特定的教学内容,达到优化的教学。讲授法、谈话法、讨论法、案例教学法、情景教学法、演示法、参观法、练习法、实验法、发现法、探究法、任务驱动教学、干线式教学、微格训练教学、翻转教学等不同层次、按不同规则划分的方法,要灵活选用,融会贯通。

(6) 多种理论的融合。信息时代蕴含了多种学习理论,包括建构主义学习理论、联通主义学习理论、长链学习理论、大成智慧学、主体-主导教学理论等,但其并不意味着行为主义学习理论、认知主义学习理论、人本主义学习理论、多元智能理论、情境学习理论、经验之塔理论等失去价值,要综合应用各种理论指导教学。

(7) 校内外以及国内外融合。以开放的心态,借助网络手段,充分利用校内外、国内外的平台、资源和专家,既有开放,又是协同。这里的开放既是课程放在网上全面开放供人们学习,又是课堂面对面教学时,利用可视化的网络,直接调取现实社会中的场景进教室,让教学是基于鲜活的真实社会发展中的情境与过程进行教学,而且逐步发展为立体式景观呈现,让学习者犹如置身现场一样,同时可以与身在异国的专家进行远程互动交流,将教室中的教师拓展为与内容和能力培养相宜的远在国内外的专家、学者、实践人员。

(8) 理论与实践融合。将理论与实践在课程中达到高度统一,解决通常教学中理论脱离实际、理论和实践"两张皮"的问题。力求做到将理论在实践中检验,将理论在实践中应用,将理论在实践中发展与升华,将实践上升为新的理论。

(9) 学术性与社会性的融合。教育社会化是第二次教育现代化最为重要的特征之一,智慧型课程一定要走出象牙塔,走出书斋,关注社会,在促进社会发展、得到社会认可中提升层次,在与社会的结合中吸收丰富的养分,而不能关起门来自娱自乐。

(10) 课程形态融合。将开放课、慕课、微课、翻转课、私播课、精品资源共享课、精品视频公开课的优势融为一体,并在此基础上创新创造。还在于课程实验实践的创客化与社会化,改变目前以验证性实验、规范性训练为主的倾向,让学生进行基于实践的有价值的创新创造型实验。

6.5.4　智慧型课程的教学评价重构[①]

教学过程离不开教学评价,但当前教学评价也存在一些弊端。比如,主要以试卷考试形式对学生进行评价,往往更适合知识性的评价,是偏向解题能力和技能的评价,容易出现学生一遇到实际问题就茫然不知所措的现象。再比如,盖棺定论式的终结性评价,只对学生在所谓的学习成绩上评出高低,不能够及时发现学生学习中的问题并予以校正和调整。粗线条的评价,难以找到制约学生成长的深刻原因,许多学生的问题被掩盖、被忽视,而得不到应有的指导。

---

① 陈琳,陈耀华,李康康,等. 智慧教育核心的智慧型课程开发[J]. 现代远程教育研究,2016(01):33-40.

智慧型课程既要继承我们一贯重视评价的好传统,又要借助于"互联网+"创造新的评价形式,以更好地促进学习者全面、特色、个性、创新发展。

1. 全程全息评价

课程学习时搭建全程全方位的学习记录平台,利用网络学习空间、课程录播技术、网上学习轨迹记录技术等,将学生学习过程、练习的作业、创作的作品、讨论情况全程记录,据此对学习者进行基于大数据的学习评价,改原先针孔式评价为全方位评价,改单一的分数评价为立体画像式评价。

2. 多元评价

人的智能是多元的,每个人都拥有语言、数理逻辑、空间、身体运动、音乐、人际沟通、自我认识和自然探索智能等多种智能。现代社会需要各种各样的人才,要求教育必须促进学习者全面发展,让个性得到充分发挥。然而现有的学习评价更多关注的是语言智能和数理逻辑智能,而且即使在对语言智能和数理逻辑智能的评价中,也更多地局限于布卢姆认知领域教学分类目标中的记忆、理解、应用、分析层次,较少涉及评价和创造层次,更有甚者,许多评价被标准化所替代。

我国知名教育学专家袁振国认为,人与生俱来是一个丰富的生命体,具有各方面的才能和禀赋,教育有责任让这些禀赋像破土的嫩芽一样笑迎东风,茁壮成长,而不是让它们削足适履,萎靡凋谢。智慧型课程评价既要着眼于多元智能的发展评价,更要关心学生高级能力的评价,特别是创新创造能力的评价。

3. 自主评价

智慧型课程的一个重要理念就是激发学习者的内生动力,形成强大的学习内驱力,将学习者由被动评价转化为学习评价的主人,更好地实现将外力转化为内力,变他律为自律。因此要创造条件让学习者能够自主评价。

学生自主评价的关键是科学制定课程学习评价量规,并将量规在课程学习前就交给学生。该量规既要体现一定刚性,又要体现对学生的激励性,并给个性的发展、特色的彰显留下空间。

4. 发展性评价

主要着眼于四个方面评价:

一是重视学习者的进步与发展,弱化排名。人与人之间由于受到错综复杂因素的影响,存在着个性差异。智慧型课程承认学习者个体差异的存在,又希望学习者通过不懈的努力,不断缩小差距。因此评价需将进步放在首位,看重努力后的增量。这样既可以防止优者骄傲自满、小富即安,又可以防止弱者自暴自弃。这种比学赶超的氛围和文化的营造,对于学习者未来发展非常有利。我们要通过智慧型课程发展性评价的建立，提升学生学习兴趣，更好地进行自主学习，保持持久的学习热情和动力。

二是强调日积月累、集腋成裘。智慧型评价是累积性的、全方位的，学习者的每一分努力、每一点进步，都得以采集，得到及时反映，都在最终评价中占有一定份额。这有助于促使学习者注重平时的学习，消除考前临阵磨刀、临时抱佛脚以及考试作弊现象，确保成绩评价的公平。

三是强调个性化评价。人的个性、独特性和不可替代性是人生命价值的本质体现。发展性评价应着眼于个性的张扬，突出个人的独特性。

四是着眼未来。发展性评价肯定学习者的进步，发现学习中的不足和问题，为促进学生更好发展提出建议，指明更科学的前进方向，充分发挥教师在人的发展中"导"的作用。

智慧型课程还需要有智慧型课程平台支撑。

6.6 再创教育公平新路径

6.6.1 信息化支持创新精准扶智

2020年14亿人口大国全面脱贫在即。人口第一大国全面脱贫，将成为世界壮举，是中国特色社会主义的时代力作。让欠发达地区全体人民由脱贫向有智慧不再贫加速发展，将成为我国未来10多年和30年新两步目标工作的重中之重，迅速由"精准扶贫"转向"精准扶智"将成为中国特色社会主义的必然选择，而信息化在精准扶智中将发挥重要作用。

开展信息化支持的精准扶智，具有多重意义：

一是有利于加长社会发展短板。精准扶智致力于帮助欠发达地区人民拓宽视野、掌握先进文化知识与科学技术、具备自主发展意识与能力，形成个人新时代发展的核心竞争力，从而提升欠发达地区人民的综合素质，有利于我国国民素质整体提升，加长社会发展短板。

二是有利于促进新时代社会公平。更好更快地推进社会公平，是新时代中国特色社会主义发展的新要求。精准扶智巧妙借助信息化手段投入少、受益广、绩效高等优势[1]，着眼于欠发达地区全体人员的提升，通过帮扶志愿者与扶智对象间"一对一、多对一"精准结对，为欠发达地区人民提供泛在适切、精准高效的扶智服务，以实现人的自主发展推动地区发展，可使社会公平得到迅速有效提升。

---

[1] 王丽娜，陈琳，陈丽雯，等. 教学点"全覆盖"项目——信息化促进教育公平典型范例研究[J]. 中国电化教育，2017(12)：26-32.

三是有利于确保脱真贫不返贫。精准扶智是借外力激发内力的根本途径。我国幅员辽阔、人口众多，区域发展情况较为复杂，以往的输血式帮扶多在物质上给予援助，只能短期缓解贫困，帮扶工作一旦中断，人们极易返贫。精准扶智则以人的发展为核心，重视人的主体参与作用，以适切引导的强针对性方式，逐步帮助人们增强自主发展信心，进而激发内生发展动力，内外力相结合，以实现人的自主发展。通过精准扶智，人们树立自主发展意识，并能根据实际情况创造性地想出发家致富的新点子，可为实现地区发展提供强大的智力支撑，可从根本上保障欠发达地区人民脱真贫不返贫。

精准扶智的关键在于帮助欠发达地区农民提升精神境界、提升文化知识水平、提升信息素养、提升科学技术水平、提升创新创造信心与能力以及提升终身学习能力，而以新型平台为纽带实现远程泛在形式的精准扶智，以网络志愿者联盟为组织服务中心进行多方协同的精准扶智，构建精准结对的动态扶智共同体实施高效适切的精准扶智，将成为新时代信息化支持的可持续精准扶智新方式。

6.6.2 建构突破聋人-健人语言交流障碍新体系

我国有残疾人口 8500 多万，其中聋人 2000 多万，他们中的多数人与社会成员间通常无法顺畅交流。运用现代信息技术开辟聋人与健听人无障碍交流的新路径、新体系，找到让聋人与健听人能无障碍交流的新办法并在技术上加以突破与实现，是现代社会的呼唤，也是《中国教育现代化 2035》要求达到"残疾儿童少年享有适合的教育"的必然要求。

当前信息技术发展迅猛，应该加紧建构能够使聋人与健听人无障碍交流的信息化新系统，以帮助数以千万计的听障人更好地融入现代主流社会，更好地促进社会公平。聋人与健听人无障碍交流的信息化新系统建构并实现，将能够有效拉长短板，能够体现社会主义关爱弱势群体、更好促进特殊人群发展的优势，将带动聋人教育的革命，有助于克服我国开展融合教育所出现的制约性障碍(比如师生双方无法很好理解对方表达内容，聋人学生学习跟不上的问题)。

6.6.3 教学点由"全覆盖"走向"全融通"

"教学点数字教育资源全覆盖"项目为教学点的现代化发展做出了巨大贡献，是为教学点现代化的基础性、奠基性的工作。作为以教育信息化促进教育公平的典型范例，尽管"全覆盖"项目取得的成效世人瞩目，对我国教育公平的提升作用非常大，但是时隔几年后再站到时代的高度审视，应该探讨如何在"全覆盖"项目的基础上，进一步运用信息化手段使教学点教学质量再提升，使教育公平不断跃上新台阶。

教学点的进一步发展在于联合多方力量、融合各方所长、汇聚各方资源，使之在一个"全融合"的大环境中动态发展，相应地，实现教学点由"全覆盖"到"全融合"的再发展。

"全融合"主要由环境融合、教材融合、教师融合、学生融合、活动融合等多融合所构成。

6.6.3.1 环境融合

1. 教学点与名校联通

21世纪初共青团中央发起的城乡教育"手拉手"活动,旨在增进不同条件下的学生沟通,促进农村学生成长。教学点与名校联通与城乡"牵手"有共同之处,但又有本质差异,旨在将先进的教学理念、教学方式、学习方法、多样的课堂组织形式和丰富的实践活动通过同步课堂、教学观摩、教师互助传播、渗透到教学点的日常教学中,使教学点适应信息技术对教育教学带来的变革并融入不断变革发展的大环境中。

2. 教学点与周边学校联通

教学点由于地理位置和人文环境的特殊性,在教学方式、教学内容中应该内含一定的地方特色,而周边学校在一定程度上与教学点有共通之处,可以更好地帮助教学点融入新的观念、资源、方法、模式等,能使学生更好地了解家乡、热爱家乡、立志更好地改造家乡。

3. 教学点与外部世界联通

过去教学点交通不发达,外界信息难以快速传播到,不易了解外部世界和时代发展,现在不同了,网络使信息传播不再受交通限制,教学点教师应该指导学生更好地利用网络了解外部迅速变化的世界。

6.6.3.2 教师融合

时代的发展要求教师之间紧密地联系和沟通,教学点教师更不例外,通过参加社交网络平台,教学点教师可以与专家交流教学过程中的问题、解决策略以及时代发展中某学科的变革性发展。

教学点教师可与名校教师和周边学校教师结对,通过实地示范、网上交流、同步课堂等方式融合教学方法、教学理念、教学模式、技术知识等。

6.6.3.3 学生融合

个体认知的生成并不仅仅发生在个体的内部,而是广泛地分布于周围的环境、所应用的媒介以及社会文化当中,并且会随着时间分布。教学点学生认知力的提高也不仅仅是学生的自我建构,更与所接受的教育和获取的资源紧密相关。除了让接受教师在课堂上传授的知识外,学生还要尽可能地通过多种途径发展自我,比如借助社交网络媒体构建的学习共同体学习,还可让名校学生和周边学校学生与教学点学生结成学习帮手。

6.6.3.4 活动融合

"全覆盖"项目着力通过网络、卫星等将优质数字教育资源传送给教学点,以课程、教材、教师和知识为中心,在某种程度上是用信息化手段共享传统时代的优质教学资源,而在下一阶段的发展中,应再发展物理环境中的活动融合以及虚拟环境中的活动融合。

6.7 创新教育评价制度

"以评促进",评价具有导向作用,时代变,要求变,评价必变,否则评价就有可能束缚人们的手脚,制约新的生产力作用的发挥。

下面针对高等教育中的学历制度以及学分制度的时代化设计进行探讨。

6.7.1 学历+学力的证书制度创新

时代对人提出的要求是既要拥有知识,同时具有多样的能力,因此可建立"学历证书+学力证书"的证书制度引领培养新时代的人。"学历证书+学力证书"的证书制度的内涵是人在一个学历阶段结束时,既要取得以知识考量为主、确认所学知识达到一定水平的"学历",又要取得以能力考量为主、确认能力达到一定层次的"学力",从而使培养的学生是知、行、创一体的人。这一制度设计,可改变高分低能的格局,改变教育对能力提升不足的弊端,开创万众创新的局面。

一旦采用"学历证书+学力证书"的制度设计,将使创新创造之人培养有制度保障,可使处于学习阶段的人,人性得到更好解放,活力得到更大激发。在这制度设计中,信息化可发挥重要的作用,可更好地支持教育的能力培养,可更好地支持学习者能力提升,可支持全面客观科学地评价学生的能力。

2019 年我国部署启动的"学历证书+若干职业技能等级证书"(简称 1+X 证书)制度试点工作,与"学历证书+学力证书"的证书制度是异曲同工,可将之视作是"学历证书+学力证书"的证书制度在职业院校的率先行动。

与不同学历阶段匹配的学力的"力"的成分不同,可框架性地设计如下:

(1)高职院校学历阶段。实施 1+X 制度,其 X 部分是"能力"的体现。

(2)本科学历阶段。对应本科学历的是多样的实践能力,初步具备的创新创造能力。

(3)硕士及博士学历阶段。与其对应的能力是将所学服务于社会的能力,以及科学研究的创新创造能力。

过去学习的证书制度是学位证书+学历证书,然而学位证书与学历证书差异性太小，更多的是雷同，特别是缺少能力的导向。新的证书制度，尤其是高学历对应的证书制度，更强调学创贯通，让学生在校学习期间有实践与创新成功的高峰体验，从而使其有终生奋斗发展的活力与追求。

知识固然重要，但知识转化为实践，在知识、实践基础上走向创新创造更为重要，学历证书+学力证书的证书制度，改变的是唯知识导向，是使学生由单维的培养向多维的发展转变。

6.7.2 畅通互认学分

6.7.2.1 畅通互认学分的意义

我国高度重视学分互认。2012年教育部在发布的《关于全面提高高等教育质量的若干意见》中提出，"加强高校间开放合作，推进教师互聘、学生互换、课程互选、学分互认"。2013年11月12日党的十八届三中全会做出的《关于全面深化改革若干重大问题的决定》，明确要求"试行普通高校、高职院校、成人高校之间学分转换，拓宽终身学习通道"。2015年10月29日党的十八届五中全会审议通过的《中共中央关于制定国民经济和社会发展第十三个五年规划的建议》中明确要求，"建立个人学习账号和学分累计制度，畅通继续教育、终身学习通道"。2016年教育部发布《教育部关于推进高等教育学分认定和转换工作的意见》。

畅通互认学分意义重大，然而其实施是对历史上形成的成熟制度的颠覆，这需要当代教育人有颠覆创新的勇气和极大的智慧。

一旦采纳普遍的学分互认，就开辟创新一条新的教育公平道路。一旦采纳普遍的学分互认，教育的许多制度、指标就要重新调整，比如生师比就会赋予新的内涵。

6.7.2.2 畅通互认学分的关键设计

学分互认已有若干年的历史，但在推进中阻力重重，进展十分缓慢，这种现象并不是表示学分互认缺少需要，而是由于原先学分互认还缺少高度发展的信息技术的支持。今非昔比，现在信息技术已完全可支持学分互认在普遍意义上开展。但是，要使其科学发展，还要进行如下三项关键设计：

1. 学分转换系数设计及运用

教育是复杂的系统，决定了学分互认的复杂性，该复杂性决定了要保障学分转换的顺利进行，要通过设计若干类型的学分转换系数加以规约和调整。

从教育的实际和未来社会对教育的发展要求看，有必要设计以下几类转换系数：

1) 时间系数或折旧系数

时代变化很快，要使学习保持与时代合拍，在认可学分转换学历时，必须引入时间系数(Time coefficient, T)的概念，即越新近取得的学分，认可系统越高。

时间系数的引入是为了保持学习内容的鲜活,保证学习者新取得学历的时代性,因此时间系统也可称为折旧系数。该时间系数既与取得学分的年代有关,还与课程的性质、内容变化的快慢相关,即随着时代变化内容变化很大的学科或课程,折旧要多,比如信息技术类课程,而随着时代变化内容有变化但变化较小的学科或课程,折旧相对要少。

2) 关联学分系数

关联学分系数(Correlation coefficient,C)是表示所学学分与申请专业的关联度的一个转换系数,其引入是客观表示实际学分内容与具体学科、专业的关联性,全关联的学分系数为 1,不关联的学分系统为 0,部分关联的则在 0 和 1 之间选择确定。

人类知识是浩瀚的,但学科是有边界的,专业也是有边界的,在学历的学分认定中,学习的内容必须与专业、与学科关联。

3) 品质系数

品质系数(Quality coefficient,Q)是度量取得学分对应课程质量高低的、学习资源质量高低的一个转换系数,目的是引导学习者借助优质数字资源学习,引导人们开发质量优良的教育资源,促使建设者精益求精、追求一流,以适应我国高质量发展的需要。

4) 成绩系数

成绩系数(Grade-point coefficient,G)是表征取得的学分所对应的学习成绩在互认学分中的转换系数。通常大学是将分数转换为绩点加以利用,即根据学生取得的绝对分数高低划分绩点,但是如果将该绩点计算的方法完全搬用于学分互认,将可能导致在线学习的成绩注水,如若这样将会导致整个教学质量的降低,甚至于在教育中产生逆币驱逐良币的效应。因此,本设计中将不完全依赖绩点,而是采用绝对值与相对值相结合的办法,即成绩系数 G 既与通常意义上的绩点(B)有关,也与在线学习成绩在同课程成绩中的排名(K,K 的取值以 1/% 为单位取整)有关,具体是:

$$G=1-(4^{1/3}-B^{1/3})-[K^3-(1/100)^3]$$

公式中绩点 B 的取值范围为 1.3～4.0,排名 K 的取值范围为 1%～80%。当 G 的值小于 0.3 时不再计入。

5) 难度系数(Difficulty coefficient,D)

难度系数(Difficulty coefficient,D)是指取得学分的艰难程度。"苦战能攻关",要鼓励学习者去取得啃硬骨头式的学分。该系数在 0.3～1.1 之间。该系数的设定是防止在学分中降低难度要求,有效避免和淘汰"注水"学分。

6) 多维系数

多维系数(Multidimensional coefficient,M)指学分对应内容涉及知识、实践和创新等三维度的系数,涉及创新的方面越多,多维系数的值越大,该系数的取值范围在 0.9～1.2 之间。

7）融合系数

融合系数（Fusion coefficient，F）是指取得学分所要求的线上线下学习结合的程度，鼓励线上线下融合式学习，特别鼓励实践类的学习内容采用线上线下融合的方式。线上线下融合程度越高，融合系数的值越大，该系数的取值范围在0.8～1.1之间。该系数低于1出现在那些该线上线下结合而没有采用线上与线下结合的形式的情况，该系数高于1出现在那些通常线上的课程而采用与线下结合大大提升了教育质量的情形。

8）嵌入系数

嵌入系数（Embedding coefficient，E）是指学习者取得的学分能够在申请学位中折算学分的系数，主要是看该学分与已抵算学分中的内容重复度情况，重复度越高，该系数越小，该系数的取值范围在0～1之间。该系统的引入是为了有效避免同一知识点、能力点、创新点或同样的学习内容模块在学历学分中的重复使用。

9）系统化系数

系统化系数（Systematization coefficient，S）是指学分所对应学习内容系统化的程度。可根据学习内容的粒度大小，将学分分为常模学分、微学分和群学分。常模学分是指与传统课程体量对应的学分，即学分数在1～4之间的学习内容学分，微学分是在0.5以下的学习内容的学分，群学分是对应学习内容是多课程的集合，学分数通常在5以上。引入系统化系数的目的是加强学习内容的体系化，避免过于碎片化的学分形成不了完成的专业知识与能力体系。可对系统化系数作如下约定：对于常模学分，系统化系数为1；对于微学分，系统化系数<1，取值范围在0.3～0.9之间；对于群学分，系统化系数≥1，取值范围在1～1.05之间。

综合以上9个系数，则对学习一个具体的学分数为A的课程，学分互认后实际采用的学分N之间的计算公式为：

$$N=A\times T\times C\times Q\times G\times D\times M\times F\times E\times S$$

计算公式中的T、C、Q、G、D、M、F、E、S，分别为时间系数（或折旧系数）、关联学分系数、品质系数、成绩系数、难度系数、多维系数、融合系数、嵌入系数、系统化系数。

系数设计的初衷是提升互认学分的含金量，提升学习的质量。以上的认定工作是复杂的，但涉及具体的专业和学科，认定的工作量又是有限的。

2. 学分互认质量保障组织

以上9种系数可立体式地保障互认学分的质量，很好适应我国高质量发展时代的需要，但9大系数的确定是一项十分严肃的工作，政策性强，专业性强，要有专门的专家队伍进行统筹设计，科学论证。

由以上探讨不难发现，实施学历+学力的历力证书制度和学分互认制度，是从两个根本维度方面提升人的现代化。学历+学力的历力证书制度的本质是提升学习者的现代化高度，学分互认制度是解放教师的生产力，这两项制度核心都是指向人的现代化。

6.8 创新教育信息化发展道路

6.8.1 中国特色教育信息化发展路子及其基本内涵

2015 年时任国务院副总理刘延东在第二次全国教育信息化工作电视电话会议上做出科学论断——我国"初步探索出了一条信息技术与教育教学有机融合、具有中国特色的教育信息化发展路子"。随后不久，我国将形成中国特色发展路子作为"十三五"教育信息化要实现的重要目标之一：基本形成具有国际先进水平、信息技术与教育教学融合发展的中国特色发展路子，向世界教育信息化先进水平赶超[①]。

2016 年教育部杜占元副部长在全国电化教育馆馆长会议上，进一步将中国特色教育信息化发展路子具体化为"一个核心理念、两个基本方针"的中国教育信息化特色发展路子[②]。这里的一个核心理念是强调"信息技术与教育教学深度融合"，两个基本方针是"应用驱动"和"机制创新"[③]。

2017 年教育部杜占元副部长在全国教育信息化会议上进一步阐释中国特色教育信息化发展路子的内涵，将其概括为"1238"：一个核心理念，两个基本方针，三大关键举措，八类应用模式。"一个核心理念"是将推动和服务教育改革发展作为教育信息化的根本目的，把促进信息技术与教育教学实践的深度融合作为核心理念。"两个基本方针"是坚持应用驱动和机制创新，其中的应用驱动是以应用为导向，以基础建设营造应用环境，以培训促进应用效果，以评价提升应用水平，机制创新是坚持政府和市场两条腿走路，把"看不见的手"和"看得见的手"都用好，形成了"政府政策支持，企业参与建设，学校持续使用"全社会参与的推进机制。"三大关键举措"是将转变观念、培训提高作为推动工作的重要抓手，将试点先行、以点带面作为推动工作的基本方式，将开放合作作为推进教育信息化和提升国际影响力的重要举措。"八类应用模式"是资源共建共享模式、教师应用模式、课堂应用模式、数字校园模式、网络学习空间模式、校际应用模式、区域整体推进模式和管理信息系统应用模式[④]。

我国已在探讨符合国情的教育信息化发展路子方面取得重大进展，2018 年《教育信

---

① 教技[2015]6 号. 教育部关于印发刘延东副总理在第二次全国教育信息化工作电视电话会议上讲话的通知[Z].
② 杜占元. 深化应用融合创新为实现"十三五"教育信息化良好开局做出贡献——在"一师一优课、一课一名师"活动国家级培训暨 2016 年全国电化教育馆馆长会议上的讲话[J]. 中国电化教育，2016，(6)：1-6.
③ 陈琳，杨英，华璐璐. "十三五"开局之年以信息化推动教育现代化新发展——2016 年中国教育信息化十大热点新闻解读[J]. 中国电化教育，2017(02)：69-75.
④ 雷朝滋. 以教育信息化全面推动教育现代化开启智能时代教育新征程[J]. 人民教育，2019(02)：40-43.

息化 2.0 行动计划》又提出要"真正走出一条中国特色的教育信息化发展路子"[①]。

尽管我国已初步走出一条中国特色的教育信息化发展路子，但是我国对教育信息化特色之路的研究意识不强[②]。教育界一方面在以教育信息化引领教育现代化，另一方面又缺少教育信息化支撑教育现代化道路的研究。2011 年以来我国发表的 CSSCI 教育学科论文中，标题中同时包含有信息化与现代化道路的研究论文只有有限的几篇，尚未形成本土化的教育信息化支持教育现代化的理论。运用信息化促进教育公平是最能够体现大国优势和社会主义制度优越性的[③]，然而我国理论指导下的教育公平实践重大工程的数量并非很多[④]。

6.8.2 创新优化中国特色教育信息化发展道路

初步的中国特色教育信息化路子，形成于教育信息化 1.0 时期，形成于智慧时代前序的信息时代，是教育信息化更多还只是发挥数字化、多媒体化、网络化技术特征作用的时期，信息技术更多是在"器"和"术"的层面上发挥作用，是在建设和应用推广方面下功夫，正因为如此，教育信息化对教育的变革作用还没有充分彰显，所以，有必要调整我国教育信息化的发展思路。

从上面阐释不难发现，我国教育信息化发展速度总是比人们预期的要快，且要快得多。《教育信息化十年发展规划（2011—2020 年）》制定时，我国教育信息化与"世界发达国家水平相比有明显差距"，我国相应规划 2020 年教育信息化"整体上接近国际先进水平"，然而，2015 年刘延东副总理在第二次全国教育信息化工作电视电话会议上指出我国已在赶超世界教育信息化先进水平，由追赶 2020 年的目标"接近"变为 2015 年已在"赶超"，发展神速。2018 年颁布的《教育信息化 2.0 行动计划》，提出"使我国教育信息化发展水平走在世界前列，发挥全球引领作用，为国际教育信息化发展提供中国智慧和中国方案"的教育信息化发展目标，则再由"赶超"到"走在世界前列"的巨大飞跃，而且要"全球引领"。人类社会、国家以及教育信息化都进入"新时代"的大背景，决定了对于教育信息化我们要有更大胆的规划设计，现在要在"优化教育信息化发展路子"的基础上，再向前推进一步——创新中国特色教育信息化发展道路，实践从"路子"到"道路"的跨越。

根据时代特征、国家状态、发展趋势研判，创新的中国特色教育信息化发展道路，要在育人为本、创新驱动、引领发展、多态重构、系统推进、智能智慧等六个方面进一步突出、强化和发展：

---

① 教技[2018]6 号. 教育部关于印发《教育信息化 2.0 行动计划》的通知[Z].
② 陈琳，王丽娜. 走向智慧时代的教育信息化发展三大问题[J]. 现代远程教育研究，2017(06)：57-63.
③ 陈耀华，陈琳. 教育信息化提升教育公平研究[J]. 中国电化教育，2014(07)：70-74.
④ 陈丽雯，陈耀华，陈琳. 以现代远程教育提升教育公平的政策支持和实践[J]. 现代教育技术，2018，28(11)：80-85.

6.8.2.1 育人为本

我国早就确立了"育人为本"的教育信息化发展理念。创新的中国特色教育信息化发展道路，必须坚持"育人为本"不动摇，既确立"育人为本"为教育信息化的正确初心，又要在教育信息化的实践中始终不渝地贯彻，相应要建立教育信息化绿色发展的理论，将促进人的发展放在教育信息化工作的首位，"以信息化引领构建以学习者为中心的全新教育生态，实现公平而有质量的教育，促进人的全面发展"[①]。

6.8.2.2 创新驱动

创新驱动是以支持和服务于教育创新作为教育信息化发展的新的驱动力量，以支持培养创新创造型人才作为教育信息化施力的重要方向。创新驱动的本质是发挥技术优势，创新时代教育，造就时代化人才。

我国教育信息化已由起步、应用阶段向融合、创新阶段迈进，教育信息化必须与时俱进地进行动力转换，要由应用驱动相应地转换为创新驱动，要在继续保持常态化应用的基础上向达到教育的全方位创新而持续努力。

创新驱动不仅仅是使教育信息化突破应用瓶颈期、冲破发展"天花板"的需要，更是发挥信息技术对于教育革命性作用的需要，同时是支持发展时代化教育的需要。

6.8.2.3 引领发展

引领发展有两方面的含义，一是教育信息化要始终支撑引领教育现代化发展，二是要以敢为天下先的精神，大胆进行教育改革的先行先试。后一内涵的引领发展，是日益走近世界舞台中央的中国人，必须加快拥有的发展状态，实行跟跑、并跑到领跑的发展，既要有引领发展的理念，又要有引领发展的努力，要加快具有引领发展的能力。

我们应该具有引领教育信息化发展的自信。中国特色社会主义进入新时代、我国成为世界第二大经济体、以 5G 技术为代表的一些信息技术已处于世界前列、以改革创新为时代精神内核的中国精神成为国人的精神品质，无论从哪个角度看，我们引领教育信息化都有着坚实的基础，已处于天时地利人和的最佳时期。

利用信息技术变革教育进而引领世界，是时代赋予中华民族引领教育发展的千载难逢的时代机遇，我们必须抢抓时代最大机遇，让中国人重新进入世界教育中心。

---

① 教技[2018]6 号. 教育部关于印发《教育信息化 2.0 行动计划》的通知[Z].

6.8.2.4 多态重构

当今人类的教育更多是根据工业革命时期社会发展的要求建构的,是根据机器能够代替人的劳动、提升劳动生产率的现实需要而建构的。现在,人类已进入智慧时代,进入拥有虚实两维空间的时代,进入了不仅机器在更多的代替人类的体力劳动,而且信息技术在越来越多地代表人的初级脑力劳动的时代,进入了信息技术已支持人类建构新教育的时代,教育信息化相应要为教育现代化提供更高层次的支持服务,在支持建构新智慧时代的教育新模式、智慧时代的教育管理新形态、智慧时代的服务新业态方面施力和做出重要贡献。

6.8.2.5 智能智慧

智能智慧是加速以智能教育的发展推动智慧教育的发展,是教育信息化推动教育现代化发展的新时代转述。智能教育更多对应于教育信息化,智慧教育事实上对应于教育现代化,如果不发展智能教育,则教育信息化就失去了时代性,如果不发展真正意义上的智慧教育,则教育现代化就不能称之为教育现代化。

智能教育与智慧教育的关系就是教育信息化与教育现代化的关系,是共轭共生的关系,相互依存。没有智能教育,就不可能有新时代的智慧教育;不着眼于智慧教育开展智能教育,智能教育就不可能有正确的方向,就不可能发挥巨大作用。

智能智慧要着眼于教育的三全发展,即支撑促进人的全体发展、人的全面发展、人的全生命周期发展,服务于所有人的学习,将过去不可能实现的规模化与个性化统一得到很好解决。